KB057828

삼암−
표영삼
저작선
──02

표영삼의 동학혁명운동사

삼암—
표영삼
저작선
——02

표영삼의
동학혁명운동사

표영삼 지음 신영우 감수

표영삼 선생과 갑오년 동학 연구

표영삼 선생은 갑오년 동학 연구가 부진한 것을 안타깝게 생각했다. 직접 글을 써 본 다음에는 연구 자료의 중요성을 강조하였다. 천도교에서 귀중한 사료를 수집해서 보존하지 못한 까닭이 안목이 없었던 때문이라고 하였다. 그리고 갑오년 경험을 전해줄 노인들이 많았지만 그 증언을 채록하지 못한 아쉬움을 말했다.

전국의 동학 유적지를 답사하던 표영삼 선생은 직접 갑오년 동학을 연구 하겠다고 결심하였다. 그리하여 교사 자료를 점검하고 관찬 자료를 찾아보 면서 유적지에서 갑오년의 사적을 주민들에게 묻고 기록하였다. 그 시기에 동학농민혁명 백주년에 발간한 사료총서의 번역본이 나와 도움을 받았다.

표영삼 선생은 갑오년 동학의 전체를 서술하겠다고 구상하였다. 갑오년에 벌어진 사건을 한 편의 글에 모두 담는 것은 불가능하였다. 그래서 각 지역 사례를 나누어 별개의 논문으로 쓰는 작업에 들어갔다. 권역별로 여러 대접 주가 공동목표를 정하고 연합하기도 했지만 독자 활동을 한 사례가 많았다. 일본군과 관군에 맞서거나 주요 읍성을 점거할 때는 대규모로 결집해서 세 력을 키웠다.

이 책은 그 성과를 모은 논문 형식의 글이다. 경기지역, 전라도 남동지역, 전라도 서남부지역, 금산지역, 나주지역, 남원지역, 장흥지역, 충청도 서부지역, 동학 교단과 손병희, 경남 남서부지역 등 주로 권역별로 서술하였다. 주로 70대(1990년대 중반) 이후 80대(2000년대 중반)에 이르기까지 노년기에 정력을 기울였던 연구로서, 갑오년 동학을 망라하지 못했지만 자부심을 가질 만한 성과였다. 천도교는 이 글을 인터넷 홈페이지에 올려서 교사자료로 활용하고 있다. 연구 지원 없이 혼자 수행한 연구가 유일한 교사자료가 된 것이다.

한창 이 글을 쓸 때 표영삼 선생의 집중력은 대단했다. 새로운 자료를 찾아내면 저녁 시간 전화로 그 즐거움을 표현하곤 했다. 그런 과정을 통해 수많은 자료를 검토해서 인용한 노력은 높게 평가해야 한다. 교사 기록인『본교역사』등의 기록을 꼼꼼히 읽고,『천도교회월보』『순교약력』『남원군동학사』『하동군사』등에 기재된 인물을 조사하였다. 인물에 관한 세세한 파악은 자료의 정독에서 출발하였다.

표영삼 선생의 장점은 두 가지였다. 하나는 동학 교리와 전통을 학습과 체험을 통해 습득하였고, 동학 연원을 살펴서 인맥을 잘 알고 있다는 점이다. 그래서 학계에서 동학 교리와 조직 등을 확인하는 유일한 통로 역할을 하였다. 둘째는 현장을 가장 많이 생각하며 다닌 학구자였던 점이다. 문장에서 생생한 현장이 잘 드러나는 것은 그 때문이다.

물론 여러 한계도 글에서 보이고 있다. 우선 전문 연구자로서 훈련을 받지 않은 것이 단점으로 드러난다. 사료가 대부분 한문이나 명치 시기의 기록이기 때문에 한문과 일본어 해독이 미숙하면 불편한 점이 많다. 가끔 보이는 오류는 그 원인으로 나온 것이다. 또 한국 근대사를 학습하는 과정이 생략된 까닭에 연구사 정리가 안 된 표현이 자주 보인다. 결정적인 단점은 선행연구가 전혀 반영되지 않은 것이다. 주요 논지는 이미 발표된 논문에서 밝혀졌거나 체계화한 것이지만 한마디 소개조차 없다. 모든 글이 원전을 처음 찾아서 아무 연구가 없던 내용을 새롭게 쓴 것처럼 작성했다. 이것은 선행연구를 잘 밝히지 않는 학계의 관행이 준 영향일 수 있으나, 연구 경위를 충분히 밝히지 않은 것은 아쉬운 부분이다.

역사 논문은 기초가 갖춰져야 한다. 과거의 사실을 입증하면서 사료가 아니라 추정만으로 논지를 전개하면 신뢰할 수 없게 된다. 천도교는 갑오년 동학을 보는 일정한 시각이 있다. 역사 인물의 평가나 용어 사용도 다르다. 학계에서 이와 인식을 같이하는 부분도 있고 전혀 다르게 보는 부분도 있다. 어느 경우에서나 엄밀한 비판을 거친 사료가 논증의 기본이 되는 것이다.

표영삼 선생의 초기작과 후기작은 완성도에서 차이가 있다. 초기작은 문장과 자료 조사, 또는 인용 등에서 미흡한 것이 자주 보인다. 하지만 후기작은 절제된 표현으로 사실을 밝히려는 노력이 잘 드러난다.

옥천 문암리의 해월 거처를 찾은 다음 옛 청산 읍내에 들렀을 때의 일이다. 영동 용산전투 다음날 북접농민군 지도부가 하룻밤을 보낸 관아터를 확인하였다. 해월의 일정을 밟아온 표영삼 선생은 감회가 깊은 표정이었다. 지금은 밭으로 사용하는 관아 터를 서성이며 한동안 발을 떼지 못하였다. 이제 답사를 함께 할 수 없지만, 이 책으로 갑오년 동학이야기를 찾아 떠나는 여행은 계속될 수 있을 것이다.

2018년 10월

신영우 씀

경기지역 동학혁명운동

안성초등학교에 세워진 안성관아 유적비
1894년 9월 20일경 동학군이 이곳을 공격하였다.

1. 머리말

경기도 지역에 동학이 처음 들어온 시기는 정확치 않다. 기록에 처음 나타나기는 1886년(포덕27) 가을이다. 『천도교서』와 『시천교종역사』에 "충청, 전라, 경기 등지의 인사들이 해월신사를 만나보려고 많은 이가 찾아왔다."[1]고 하였다. 강원도나 충청도에 동학이 먼저 들어갔으므로 이런 지역에서 유입되었을 것이다. 동부 지역은 강원도 쪽에서, 서남부 지역은 충청도 쪽에서 들어왔을 것이다.

1894년 동학혁명 초기의 경기지역 동학군들의 활동은 기록이 없어 확인할 길이 없다. 1년 전인 1893년 3월에 보은 장내리에서 열렸던 척왜양창의운동斥倭洋倡義運動 때 참가한 인원은 대략 4천 명 정도였다. 동학도가 많았던 안성, 죽산, 이천, 수원, 광주지역에서 가만 보고 있지는 않았을 것이다.

1893년 10월에 이천군 신둔면 남정리南井里에서 한 사건이 터졌다. 『시천교종역사』에 "이천군 남정동에 사는 김봉규金鳳奎라는 토호가 동학도인을 죽이고자 얼사(臬司, 按擦使)에게 밀고하여 죄를 꾸며 포박하게 하여 재산을 빼앗았다. 그러자 이용구李容九는 이천 동학도 수천 명을 모아 그가 빼앗은 재산을 되돌려 받았으며 연류連留되었던 도인들을 석방시켰다. 경기도백과 이천 군수가 알선하였다."[2]고 했다.

이런 활동으로 미루어 1894년 3월 21일에 동학혁명운동이 일어났을 때 경기도 지역에서도 몇몇 곳에서는 움직였다고 추측한다. 『시천교종역사』에

"이때 각처 도인들은 보국안민을 부르짖으며 앞다투어 소란을 일으켰다."[3]고 하였다. 따라서 동학이 강성했던 수원과 이천, 안성, 죽산 등지 동학도인들은 앉아서 보고만 있지 않았을 것이다.

경기지역 동학혁명운동은 1894년 9월 이후부터 기록에 나타난다. 경기지역은 수도의 방위망에 들어가는 지역이므로 정부는 민감한 반응을 보일 수밖에 없다. 몇몇 지역 동학군들은 관아를 습격하는 등의 활동을 했으나 관군과 일본군이 출동하자 밀리고 쫓기어 충청도지역으로 내려가게 되었다.

동남쪽은 충북 진천·광혜원과 무극 또는 황산으로 가서 호서동학군과 합류하였고, 서남부 지역에서는 충남 목천이나 아산牙山·내포內浦 쪽으로 내려가 호서동학군과 합류하였다. 따라서 경기지역 동학군들은 도내에서 활동하기보다 호서동학군과 연합하여 항일전을 치른 경우가 많았다.

특히 경기지역 동학군들은 손병희 통령을 따라 논산으로 가서 전봉준 대장이 이끄는 호남동학군과 합류하여 피로 물들인 공주성 공격에 참가했다. 즉 항일전의 주력으로서 유감없이 싸웠던 것이다. 이후 원평전투와 용산전투, 그리고 북실전투를 거치면서 큰 발자취를 남겼다. 자료에 따라 경기도 내 동학군들의 혁명운동 과정을 살펴보기로 한다.

2. 경기지역의 동학 조직

보은에 4천 명 동원

『수원종리원연혁』에 "우리 군의 대도에 성운을 맛든 시기는 곳 포덕25년 (1884) 갑신 2월경이었다. 호남인 안교선(安教善, 牙山人) 씨의 전도로 안승관 安承寬, 김내현金鼐鉉 씨가 전도가 되야 근근 발전했다."[4]고 하였다. 초기에는 경기도에 동학도인 수가 그리 많지 않았지만, 1884년의 갑신정변 이후부터 정치 불안과 사회 불안이 더해 가자 입도자가 점점 늘어났다.

1893년 3월에 보은 장내리에서 척왜양창의운동이 일어났다. 이때 경기지역에서 참가한 인원이 약 4천 명 정도였다. 『취어聚語』에는 수원, 용인, 광주, 양주, 여주, 안산, 송파, 안산, 이천, 죽산 등에서 참가했다고 하였다.[5] 10년 사이에 인원이 많이 늘어난 것이다. 『취어』에는 다음과 같이 기록되어 있다.

> (3월) 26일 술시(오후 7시-9시)경에 수원과 용인 등지에서 3백여 인이 추후로 들어왔다. 29일, 수원접은 수천 명이라 내세우지만 실지는 6-7백 명에 지나지 않았다. 그들은 장내리에서 삼 마장 거리에 있는 장재평壯才坪에 머물면서 그곳에 깃발을 세웠다고 한다. 30일, 오시(오전 11시-오후 1시)경에 광주 사람 수백 명이 네 바리의 돈을 싣고 장내리로 들어왔다 한다.

여기에 기록된 수는 1천3백 명 정도이지만 선무사 어윤중魚允中의 장계에는 더 많은 숫자가 나타난다. 4월 2일경에 장내리에서 물러간 인원을 관원들이 확인하여 장계를 올린 것이다. 어윤중의 장계 내용은 다음과 같다.

〈선무사 재차 장계〉

북면 구치九峙 장리將吏의 보고에는 2일 신시(申時, 오후 3시-5시)부터 3일 사시(巳時, 오전 9시-11시)까지 경기 수원접 8백40여 명, 용인접 2백여 명, 양주접楊州接 2백 명, 여주접 2백70여 명, 안산접 1백50여 명, 송파접松坡接 1백여 명, 이천접 4백여 명, 안성접 3백여 명, 죽산접竹山接 4백여 명이… 원평에서 충주 쪽으로 갔다.[6]

이 기록에는 광주접 3백여 명과 용인접 1백 명이 누락되었다. 그리고 지평과 양근접도 빠져 있다. 다른 길로 가거나 하루 늦게 간 인원수도 빠져 있다.

이들을 모두 합하면 약 4천 명 정도는 된다.

1893년 현재 경기도 내의 동학 포교 상황은 부천군富川郡, 김포군金浦郡, 포천군抱川郡, 파주군坡州郡, 가평군加平郡 이남 쪽에 국한되어 있었다. 그중 많은 지역은 수원군, 이천군, 죽산군, 안성군, 광주군 등이다.

신원운동 이후 급증

입도자가 집중적으로 늘어난 시기는 1892년 공주 · 삼례 교조신원운동 이후부터이다. 『천도교창건록』 등에 보이는 지도급 인사들의 입도 시기를 보아도 이종훈은 1893년에, 이천의 이용구는 1890년에, 여주의 임순호는 1893년에, 여주의 홍병기는 1892년에 입도했다.

동학도들이 공주에서 교조신원운동을 벌인 것은 1892년 10월이다. 1천여 명이 모여[7] 5일간 벌였다. 그동안 관원과 유생들은 동학도를 이단자로 몰아 탄압하여 왔다. 동학도는 용감하게도 관을 상대로 이 운동을 벌였다. 이후 관이나 일반인의 인식이 크게 바뀌었다.

김윤식은 『면양행견일기沔陽行遣日記』에서 "초겨울에 동학당이 금영(錦營, 공주 관아)에 만여 명이나 모였다. 소원을 올린다며 의관을 갖추고 바랑을 짊어지고 성안에 가득하였다. 8명의 장두狀頭가 포정사布政司 문밖에 꿇어앉아 한 달이 넘도록 물러가지 않았다.…별다른 폐단이 없었고 두목의 명령에 따라 움직이어 몸가짐이 자못 바르고 정숙했다. 참으로 기이하고 신중했다."[8]고 하였다.

의관까지 갖추고 질서정연하게 움직이는 동학도를 본 관원이나 일반인들은 놀라와했다. 겸손하고 위아래가 분명하며 상인들과의 거래도 신의가 있었다. 게다가 탐관오리를 질타하고 외세를 물리쳐 나라를 바로잡아 백성을 평안하게 하자는 보국안민輔國安民의 구호까지 부르짖었다.

이듬해인 1893년 3월에는 보은 장내리와 전라도 금구·원평에서 척왜양 창의운동을 하였다. 전라, 경상, 충청, 경기, 강원 지역 등에서 참가한 인원은 3만여 명이었다. 그 세력과 동학도의 성숙된 모습에 대한 소문은 저절로 퍼져 나갔고, 이로부터(1893) 경기도 지역에서도 입도자가 늘어났다.

보은집회 이후 반년이 지난 1893년 11월경에 도인이 늘어나자 조직의 틀을 강화하기 위해 해월신사(최시형)는 각 포에 법소法所와 도소都所를 설치하라고 명하였다. 군·현에는 각 포 법소를 설치하고 본포本包가 있는 곳에는 도소를 두도록 했다.

규모가 큰 포의 경우는 여러 군·현에 걸쳐 포가 조직되어 있었다. 한 군·현에도 여러 명의 접주가 있다. 그중 어른이 되는 접주를 장석(丈席, 어른)이라 불렀다. 이 장석인 접주가 사무를 보는 곳이 바로 법소이다. 그리고 대접주가 있는 도소를 설치한다.

권병덕은 "처처에 각 해포該包 법소가 설립되야 교무를 집행하며 동학을 선전하니 바람을 따라 날로 전도가 된다. 장소가 좁아서 집 밖에 차일을 치고 30명씩 입도하는 예식을 행하고 남녀노소 귀천을 물론하고 입참하며 향촌의 반족(兩班族)도 입도하지 아니하면 늑입(勒入, 억지로 입도시킴)을 시키었다."[9]고 하였다.

경기지역에 몇 개의 법소가 설치되었는지 기록이 없다. 보은집회 때 깃발을 내걸었던 수의水義·진의振義·죽경竹慶·광의廣義·양의楊義 등[10] 5개 지역, 즉 수원과 이천·진위·죽산·광주·양주에는 본포本包가 있었으므로 도소가 설치되었을 것이고 나머지 12개 고을에는 법소가 설치되었을 것이다.

3. 항일전 위한 기포령

청일 양군의 상륙

1894년 3월에 전라도 동학군이 폐정개혁과 민씨 일당을 몰아내기 위한 혁명을 일으켰다. 황토재 전투에서 감영군을 무찔렀고 황룡촌에서는 경군까지 물리쳤다. 결국 1894년 4월 27일에는 전주성을 점령하였다. 고종과 민씨 일당은 당황하였다. 내부 모순을 해결할 생각은 않고 동학군 초멸에 급급한 나머지 앞뒤를 살피지 않은 채 청국군을 불러들였다.

청국군은 5월 5일(양6.8)부터 4천5백 명의 병력을 아산 백석포에 상륙시켰다.[11] 2일 후인 5월 7일(양6.10)에는 일본군 선발대가 인천에 상륙한 이후 5월 19일(양6.22)까지 4천2백 명의 대병력을 서울, 인천, 부산에 주둔시켰다.[12] 고종과 민씨 일당은 일본군이 밀려들자 당황하였다.

다급해진 정부는 동학군과 타협하기로 하였다. 정부-동학군 간의 화해로 그들의 출병 구실을 없애자는 셈이었다. 정부는 동학군과 전주화약을 무난히 이루어 냈다. 5월 8일(양6.11)에 동학군은 전주성에서 물러났다. 정부는 즉각 동학군의 난동은 평정되었다고 통보했다. 그리고 청·일 양국군에게 물러가라고 하였다. 그런데 일본군은 철수하기는커녕 한술 더 떠서 6월 21일(양7.23)에 우리 왕궁을 점령해 버렸다. 고종을 포로로 잡아놓고 군국기무처軍國機務處를 만들어 내정 개혁이란 구실로 우리 주권을 침탈했다.

뒤이어 풍도豊島 앞 해상을 지나던 청국군 함정과 성환成歡 지역에 주둔한 청국군을 선제 공격하였다. 대승을 거두자 8월 1일에는 청일전쟁을 선포하였다. 그리고 여세를 몰아 8월 16일(양9.15)에는 평양성에 주둔한 청국군을 격파하고 연달아 대병력을 동원하여 중국 본토까지 침공하였다.

상황이 이렇게 급박하게 돌아가자 동학군들은 일본군을 상대로 한 싸움을 피할 수 없다고 여겼다. 전라 감사 김학진은 9월 22일에 "남원에 모인 비도는 5-6만이며 각기 병기를 갖고 밤낮으로 날뛴다. 금구에 모인 무리들도 귀화歸化했다가 돌아섰다."[13]고 장계를 올렸다. "전에 없던 변고들이 나타나고 있으며 임금님의 명령을 거역하고 의병이라 칭한다."[14]는 장계를 올렸다.

김학진의 장계를 받은 정부는 "지금까지 한 장의 보고도 없었고 초포剿捕할 방책도 제대로 세우지 못했으니 당연히 문책해야 한다."며 김학진을 파직시키려 했다.[15] 그러나 동학군을 무마할 인물이 없어 정부는 당분간 유임시키기로 하였다.

항일전 나선 동학군

『갑오실기』 8월 27일자에는 "호남 비괴匪魁 전봉준과 김개남, 그리고 호서 비괴 최법헌(法軒=崔時亨)은 몰래 불궤不軌를 도모하기로 약속하고 반란을 일으킬 차비를 하였다. 호남 수십 고을에서는 군기를 탈취하고 조세까지 거두어 들이고 있다. 호서지역의 20여 고을에서도 동학이 창궐하고 있다."[16]고 하였다.

동학군의 항일전의 움직임은 어느덧 충청도를 거쳐 경기도 지역까지 미쳤다. 『주한일본공사관기록』에는 8월 29일(양9.26)경부터 "공주와 죽산 기타 각 군에서는 동학도의 행패가 심해져서 무기를 탈취하려는 낌새가 보인다."[17]고 하였다. 일본 순사의 보고에 의하면 "지방 동학당은 또다시 발동하여 휘젓고 다닌다. 두령 중 김형식金瀅植과 김용희金鏞喜(鏞熙)는 직산·평택·목천·천안 등지를 총괄하고 있다."[18]고 하였다. 김형식은 직산과 평택(진위군 포함)을 관할하는 대접주였다.

『일성록』 9월 10일조에도 동학당의 움직임을 다음과 같이 기록하였다.

요즘 비도들이 기전(畿甸, 경기도 내)의 죽산과 안성 양읍으로까지 침범해 온 데 대한 대책을 다루었다. 양읍 수령을 교체하되 정부는 당찬 이를 선발해서 병력을 이끌고 가 부임하게 하였다. 죽산 부사에는 장위영 영관 이두황李斗璜을, 안산(安山, 安城) 군수는 경리청經理廳 영관 성하영成夏永을 차출하였다. 병정도 불일 내에 파송하여 동학도를 민첩하게 초포剿捕하도록 윤허하였다.[19]

군국기무처軍國機務處에서 "근일 비도(동학도)들이 창궐하여 경기지방까지 침범하였다. 이때에 지방관이 게으르면 걱정이다.…죽산과 안성은 비도 중 알짜들이 모여 있다. 잠시라도 게을리하면 안 된다. 수령을 교체하되 당찬 자를 차출, 병력을 이끌고 가서 포착捕捉하는 데 힘써야 한다."[20]고 했다.

관군과 일본군 출동

항일전을 위한 동학도의 봉기는 드디어 경기지역까지 미쳤다. 정부는 물론이고 일본 측도 심각하게 받아들였다. 군용통신선이 파손되고 군수물자 수송에 차질이 생길까 걱정이었다. 만일 동학군의 항일전이 확대되면 중국과의 전쟁 수행에 지장을 줄뿐더러 영국과 러시아가 간섭할 염려가 없지 않았다.

조선 정부에 강요하여 동학군 진압에 나서게 하였다. 죽산 부사로 임명된 장위영 영관 이두황은 9월 20일에 1개 중대 병력을 이끌고 내려갔다. 안성 군수로 임명된 경리청 영관 성하영은 9월 22일경에 2개 소대를 이끌고 내려 갔다.[21] 『고성부총쇄록』에는 "이두황은…5백 명의 병졸을 이끌고 내려갔으며 안성고을 원님도 5백 군을 대동하고 수원으로 내려갔다."[22]고 했다.

일본군도 각지 병참소에 동학당 초멸에 나서라고 지시하였다. 군용전신선을 지키기 위해 부산–서울 간에 19개의 병참소를 두었다.[23] 경기도 내에는 광주의 송파진松坡津과 곤지암昆池岩, 그리고 이천利川과 장호원長湖院 등 4개소에 병참소가 설치되어 있었다.

상부의 명에 따라 19개 병참소 병력은 총동원되었다. 각각 병참소 인근의 동학군을 초멸하는 데 물불을 가리지 않았다. 인천과 서울에 있는 일부 병력도 동원되었고 수원에 배치되어 있던 일본군 70명도 출동시켰다.[24]

일본 침략군에게 나라를 그냥 내줄 수는 없었다. 9월 12일과 13일(양10.10-11)에 전라도 삼례에는 전국 동학 지도자가 모였다. 보국안민의 기치 아래 일본군을 물리치기 위한 대책을 논의하였다. 승패를 떠나 보국안민을 위해 일어서는 것은 동학도의 의무라고 여겼다.[25] 드디어 항일전에 나서자는 굳은 결의가 이루어졌다. 해월신사는 9월 15일(양10.13)경에 보고를 받고 측근들과 거듭 생각하였다.

해월신사 기포령

9월 18일(양10.16) 아침, 해월신사는 각지에서 올라온 두목들에게 기포령을 내렸다. 대접주들은 제각기 자기 포로 달려갔다.

때마침 해주의 백범 김구金九도 이 자리에 있었다. 19세인 팔봉접주八峰接主 김창수(金昌洙, 金九)는 해주海州 대접주 오응선吳膺善의 천거로 15인의 동학접주들과 같이 해월을 찾아왔었다.

"선생(해월-인용자)은 진노하는 안색에 순 경상도 어조로 '호랑이가 물려 들어오면 가만히 앉아서 죽을까? 참나무 몽둥이라도 들고 나가서 싸우자.' 선생의 이 말은 곧 동원령이다."[26]라고 했다. 재기포령을 전달 받은 전국의 동학군들은 본격적으로 일어나기 시작했다.

1차 기포의 목적은 민씨 일족을 몰아내고 폐정을 개혁하자는 데 있었다. 2

차 기포는 반침략 투쟁을 위한 기포였다.

훗날 전봉준 대장은 체포된 후 후비보병 독립제19대대장 미나미(南小四郎)의 심문 외에도 서울에서의 재판 과정에서 여러 번 심문을 받았다. 전봉준 대장은 여기서 재차 기포한 목적을 밝혔다.

> 문(미나미) : 거병한 목적이 무엇인가.
> 답(전봉준) : 민씨 일족을 타도하고 폐정을 개혁하자는 데 있었다. 7월(음 6월)에 일본군이 우리 왕궁을 침범했으므로 일본군을 축출하려고 다시 거병했다.[27]

> 문 : "시時 기포는 하고何故오."
> 답(供) : "격서(橄書, 군사 행동을 알리는 글)도 업시 솔병하고 우리 도성이 입하야 야반夜半에 왕궁을 격파하야 주상主上을 경동驚動하엿기로 초야의 초민더리 충군애국지심으로 감개함을 불승하야 의려義旅를 규합하야 일인과 접전하게 됐다."[28]

일본군이 왕궁을 점령하자 모두가 격분했다. 그러나 반反침략 전에 무장하고 나선 것은 동학군뿐이다. 일부 보수 유생들과 관원들이 동학군과 손잡은 사례가 없지는 않았다. 그러나 대부분의 보수층은 ① 신분제 타파 ② 폐정개혁 ③ 민씨 일당 축출을 부르짖는 동학군과 손잡으려 하지 않았다. 오히려 민보군을 조직하여 동학군 초멸에 앞장섰다.

경기도 동학군 기포

『갑오실기』 9월 24일자에는 "정부가 임금에게 전라·충청 양도의 비류들이 다시 퍼져 영남과 강원도와 경기 및 황해도에까지 이르렀다(고 보고하였다). "²⁹고 하였다. 경기도 동학군들도 수원, 이천, 안성, 음죽, 양지, 지평, 여주, 광주, 양근 등지에서 일어났다. 『천도교서』와 『천도교회사초고』에는 경기지역 기포 상황을 다음과 같이 기록하고 있다.

『천도교서』; 안성 임명준任命準, 정경수鄭璟洙, 양지 고재당高在堂, 여주 홍병기洪秉箕, 신수집辛壽集, 임학선林學善, 이천 김규석金奎錫, 전창진全昌鎭, 이근풍李根豊, 양근 신재준辛載俊, 지평 김태열金泰悅, 이재연李在淵³⁰

『천도교회사초고』; 이때(時)에 이종훈(李鍾勳, 경기도 便義長), 이용구(李容九, 경기도 便義司)가 안성 임명준任命準, 정경수鄭璟洙, 양지 고재당高在堂, 여주 홍병기洪秉箕, 신수집辛壽集, 임학선林學善, 이천 김규석金奎錫,³¹ 전일록全日錄, 이근풍李根豊, 양근 신재준辛載俊, 지평 김태열金泰悅, 이재연李在淵, 광주 염세환廉世煥과 …. ³²

『동학도종역사』; 용인 최영구崔榮九, 죽산 염창순廉昌淳³³

『천도교창건사』; 수원 김내현(金來鉉, 鼐鉉), 음죽陰竹 박용구朴容九, 권재천權在天, 여주 홍병기, 임순호林淳灝, 신수집, 임학선, 광주 염세환

천도교중앙총부 자료실에는 1936년 현재의 교인 명부인 교보敎譜가 있다. 교인들의 입도 현황을 보면 1892년부터 1883년까지 교조신원운동과 척왜양창의운동이 일어나자 많은 이가 입도하여 동학혁명에 참가했음을 보여준다. 물론 1936년 현재까지 생존했던 분들의 명부이므로 1894년 당시의 경기도

동학도에 비해 만분의 일도 안 되는 숫자이다. 그 명단을 추려 보면 다음과 같다.

· 『천도교창건록』(괄호 안은 입교 연도) 여주 : 홍병기洪秉箕(1892) 임순호林 淳灝(1893) 박원균朴源均(1894) 이순화李順化(1894) 신명보辛明甫(1894)

· 이천 : 권중천權重天(1894)

· 『한순회 관내 연원록』 여주 : 송석진宋奭鎭(1894) 임동호林東豪(1892) 임 성춘林性春(1894) 임학이林學已(1893) 이정교李貞敎(1893) 이양여李良汝(1893) 김종태金鍾泰(1893) 정복이鄭福伊(1894)

· 광주 : 한근회韓槿會(1892) 한구회韓九會(1892) 홍종수洪鍾秀(이상 1892) 김 정윤金正潤(1894)

· 이천 : 김용식金龍植(1894) 김영하金永夏(1893) 민영조閔泳祚(1893) 김맹 흠金孟欽(1893)

· 진위(振威=平澤) : 노병규盧秉奎(1894) 이민익李敏益(1889)

· 시흥 : 신재원辛在元(1894) 김영순金永淳(1893)

· 수원 : 이현식李鉉植(1892)

· 인천 : 안계식安季植(1891)

· 『동학관련 판결문집』 광주(1894년 이전 입도) : 연순달延淳達 연갑진延甲 辰 김문달金文達

· 연곡蓮谷(1894년 이전 입도) : 박인학朴仁學 이영오李永五 김기연金基淵 김 부만金富萬 김계보金桂甫

· 용인(1894년 이전 입도) : 서별리西別里 문재삼文在三

〈기타기록〉

· 수원 : 나곤羅崐 나천강羅天綱(이상 1889) 홍재범洪在範 홍종각洪鍾珏 이병인李秉仁 정주형丁朱亨 김창식金昌植 정대성丁大成 윤교홍尹敎興 박종원朴宗遠 박용화朴容華 박용준朴容駿 박용일朴容日 박인원朴寅遠 박상익朴商益 임중모林仲模 김학교金學敎 송형호宋亨浩 이규식李圭植 최기련崔基連 이원선李元善 장기환張基煥 장영관張泳寬 장한수張漢秀 우현시禹顯時 김제을金濟乙 윤교홍尹敎興 최진협崔鎭協 한세교韓世敎

· 진위 : 이승엽李承曄(1890) 이규성李圭成(1891) 이인수李麟秀 고문왕高文柱 안영식安領植 장인수張仁秀 박인훈朴仁勳(이상 1894)

· 여주 : 임성봉林性鳳 황하성黃河成 김종태金鍾泰

· 광주 : 이정우李正雨 한근회韓槿會 한구회韓九會 김교찬金敎贊 김일희金日熙 김정희金晶熙 김교선金敎善 백영근白永根 김경희金慶熙 김연익金連益 홍재길洪在吉 홍종수洪鍾秀 김교복金敎福 김정간金正澗 남궁철(南宮鐵(檍)),[34] 황경달黃敬達 황수경黃秀景 최현모崔顯模 홍순형洪淳亨 김교영金敎永 이용진李龍震 김교성金敎成 최용운崔龍雲

· 이천 : 민성호閔性鎬 민영조閔泳祚 허운許澐 홍순덕洪淳德 김용식金龍植 유명희劉明熙 김명현金明鉉 김대제金大濟 김영하金泳夏 송석진宋奭鎭 김맹흠金孟欽 안진국安鎭國 임운선林云先 임동호林東豪 이정교李貞敎 임성춘林性春 임중선林仲先 임명한林明漢 권종석權鍾錫 이양여李良汝 박병준朴秉俊 안근수安根秀 박병원朴秉元(이상 1894년 이전 입도자)

· 『주한일본공사관기록』 이천 접주 : 고재학(高在學=高應海)

경기지역에서 기포한 동학군은 우선 무기 확보가 시급했다. 산포수 출신 도인이 얼마 되지 않아 총기를 제대로 갖출 수가 없었다. 무기를 구할 곳은 관아뿐이다. 칼이나 창과 같은 것은 대장간에서 벼릴 수 있다. 그러나 총기는 관아를 습격하지 않으면 구할 길이 없었다.

관아 습격하여 무기 탈취

『일성록』에 "안성군 비도들이 군기와 상화商貨를 뺏어 갔다. 해당 군수(成夏永)가 늦게 부임하여 날뛰게 만들었다. 정부는 그 죄상을 품稟하여 사임시켜야 한다."[35]고 했다. 성하영은 이틀 늦게 출발하였다. 그사이 동학군이 관아를 습격하여 무기를 탈취해 간 것이다. 그러나 성하영은 동학군 초토에 공이 있다 하여 10월 11일로 서산 군수에 다시 임명되었다.[36]

동학군이 안성 관아를 습격한 날짜는 정확치 않다. 성하영 새 군수의 도임 날짜는 9월 24일[37]이다. 그 전인 22일경에 습격한 것으로 보인다. 25일에는 음죽현陰竹縣 관아를 습격하였다.[38] 동학군은 무기를 확보하기 위해 안성 관아를 먼저 습격한 다음 음죽 관아를 습격한 것이다.

이 무렵 이천 관아도 습격한 것으로 보인다. 그러나 기록이 없다. 진천 군수의 보고에 9월 29일경 이천 · 안성 동학군이 진천 관아를 습격했다고 하였다. "어제 사시(오전 9시-11시)에 안성과 이천의 동학군 수만 명이 읍을 포위하고 동헌으로 쳐들어와 여러 관속들을 묶어 놓고 군기고에서 병기를 남김 없이 탈취해 갔다."[39]고 하였다.

진천 관아를 습격한 이천 동학군은 무장을 갖추고 있었다. 이천 관아에서 무기를 탈취한 것이 분명하다. 이천 동학군과 안성 동학군이 진천 관아를 습격한 것은 진천 동학군을 돕기 위해서였다. 진천지역과 경기지역 동학도들은 모두 손병희 대접주가 이끄는 충의포忠義包 연원(淵源, 包)이다.

민보군, 동학군 학살

이때 진천에 사는 허문숙 등이 3백여 명의 민보군을 조직하여 동학도들을 학살하고 재물을 약탈하는 만행를 저지르고 있었다. 무고한 일반인도 약탈당한 이가 적지 않았다.[40] 이들의 만행으로 동학도는 길거리로 쫓겨났다. 그 수가 날이 갈수록 늘어났다. 관원과 유생들도 동학도를 마을에서 내모는 데 혈안이 되었다.

충주 미산米山 대접주 신재련辛在蓮은 이 만행에 격분하여 들고 일어났다. 허문숙의 죄상을 폭로하는 방을 만들어 내걸었다. "우리가 모인 것은 불법을 저지르는 허문숙을 제압하려는 데 있다."[41]고 밝혔다. 그리고 관청이나 여러 지역 인사들에게 호소하였다.

『양호우선봉일기』 9월 25일조에 "도성都城 5백 리 내(畿內)에 방문을 내걸기를…진천 사는 허문숙이 민보군이란 도당을 모아 병기로 무장하고 민가에 불을 지르는가 하면 재산을 탈취하고 인명을 살육하고 있다. 유독 동학도인들에게만 화를 입히고 있다. 이래서 도인들은 황산(黃山, 금왕읍)에 모이게 되었고 순리대로 해결할 길이 없어 서로 살육하게 되었다."[42]고 하였다.

또한 경기도 지평砥平에서도 비슷한 일이 벌어졌다. 전 감역監役 맹영재가 9월 20일경에 산포수 1백여 명을 모아 민보군을 조직하였다. 동학군 탄압에 나서자 지평과 양근 지역 동학군 수백 명은 홍천군 남면으로 피해 갔다. 남면과 서면, 양근과 지평의 동학도 수백 명은 22일경에 접소接所를 세우고 항일전 준비에 들어갔다.

이 지역에는 오창섭이란 대접주가 살고 있었다.[43] 홍천군 남면 대접주 심상훈도 있었다. 교통이 편리한 서면군 양덕원에 도소를 세운 것으로 추측된다. 수백 명이 모였으나 거의 맨손이었다. 총기나 활 같은 것은 구경조차 못하고 마을 대장간에서 창을 벼려 무장한 것이 고작이었다.

맹영재는 9월 24일경에 홍천 남면으로 포군을 이끌고 갔다. 경기 감사 신헌구는 "맹영재가 부약장副約長이 되어 관포官砲와 민포民砲 백여 명을 이끌고 홍천으로 갔다. 동학괴수인 고석주와 이희일, 신창희를 사로잡았다. 참살한 도당은 5명이나 되며 나머지는 달아났다. 창 58자루를 거두어 군기고에 수납했다. 포군인 김백선은 그들로부터 부상을 당했다.["]44고 하였다.

4. 한일 양군의 동학군 토벌

관군과 일본군 출동

일본군은 9월에 접어들면서 조선을 병탄하기 위한 수순을 밟아갔다. 오도리(大島) 공사 대신에 이노우에(井上馨) 공사를 보냈다. 그는 9월 27일(양 10.25)에 우리나라에 들어오자 저항 세력을 무자비하게 말살시킬 방침을 세웠다. 우선 우리 정부를 완전히 장악하고 나자 동학군 토벌에 나섰다.

『주한일본공사관기록』에 정부는 "크게 놀라 급히 군대 약 3백 명씩을 안성과 죽산 두 곳에 파견하였다."45고 했다. 뒤이어 9월 21일에는 양호도순무영兩湖都巡撫營을 설치하고 호위부장扈衛副將 신정희를 도순무사都巡撫使로 임명하였다.46 그리고 9월 26일에는 장위영 영관 이규태를 순무선봉장으로 임명하고 여타 대관들을 임명하였다.

이들은 10월 6일(양11.9)부터 출동하기 시작하였다. 새로 부임한 이노우에는 "죽산 부근에 동학도 출몰이 무상하다. 6백 명이란 대병을 갖고도 부사는 초멸에 나서지 않아 비도들이 멋대로 날뛴다. 시라키(白木) 중위와 미야모토(宮本) 소위를 보내 귀국 병대에 초멸을 청할 것이다. 따르지 않으면 군법으로 다스린다. 귀 정부는 칙령을 내려 따르게 하고 그 공문을 오늘밤 보내달라. 우리가 직접 전하겠다."47는 무례한 공한까지 보냈다.

조선군의 지휘권을 일본군이 장악하여 마음대로 동학군 학살에 나서게 하자는 것이다. 우리나라 주권은 이미 일본에 예속되고 말았다. 그들은 조선군

을 믿지 않았다. 동학군 초멸을 위해 9월 초부터 일본군 스스로가 독자적인
전략을 세우고 2개 중대를 출동시키기로 하였다.[48]

관군을 출동시킨 다음 9월 28일(양10.26)에는 일본군 인천 병참감 소속 1개
소대 병력을 수원에 급파하였다.[49] 동학군 수천 명이 수원성을 위협하고 있
다는 급보를 받았기 때문이다. "파견하는 수비대는 1개 소대이며 하라다(原
田常入) 소위가 지휘한다.…인천부에서 자고 오늘(음9.28) 오전 5시에 수원으
로 떠났다."[50]고 하였다.

조선 정부는 일본군에게 우수한 무기를 공급해 달라고 요청하였다. 일본
군 혼성여단장은 무라다식(村田式) 소총을 지급해 주자고 주장하였다. 그래
야 조선군을 마음대로 지휘할 수 있다고 하였다. 그러나 주한일본대사관 측
은 왕군 점령 때 몰수했던 모젤 소총 1천 정 중 4백 정을 7월 20일에 반환해
주는 데 그쳤다.[51]

무차별 동학군 학살

관군과 일본군이 토벌에 나서자 경기 지역의 많은 동학군은 무기의 열세
로 피신할 수밖에 없었다. 9월 하순부터 정부는 보수층을 부추겨 반동학反東
學 세력을 규합하여 민보군을 만들도록 권장하였다. 이후 동학도들은 민보
군에게 학살당하거나 재산까지 빼앗겼다. 특히 죽산 부사 이두황군은 내려
가면서 동학군을 샅샅이 색출하여 학살하였다.

9월 21일, 용인에 이르러…삼경三更에 100명의 병력을 동원하여 직곡直
谷에 있는 접주 이용익(李用翊, 用益)의 집에 가서 동학도 14명을 잡았고 또
한 금량(金良場, 水餘面)에 사는 이삼준李三俊의 집에 가서 6명의 동학도를
잡아 양지읍陽智邑으로 압행押行했다.

22일, 양지읍에서 어제 잡은 20명을 일일이 조사한 후 16명은 석방하고 이용익과 이삼준 그리고 양지읍에서 잡은 정용전(鄭用全, 龍全)과 이주영李周英 등 4인은 읍 앞 대로상에서 포살하였다.

27일, 이참의李叅議가 보낸 글에 이천 일본 병참소兵站所에서 잡은 동학도와 적당 30인을 구속하였다. 5명은 일찍이 놓쳐 버렸고 나머지 20여 명 중 괴수 10명은 포살하고 나머지는 석방하였다. 안성 군수 성하영이 도임하던 날인 24일에 비도 3인(魁首 兪九西, 接主 金學汝, 鎭川東徒 金今用)을 잡았는데 27일에 참살하였다.

10월 3일, 용인군 서이면西二面 장항獐項에 사는 우성칠禹成七을 잡아 가두었다. 4일 조사해 보니 동도의 거괴이므로 처형했다.

5일, 용인군 남일면 주천注川 등지에서 동학도 5명을 잡아 가두었다.

이 소식을 접한 동학군들은 앉아서 당할 수는 없었다. 몇몇 지역 동학군은 연합하여 수천 명씩 모였다. 수원 유수는 "호남에서 공주까지 비도들이 가득 찼으며 서로 연락을 취하고 있다. 소사素砂에도 수만 명 적도가 모였다고 한다. 수원 주재 병사는 2백 명뿐이고 귀병(일본병)도 7십 명뿐이라 감히 전진할 수 없다."[52]고 보고하였다.

일본군 남부병참감은 일본군을 긴급히 출동시켰다. "수원부 근방의 동학당을 쳐부수기 위해 관군이 우리 수비병도 파견해 달라고 요청하여 출발 명령을 내렸다."[53]고 하였다.

관군과 일본군에 밀린 경기지역 동학군들은 충청도 쪽으로 내려갔다. 이천지역 동학군들도 사정은 비슷했다. 이천과 곤지암과 장호원에는 일본군 병참소가 설치되어 20여 명 내외의 병력이 배치되어 있었다. 인근 지역에서 집산을 거듭했다.

9월 하순경 이천읍 인근 사기막골(砂音洞)과 소정리小亭里, 마다리馬橋里 일대에서 동학군이 모여 이천읍을 공격하기로 하였다. 이 소식을 접한 일본군은 즉각 출동하여 동학군을 공격했다. 동학군은 다수의 위력을 믿고 완강히 저항했다. 그러나 화승총과 창칼로 무장한 동학군은 일본군에 대적이 되지 않았다. 『이천독립운동사』는 다음과 같이 기록하였다.

이천에서 동학군과 관군 및 일본군의 전투가 있었던 곳은 부악산(현 설봉산)과 그 뒤쪽 능선 너머에 해당하는 소정리 · 마교리였다. 동학농민군은 관아의 군기고에서 탈취한 화승총이 고작이었으나 일본군은 신식총으로 무장하고 부악산에서 동학군과 전투를 벌였는데 화력이 절대 우세한 일본군들이었다. 부악산을 점령한 일본군과 소정리 · 마교리 벌판의 동학농민군의 전투는 매우 치열했다고 한다(1986년 8월경 이천읍 사음2리 사기막골 申氏 노인의 증언). 수많은 농민군은 밭이랑에 엎드려 신식총으로 무장한 일본군과 총격전을 벌였고 일본군들은 대단한 기세로 밀어 부쳤다고 한다.[54]

경기도 내 동학군들은 이처럼 도처에서 관군과 일본군에 밀려 희생자가 속출하였다. 결국 충청도 쪽으로 내려갈 수밖에 없었다. 경기도 동부지역은 황산黃山과 진천 광혜원廣惠院 쪽으로, 진위지역은 목천木川 세성산細城山 쪽으로, 수원水原 · 남양南陽 · 시흥始興 지역은 내포內浦 쪽으로 갔다.

9월 18일에 해월신사가 기포령이 내리자 진천지역 도학군들은 광혜원에 모였다. 강원 · 경기 · 충청도 동학군들도 합세하여 만여 명에 이르렀다. 『양호우선봉일기』에는 "장리將吏를 보내 동학도의 거취를 탐지하게 했다. 충주 무극장터無極場基와 진천 구만리(九萬里, 廣惠院) 두 곳에 몇만 명이 모여 있다."[55]고 했다.

김구는 『백범일지』에서 "선생에게 하직인사를 드리고 난 뒤 우리는 속리산을 구경하고 귀로에 접어들었다. 돌아오는 도중에 곳곳에서 흰옷을 입고 칼 찬 동학당을 만났다. 광혜원장에 도착하니 수만의 동학군이 진영을 차리고 행인들을 검사하였는데 그곳에서 볼 만한 것은 양반으로 평소 동학당을 학대하던 자들을 잡아와서 길가에서 짚신을 삼게 하는 것이었다."[56]고 했다.

10월 3일에 동학군들은 보은으로 가기 위해 무극장無極場으로 이동했다.[57] 한편 경기 동부 동학군과 강원도 일부 동학군들은 황산에 모였고 충주 신재련辛在蓮(載淵) 휘하의 동학군들은 보들(洑坪)에 모였다. 모두 충의대도소忠義大都所 대접주 손병희의 휘하이다.

괴산서 일본군 격퇴

호서-경기 동학군은 대오를 재편성한 다음 10월 5일에 보은으로 향했다. 무기를 보강하기 위해 괴산읍을 습격하기로 하였다. 6일 아침 괴산읍으로 전진할 때 병력을 두 갈래로 나누었다. 절반은 북쪽 길로 들어가고 절반은 남쪽 길로 들어가 협공하기로 했다.

북쪽 길로 가던 동학군은 괴산읍 북방 6킬로미터 지점인 당동唐洞에 이르렀다. 매복했던 일본군은 일제히 사격을 가해 왔다. 일본군 하라다(原田) 소위는 10월 5일(양11.2)에 괴산에서 동학군이 공격해 온다는 보고를 받고 길목이 좁은 당동으로 나와 포진하고 있었다.

전투는 오래가지 않았다. 동학군의 맹렬한 반격을 받고 일본군은 오전 11시 30분경에 패주하였다. 한편 남쪽으로 들어간 동학군은 수성군이 도망쳐 버려 무혈입성했다. 『주한일본공사관기록』과 『순무선봉진등록』에는 다음과 같이 기록되어 있다.

『주한일본공사관기록』: 지난(11월) 3일(음10.6) 하라다(原田) 소위가 2개 분대를 인솔하고 충주에서 괴산 지방까지 정찰하던 중 적군 약 2만 명을 만나 격전을 벌이다가 다음날(4일) 오전 6시에 충주로 돌아왔다. 하라다 소위 이하 4명이 부상했으며 사병 1명이 즉사했다.[58]

『순무선봉진등록』: 10월 6일에 동학도는 두 갈래로 들어왔다. 일본군 25명은 북쪽에서 동학도가 다가오자 출동했다. 남쪽으로 들어오는 적은 수성군이 맞아 싸웠으나 병력이 적어 버틸 수 없었다. 북쪽에서도 일본군 1명이 사망하였다. 수성군과 부민도 11명이 죽었고 중상자도 30여 명이나 되었다. 5개 동리의 민가도 5백여 채가 불탔으며 공해도 모두 파손되었다.[59]

호서·경기동학군은 일본군과의 첫 전투에서 승리하자 사기가 충천했다. 8일에는 보은 장내리에 이르렀다. 인근 마을 일대에 분숙分宿시켰다. 잠자리가 턱없이 부족하여 천변에 400여 채의 초막을 치고 11일까지 머물었다.[60] 충경포忠慶包와 문청포文淸包의 동학군과 합류한 다음 11일에 청산으로 내려갔다.[61]

해월신사의 출진령

청산에는 영동과 옥천지역 동학군들이 먼저 와 기다리고 있었다. 해월신사는 입을 열었다. "앉아 있으면 죽고 움직이면 산다. 하나같이 용진하라." 하였다. 그리고 "대통령기大統領旗를 써서 손병희에게 주며 호남 동학군과 힘을 합쳐 항일전에 나서라고 명령"하였다.

호서·경기동학군 통령이 된 손병희는 경기 안성포 정경수鄭璟洙를 선봉진先鋒陣으로 삼고, 이천의 전규석全奎錫포로 후군을 삼고, 광주 이종훈李鍾勳포로 좌익을 삼고, 황산 이용구李容九포로 우익을 삼았다.[62]

10월 12일(양11.8)에 호서·경기동학군은 두 갈래로 나뉘어 논산으로 향했다. 옥천·황간·영동지역 동학군은 회덕懷德과 지명芝明을 거쳐 일부는 공주군 장기면長岐面 대교大橋로 진출하였고, 일부는 지명을 거쳐 논산으로 내려왔다.[63] 그리고 손병희 통령이 이끄는 동학군은 영동을 거쳐 논산으로 직행하였다.

『기문록記聞錄』에는 "14일 저녁 6-7만 대진大陣이 청산으로부터 (영동에) 왔다."[64]고 하였다. 유진 중인 동학군 중의 지도자를 거명하였다. 충주 미산포(忠州美山包, 辛在蓮)도 거명되었고 청주의 손사문(孫斯文, 天民)도 거명되었다. 그리고 여주포(驪州包, 洪秉箕) 도인과 안성포(安城包, 鄭璟洙) 도인들도 거명되어 있다.[65]

5. 피의 공주성 공격전

충청감사에 호소문

10월 15일 밤에 전봉준 장군은 손병희 통령이 이끄는 호서·경기동학군이 도착하자 반갑게 맞았다. 그리고 양호창의소兩湖倡義所를 설치하고 공주 공격을 위한 전략을 세웠다. 전봉준 대장과 손병희 통령은 공주 공격과 때맞추어 목천木川과 홍성洪城, 그리고 청주 등 공주성에 인접한 외곽의 요지를 협동 작전으로 공격하도록 했다.

목천·천안·전의全義·진위振威 지역 동학군은 목천 세성산細城山에서 싸우고, 내포지역 동학군과 수원·남양·시흥 지역 동학군은 신례원·예산·홍성을 공격하기로 하였다. 그리고 옥천·영동 지역과 연기지역 동학군은 공주 북방 한다리(大橋)에서 싸우고, 남원의 김개남 대접주 휘하의 동학군과 문의지역 동학군이 연합하여 청주성을 공격하기로 하였다.

전봉준 대장은 공주성 공격에 앞서 양호창의소 명의로 충청감사에게 손을 잡고 함께 일본군을 물리치자는 호소문을 보냈다. "일편단심 변치 말고 두 마음을 품는 자를 쓸어 버리자. 선왕조 500년간 길러준 은혜에 보답하기 위 해 서로 손잡고 일본군을 물리치자."고 하였다.

양호창의영수兩湖倡義領袖인 전봉준은 삼가 호서순상湖西巡相 합하에게 글을 올린다. 천지지간에 사람은 기강이 있어서 만물의 영장이라 한다. 식 언食言하거나 본마음을 속이는 자는 사람이라 할 수 없다. 항차 나라에 어 려움이 있는 이때에 어찌 감히 겉으론 삼가는 척하고 안으로는 기만(外飾內 誘)하며 백일하에 살아가려 한다면 한순간의 목숨이 되리라.

왜구들이 군대를 출동시켜 우리의 군부를 핍박하고 우리의 민려民黎들을 소란하게 만들었으니 어찌 말하지 않으랴. 지난 임진년의 병화에는 오랑캐 들이 궁궐과 묘당을 불태우고 군왕을 욕보이고 뭇사람을 살육하여 백성들 을 모두 분하게 만들었고 천고에 잊지 못할 한을 남겼다. 초야의 필부와 어 리석은 아이들까지도 아직 울분을 참지 못하고 있는데 항차 합하는 세록충 신世祿忠臣으로 평민 소부小夫보다 몇 배나 더할 것이다.

지금 조정 대신들은 일시나마 생명을 보전하려는 마음으로 위로는 군부 君父를 위협하고, 아래로는 백성들을 버리고 왜놈들과 한패가 되어 남쪽 백 성들을 원망스럽게 하고 있다. 함부로 친병親兵을 출동시켜 선왕의 백성을 해치니 이 무슨 짓인가. 무엇을 하려는지 알 수가 없다.

지금 내가 하려는 일은 애초부터 매우 어려운 일이라는 것을 잘 안다. 그 러나 죽더라고 일편단심 변함 없이 나라의 신하가 되어 두 마음을 품고 있 는 자를 쓸어 버리고 선왕조 500년간 길러준 은혜에 보답코자 한다. 합하는 맹성猛省하고 의로써 같이 죽으려한다면 천만 다행이겠다.

갑오년 10월 16일에 논산論山에서 올린다.[66]

그러나 충청감사는 이러한 호소를 외면하였다.

경기 동학군, 서쪽을 담당

전봉준 대장과 손병희 통령은 공주성 공략을 위한 작전을 세웠다. 전봉준 대장 휘하의 병력은 1만 명 정도이고[67] 손병희 통령 휘하의 호서·경기동학군 병력은 5천 명 정도이다. 인근 지역에서 모여든 동학군도 1만 명 정도이다. 기록에는 수십만이라 했지만 실지로 동원된 병력은 2만5천 명 정도로 보는 것이 일반적이다.

10월 20일경부터 대병력은 움직이기 시작했다. 호서·경기 동학군은 노성魯城까지 진출하였고, 호남 동학군은 경천敬川까지 진출하였다. 동서 양쪽을 분담 공격하는 작전을 세웠다. 공격전은 10월 23일부터 시작하였다.

첫 전투는 10월 21일(양11.18)에 김용희 대접주 등이 지키던 세성산성에서 시작되었다. 이두황 휘하 관군과 일본군의 공격을 받고 격전을 벌였으나 불행히도 월등한 화력에 밀려 무너지고 말았다.

공주로 들어가는 길은 동쪽 금강을 끼고 돌아가는 길과 효포 서쪽 골짜기 곰티(峻峙, 熊峙)를 넘는 길이 있다. 그리고 남쪽으로는 오실동(梧谷洞) 뒷산을 넘어가는 길과, 우금티(牛禁峙)로 넘어가는 길, 서쪽 견준봉犬蹲峰과 공주 봉황산鳳凰山 사이로 넘어가는 길, 그리고 금강을 따라 올라가다 하고개로 넘어가는 길이 있다. 전봉준 대장은 동쪽 길을 택했다. 공주성으로 들어가기 쉬운 지점이 곰티였으며 또한 어려운 지점이 곰티였다. 손병희 통령은 우금티와 그 서쪽을 담당하였다. 그리하여 10월 23일부터 호남·호서 및 경기 동학군은 공주성을 향해 출동하였다.

전봉준 대장은 무난히 효포를 점령하고 자치봉까지 점령했다. 관군·일본 군의 지원 병력이 오기 전에 곰티를 넘으려 하였다. 관군의 방어가 견고하여 좀처럼 넘을 수가 없었다. 23일의 공격은 성공하는 듯했으나 10월 24일에 관 군과 일본군이 증원되면서 전세는 달라졌다.

관군·일본군 증원

일본군은 우선 금강진두錦江津頭와 봉수재(月城山)에 1개 소대씩을 배치하 여 동학군의 진격을 차단하였다. 출동한 관군은 모두 810명이다.[68] 그중 홍 운섭洪運燮과 대관 조병완曹秉完은 금강진두에, 참령관 구상조具相祖는 봉수 재에, 성하영成夏永은 곰티에 배치하였다. 『주한일본공사관기록』에는 다음 과 같이 기록하였다.

일본군 제2중대(1소대와 2분대 빠진 120명–필자 주)와 조선군 810명으로 방 어에 들어갔다. 동학군 3천여 명이 곰티와 월성산 일대에서 공격해 왔다. 일본군 2분대로 능암산 적도를 격퇴하고 나서 월성산과 능암산 중간에서 측면과 배후를 공격했으나 쉽지 않았다. 서로 대치한 채 오후 1시가 되었 다. 냉천冷泉 뒷산에 있던 적이 산 위로 이동하자 일본군 중대 병력도 공주 로 철수하였다. 적(동학군)도 일몰이 되자 경천으로 물러갔다.

3일간 전투를 계속하자 식량과 탄약이 떨어지고 피로도 겹쳤다. 또한 한 다리에 포진했던 옥천·영동 지역 동학군들도 10월 25일 새벽에 안성군수 홍운섭의 기습을 받고 무너졌다. 결국 전봉준 대장이 이끄는 동학군은 25일 저녁에 부득이 경천으로 철수하지 않을 수 없었다.

한편 손병희 통령 휘하 호서·경기 동학군은 23일에 이인利仁을 지키던 성하영成夏永 휘하 경리청 관군 350명과 공방전을 펼쳤다. 『순무선봉진등록』에는 동학군이 회선포回旋砲로 공격해 왔다고 하였다.[69] 회선포란 탄환이 총신을 돌아나가는 기관총을 말한다. 아마도 장위영을 이끌고 온 홍계훈이 전주에서 물러갈 때 두고 간 것을 손에 넣은 것 같다.

이인에서 후퇴한 관군은 공주성 방어에 치중하였다. 감영군까지 합하면 1천 명 정도의 병력으로 방어에 임했다. 24일에는 일본군까지 배치되어 3일간 맹공을 가하던 손병희 휘하 동학군 역시 식량과 탄약이 떨어져 25일에 노성으로 후퇴하고 말았다.

그런데 노성에서 다음 행보를 모색하는 사이 11월 1일 홍주성을 공격하던 내포 동학군이 패배했다는 소식이 전해져 왔다. 박인호·박희인 두 대접주가 이끌던 동학군은 10월 20일경에 여미벌에 모였다가 승전곡에서 일본군 80여 명과 관군을 물리치면서 기세를 올렸다. 신례원, 예산을 거쳐 10월 28일에 홍주성을 공격했다. 3일간 공격을 계속했으나 식량과 잠자리 때문에 물러서다가 역공을 받아 무너졌다.

핏물 들인 2차 공격

노성 후퇴 이후 동학군은 10여 일간 움직이지 않았다. 관군과 일본군도 마찬가지였다. 병력의 보충과 식량 확보, 화약 비축 등 여러 가지 준비가 필요했다. 2차 공격은 11월 8일부터 재개되었다. 이인과 무너미에 배치되어 있던 관군을 물리치고 동쪽은 곰티 쪽으로, 서쪽은 우금티 쪽으로 공격해 들어갔다. 『남정록』에는 다음과 같이 기록하였다.

이인역 취병산翠屛山에 파수하였더니 손화중이 과연 상래하여 노성군에 둔취하고…이인으로 작로作路하여 본월(11월) 초8일에 개미 떼같이 결진하고 바람같이 싸서 들어와…취병산을 둘러싸니 포성은 우레 같고 탄환은 우박이 내리는 듯하는지라…바삐바삐 어둡기를 바라나이다.…운무가 산곡을 둘러 원근이 혼암昏暗하야 지척을 불변不辨할지니라.…섶을 모아 불지르고 인하여 제군을 거느리고 번개같이 빠져나오니…적(동학군)의 무리…함정에 든 범이라 하고 일제히 고함지르며 총을 발하면서 산상으로 지쳐 올라가니 아무것도 없이 비었난지라.…본월 초9일 묘시경에 손화중이 과연 대군을 몰아들어 (공주성을 향해) 오는데 포향은 천지 진동하고 기치는 숲 같으니 공주의 위험함이 시각에 있난지라. 손화중이 군사를 십로로 도발하고 저난 공고히 견준봉을 충살하여 와서 서로 다닷쳐 악전惡戰하나 승부를 결단치 못할뿐더러 적의 기세 더욱 호대浩大하여 졸연히 취승就勝키 어려운지라….(손화중은 손병희의 誤記)[70]

관군과 일본군은 동쪽 금강나루에서부터 서쪽 봉황산 일대의 봉우리에 병력을 배치하였다. 즉 금강나루, 월성산, 능치(곰티), 향봉, 금학동, 오실 뒷산, 우금티 우측 봉우리, 우금티 앞 길목, 견준봉, 두리봉(周峰), 봉황산 일대에 방어선을 폈다. 동학군은 관군과 일본군을 공격하기 위해 가파른 산을 올라가야 했다. 『시천교종역사』에는 "경병과 일병은 산 위에서 사격하였다. 교도들은 죽음을 무릅쓰고 전진하며 덤벼들었다.…이용구가 정강이에 총상을 입자 공격해 들어가는 힘이 달려 일시에 무너졌다. 논산포에서 다시 모였다."[71] 고 하였다.

『주한일본공사관기록』에는 "서쪽 동학군이 11월 10일 오후에 무너져 이인 쪽으로 후퇴했다."고 하였다. 동쪽에서 싸우던 호남동학군은 11시가 되어서야 무너졌다고 하였다. 일본군 모리오(森尾雅一) 대위는 우금티 일대에서 지휘하고 있었다. 동학군은 엄청난 피를 흘리면서 수십 차례 공격을 반복하였다. 그러나 힘이 달려 역습을 받고 후퇴하였다.

여산 동학군 지원

동학군의 패인은 무기의 열세에 있었다. 관군과 일본군은 모두 신식 무기인 격발 장치를 갖춘 소총으로 무장하고 있었다.[72] 그들은 동학군을 100미터 밖에서도 정조준正照準할 수 있었으며, 연달아 쏠 수도 있었다. 이에 반해 동학군은 화승총에 불을 붙여 1분씩이나 걸려 쏘아야 했고 30 내지 50미터(50보-편집자 주) 이내가 아니면 명중시킬 수도 없었다.

동학군은 논산까지 후퇴하였다. 작은흙산(小土山)에 진을 쳤다가 곧 전주까지 후퇴하고 말았다. 이때 여산礪山지역 동학군 1천여 명을 최난선崔蘭善이 이끌고 달려왔다.『여산종리원연혁』에 "본군 대접주 박치경 외 최난선…등이 미륵리(또는 마산)에 집강소를 설했다.…11월에 경병으로 더불어 공주, 논산 양처에서 교전했다."고 하였다.

한편 김개남 대접주가 이끄는 동학군도 11월 13일에 청주성을 공격하다 실패하였다. 청주성 공격에는 충청도 동북부 지역 동학군 1만여 명도 합류하였다.『주한일본공사관기록』에는 "12월 9일(음11.13)…1만5-6천 명의 동학도가 청주에서 1.5킬로미터 떨어진 곳까지 진출하였다."고 했다.[73] 청원군 남이면南二面 양촌리陽村里에 이르러 최후의 저항을 해 보았으나 완패하여 해산하고 말았다.

전봉준 대장과 손병희 통령은 11월 18일경에 전주성에 이르렀다. 견고한 성을 이용하여 저항해 보려 했다. 그러나 군량미 마련이 여의치 않아 23일 오후 3천 명의 동학군을 이끌고 금구 원평으로 이동했다.[74] 원평에는 김덕명 대접주가 있었다. 23일부터 다시 인원을 보충하여 대오를 정비하고 식량 등도 마련하였다.

원평전투서 패전

원평전투는 11월 25일(양12.21) 아침에 시작되었다. 일본군과 관군은 전주에서 출발, 24일 오후에 금구로 내려와서 유숙했다. 동학군의 포진 상태를 살피고 25일 아침 일찍 교도대 350명과 일본군 60명이 공격에 나섰다. 교도 중대장 이진호李軫鎬는 다음과 같이 보고하였다.

> 이달 25일 미시(오전 6시경)에 (금구읍에서) 행군하여 원평에 도착하였다. 적도 수만이 나팔소리 한번에 삼면으로 진을 벌려 품品 자 형을 이루었다. 천보의 거리를 두고 서로 포진하였다. 아침 9시경부터 저녁 5시까지 전투를 벌였다.…적은 산상(구미란)에 진을 치고 우리는 들에 있었다.…대오를 동서로 나누어 일시에 밀고 올라갔다. 찌르고 참하며 37명의 적을 죽이자 나머지 무리들은 사방으로 흩어져 도망쳤다. 군기와 물자를 빼앗은 것은 회룡총回龍銃 10병, 조총 60병, 연환 7석, 화약 5궤, 자포子砲 10좌, 도창刀鎗 200병, 미곡 500석, 전錢 30냥, 무명 10동, 소 2척, 말 11필, 쇠가죽 10장, 호피虎皮 1령슈.[75]

전봉준은 원평전투에 이어서 태인전투에서도 패하자 휘하 동학군을 해산하고 말았다. 다만 호서·경기 동학군 일부만 남았다. 『천도교회사초고』에는 "익일 태인, 정읍 등지에서 다시 취합하니 도중이 수십만이라. 장성군 노령(갈재)을 유하여 유진하고 익일에 순창군을 경하여 임실 갈담葛潭으로 행진하니 도중이 피곤함을 불감하더라."고 하였다. 수백 명을 이끌고 정읍 내장산 가을재(秋嶺)을 넘어 임실 갈담에 이르렀다.

『천도교서』에는 "10월 13일 신사 호남으로 행하실 새 임실군…새목터(鳥項里) 조석걸趙錫杰가에 지至하여 머무르시더니…시시是時에 손병희 과연 당도하거늘 영접하여 신사에 배알케 되니 시는 11월 19일(29일의 오기)[76]이러라." 고 하였다. 손병희 통령은 새목터에 있는 해월신사를 모시고 북상 후퇴한 것이다.

용산서 민보군 물리쳐

호서 · 경기 동학군은 12월 1일에 오수獒樹로 넘어와 장수와 무주를 거쳐 12월 9일에 영동까지 진출하였다. 오는 도중 장수에서 지방 민보군과 두 차례 충돌을 했으나 모두 물리쳤다. 영동에 이르자 많은 동학군이 모여들어 수가 늘어났다. 동학군이 영동에 들어가자 군수는 어디론가 도망쳐 버렸다.

김산군수는 동학군이 자기 지역으로 들어오는 것을 막기 위해 정예포수 2백 명을 선발하여 추풍령에 배치하는 소동을 피웠다. 그리고 상주소모영에 "비류 4-5천 명이 무주에서 영남으로 방향을 돌려 이미 옥천 양산陽山 등지에 이르렀으니…상주 소모영병 200명 정도를 파송하여 추풍령에서 힘을 합쳐 막도록 하자."고 청원하였다.

상주 소모영召募營은 다급한 나머지 150명을 선발하여 모서牟西 · 모동牟東을 거쳐 용산장으로 달려갔다. 청주 영병과 박정빈朴正彬이 이끄는 옥천 민보군 450명도 출동하였다. 11일 아침이 되자 동학군은 용산장 서쪽 능선에 올라가 포진하였다. 이날의 전투 상황을 『토비대략』은 다음과 같이 기록하였다.

병력을 3개대로 나누어 전초 50명에게 용산 뒤 골짜기로…반쯤 들어가면 적이 치러 나올 것이다. 이때 거짓으로 패하는 척하고 골짜기 입구로 끌어내라.…전초는 명령대로 길을 따라 반쯤 들어가 적을 만나 교전하였다. 그런데 적이 달아나자 적이 달아난다고 고함을 질렀다. 복병도 덩달아 일어나 달려갔다. 적은 산 위로 올라가 비를 쏟아 붓는 듯 총을 쏘아댔다.…
그만 골짜기 속에 갇히게 되었다.…드디어 후퇴를 거듭하여 수십 리 떨어
진 적도(작도벌)에 이르렀다.…밤이 깊어지자 살며시 율계栗溪로 옮겼다.[77]

『기문록』에는 "11일…상주 병정이 회고치(灰古峙, 돌고치)에서 싸우다 병정
2인이 죽었다. 용산으로 패주하여 와서 가축을 약탈해 갔다. 12일에는 청주
병정도 동문촌東門村 앞에서 전투를 벌이다 패주했다."[78]고 하였다. 회고치는
용산장터 서쪽 능선 지점으로, 동학군이 진을 쳤던 곳이다. 『소모사실召募事
實』에는 좀 더 구체적으로 기록하였다.

11일 아침에 병졸을 인솔하고 용산 후곡後谷에 이르러 곧 전투에 들어갔
다. 적이 후퇴하자 의병들은 산골짜기 속으로 따라 들어갔다. 적의 포군 수
천은 산 위 좌우에 둘러싸고 굽어보며 총을 쏘아댔다. 총알이 비오듯하여
형세가 매우 위급하였다. 의병들은…얼마 후 한발씩 물러서며 동쪽 맞은
편 산에 올라가 방포하였다.…부득이 대오를 수습하여 서서히 퇴진하며 평
지로 유인해 보았다. 적은 역시 매복해 있는 것을 알고 끝내 하산하지 않았
다. 서로 대치하다 저녁때가 되자 드디어 율계(栗溪, 용산서 상주 쪽 40리)로
후퇴하였다.[79]

최후의 북실 전투

관군과 민보군을 물리친 동학군은 13일에 청산으로 넘어와서 15일까지 머
물렀다. 일본군과 관군이 추격해 온다는 소식을 듣고 다시 떠나 16일에 보은
으로 들어가 하루를 머물렀다. 17일 저녁에는 북실로 이동하였다. 이날 밤
많은 눈이 내렸다.

『소모사실』에는 16일 아침 일본군 33명[80]과 상주 소모영군 200명과 용궁龍宮포수 20명, 함창咸昌포수 19명 등 239명이 동학군 뒤를 따라갔다. 야간 공격을 하기로 결정하였다. 지방민들은 처음 전투지가 가마실 입구였다고 한다. 『주한일본공사관기록』은 다음과 같이 기록하였다.

> 17일 오후 10시 30분 상주 한병韓兵 240명은 왼쪽 큰길로, 소관(桑原少尉)은 부하 14명과 이세가와 군조의 1개 분대를 이끌고 오른쪽 산길로 들어갔다.…동학도 약 1만 명이 모닥불을 피워 놓고 몸을 녹이고 있었다.…사격하고 돌입하자 그들은 마을 밖으로 달아났다.…이때가 오전 3시다.…18일 아침 8시경에는 동학군이 함성을 지르며 공격해 왔다.…패주를 가장하여 200미터 가량 후퇴하였다. 그러자 함성을 지르며 맹공해 왔다. 거의 80미터 안까지 들어왔다. 이때 일제히 사격하자 제1선이 머뭇거렸다. 아군은 틈을 주지 않고 돌격하자 그들은 두 갈래로 달아났다.…이때가 오전 10시였다. 적도의 전사자는 3백여 명이고 노획한 무기도 수십 점이었다.[81]

동학군은 화약과 총알이 떨어져 패한 것이다. 이 전투는 경기지역 동학군으로서는 최후의 전투였다. 호서동학군 일부는 되자니로 후퇴하여 최후의 전투를 벌였다. 『천도교서』에는 "보은 북실서…충주 외서촌外西村 되자니(都屛里)에 지至하사 …."라고 하였다.

충청지역 동학군 일부는 12월 21일경 금왕읍 되자니(道晴里)로 가서 관군과 일본군의 공격을 받고 한나절 싸우다가 패하고 말았다. 이날이 바로 1894년 12월 24일(양1895.1.30)이며 이것이 호서동학군의 최후 전투였던 셈이다.

도청리에 사는 정조헌(鄭祖憲=1907년 典校)은 "동학군은 남쪽에서 올라와 3일간 체류하면서 식량과 의복을 조달했다. 이곳 주민이 청주병영에 연락하자 관군과 일본군이 출동하여 무극 방면에서 협공해 왔다. 지세가 불리한 동학군은 건너편 능선으로 이동하여 한나절 응전했다. 끝내 탄환이 떨어져 패주했다."고 하였다.

해월신사를 비롯하여 강시원, 손병희, 김연국, 손천민, 조재벽趙在壁, 이관영李觀永, 박규석朴奎錫, 김연순金演順, 이춘경李春敬, 이국빈李國彬, 손병흠孫秉欽, 정봉학鄭鳳學 등은 각자 흩어지기로 하였다. 이로써 호서동학군도 완전히 해산하고 말았다.

6. 결론

경기지역 동학혁명운동은 전라도와 충청도에 비해 왕성하지 못한 것은 사실이다. 수도와 인접한 지리적인 관계로 관의 지목이 심해 많은 제약을 받았다. 그러나 동학 도인 수가 적은 데 비해 9월 재기포 이후 항일전에서는 다른 지역에 뒤지지 않았다.

경기도 동학혁명운동은 충청도 북부 지역 혁명운동과 아울러서 살펴볼 필요가 있다. 재기포 후 관군과 일본군의 집중적인 공격에 밀린 경기도 동학군은 충청도 북부 지역 동학군과 합류하여 혁명운동, 즉 항일전에 나섰다는 점을 유념해야 한다.

해월신사의 명에 따라 호남동학군과 합류할 때 호서·경기 동학군의 편성을 보아도 알 수 있다. 인원수에 있어서나 지휘자 편성에 있어서 경기지역 동학군은 중요한 몫을 담당했다. 안성포 정경수를 선봉으로, 이천 전규석全奎錫포를 후군으로, 광주 이종훈포를 좌익으로, 황산 이용구포를 우익을 삼았다. 호서·경기 동학군의 핵심은 바로 경지지역 동학군이었음을 알 수 있다. 그리고 괴산전투, 공주성 공격전, 원평전투, 영동전투, 북실전투 등 항일전의 중요한 전투를 치른 주력이 바로 경기지역 동학군이었다. 무관심했던 우리는 좀 더 관심을 기울여 구체적인 연구를 해야 할 것이다.

각종 전투에서 피흘린 동학군의 수는 엄청나다. 그러나 전해지는 이는 극히 일부에 지나지 않는다. 기록으로 남기지 않은 것을 안타깝게 여길 뿐이다. 이두황에 의해 희생된 동학 지도자와 도인은 앞서 소개한 바 있다. 『나암수록』에 수록된 희생자는 다음과 같다.

> 이천접주 이정오李正五, 동학도 서수영徐水榮, 조인이趙仁伊, 원석만元石萬, 김석재金石在. 죽산접주 이진영李臻榮과 따르는 이 11명, 안성접주(首魁) 유구서兪九西, 접주 김학여金學汝, 접주 김금용(金今用, 『오하기문』에 있음), 동학도 박공선(朴公先, 보은에서 체포되어 희생됨), 동학도인 신덕보(申德甫, 懷仁에서 처형됨) 죽산 동학도 박성익朴性益, 접사 최제팔崔齊八, 이춘오李春五 장대성張大成. 수원 동학도(접사) 김내현金鼐鉉, 안승관安承寬.

그 많은 어려움 속에서 살아남아 동학을 재건한 인물 중에는 경기도 출신이 많았다. 홍병기, 임순호, 이종훈, 이종석을 비롯한 많은 이들이 목숨을 걸고 동학 재건에 나섰다. 그러나 지금은 경기도내에 동학혁명운동의 자취마저 찾아보기 어렵게 됐다. 자기가 알고 있는 사실과 갖고 있는 자료를 모아 공유해야 한다. 〈출처: 교사교리연구 제10호(포덕146년 7월)〉

충청도 서부지역 동학혁명운동

1894년 10월 24일 동학군이 일본군 90명 등을 물리친 승전곡 계곡 일대
충남 당진읍 구룡리와 면천면 사기소리가 접한 이곳에 2만여 동학군이 선점하고 있다가
일본군을 공격하여 물리친 최초의 전승지

1. 면천지역서 4월에 기포

충청도 서부 지역에서도, 1894년 4월에 전라도에서 혁명의 깃발이 올려지자 면천沔川 동학군들도 한때 기포한 일이 있었다. 여러 기록을 종합해 보면 운산면 용현리 보현동 이진사를 응징하기 위해 동학군 약 3백 명이 쳐들어 갔었다. 아마도 소작 관계 문제가 아닌가 싶으나 확실치는 않다. 서산의 홍종식은 당시의 상황을 다음과 같이 기술하고 있다.

> 홍종식洪鍾植의 구연口演
> 제일차로 통문을 돌려가지고 홍주 원벌(元坪)에 대회를 열게 되얏습니다. 그때가 갑오년 7월인가 보외다. 어디서 모여 오는지 구름 모이듯 잘도 모여듭디다. 순식간에 벌판을 덮다시피 몇만 명이 모였습니다. 이 소문은 벌써 이진사에게 갔습니다. 이진사는 그만 혼비백산하여 곧 사죄하기로 하고 있는데, 우리는 그의 가까이 개심사란 절로 이진을 하였습니다. 이진사는 그만 백기를 들고 나와 전과를 사죄하고 죽기를 청하였습니다. 항자불사라고 우리는 그를 효유하여 놓아 보냈습니다. 여기서 우리의 기세는 한층 더 높아졌습니다.[1]

홍종식의 구연은 35년이 지난 후에 회상한 관계로 정확하다고 보기는 어렵다. 그중에 '수만 명이 모였다.' 한 것은 많은 사람이 모였다는 뜻이며, '7월인가'라 한 것은 4월을 잘못 회상한 것이다. 김윤식金允植의『속음청사續陰晴

史』는 그 당시에 목격한 기록이므로 비교적 정확하다고 본다. 여기서는 4월 9일에 1백여 명이 개심사로 넘어 갔다 했다.

『속음청사』 4월 9일 기사

어제 동학도 백여 명이 원평 마을에 와서 자고 오늘 개심사로 향하였다. 아침에 일어나 보니 개심사로 가는 동학도들이 끊이지 않았다. 알아보니 보현동 이진사가 평소 동학을 심하게 배척하여 동학도들이 원한을 품고 개심사에 모여 회의한 후 그 집을 부수리라 한다. 내포에는 동학도가 매우 적었으나 지금은 가득차서 날이 가고 달이 갈수록 엄청나게 늘어나니 이 역시 시운이니 매우 통탄스럽다.[2]

'평소 동학을 심하게 배척하여 동학도들이 원한'을 품은 것에 기인한 것으로 설명하고 있으나 동학 탄압은 이진사뿐이 아니었다. 보수 세력 대부분이 동학을 배척하고 탄압해 왔으므로 이진사에 국한하여 응징하려 한 것은 또 다른 이유가 있었다고 보아야 한다. 원근 20여 리에 거주하는 동학도들이 원평에 모였다가 다시 개심사로 이동하여 회의까지 열고 쳐들어 갔다는 점을 고려하면 색다른 이유가 있었을 것이다.

이진사집 습격 사건은 그것으로 종결된 것 같다. 그러나 각지에서 나름대로 지주나 유생 등 수구세력에 대한 위협 행위는 끊이지 않은 것으로 여겨진다. 그에 대응한 민중의 사기는 점점 높아만 갔으며 이들은 동학에 들어오기 시작했다. 김윤식도 이 사건이 터진 이후 많은 사람들이 동학에 몰려들기 시작했다고 지적했다.

원래 내포지역에는 동학 세력이 약했는데 1893년 3월 보은집회 이후부터 늘어났으며 1894년 5월부터 급격히 늘어났다. 그래서 '촌촌설포인인송주'라 했다.[3] 이 지역의 동학조직은 "덕포의 박도일(朴道一=寅浩, 龍浩)과 예포의 박희인(朴熙寅, 德七), 목포의 이창구, 아산포의 안교선, 산천포의 이동구 대접주 또는 수접주 등이 대표적이다.[4] 홍종식의 증언에도 "하층계급에서 불평으로 지내던 가난뱅이, 상놈, 백정, 종놈 등 왼갖 하층계급은 물밀듯이 다 들어와 버렸다."고 했다.[5]

1894년 6월에 이르러 일본군의 궁궐 침입을 계기로 동학군의 활동은 다시 가열됐다. 나라의 주권을 유린한 일본군 응징을 내세우며 격렬하게 움직였다. 『대교김씨가갑오년피란록』에 의하면 여러 곳에 도소를 세우고 "근처 동비들이 날이 갈수록 치열해져 경내에서 봉욕 당하는 집이 십중팔구는 된다."고 했다. 아마도 동학군은 이 일대를 장악하고 악질 양반이나 지주들을 응징하는 혁명 사업을 단행한 것 같다. 그러나 이 단계에서는 관아만은 손대지 않고 있었다는 점이 주목된다.

7월에 이르자 동학도의 활동은 더욱 치열해졌으며 양반이나 부호들은 피란길에 나서는 사람이 늘어났다. 『대교김씨가갑오년피란록』에는 "동학도들의 습격이 두려워 송산 이도정가의 대소 여러 집들이 피란에 나섰으며 어제는 공림댁 전 가족도 남부여대하고 피란길에 나섰다."[6]고 했다. 필자인 김씨도 "7월 23일에 피란길에 나섰다."고 한다

이상에서 보는 바와 같이 충청도 서부 지역의 동학혁명운동은 4월 초에 일부 지역에서나마 움직이기 시작했고, 6월에 들어서자 조직을 본격적으로 강화하여 7월부터 보수 세력들을 응징하는 단계로 발전시켰음을 알 수 있다. 보수 세력들은 동학 세력에 밀려 관망하거나 피란하는 처지에 놓여 있었다. 그러나 9월에 이르면서 동학군에게 불리한 국면이 전개됐다. 즉 청국군을 완전히 물리친 일본군이 동학군에게 총부리를 돌리기 시작했으며 이에 따라 관과 보수 세력들은 역습을 시도하기에 이르렀다.

문장준과 조석헌은 9월부터 서산과 태안의 군수와 방어사가 동학 탄압을 시작했으며 대두목 30여 명을 처형키 위해 구속했다고 증언했다. 즉 "기시基時에 본 군수는 신백희(申伯禧, 百熙)요 태안 방어사는 김경제(金景濟, 慶濟)라. 태안·서산·해미 동학도를 일체로 귀화시킬 작정이더라. 약불연즉 '두목을 다수 참살하면 어찌 진압되지 않으랴' 주의하고 병정과 관군을 처처에 발송하여 기중 대두목으로만 30여 인을 차등지의 괴수라고 착래捉來 엄형 수옥하니라. 세 고을 관내 접중은 위난에 봉착했다."고 했다. 이런 일로 동학도들은 도처에서 탄압받기 시작했다.

사태가 급박해지자 덕포와 예포 대접주는 대도소가 있는 보은으로 달려가 어떤 조치를 취해야 한다고 요청했다. 충청도 일원에서 똑같은 일이 벌어지고 있으며 한편 전라도에서 전봉준 장군이 재기포를 서두르고 있는 터라 대도소에서는 전후 대책을 의논하게 됐다. 결국 신사 해월 최시형은 9월 18일(양10.16)에 왜놈을 물리치기 위해 일제히 기포하라고 전 동학군에게 명령을 내렸다.[7]

2. 서산·태안·해미성 점령

기포 명령이 덕산과 예산에 도달한 것은 9월 27일(양10.24)경이었다. 각포 도소에서는 산하 관내에 명령을 전달하니 서산에는 9월 28일에 도달했다. 다른 지역도 같은 날 명령을 하달받았다. 그리하여 서산과 태안 그리고 해미에서는 10월 1일을 기해 일제히 기포하기에 이르렀다. 문장준과 조석헌은 서산과 태안에서 기포한 경위를 다음과 같이 소상하게 증언하였다.

본포本包에서 징을 울리면 그 소리를 듣고 일번으로 응성하며, 일제히 오포훔包 관내는 일시에 전광과 같이 회집하며, 일편으로 각처 갇힌 두목을 구출하기로 약속하니 9월 그믐이라.…급보를 접한 접주 장성국은 이북면 포지리에서 밤에 불을 들고 10리 갯벌을 달려 원북면 방갈리 접주 문장로 집까지 오니 사방에 치보馳報하여 모인 교도들은 접주 장성국·문장로·김군집·최맹춘, 접사 조응칠·문재석·문구석, 도집 문장준·이광우 이하 문장권·문준보·문성렬·강인성·안인묵·안현묵·김성칠·김공필·강운재·김가열·문장의 외 수십 명이 회집한 중 이치봉을 북부대장, 안현묵을 기수대장으로 정하고 기치를 들고 행진하니 각처 도인이 합세, 수백인이 일차로 태안읍으로 운집하니 기 익일은 10월 1일이라. -『문장준역사』중에서

서산에서도 태안과 같이 10월 1일 오정에 읍내로 모여 들었다. 홍종식은 "사면팔방에 사발통문을 돌리니 어찌나 빠른지 지금의 전보와 같았다."[8]고 했다.

『조석헌역사』10월 1일조
익일은 즉 10월 1일이라. 평명平明에 소위 안무사와 서瑞·태泰 군수가 착수한 동학 두목 30여 인을 일체로 장대將臺로 착입捉入 궤좌跪座 후 우로 무사武士와 역졸을 나열하고 방재方在 참살지제러라. 차경을 문하고 일반 교도가 풍운과 여히 수수만 명이 집합하니 기 대세가 불가성언이라 돌입관 정하야 일편으로 안무사와 서·태 군수를 일체로 박지타지縛之打之하야 당석當席에 타살하고 일편으로 동학 두목 30여 인을 해구解求 출생이러라.[9]

서산·태안 동학도들은 10월 1일에 관이 처형하려는 두목을 구출하기 위

해 서둘러 기포한 것 같다. 격분한 동학도들은 안핵사와 군수를 처형하고 관속들의 집에 불을 질렀다. 홍종식은 "군수의 목을 베어 쑥국대에 매어달고 관아와 관속들의 집에 불을 놓아 온 거리가 연기에 잠겼다."고 했다. 그리고 문장준도 "관아를 대파하고 일변 수옥되었던 여러 사람을 석방했다."고 했다. 『순무선봉진등록』에는 다음과 같이 기록하고 있다.

10월 초1일 자시에 비류 수천 명이 성중으로 돌입하여 동헌과 공해를 부수었다. 사또는 그들에게 살해당했으며 인부도 탈취되었다. 이방 송봉훈도 곧 타살당했다. 호적을 비롯 각종 공문서는 불질러 버렸고 곳간을 부수고 군기와 공납전을 탈취해 갔다. 이방과 교졸의 가옥들도 남김없이 부숴 버렸다. 한 달간 읍에 머물면서 인민을 살해하며 때로는 다른 고을로 흩어졌다가 다시 모이기도 했다.[10]

일단 자리를 잡은 서산과 태안 동학군들은 10월 초순경부터 해미지역을 위시하여 여러 군현에 출동, 도소를 설치하고 지역을 장악하는 데 지원을 아끼지 않은 것 같다. 아산군수의 보고에 의하면 "10월 5일 사경에 덕산포라 칭하는 동학도 수천 명이 총기를 갖고 방포하며 읍에 돌입, 공관을 부수고 관리를 협박하여 군기고에서 병기를 약탈했으며 민가의 재산도 약탈했다. 이튿날 아침에 신창으로 떠나 지루동에 둔취했다. 후에 들으니 대진을 발동하여 당진과 내포로 갔다."[11]고 했다.

10월 25일자로 김윤식이 일본공사에게 지원을 요청한 서한에도 내포 일대가 동학군의 수중에 들어갔음을 보여준다. 즉 "내포의 적賊 이창구는 많은 적도들을 옹호하고 숭학산으로 식량을 공급하였습니다. 그러나 적도들이 이곳에 주재하고 있기 때문에 조운漕運이 불통되고 있습니다."[12]라고 했다.

10월 7-8일경에는 동학 세력이 강했던 곳의 도소 설치가 거의 완료되었다고 보인다. 이때 엄청난 민중이 동학으로 몰려들었으며 그 세력은 천하를 뒤흔들 것 같았다. 그러나 많은 인원을 통솔하는 데는 여러 가지 한계가 나타났다. 이에 대해 『조석헌역사』는 다음과 같이 기술하고 있다.

> 목소木巢 대도회소에서는 10여 일 사무에 오도吾道 운수가 이개지시已開之時 고로 사세지운이 여세동귀라. 물외지인物外之人 모산지배模散之輩 수천만인이 오도에 신입新入하와 수도지심修道之心은 만무일萬無一이오 단사불법행위但事不法行爲로 능봉사채勒捧私債와 늑굴인총勒堀人塚이며 지어집마집곡至於執馬執穀으로만 위주하니 시가위인종양민호是可謂人種良民乎아.[13]

3. 수만 동학군 여미에 집결

충청도 서부 지역을 동학도에게 장악 당하자 정부와 일본군은 동학 토벌작전을 미룰 수가 없었다. 군대를 파견하여 10월 10일 이후부터 본격적으로 동학군 토벌에 들어갔다. 충청도 서부 지역에서는 유일하게 남은 홍주성을 거점으로 각 군현의 병력을 소집하는 한편 유회군을 조직하고 일본군을 불러들여 병력을 증강했다. 그리하여 제일 먼저 예포의 거점인 목소의 동학도소를 습격했다. 『조석헌역사』에는 다음과 같이 기록했다.

> 동(소=10월) 11일 미명에 홍주군수 이승우는 일병日兵 3백 명과 병정兵丁 수백 명과 유회군 수천 명을 솔率하고 목소 대도소 대진을 공격이어늘 피차 상전하기를 두세 시간에 이르도록 접전하다가 교도가 먼저 대패하야 산지

사방하오매 저들은 승승장구하야 대도소 사무실까지 돌입 동리洞里하와 당처當處마다 몰수충화沒收衝火하였으나 막지교도후세莫知教徒後勢 고로 즉위 퇴거러라.…교도난 수수만 명이로되 군율이 미성하고 용병用兵이 미달지고未達至故오나 대전 이삼 시간에 교인은 일인一人도 상해 사망이 무하였으나 피배는 살륙이 2명이오 중상이 3명이라 하더라.[14]

대접주 박인호와 박희인은 목시에서 후퇴하자 각지 접주들에게 우수한 포수를 물색하여 30여 명의 부대를 만들었다. 그리하여 10월 15일(양11.12)에 4명의 두령급 접주를 대동하고 동학군이 많은 태안으로 갔다. 이미 박인호와 이창구 등 대접들과 협의한 결과 여미에 서부 지역 전 동학군을 집결시켜 대공세를 펴기로 했다. 이 대결전을 성사시키기 위해서 독려차 간 것이다. 『조석헌역사』에는 다음과 같이 기록하고 있다.

일반교도의 소원이 당차지시當此之時하와난 충남 동도東道를 일처에다가 회집경립會集更立하야 후회가 없게 하자 하오나 천사만념千思萬念하여도 좌우가 난편難便이로대 부득이 욕파불능欲罷不能이라. 동(소=10월) 15일에 포군 30명과 두령 3, 4명을 솔하고 즉입 해·서·태 동도진東道陳하야 전후 사실을 설유하고 대회 일진을 통(統)히 합세하니 오십여만중五十餘萬衆이 성成하였더라.[15]

10월 18일경부터 출동한 각 군현 동학군들은 여미벌에 당도하여 초막을 치고 유진하기 시작했다.[16] 태안과 서산 동학군들도 23일에 여미로 출동했다. 『조석헌역사』에는 '23일에 해미군 구밀리에서 유진 숙소한 후 다음 날인 24일에 행군하여 대진이 하오 신시申時경에 해미(승전곡)'에 당도했다 하며,

『문장준역사』에는 '23일에 해미에서 진을 이동하여 동 24일에 여미에 주둔하니…'라 했다. 즉 23일에 떠나 24일에 여미벌에 도착한 셈이다.

각지에 출동한 동학군은 24일경에 여미로 수만 명이 집결했으며 상당수의 인원이 무기도 갖추었으며 야포도 수십문이나 보유하고 있었다 한다.[17] 이때 기포 참전한 접주급 이상자는 대략 다음과 같다.

신창: 김경삼, 곽완, 정태영, 이신교

덕산: 박인호, 이군자

덕산 동면: 김흰배, 이종고, 최병헌, 최동신, 이진해, 고운학, 고수인

당진: 박용태, 김현구

서산: 장세헌, 장세원, 최극원, 장세화, 최동빈, 안재형, 안재덕, 안재봉, 박인화, 홍칠봉, 최영식, 홍종식, 김성덕, 박동현, 장희

태안: 김병두

홍주: 김주열, 한규하, 한규복, 황운서, 김양화, 최준모

예산: 박희인

면천: 이창구, 한명순

안면도: 주병도, 김성근, 김상집, 가영로

해미: 박성장, 김의형, 이용의, 이종보,[18] 박윤일, 옥출곤, 문학준, 이병호, 김낙연[19]

면천: 이화삼

홍성: 김영필

결성: 천대철

아산: 안교선[20]

동학군의 움직임을 주시하고 있던 일본군은 10월 23일(양11.20)에 "여미 부근 고지와 해미성에서 동학군의 공격을 받아 사력을 다해 방어 중이라."는 연락을 받았다. 일본군 아까마쓰(赤松國封) 소위는 1개 소대와 1개 분대를 이끌고 출동했다. 한편 동학군도 일본군이 온다는 소식을 듣고 진지를 승전곡으로 이동했다. 동학군은 처음 맞는 일본군을 물리치기 위해 지형이 유리한 곳을 택한 것이다.

4. 승전곡 전투

승전곡은 당진군 면천읍 사기소리에서 서쪽으로 구룡리까지 약 3킬로미터 지점의 좁은 계곡을 말한다. 옛날부터 이곳을 승전곡이라 했는데 그 유래는 알 길이 없으나 계곡의 북쪽에는 이배산(離背山, 220미터)이, 남쪽에는 웅산(雄山, 253미터)이 솟아 있어 능선을 지키면 어떤 병력도 통과하기 어려운 요충지다. 동학군 약 2만 명은 이곳을 선점하고 일본군의 공격에 대비하고 있었다.

면천읍에서 아침에 출발한 일본군은 오전 10시경에 나무고개를 넘어 사기소리로 향해 들어왔다. 이곳을 지키던 동학군 일부는 일본군이 사격하자 능선으로 올라갔다. 일본군은 계곡에 당도하자 1개 분대를 능선으로 올라가게 하고 주력부대는 계속 골짜기로 공격해 왔다. 이때부터 동학군과 일본군은 치열한 공방전을 벌였다. 몇 시간 싸웠으나 불리해진 일본군은 후퇴하기 시작했다. 이때의 전투 상황 보고를 요약해 보면 동학군은 대승을 거두었다.

승전곡부근전투상보(勝戰谷附近戰鬪詳報, 1894.11.21)(요지)
1) 1개 소대와 2개 분대(필자 주--약 90명), 한국병사 34명이 참가했다.

2) 11월 21일(음10.24) 아침에…모든 병사의 배낭을 말에 싣게 하고 여미읍을 향해 전진했다.

3) 오전 10시경에 총소리를 듣고 제3분대를 승전곡 서쪽 고지로 보내 수색케 하고 지대는 전진했다.

4) 전방 1천5백미터 벌판에 10여 명의 동학군을 발견하고 계속 전진, 승전곡 좁은 골짜기 서쪽 고지에 이르렀다. 5백미터 전방 밭에 4-5백 명의 동학도가 깃발을 날리며 있었다. 일제 사격을 가하니 사방으로 흩어졌다. 11시 30분경 그곳으로 전진 점심을 먹게 했다.

5) 12시 30분 한국 병사 34명을 서쪽 산길로 전진시키고 제2, 제3, 제4분대 27명을 오른쪽 산길에 배치하고 나머지를 본대로 삼아 본도本道로 전진시켰다. 이때 전방 양 고지 일대에 1만5천여 명이 깃발을 날리며 방어하고 있었다. 1개 분대로 하여금 오른쪽을 경계케 하고 본대(2개분대 반)는 흩어져 6백 미터 앞으로 전진했다.

6) 하오 3시 30분경에 오른쪽 산길로 전진하던 한국 병사가 퇴각해 왔다. 산상에서 수천 명 적군이 사격하는데다 서풍을 이용 산과 들에 불을 지르니 그 연기와 불길로 퇴각했다. 오후 4시 전군을 후퇴시키자 적의 반격은 맹렬했다. 본대는 오른쪽 시냇물을 따라 후퇴하여, 승전곡의 좁은 곳을 일퇴일지一退一止하며 빠져 나와 면천까지 퇴각했다. 어찌할 방도가 없어 퇴각을 속행, 오후 10시 덕산으로 들어갔다. 22일에는 홍주로 퇴각했다.

7) 퇴각할 때 유실한 물품은 78명 분의 배낭, 상하 겨울 내의, 밥통, 구두, 그리고 쌀자루와 휴대식량 312식분이었다.[21] 적도 전사자 3명, 부상자 미상이며, 소비탄약은 612발이었다.

홍종식의 구연과 『조석헌역사』에도 승전곡전투에서 일본군이 대패한 상황을 기록하고 있으나, 전후 상황이 자세치 않다. 조석헌은 동학군이 승전곡을 지날 무렵 일병 4백 명과 병정 5백 명 그리고 유회군 수천 명이 중로에 복병했다가 돌출하여 전투가 벌어졌다고 했다. 그리고 일·한병 10여 명이 중상하자 대패 도주했다고 하였다. 이 기록은 일본 측 기록과 큰 차이를 보인다. 『대교김씨가갑오년피란록』에는 이날 친척들과 뒷산에 올라가 전투 광경을 바라본 것을 기록하고 있다.

『대교김씨가갑오년피란록大橋金氏家甲午年避亂錄』

…병정들이 출전 모습을 보고자 친척들과 뒷 봉우리에 올라갔다. 바라보니 금일 미명에 이미 여미로 출발했다. 종일 포향이 끊이지 않으며 연기와 불길이 하늘을 덮어 살기가 가득하고 햇빛도 어두웠다. 나는 (관군의-편집자주) 승전 소식이 들려오기를 바랐다. 오후에 쌀을 지고 읍에 갔던 사람이 돌아왔다. 이르기를 "여미로 출병했던 병정들이 승전에 당도, 겨우 일진을 파하고 검악 후봉에 이르니 몇만명 대진이 나타나자 기가 질려 총 한방 못쏘고 즉각 퇴병했다." 한다.…얼마간 지나자 승전곡 기슭에서 포성과 함성이 천지를 진동하고 화염이 골짜기를 메웠다. 얼마인지 모르나 만여 명 비류가 산과 들을 짓밟으며 면천읍으로 달려들어 갔다.

산상에 포진하고 있던 2만여 동학군과 계곡으로 공격해 들어오던 1백 명 정도의 일본군은 12시 반부터 3시 반까지 약 3시간에 걸쳐 공방전을 벌였다. 그 결과 일본군이 일방적으로 패하고 말았다. 단숨에 면천읍으로 쳐들어간 동학군은 일본군이 합덕으로 후퇴하자 이를 추격 25일에는 구만포까지 진출했다. 예산군 고덕면 구만리에 있는 구만포는 이 일대의 양곡을 실어 나르던 중요한 뱃길의 하나다.

동학군은 신례원과 예산·삽교 그리고 덕산·갈산 일대를 장악하기 위해 26일 아침 신례원으로 진출했다.[22] 당시 관군과 일본군은 노도처럼 밀려오는 동학군을 막기 위해 신례원에서 막아 보고자 모험을 감행했다. 그러나 동학군의 월등한 병력에 빌려 패하고 말았다.

5. 신례원전투서도 대승

『천도교회사초고』에서는 신례원에 모인 동학군이 약 5만 명이라 했다. 최소 3만 명은 되었다고 본다. 승전곡전투에서 승리했다는 소식을 들은 민중들은 앞다투어 신례원으로 달려와 동학군에 가담하여 3만 명으로 늘어난 것이다. 충청 서부 지역 동학군은 모두 이곳에 모였으니 그들이 주둔한 지역은 약 3킬로미터나 됐다.[23]

11월 5일 이곳을 거쳐간 이두황은 당시 동학군이 유진했던 자리를 보고 기록으로 남겼다. 즉 "예산 창말에서 요기를 하고 10리를 더 가 예산 역말(驛村)에 당도하여 유숙했다."고 했다. 이곳이 바로 관작리 일대로서 동학군이 머물러 있던 곳이다. "수 리에 걸쳐 짚이 깔려 있고 곳곳에 불탄 자국이 널려 있어 행적이 낭자했다. 토민을 불러 물어보니 '지난달 26일에 비류 수만이 이곳에 와 주둔했다가 홍주 관군과 접전하여 관군이 패하니 피해자가 1백여 인이나 됐다.'고 했다."[24]

25일 밤 이곳에서 동학군 대접주들이 모여 앞으로의 대책을 협의했다. 그러나 의견이 양분되어 수습하기가 어려웠다. 한쪽은 신사 해월 최시형이 있는 청산으로 가서 합류하자는 것이고, 한쪽은 이곳을 떠나면 남은 가족이 학살 당할 것이니 머물러야 한다는 것이다. 결국 청산으로 가자는 쪽과 머물러 있어야 한다는 쪽으로 갈렸다. 『조석헌역사』는 다음과 같이 기록하고 있다.

25일에 예산군 금평면 신례원 후평에서 유진 숙소할 시에…진중에 하령하되 "우리 동학도의 진은 저들 군졸과는 같지 않은지라. 충남 접포 중이 이곳에서 개회하였으니 명일에 법소法所에 들어가서 장석(丈席, 神師 海月 崔時亨) 분부를 봉승하야 선위善爲 조처하리라." 하고 군령을 대진 중에 설유하고 유진하였더라.…도인 2-3인을 솔하고 심야토록 일진을 순회할 시에 한 곳을 지나다 들은즉 어떤 접중에서 상론하되 "아까 예포 대접주가 하령하기를 명일에 대진을 이끌고 법소에 들어가기로 작정하니 이 진이 약 십일만 충남 등지에 없는 경우에난 충남도가 늙은이와 약자들은 한 사람도 살아날 사람이 없을 테니 명일 조조에 우리가 먼저 주장하고 진중에 호령하되 부모처자를 생각하는 도인은 노하路下로 회하고, 불고부모처자하난 자는 부동하라 하자."고 약속을 정하옴을 들은즉 식은 땀이 등줄기를 적시었노라. 종야토록 전전불매輾轉不寐하고 다음 날 아침에 다시 규모하기로 생각하니….[25]

양분된 의견을 조정하지 못하면 큰 혼란이 일어날 지경에 이르렀다. 그러나 동학군 진영의 의견 대립은 26일 아침이 되자 관군의 습격으로 없어지고 말았다. 즉 홍주목사 이승우가 관군 1천여 명을 동원, 동학군을 선제 공격해 오자 곧 전투에 들어감으로써 일소됐다.

이승우는 동학군이 신례원에 도착하자 이를 격퇴할 계획으로 예산·대흥·홍주 세 고을에서 의려(義旅=의병)들과 토병을 동원했다.[26] 26일 미명에 유회장 김덕경 등 10여 인으로 선봉에서 지휘토록 하여 빙현氷峴 상봉에 올라가 대포 수십 문을 포진하고 동학군을 공격했다. 놀란 동학군은 멈칫했으나 불과 1천 명에 지나지 않음을 알고 곧 반격에 나섰다. 3만 동학군이 겹겹이 포위하고 반나절이나 집중 공격했다. 관군은 1백여 명의 사망자가 발생

하자 패주하기 시작했고,[27] 뒤따라 왔던 일본군도 관군이 무너지자 저항할
생각을 포기한 채 홍주성으로 후퇴하고 말았다. 일본 측 기록에도 패전 사실
을 기록하고 있다.

어제 23일 오전 6시 예산과 신례원에 동학도가 모여 있다는 것을 듣고,
홍주의 민병 약 1천여 명이 이를 격퇴할 목적으로 먼저 떠난다고 우리 소
대에 알려 왔다. 그래서 곧 저녁밥을 준비, 출발하여 역리의 고지에 이르렀
다. 이때 선발했던 민병이 포위 당해 패해서 퇴각하고 있었다. 적병 2만은
고지를 점거하고 그 밖에 5천 명쯤은 중앙의 밭에 위치해서 점차 예산을 향
해 경성으로 행진하려는 상황이었다. 적군은 나날이 증가하고 있다.…한국
병사 30명이 딸려 있기는 하나 겁을 먹고 있어서 아무 소용이 없었다.[28]

관군을 무너뜨린 여세를 몰아 동학군은 예산으로 진입, 관아를 습격한 후
덕산 쪽으로 이진했다. 『순무선봉진등록』에도 "비류 수만 명이 예산과 신례
원에 둔취하자 예산·대흥·홍주 세 고을의 의병과 사병으로 접전했으나 관
병이 패해 흩어지니 비류는 곧 예산으로 들어왔다."고 했다.

27일 동학군의 주력부대는 삽교천 일대에 유숙했다. 『양호선봉진일기』
11월 초6일자에는 "묘시경(7시경)에 떠나 덕산읍으로 향하여 10리를 행군했
는데 길가의 주막들은 거의 빈집이었다. 또한 많은 집이 불에 타 보기가 처
참했다. 이것들은 동학도의 집이라 하며 유회소에서 불질렀다 한다. 덕산 삽
교천변에 이르니 지푸라기가 연달아 깔려 있고 빈 볏섬도 널려 있었다. 불을
피운 자국과 밥 지은 흔적이 수 리에 걸쳐 있었다." 했다.[29]

이날 저녁 사기충천한 동학군은 작전회의를 갖고 홍주성 공격을 결정했
다. 관군은 물론 일본군의 신식 무기도 두려울 것이 없었다. 그리하여 28일

오후에 전군을 홍주성으로 출동시켰다. 이날은 대신사 수운 최제우의 탄신 60주년 기념일이었다.[30] 오전 11시경에 각각 탄신기도식을 마친 후 점심을 먹고 서서히 홍주성을 향해 움직이기 시작했다.[31]

덕산에서 홍주성까지는 10킬로미터 정도라 오후 1시에 출발한 동학군은 오후 4시경에 성 외각에 당도, 포진에 돌입했다. 산과 들을 메우고 밀려오는 동학군에 질린 일본군과 관군은 처음엔 성 밖에서 동학군에 맞서 도전해 보았으나 기세에 밀려 성안으로 들어가 방어에만 주력했다. 『주한일본공사관기록』에는 자세하게 다음과 같이 기록하고 있다.

홍주부근전투상보(洪州附近戰鬪詳報, 1894.11.25)

곧 홍주성에서 제2소대 제4분대를 동·북문에, 제3분대와 제3소대의 제1분대를 서문 앞에서 빙고氷庫 언덕에 걸쳐 배치했으며, 제5분대를 북문 왼쪽에, 제3소대의 제2분대를 서·남문 중앙으로 산재하고 빙고 언덕에 있는 우리 군의 퇴각을 엄호할 것을 명령했다. 또 제1분대를 응원부대로 하여 남문 뒷쪽 약 3백 미터를 두고 적의 내습을 기다렸다. 그리고 한국 병사를 8명씩 나누어 각 문의 일본 병사 사이에 섞어 배치했다. 오후 4시 적은 덕산가도 왼쪽 고지의 진지를 점령했다.

오후 4시 25분 적의 한 부대는 빙고 언덕을 향해 전진해 왔다. 4백 미터 전방에 있는, 수확이 끝난 논으로 접근해 오자 언덕 위에 있던 우리 군이 몇 번 일제사격을 퍼부어 적 수 명을 쓰러뜨렸다. 적은 잠시 머뭇거렸으나 자기 편의 인원이 많은 것을 믿고 끝내 빙고 언덕까지 전진해 왔다. 중과부적으로 언덕 위에 있던 분대는 퇴각하여 서문의 오른쪽과 왼쪽에 의지해 가까이 다가오는 적을 저격했다.

이 제5분대는 덕산가도 서쪽 북문 앞 가까운 고지에 있는 적을 향해 일제사격을 세 번 가했다. (거리 8백미터) 적은 이 사격에 놀라 두 대로 갈라져 도로 동쪽 고지 숲속에 진을 쳤다. 북문에 배치했던 홍주병이 대포 2발을 발사했으며 그 거리는 3백 미터이다. 흩어져 숲속으로 들어갔던 적은 갈라졌던 두 대열을 합쳤다. 제2분대가 이때 또 일제사격을 가해 적의 기세를 꺾었다.[32]

홍주성의 공방전은 일차로 성 밖에서 시작됐다. 동학군은 먼저 홍주성 서쪽에 있는 빙고 언덕의 일본군을 향해 공격해 들어갔다. 몇명이 쓰러졌으나 계속 공격하자 일본군은 이곳을 내주고 후퇴하고 말았다. 한편 홍주성 북쪽 일대의 능선도 동학군이 완전히 장악했다. 초전에서 동학군은 일본군을 압박해 들어가는 데 성공했다.

덕산에서 홍성 북쪽 언덕을 넘어오던 동학군은 향교 유생 7명이 반항해 오자 격분하여 이들을 처단했다.[33] 그리고 이 일대에 유진하면서 공성攻城 대책을 마련하고 있었다. 일본군은 3백 미터의 거리에서 일제사격을 가해 왔으나 동학군의 화력은 유효 거리가 30미터 정도이니 반격이 어려웠다. 그래서 수십 문의 대포로 응전했다. 『조석헌역사』에는 "북문 밖 향교촌 후현後峴 등지에 유진하고 홍주성문을 파괴하고자 요지처에다 대포 수천 개 수首와 단총 수만 개를 일시로 발격 공지攻之하되 요지부동이라."고 했다. 대포가 수천 수라 했으나 과장이고 2-30문은 있었던 것 같다. 이 대포도 별다른 효과가 없었다.

동학군은 맹렬히 공격했으나 성문을 부수지 못했다. 그러자 결사대를 조직하여 투입하기로 했다. 차상찬은 잡지 『개벽』에서 "부득이 수만의 결사대를 조직하여 박덕칠은 동문을 파하기로 하고, 일반 결사대는 인가에서 누만 累萬 속束의 고초를 가져다 성외에 적치積置하고 성을 월越하여 격격擊하려고 결의했다."[34] 한다. 결사대는 둘로 나누어 조직, 한 부대는 동문을 공격케 하고 한 부대는 성을 넘기로 했다. 저녁 6시경에 날이 완전히 어두워지자 일제히 성을 향해 돌진했다.

그러나 일본군과 관군은 성밑에 쌓은 볏짚더미에 불을 지르니 오히려 기어 오르던 동학군이 역으로 화공을 받게 되었다. 불빛이 환한 가운데 일제 사격을 가해 오니 많은 동학군이 쓰러졌다. 볏짚을 쌓아 성을 넘으려는 작전은 완전히 실패했다.

동문인 조양문을 공격해 들어가던 결사대도 40미터 지점까지 접근하는 데 성공했으나 조양문 공격은 실패했다. 근거리에 육박하여 대포로 공격했으나 요지부동이었다. 성문 밖 민가는 공격하는 은폐물이 됐으나 일본군이 불을 지르자 낮과 같이 밝아 동학군은 노출되어 일제사격을 받게 되니 수백 명이 쓰러지고 부상했다. 제아무리 용감한 동학군도 수백 명의 주력부대가 전사하자 물러설 수밖에 없었다.[35] 4시 반부터 시작한 공성전은 저녁 8시까지 계속하다 동학군이 지쳐서 물러서고 말았다. 『조석헌역사』에는 공격하던 동학군이 "2-3명이 피배(저들)에게 살해되므로 교진이 부득이 해 자시子時에 환퇴산귀하였더라."고 했으나 이것은 잘못된 기록이다.

적의 한 부대가 동문 전방 약 6백 미터에 있는 숲속으로 들어가 서서히 전진해 왔다. 그리고 민가에 불을 지르고 연기와 불길이 솟아오르는 것을 이용하여 성 밖 1백 미터 앞으로 가까이 다가와 연달아 맹격해 오므로 응원대를 동문東門으로 증파하여 응전시켰다. 적은 야음을 이용하여 대포를 동문 앞 40미터 지점에 끌고 와, 동문을 마구 쏘았다. 우리 군은 최선을 다해 싸웠다. 오후 7시 30분 총소리가 거의 멈추었다. 우리 군과 홍주 민병은 성벽에 의지해서 밤을 새워 경계했다.[36]

10월 28일(양11.25)의 홍주성 공격은 천여 명의 희생자를 내고 끝났다.[37] 동학군의 희생자는 결사대에 참가했던 주동인물들이었다. 더욱이 야전 사령관 격인 이창구와 이군자가 전사했고 쟁쟁한 접주들과 젊고 날랜 동학군들이 거의 몰살했으니 사기는 땅에 떨어졌다.

29일(양11.26)의 전투는 공격을 포기한 동학군이 원거리에서 대전하는 데 그쳤다. 즉 이날 새벽에 빙고 언덕의 병력만 그대로 두고 나머지 병력은 엄호병을 남긴 채 1천5백 미터 떨어진 매봉으로 물러섰다. 그리고 대포만 쏘아댔으며 전투다운 전투가 없었다. 일본군과 관군은 유인작전인 줄로 알고 성문을 한 발도 나서지 않고 동학군의 동태만 살피고 있었다.

이때 동학군 쪽에 여러 가지 어려운 문제가 있었다. 첫째로 이창구 등 주도세력을 잃어 버려 통솔력이 약화됐으며, 둘째로 추위를 극복할 수 있는 잠자리와 의복, 그리고 수만 명을 먹일 수 있는 식량이 확보되지 않았다. 셋째로 많은 사상자를 내어 사기가 떨어져 공격할 여력도 없었다. 이런 다급한 문제를 해결하지 않으면 장기 포위작전을 펼 수가 없었다. 대책을 숙의해도 해산하는 길밖에 없었다.

『주한일본공사관기록』에 의하면 "4시 30분(동학군은--편집자 주) 패잔병을 응봉으로 모아 (빙고 언덕은 제외) 퇴각했다. 오후 5시 빙고 언덕의 적도는 해미 방면으로 퇴각했다."고 한다.

동학군은 29일 저녁에 포위망을 풀고 스스로 해산한 것이다. 캄캄한 그믐날 밤중에 뿔뿔이 흩어졌다. 패전 소식이 전해지자 도처에서 유회군과 보수세력이 일어나 동학군 소탕에 나서, 많은 동학군이 붙잡혀 죽었다. 그중에도 일부는 다시 한번 결전을 벌일 작정으로 갈산을 거쳐 해미성으로 집결했다. 이곳에 모인 인원이 3천 명 정도로 주력은 해미성[38]에 있었고 나머지는 귀밀성(貴密城; 구산성) 2백 명과 도루성(猪城)에 4백 명이 나뉘어 있었다.

『양호우선봉일기』에는 『일본공사관기록』과 『조석헌역사』와는 달리 홍주에서 물러난 동학군 4-5만은 아니라도 상당수가 머물러 있었던 것으로 기록했다. 즉 "적정을 탐색하며 전진하는데, 적도 4-5만이 예산 역촌과 덕산 역촌에 나누어 주둔하고 있다 한다. 보고를 받자 곧 추격해 보니 해미성으로 물러갔다."[39]고 했다. 이에 따라 이두황은 해미성으로 직행한 것으로 보아 4-5만은 안 되어도 상당수가 머물러 있었던 모양이다.

6. 해미성과 서산 매현전투

장위영 영관 겸 죽산부사인 이두황은 10월 29일에 출발, 11월 6일에 덕산까지 왔다. 당초 홍성에 가서 관군과 합동작전을 펴려 했으나 해미성에 직행하는 단독 작전을 택했다.

군졸을 서쪽으로 돌린 이두황은 지금의 덕산면 옥계리와 상가리 일대인 가야동으로 들어가 유진했다. 한밤중에 이두황은 영관과 병졸 60명을 인솔하여 일락산 정상인 석문봉(石門峰, 600미터)으로 올라가 해미성 쪽 길을 살폈다. 직선의 내리막 길로 4킬로미터 떨어진 곳에 해미성이 있었다. 삼경이 되자 전군을 산정으로 이동시킨 다음 새벽을 기다렸다가 조용히 하산시켰다.

이날 새벽 동학군은 여느 때처럼 파수도 세우지 않은 채 가끔씩 방포放砲만 하며 아침을 준비하고 있었다. 이 허점을 이용한 이두황은 성의 북쪽 능선과 향교 부근에 접근한 후 식사할 때만 기다렸다. 눈치채지 못한 동학군은 드디어 아침을 들기 시작했다. 이때 관군은 함성을 지르고 방포하며 북쪽에서부터 깃발을 꽂고 맹렬히 공격했다. 기습을 받은 동학군은 좌왕우왕하다가 잠시 후 간신히 대오를 정돈하여 대항했다. 2시간 남짓 혈전이 벌어졌으나 동학군 측에서 40여 명이 전사하고 백여 명이 부상하자 서산 쪽으로 후퇴하고 말았다.[40] 오후에 관군 1개 소대는 귀밀성을 공격했고 2개 소대는 도루성을 공격했다. 여기서도 관군-동학군 간에 공방전이 벌어졌으나 동학군이 패하고 말았다.[41]

동학군이 갖고 있던 무기 중 관군이 노획한 것만 불랑기佛郎器 11좌, 대포 4좌, 자포총 22자루, 천보총 10자루, 조총 43자루, 창 85자루, 환도 9자루, 대정 3좌, 포환 130발, 연환 6궤, 염초화약 5백 근 등이다. 버리고 간 무기가 이정도였다면 만만한 장비는 아니었다.

해미에서 후퇴한 동학군은 곧 당진·면천·서산·태안으로 흩어졌으며 그중 서산 매현에 진을 친 수가 천여 명이 넘었다. 이튿날인 8일에 이두황은 서산의 동학군을 추격하기 위해 1개 중대(참령관 元世祿)를 파견했다. 『양호우선봉진일기』에는 다음과 같이 기록했다.

이튿날…참령관 원세록이…1개 중대 병력을 인솔하고 서산 지방을 순초하려고 나갔다가 적의 큰 소굴을 발견했다. 즉 서산 매현이란 곳으로 산은 높고 골짜기는 둥글었다. 원조경으로 살펴보니 주변에는 깃발을 꽂고 적들은 가운데 모여 밥을 짓고 있었다. 황혼 때에 몰래 서산읍에 들어가 잠시 쉬었다. 황혼이 겨우 지자 적들은 밥을 먹으라 부르고 있었다. 눈치챌까 염려되어 밥먹기를 기다렸다가 불의에 나타나 함성을 지르며 포를 사격했다. 적도 저항하니 총알이 날아가고 날아오고 대포도 연발했다. 잠깐 쉬다가 또 공격하기를 2시간이 지났을 무렵, 어찌 된 일인지 적이 갖고 있던 화약에 불이 붙어 굉음이 하늘을 뒤집고 땅을 꺼지게 하는 것 같았다. 적의 무리 수천이 일시에 쏟아져 내리면서 산산히 흩어져 달아났다. 우리 병사들도 잠시 놀랐다가 정신을 차려 수백이 날세게 달려들어 물리쳤다. 흩어진 무기를 거두어 읍으로 돌아와 저녁을 먹었다.[42]

매현梅峴에 주둔했던 동학군은 황혼 때 또다시 저녁을 먹다 기습을 받아 패했다. 관군에 비해 월등한 병력을 가진 동학군은 얼마 후 효과적인 반격을 가했지만 뜻밖에 화약더미가 폭발하여 군진이 흩어져 패배하고 말았다. 그런데 서산 매현이 어딘지 분명치 않다.

위의 원세록의 보고에 의하면 해미 쪽에서 서산읍으로 들어오다 바라보았으며, 조용히 서산에 들어와 잠시 쉬었다가 황혼이 깔리자 매현을 공격했다 하니 서산읍서 멀지 않은 곳이다. 현(山)이 높고 안이 둥글다 했으므로 서산읍에서 가까운 산은 서쪽에 있는 부춘산뿐이다. 서산시 읍내동 530-3번지에 거주하는 심학기(沈鶴基, 1920생)는 "해방 직후 동리 어른들로부터 마사 앞쪽에서 동학군과 관군이 싸웠다."는 말을 여러 차례 들었다 한다. 혹시 부춘산 밑에 있는 '마사'를 '매현'이라 한 것은 아닐까 싶다.

관군은 어떤 이유인지 밤중에 군수가 죽은 율장리를 거쳐 철수, 닭이 세 회나 울 때 해미에 도착했다 한다. 11월 9일(양12.5)에는 사이토(齊藤) 일본군 소위도 1개 소대와 민병 30명을 이끌고 해미까지 왔으나 서산에 동학군 수천 명이 있다는 사실만 확인하고 역시 되돌아 갔다.[43]

서산 전투 패배 후에 한때 태안 백화산에 집결했으나 추위를 극복하지 못해 흩어지고 말았다. 이로부터 관군과 일본군의 소탕전에 무수한 동학군이 엄청나게 희생 당했다. 일본군은 "도주와 잠복에 능한 동학도라도 추위가 혹심하니 산중에 잠복할 수는 없을 것이니 이 기회에 각 병참지 수비병은 경계하면서 모두 토벌에 나서라."고 명령을 내렸다.[44]

그들의 소탕전은 동학군을 하나하나 찾아내어 현장에서 타살해 버리는 잔악한 수법으로 자행됐다. 11월 14일(양12.10)에 출동한 일본군 야마무라(山村) 대위는 해미를 거쳐 바로 태안으로 진입했다. 먼저 서산에 일본군 11명과 민병 22명을 밤중에 출동시켜 자고 있는 동학도 84명을 체포했다. 태안에서는 11월 15일 하오 3시부터 5명 내지 10명씩 조를 짜서 민병을 앞잡이로 내세워 수색, 1백여 명을 체포했다. 그중에는 접주 이상의 지도자가 30명이나 됐으며 모두 군중이 보는 앞에서 총개머리로 때려 죽였다. 야마무라 대위의 보고는 다음과 같다.

> 해미 민병을 길잡이로 하여 적 1백 명을 잡았다. 같은 날 오후 4시 30분 서산으로 파견했던 하사 이하 한인 순검 김용희 등이 적 84명을 잡아 갖고 태안에 도착했다.···다음날 12일(양)에···읍민과 처형할 동학도를 모이게 하고 괴수 30명을 총개머리로 때려 죽였다.[45]

일본군이 철수한 후에는 '주막마다 파수막을 설치, 심야까지 불을 피우고 지켰으며'[46] 1895년 2월까지 동학도를 체포하는 데 혈안이 됐다. 혹은 산으로 혹은 뱃길로 멀리 피신한 동학도가 무수히 많았다.[47]

7. 결론

충청도 서북부 지역의 동학혁명운동은 6월에 기포하여 도소를 설치하고 활동에 들어갔다. 여러 도소에서는 관아 습격을 자제하면서 많은 악질 양반과 토호들을 응징했으며, 대부분의 양반들은 이때문에 피신해야 했다.

10월 1일에 서산·태안을 선두로 여러 지역에서 마침내 무장봉기의 깃발을 올렸다. 서산·태안 지방관이 동학도들을 탄압 학살하려 하자 부득이 자위책으로 봉기할 수밖에 없었다. 홍주목사 이승우가 관군을 이끌고 예포의 목시 대도소를 공격하자 충청 서북부 지역 동학도들은 반격을 위해 여미벌에 모이게 되었고, 비로소 본격적인 무장항쟁으로 발전하게 됐다.

10월 1일부터 동학군은 가는 곳마다 승전을 거두었으며, 승전곡 전투에서
는 최신 무기로 무장한 일본군을 무찔러 승전을 거두었다. 그 후 신례원에서
홍주 관군과 민포군을 완전히 제압하여 거칠 것이 없게 됐다.

　다른 지역과 마찬가지로 월등한 화력으로 무장한 일본군이 나타나자 동학
혁명운동은 여지없이 좌절되었다. 홍주성 공격 때 수백명의 결사대로 공격
했으나 일본군의 화력에 막혀 물러서야 했다. 더욱이 그들은 동학의 뿌리를
뽑기 위해 많은 접주급 지도자들은 철저히 색출, 총개머리로 때려죽이는 만
행을 저질렀다. 〈출처: 교사교리연구 제5호(포덕141년 3월)〉

충청도 금산 동학도의 초기 기포

대둔산 최후 항전지
동학농민혁명군이 최후까지 저항함으로써 동학혁명정신을 극명하게 보여준 장소이다.

1. 머리말

1894년 동학혁명운동 때 금산과 진산지역 동학군은 일찍 기포하였다. 뿐만 아니라 어느 지역보다 보수 세력과의 공방전이 치열했던 곳이다. 특히 1894년 11월부터는 일본군과의 항전도 끈질기게 전개했으며, 12월에 이르러서는 대둔산에 산상도소까지 설치하여 1895년 1월 하순(음)까지 항쟁을 계속하다 일본군의 공격을 받은 곳이다.

이 지역도 초기에는 동학 세력과 보수 세력 간의 대결구도였으나 어느덧 동학 세력이 강한 진산지역과 보수 세력이 강한 금산지역으로 바뀌어 갔다. 또한 다른 지역에서 찾아보기 힘든 동학 세력과 보부상 세력 간의 대결 구조를 나타내기도 하였다.

그동안 금산지역 동학혁명 과정은 군지郡誌나 관 기록 및 일본의 기록을 바탕으로 이해하여 왔다. 다행히 2006년에 『금산동도작요내력錦山東徒作擾來歷』이라는 새로운 사료가 발굴되어 초기 활동을 자세히 알 수 있게 되었다. 이 기록에는 기포 일자를 비롯하여 동학도와 일반 농민의 요구조건, 관의 대처 과정 등이 자세히 밝혀지고 있다. 앞으로 많은 학자들의 연구를 통해 새로운 해석이 이루어지기를 기대하면서 이 사료를 바탕으로 하여 1894년의 금산지역 초기 동학혁명 과정을 살펴보고자 한다.

2. 제원역서 최초의 기포

금산지역에서 최초로 기포한 곳은 제원이었다. 『금산피화효상별구성책 (錦山被禍炙像別具成冊, 이하 錦山被禍錄이라 함)』에는 "동도들의 난얼亂蘖은 3월 초에 비롯됐다."[1]고 하였다. 『금산군지』에는 '3월 8일에 무장한 동학군이 제 원역에 회합하여 이야면을 선봉장으로[2] 기포했다고 하였다. 『오하기문』에 도 "금월(3월) 12일에 동학도 수천 명이 몽둥이로 무장, 흰 수건을 두르고 읍 으로 몰려와 관리들의 집을 불살랐다."[3]고 하였다. 이상 세 기록은 기포한 날 짜를 3월 초로 보았다. 난얼로 본 것이나 관리의 집들을 불살랐다고 하였을 뿐 무엇 때문에 기포했는지 그 원인을 알 수가 없다.

그런데 이번에 발굴된 『금산동도작요내력』에는 기포 전후의 날짜와 무엇 때문에 기포했는지를 분명히 밝히고 있다. 다만 누구에 의해 이 기록이 작성 됐는지 분명치 않다. 기록의 끝부분에 '피도들이 금산에 들어와 도륙한 다음' 이라고 한 글귀로 미루어 1894년 11월경에 작성한 것이 아닌가 싶다. 그리고 이 문건을 작성한 동기는 의연금을 낸 사람들의 이름을 후대에 남기기 위한 것으로 보인다. 즉 1894년 4월 2일에 금산 보수 세력들이 진산에 모여 있는 동학군을 기습하여 114명을 학살한 일이 있었다. 이후 보복해 올 것이 두려 워 읍내에 진소陣所를 설치하였다. 많은 사람들을 동원하다 보니 많은 비용 이 들었고 이 비용은 출연금으로 충당하였다. 출연금을 낸 이들의 이름을 후 세에 전하기 위해 이 문건을 만들었다고 여겨진다. 당시 일반 민중들은 관의 불법적인 수탈 행위로 고통 받고 있었다. 그러나 아무도 항거할 엄두를 내지 못하고 있었다. 당시 동학은 조직화된 힘으로 폐정을 개혁하려는 움직임을 보였다. 『율산일기栗山日記』는 1893년 3월의 척왜양창의운동 때 폐정개혁 6 개항을 정부에 요구하여 세인의 주목을 받았다고 했다. 즉 ① 척양왜할 것,

② 민씨를 축출할 것, ③ 호포제戶布制를 혁파革罷할 것, ④ 당오當五를 혁파할 것, ⑤ 각 읍의 세미를 정지精持할 것, ⑥ 무명옷을 입고 외국 물산 통상을 하지 말 것 등이었다. 이상의 요구를 들어주면 바로 해산하겠다고 했다.

이후 동학도들은 일반적으로 폐정개혁에 대한 의식을 지니게 되었다. 제원역의 기포도 이와 무관하지 않다고 여겨진다. 『금산동도작요내력』에 기록된 바에 의하면 먼저 동학도들이 앞장섰음을 알 수 있다. 동학 지도자들은 여러 차례 회합하여 의논한 다음 7일에 이르러 각 면 동학도들에게 9일까지 제원역으로 모이라는 통문을 발송하였다.

一. 지난달(3월) 초 7일에 동학도들이 우리 고을에 속한 제원역에 모이라는 통문을 발송하였다. 장리將吏를 특선하여 모임의 여부를 정탐해 오고 품은 의도가 무엇인지를 자세히 알아오게 하였다. 그들은 말하기를 고을의 폐해를 바로잡는데 10개 조나 된다고 하였다.

一. 초 9일 저녁 때에 주동자 몇 명이 기백 명의 무리를 이끌고 고을 장터에 들어와 진을 설치하고 유숙하였다.[4]

이번 사태의 발단은 동학도들이 주도하였다. 일단 동학도들을 제원역으로 불러 모았다. 제원역으로 집회 장소를 정한 것은 교통이 편리하고 숙박시설이 많았기 때문이다. 제원역은 금산읍 동쪽 4킬로미터 지점에 있다.[5] 제원도濟原道의 찰방역察訪驛이다. 『동국여지승람』에 의하면 무주의 소천역所川驛·용담의 달계역達溪驛·진안의 단령역丹嶺驛·고산의 옥포역玉包驛 등 4개역을 관할하고 있었다.

7일에 발송한 통문의 내용은 알 수 없으나 일시는 9일 오전까지로 한 것이 아닌가 싶다. "9일 저녁에…기백 명의 무리를 이끌고 고을 장터에 들어왔다."고 했다. 제원역에서 읍으로 들어오자면 9일 정오까지는 모여 몽둥이와 수건 등을 준비하고 나서 점심을 먹고 금산읍으로 향했을 것이다.

그리고 기포한 목적은 폐정 10개 조항을 바로잡기 위한 것이었다. 『금산동도작요내력』에는 다음날(10일) 아침 동학도들은 성찰을 보내 전세田稅와 대동大同, 군전軍錢, 호감戶斂 등과 관련된 문부를 거두어 오게 하였다. 폐정을 확인하기 위한 조치였다.

전라감사와 정부는 동학도들의 이 기포를 민요民擾라고 규정하였다. 10개 조의 민막을 들어 난리를 폈다는 것이다. 그러나 이번 기포의 동기는 폐정개혁에 있었으며 그 과정은 비폭력적이었다. 관아를 습격하거나 관장을 해치는 폭력 수단을 쓰지 않았다. 수백 명이 몰려갔으나 거의 평화적으로 이루어졌으므로 일반적인 등소等訴와 다를 것이 없었다.

3. 문건 탈취해 부정행위 조사

동학도들은 관리의 부정행위를 입증하기 위해 실태조사부터 시작하였다. 그래서 문건을 열람해야 했다. 이속들은 관장(군수)에게 알렸다. 군수 민영숙은 내줄 수가 없다고 거절하였다. 그러자 동학도들은 2명의 공형을 잡아갔다. 위협하자 공형들은 문건을 건네주겠다고 약속하였다. 이들을 풀어주고 동학도들은 곧 뒤따라 관아로 가서 관련 문부를 거두어 왔다. 『금산동도작요내력』은 다음과 같이 기록하였다.

이튿날(12일) 새벽에 '오도吾道는 덕으로 사람을 따르게 하고 송주誦呪로써 수행(學)한다.'는 뜻의 방을 거리에 내다걸었다. (관에서는) 소위 영을 내려 충분히 알아듣도록 지엄하게 타일렀다. 얼마 안 되어 도소에서 성찰省察이

와서 전하기를 전세, 대동미, 군포전, 호나(戶郳, 戶斂) 등 각 항의 문건을 하나도 빠짐없이 곧바로 거두어 바치라고 위협했다. 해당 이속들은 급히 군수에게 알렸다. 군수는 "너희들과 공형公兄이 저들의 도소로 찾아가서 우두머리를 만나 사실을 밝히면 그만이다. 문건을 보내라는 요구는 일체 들어줄 수가 없다. 고을의 문건은 소중한데 내준다면 그 결과가 어찌되겠는가. 건네주면 흠을 잡을 것이다." 하고 끝내 문건을 내주지 않자 두 공형을 잡아다 결박하여 오래 잡아두었다가 돌려보냈다. 그리고 나서 곧이어 문건을 탈취해 갔다. 각 동에서 이미 올린 가좌책(家座冊, 주소록)을 일일이 조사했으나 다른 문건은 별로 조사하지 않고 물러갔다. 도소에서 유숙하고 다음 날 아침 제원역으로 돌아갔다.[6]

무엇을 조사했는지 모르나 부정하게 거두어들인 전재들이 문건에 기재되었을 리가 없다. 확인 작업은 아주 간단했을 것이다. 각 동에서 올린 가좌책을 일일이 뒤져보았다고 했다. 아마도 부정행위 가담자의 소재를 파악하기 위한 것으로 보인다. 문부에 나타난 부정행위는 누가 주도했으며 주도자를 어떻게 처리하느냐에 대한 대책을 강구하기 위해 고심했다. 또한 앞으로 부정행위를 근절하겠다는 다짐을 받아내는 일들을 의논했을 것이다. 동학도들의 의견은 분분했다. 어떤 이는 관장의 정사에 대한 득실을 따지기도 하고, 어떤 이는 이속들의 죄과를 따지기도 했다.[7] 이러한 동학도들의 행위에 대해 이 기록에서는 "고을이 뒤집히느냐, 아니냐는 이들의 수중에 달렸다."고까지 절박하게 표현했다.

동학 지도자들은 더욱 강력한 압박을 가하지 않으면 폐정을 바로 잡을 수 없다는 결론을 내리고 각 면에 통문을 보내 면민을 읍으로 모이게 하였다. "동학도들은 일변 각 리에 통문을 보내 민인을 모이게 하고, 일변 악질 좌수를 잡아다 태질도 하고, 일변 (부자들에게) 도(동학)의 비용으로 500냥씩을 바치게 하였다."[8]고 했다. 그리고 "상황은 점점 좋지 않게 되어 갔으며 허다한 불법 행위가 소소하게 드러났다."고 하였다.[9] 12일에 촌민 기천 명이 읍으로 몰려왔다. 읍민도 놀랐고 관원들도 놀랐다. 동학 지도부는 면민으로 하여금 악질 인물을 골라 혼줄을 내주기로 하였다. 관의 앞잡이로 농민들을 괴롭혀 온 호장戶長의 집과 악질 보부상 반수班首의 집을 부수게 하고 접장을 구타하게 하였다. 당시 호장은 김원택이었다. 그러나 관장인 군수 민영숙에 대한 힐난은 없었다. 호장이나 보부상 반수나 접장의 집을 부수거나 구타하는 선에서 그쳤다. 그리고 폐정 10개조를 바로잡아 달라는 소청을 제출했다. 군수는 그동안 상황을 전라감사에게 보고했다.『금산동도작요내력』은 다음과 같이 기록하였다.

一. 12일 아침 일찍 성찰이 와서 관아에 소청을 냈다. 사연은 전날 거론한 10개조였다. 특별히 허락해 주기를 소원하므로 (감영에) 관제官題를 내려 달라고 청했다. 관제가 내려오기도 전에 동학도 기백 명이 정제整齊라 쓴 깃발을 들고 나타났다. 뒤이어 각기 동네 이름을 쓴 깃발을 들고 촌민 기천 명이 뒤따랐다. 그중 한 기치에는 물범성죄勿犯聲罪라고 썼다. 일시에 몰려와서 공리工吏에게 개울 위에다 휘장을 쳐달라고 호통을 쳤다. 곧 그리하자 그곳에 무리의 진을 정했다. 수칙을 엄히 내려 외인들이 엿보지 못하게 했다. 이날 밤 초경(7시-9시)에 약속이나 한 듯이 한순간에 모든 사람의 입에서 거위 울음 소리가 하나같이 나왔다.(동학의 13자 주문을 병송하는 소리-필자 주). 그리고 물범성죄라 쓴 깃발을 휘날리며 개울을 건너 호장戶長 부자가 사는 집으로 가서 때려 부쉈다. 재목과 개초(이엉) 등도 남김없이 주워다 불살랐다. 밤이 지나 또 무슨 파란을 일으킬지 알 수 없었다. (날이 밝자) 바로 보부상 반수 김치홍의 집으로 가서 때려 부수게 하였다. 그리고 보부상 접장 임한석 (집으로 가서) 내외를 잡아 고랑을 채우고 무수히 구타했다. 위세가 불길 같아 누구도 감히 입을 열 수가 없었다. 이때 역시 관가(군수)로부터 (요구)하는 말(조건)을 순순히 들어주자 약속하고 물러갔다.[10]

군수 민영숙이 폐정개혁을 약속하자 이번 사태는 4일 만인 14일에 일단락 지었다. 『금산군지』에는 "3월 8일에 무장한 동학군…5천여 명이 죽창과 농기를 들고 대거 금산읍에 들어와 관아를 습격하여 문서와 각종 기물을 불사르고 서리(胥吏)들의 가옥을 파괴했다."[11]고 하였다. 과장된 기록이다. 호장과 보부상 2인에게 폭력을 가했을 뿐 『금산군지』나 『오하기문』의 기록처럼 과격한 폭력은 쓰지 않았다.

4. 때늦은 정부의 사후조치

정부는 전라감사로부터 보고를 받고 사태가 수습된 후에 몇 가지 조치를 내렸다. 첫째로 감사監司에게 영을 내려 '조사관을 보내 관련된 폐단을 모두 바로잡아 백성들을 타일러서 각기 돌아가 생업에 안정하도록 하라.'고 명하였다. 둘째로 '동학의 우두머리는 효수경중梟首警重하고, 원성을 사게 한 호장 김원택은 법대로 처리하라.' 하였다. 셋째로 서둘러 처리하지 못한 전라감사 김문현은 감봉越俸에 처하도록 하였다. 『일성록』 전문은 다음과 같다.

의정부에서 임금에게 아뢰었다. 전라감사 김문현이 올린 장계를 보니 금산군수 민영숙의 보고를 낱낱이 들어 이르기를 동도소東徒所에서 통문通文을 돌려 모인 이가 근 1천 명이 되었다 합니다. 이미 그들이 소원한 것들은 그 읍에서 바로 잡아 주고 소상히 타일러서 돌려보내라는 뜻의 신칙(관제)을 보냈습니다. 10개조를 기록한 읍의 보고에 따라 수정하여 의정부에 올려 보낸다 하였습니다. 감사監司에게 영을 내려 사관을 정하여 달려가서 그 읍에 관련된 폐단을 모두 바로 잡아 백성들을 타일러서 각기 돌아가 생업에 안주하도록 하라 하겠습니다. 동학도들이 통문을 돌린 데 대해 그 괴수를 기한 내에 잡아 효수梟首 경계할 것입니다. 고을 아전 김원택金源宅은 그 해독으로 백성들의 중원衆怨이 어찌 돌아갈지 알 수 있습니다. 철저히 조사하여 해당 법조를 적용하여 처벌, 민심을 위로하여 풀어주도록 할 것입니다. 해당 감사監司는 초기에 조사도 하지 않고 다만 민소로 기록해 올려 보냈을 뿐이니 책임 소재를 물어…경고하지 않을 수 없으니 월봉으로 처리함이 어떠할까 합니다. 승인하다.[12]

이번 기포 사태는 3일 만인 13일에 일단락되었다. 동학도들은 물러가면서 이방을 불러 큰 소 한 마리를 사 주면 회민會民들에게 대접해 보낼 것이라고 했다. 소를 잡아먹고 나서 동학도와 촌민 사이에 언쟁이 벌어졌다. 동학도들이 거둔 많은 돈을 나누어 주지 않자 불만을 터트린 것이다. 동학도들은 시작부터 많은 비용이 들었음을 설명했으나 끝내 듣지 않자 이들을 쫓아내고 각기 흩어져 버렸다고 한다.[13]

사태가 조용해진 후 동학군에게 호되게 당한 보부상 김치홍과 임한석은 보복에 나섰다. 수하 보부상 몇백 명과 읍의 젊은이 수백 명을 이끌고 먼저 금산 권전주(權全州, 權書房) 집으로 가서 가산을 때려 부셨다. 다음은 면임面任인 김정만의 집으로 가서 가산을 때려 부셨다. 그리고 제원역으로 달려가 동학도의 집 세 채를 부셔 버렸다.[14]

이로 인해 동학도와 보부상 간에는 죽이고 죽는 악순환이 거듭되었다. 보부상이 보복한 인물들은 동학의 주도 인물들이었다. 『금산동도작요내력』에는 주도 인물은 9명이라 하였다. 즉 "읍에 사는 권서방(작고한 금산 권명규의 손자 沃)과 퇴리 김순익, 전 좌수 심헌식, 당시 면임 김정만, 외촌에 사는 이봉석, 백학선, 옥천 이원에 사는 이재춘의 아들 명부지名不知 이선달, 진산 전 이방 진이서, 전 교임 정유술이라고 했다.[15]

일본기록인 『동학당정토약기』에는 용담현령 오정선을 심문한 결과 "동비東匪가 봉기하여 먼저 금산과 용담을 습격하자…쫓아내려 했으나 중과부적으로 위급한 지경에 이르렀다가 일단 격퇴하였다."고 했다. 이 기록은 오정선의 진술이므로 사실이라고 여겨진다. 아마도 금산군 폐정개혁을 일단 매듭짓고 제원역으로 돌아온 동학군은 용담현으로 몰려갔던 것 같다. '위급한 지경에 이르렀다가 격퇴하였다'고 표현한 것으로 보아 오정선 현령은 동학도들과 타협한 것으로 보인다. 금산군에서처럼 폐정을 바로잡겠다고 약속을 하자 동학도들은 철수한 것으로 보인다.

5. 진산 동학군 114명 학살

『금산동도작요내력』에는 4월 1일 "동학도 기천 명이 진산 방축리에 모였으며, 민가에서 수십 자루의 총을 탈취했다 하며, 대장장이를 시켜 묵철(墨鐵, 彈丸) 3두斗를 준비하였다."[16]고 했다. 『수록』에도 금산 공형의 보고에 "수천 명이 방금 진산 방축리와 충청도 옥천 서화면에 모여 금산읍에 돌입, 생령들을 도륙하리라는 풍설이 낭자하다."[17]는 기록이 보인다.

4월 1일 진산에 모인 1천여 명 동학군은 금산읍을 공격하기 위해 모인 것이 아니다. 전봉준 대장이 이끄는 동학혁명 본진에 참여하기 위한 것이다. 3월 27일경에 전봉준 대장은 백산에서 전주성을 공격하기로 작정하였다. 길목인 태인과 금구지역 동학도들에게 호응하도록 연락을 취했으며, 진산 동학도들에게도 사람을 보내 호응하게 했다. 그래서 진산 동학군들은 4월 1일부터 방축리에 모이게 된 것이다.

3월 28일에 전봉준 대장은 태인으로 진출하였다. 진산 동학군들은 서둘러야 했다. 그러나 진산 동학도들은 화승총 6자루밖에 갖추지 못하였다. 거의 맨손이었다. 이런 사정 때문에 곧 떠나지 못하였다. 금산 보부상 김치홍과 임한석은 진산 동학군의 이런 사실을 알게 되어 기습하기로 했다. 보부상과 읍민 등을 총동원했으나 4백 명 정도였다. 1천여 명이나 되는 동학도를 치기란 어려웠다. 때마침 용담현령 오정선이 병력을 이끌고 금산에 와 있었다.[18] 『양호우선봉일기』「동학도집전용담현령오정선공장東學徒前執前龍潭縣令吳鼎善供狀」에 보면 "나는 금년 3월에 용담현령으로 금산 동도들의 민요를 조사하기 위해 갔다. 그 군의 보부상이 의거 설진하여 지산 동학도 100여 인을 토멸한 그 공로로 진산군수로 제수되어 부임했다가 3개월 만에 병이 나서 돌아왔다."[19]고 하였다. 보수 세력들이 용담현령에게 간청하자 지난번 동학도들에게 당한 일을 생각하여 오정선은 승낙한 것이다.

상민과 읍민 그리고 용담현령이 이끄는 병력을 합한 1천여 명은 4월 2일 오후에 진산 방축리로 출동하였다. 흩어져 있던 동학군을 기습했다. 1백여 명이 붙들렸다. 이들은 거의 학살당했다. 『수록』에는 "4월 2일 오후에 금산군 행상 김치홍과 임한석이 행상과 읍민 1천여 명을 이끌고 진산 방축리로 달려가 동학도들을 공격, 114명을 육살했다."[20]고 하였다.

『동학사』에는 전주에서 파견된 "이병춘(당시 임실포 접사)[21]이…관병에게 사로잡힌 바 되어 수백 명을 총살하는 중에 들었다가 홀로 살아 돌아왔다."[22]고 했다. 관병에 사로잡혔다 했으므로 오정선이 출동한 것이 분명하다. 정부는 이 공로로 오정선을 진산군수에 임명하였다.[23]

『주한일본공사관기록』에는 "금산 동학도 1천여 명은…부안읍으로 갔다."[24]고 하였다. 진산 동학군 114명 참살 사건 이후, 즉 4월 2일 밤부터 동학도들의 보복이 두려워 보부상 수백 명이 금산 읍내 개울 위쪽에다 진소陣所를 설치했다. 그리고 읍민을 매일 밤 작통作統해서 순경巡警하게 하였다. 『금산동도작요내력』에는 진소의 명칭을 도훈소都訓所라 하였다.[25]

그리고 각 면에도 진소를 설치하게 하고, 면호面號를 쓴 깃발을 내걸도록 하였다. 기구는 훈장訓長 1인, 훈도 1인, 패장牌將 1인으로 하되 훈장은 중망重望 있는 면내의 양반을, 훈도는 인리(人吏, 衙前) 중에서 일을 해결할 솜씨가 있는 이로, 패장은 면임을 지낸 이 중에서 설득력이 있는(熟談者) 이를 뽑도록 하였다.[26] 그리고 도훈장都訓長은 3인으로 하되 교임이나 좌수를 지낸 이 중에서 치덕(齒德, 나이와 덕망)을 겸비한 이로 정하게 하였다.

시간이 흘러 4월 27일이 되었다. 동학군이 전주성을 점령했다는 뜻밖의 소식이 전해져 왔다. 금산 보부상들과 보수층은 더욱 불안해졌다. 정부는 아산과 인천에 대병력을 출동시킨 청일 양군을 물러나게 하려는 명분으로 동학군과 전주화약을 성사시켰다. 동학군은 5월 7일에 전주성을 빠져나가 흩어졌다. 정부는 이를 두고 동학군을 물리쳤다고 하였다. 『금산군지』는 이때의 금산지역 동향을 다음과 같이 기록하였다.

5월에 도내 동학군이 더욱 강성하여 재침할 우려가 있으니 토벌할 것을 김진용(金震龍=致洪?)이 군수 이규문[27]에게 청하였다. 그러나 군수는 이에 응하지 않고 희미한 태도로 대답을 했다. 격분한 김진용이 떠나자 읍민들도 관의 처사에 눈물을 머금고 정든 고향집을 버리고 떠나 금산읍 1천호千戶 부중은 동학도들만 남아 공허해졌다.[28]

『주한일본공사관기록』에는 "동학도가 일어나자 진산 백성들은 모두 비도에 가담했다. (6월에) 사자使者를 금산에 보내 비도에 가담하라 하자…거절당했다.…그 후 진산 사람이 다시 와서 동학에 가담하기를 권유했으나 또 거절했다.…6월에 진산 동학도는 대거 습격하여 민가를 불태우고 약탈을 자행했다."[29]고 하였다.

이상의 두 기록은 사실과 다르다. 『금산피화록』에는 "5월 망간에 동도들은 모두 귀화했으므로 방어할 일이 없어졌다."[30]고 하였다. 그리고 전 참관 정숙조를 맹주로 하여 김치홍, 임한석, 정두섭이 들어와 수성하는 군무를 같이하게 되자 거의 규율이 잡혀 갔으며 인심도 점점 안정되어 갔다고 했다.[31] 6월 중순부터 김학진 전라감사는 동학군을 포용하는 정책을 썼다. 전봉준의 요구에 따라 탐관오리의 발호를 청산하기 위해 동학군이 추천하는 집강執綱을 각 고을마다 임명하게 하였다. 전라도 전역에서 집강이 임명되고 경군도 물러가자 동학군은 마음대로 활동할 수 있게 되었다.

『금산피화록』에도 "각 고을에는 집강執綱을 두게 됐다."고 하였다.[32] 금산에 "최초로 집강에 차임差任된 동학도는 용담현에 사는 김기조이며, 그 후임은 금산읍에 사는 조동현이었다."[33] 『금산피화록』에는 "인심이 안정되자 전후 5개월에 걸쳐 농민은 농사짓고 상민은 장사하였다."[34]고 했다.

군수 조명호[35]도 김학진 감사의 지시에 따라 동학군을 자극하지 않았다. 동학군이 점점 강성해지자 보수 세력들은 불만이 많았으나 어쩔 수 없이 자제하였다. 그래서 외형상 10월 중순까지 평온을 유지할 수 있게 되었다.

그러나 6월 21일 일본군이 왕궁을 강점, 고종을 포로 상태로 두고 주권 침탈 행위를 서슴지 않았다. 지금까지 폐정개혁에 초점을 맞추었던 동학군은 나라의 주권을 지키는 쪽으로 싸움의 방향을 바꾸게 되었다. 처음에는 분산된 투쟁을 벌였으나 9월 12일과 13일에 동학 지도자들이 삼례 대회를 마치고 9월 18일에 해월 선생이 항일전을 위한 동학도들의 총기포령을 내리자 통일된 투쟁을 벌이게 되었다. 일본군과 개화정부는 동학군 토멸작전을 개시하면서 지방의 보수 세력들을 부추겨 동학군을 공격하게 만들었다. 9월 하순부터 전국의 동학군이 도처에서 항일전에 나서자 보수 세력들은 동학군을 공격하기 시작했다. 금산지역에서도 10월 중순부터 화평 분위기는 깨지고 동학군과 보수 세력 사이에 공방전이 벌어졌다.

6. 결론

『금산동도작요내력』의 내용을 바탕으로 이 지역의 동학혁명의 전개 양상을 살펴보았다. 10개조에 이르는 민막을 해결하기 위해 동학도들이 1894년 3월 8일경 제원역에서 처음으로 기포하였다. 관을 상대로 한 협의가 뜻대로 풀리지 않자 각 면 농민 1천여 명을 불러 모아 호장 등을 압박하였다. 결국 민영숙 군수의 결단으로 합의를 이루게 되어 4일 만인 14일에 해산하였다.

이 지역 동학도들의 기포 행동에 대해 동학혁명의 일환으로 보아야 하는지 아니면 민요에 준한 등소로 보아야 하는지를 쉽사리 분간하기가 어렵다. 전봉준 대장의 동학혁명과 관련지어 보려면 뒷받침할 만한 기록이 있어야 하는데 현재까지 발견된 것이 없다. 그렇다고 민요나 등소로 보기에는 규모가 크고 폭이 넓다. 관아를 습격하거나 관장을 내치려는 폭력 행위는 없었으나 다수가 몰려가 요구조건을 관철시켰고, 금산군뿐만 아니라 용담현으로 달려가 똑같이 폐정을 바로잡았다. 한 지역의 민요로 규정하기는 어려워 보인다. 『금산동도작요내력』에 나타난 사실만 가지고 혁명이다, 민요다라고 단정하기는 어렵다. 새로운 자료가 나타날 때까지 미룰 수밖에 없어 보이며 좀 더 연구가 필요하다고 여겨진다.

충청도 금산지역 동학혁명운동

초막으로 동학군 도소를 설치했던 대둔산 요새지
바위 정상 바로 아래에 숲이 우거진 곳에 집터가 남아 있다. 앞면 12미터 가량 얕은 돌성이 쌓여 있다.

1. 머리말

금산錦山지역은 1894년(포덕35) 동학혁명운동 때 어느 지역보다 먼저 기포한 곳이다. 그리고 다른 지역 동학군들은 대체로 12월까지 항쟁하였으나 금산지역만은 1895년 1월 하순(음)까지 일본군과 끈질기게 싸웠다. 혁명 기간에도 보수세력과의 공방전은 어느 지역 못지않게 치열했다. 남원과 하동, 성주, 홍천, 홍성, 장홍 그리고 나주 지역이 처참하였다 하나 사상자의 규모나 재산상의 피해로나 금산지역은 결코 뒤지지 않는다.

금산지역의 대결 구도는 보수 세력이 강한 금산지역과 동학 세력이 강한 진산 쪽의 대결로 나타났다. 금산 쪽은 보부상 조직이 강했으며 보수 세력은 이들을 앞세워 동학군을 괴롭혔다. 반대로 진산 쪽은 동학 조직의 토착 세력도 강했지만 인근 고산군과 연산군 및 전주지역 동학 세력까지 연대하여 강력한 세력을 이루고 보수 세력을 공격 제압하였다.

이 지역의 동학 세력은 조재벽 연원조직(包組織)이 주축을 이루고 있었다. 조재벽 포包는 청산, 옥천, 황간, 영동과 연산 일부 지역, 고산 일부 지역, 금산 일부 지역, 그리고 진산 전체에 널리 분포되어 있었다. 또 인원 수도 수천 명에 이르렀고 결속력도 매우 견고했다.

조재벽 접주는 1892년 11월에 전라도 삼례 교조신원운동 때부터 서장옥, 전봉준, 김개남, 김덕명 등과 연대를 하였으며, 1893년 2월 광화문 앞 복소운동과 3월의 보은 및 원평의 척왜양창의운동을 거치면서 더욱 긴밀한 관계를 유지하였다. 1894년 1월 전봉준이 이끈 고부민란을 계기로 자연스럽게 서인주(=徐璋玉), 전봉준, 김개남, 손화중, 김덕명 등과 뜻을 같이하여 혁명운동에 앞장서게 되었다.

1894년 3월 초(3월 8일 또는 12일)에 금산에서 처음 깃발을 올린 것은 우연한 기포가 아니었다. 관원들의 심한 주구誅求도 인심을 이탈케 하였지만, 금산지역의 기포는 호남 동학 지도부의 전략적인 차원에서 이루어진 것으로 보여진다. 초기부터 다른 지역 동학군을 불러들여 연합전선을 폈던 사실만 보아도 알 수 있다. 기록에 의하면 3월 중순경에 진산으로 달려온 동학군은 멀리 남원, 임실, 태인 지역을 위시하여 인근의 연산, 고산, 전주 동학군들이 주축을 이루었다. 그 후 10월의 소리니재 전투에도 김개남 휘하의 동학군과 다른 지역 동학군들이 많이 참가하여 싸웠다.

이 지역의 혁명운동은 조재벽 연원의 항쟁으로만 국한시켜 보지 말고 전라도 동학혁명운동의 전체 흐름과 연결시켜 보아야 한다. 여기서는 금산지역의 혁명운동 과정을 몇 단계로 나누어 살펴보고자 한다. 첫째, 동학이 자리 잡은 과정을 살펴보고, 둘째, 기포 과정과 보수 세력과의 대결 과정을 살펴보고, 셋째, 집강소 활동 상황과, 넷째, 10월의 소리니재(松院峙) 전투 상황, 다섯째, 일본군과의 항쟁, 끝으로 대둔산 전투와 염정골의 최후 상황을 살펴보고자 한다.

2. 동학의 포교와 조재벽포

『오하기문』에는 "경주의 최제우가 지례, 김산 및 호남의 진산珍山, 금산錦山 산골을 왕래하였다."[1]고 했다. 수운 선생이 생존했을 당시이므로 1862년 상반기에 왕래가 있었던 것 같다. 1861년 10월에 경주관아로부터 탄압을 받은 수운대신사는 11월에 제자인 최중희를 대동하고 경주를 떠나 정처 없는 여행길에 나섰다. 울산, 진해, 고성, 승주를 거쳐 12월 15일경에 당도한 곳은 전라도 남원이었다. 남문 밖 서형칠을 만나 거처를 정하게 되었고, 이들에게 포교하고 후원을 받아 12월 그믐께 교룡산성 덕밀암(德密庵·隱蹟庵)으로 들어갔다.

6개월간 머무는 동안 인근 여러 고을을 다니면서 포덕(布德=傳敎)도 하고 가르치기도 하였다. 진산과 금산지역에서도 여러 사람이 찾아와 사제지간이 맺어진 것 같다. 이들은 수운대신사를 모셔 가기도 하고 수도 방법을 지도 받기도 하였을 것이다. 7월 초순경(3월이라는 說도 있음-편집자 주)에 수운대신사가 경주로 돌아가자 이들은 용담을 왕래하면서 도맥道脈을 이어 왔다. 그러다 2년 후인 1864년 3월에 수운대신사가 조선왕조에 의해 대구장대에서 좌도난정률로 순도하자 도맥은 끊어져 버렸다.

1887년에 이르러 황간의 조재벽(=趙敬重)이 입도하면서 포덕을 시작하여 20여 년 만에 동학의 도맥을 다시 잇게 되었다. 그는 옥천, 영동, 청산 지역에서 포덕을 하다가 1890년경부터는 금산, 진산, 고산, 용담지역으로 넓혀 갔다. 1892년 11월에 전라도 삼례에서 교조신원운동이 일어나자 민심이 동학으로 쏠리기 시작하여 엄청나게 포덕이 이루어졌다. 이로부터 조재벽은 알아주는 동학 지도자의 한 사람으로 등장하게 되었다.

1893년 2월 광화문 교조신원운동 때에는 상소장에 서명인이 되어 많은 도인을 이끌고 참가하였으며, 1893년 3월 보은 장내리와 전라도 원평에서 일어난 척왜양창의운동에도 많은 도인을 이끌고 참가하였다. 이때 해월신사는 포제包制를 제도화하고 각 포包의 대접주를 임명하였다. 『동학도종역사』에는 서장옥(=徐仁周)이 호서湖西 대접주로 임명되고, 조재벽은 서장옥의 지도를 받는 관계로 대접주로 임명되지 못한 것으로 기록하고 있다. 그러나 1893

년 2월 광화문 교조신원운동 이후 서장옥은 어느 기록에도 나타나지 않는다.[2] 동학혁명 이후에도 나타나지 않는 것으로 미루어 보아 조재벽은 자연스럽게 대접주 역할을 담당하게 된 것 같다.

조재벽은 해월신사로부터 신임을 받았다. 상주 왕실旺室에 계시던 해월신사를 1893년 7월에 청산현 문바위골(閑谷里=門巖里) 김성원의 집으로 이사하게 주선한 것도 그였다.[3] 김성원은 바로 조재벽포 중의 한 사람이었다.[4] 또한 1894년 12월 중순, 우금치 전투 이후 전라도에서 올라오는 해월신사와 손병희 동학군과 합류하여 영동전투, 북실전투에 이어, 12월 24일의 되자니에서의 최후 전투에서도 해월신사와 같이 싸웠다.[5] 또한 1896년 1월에는 강원도 치악산 수레너미에서 손병희, 김연국, 손천민, 김현경과 같이 도호를 받을 때 신사로부터 경암敬菴이라는 도호를 받았다. 그리고 1897년 4월에는 앵산동(利川郡 樹上里)에서 해월신사와 교리문답을 하기도 하였다.[6]

그는 어디에 살았는지 생활 근거지가 분명치 않다. 『주한일본공사관기록』에는 황간의 수령이라고 여러 번 나온다.[7] 권병덕 기록[8]과 『천도교회사초고』에는 "조재벽, 최사문, 최공우가…(진산에서) 기포하였다."고 되어 있다. 또한 1897년에 사망하였는데 어디에 묘소가 있는지 기록이 없다.[9] 다만 조재벽의 연원 조직은 옥천, 영동, 황간, 청산, 금산, 진산, 고산, 용담 등지에 광범하게 퍼져 있었다.

3. 금산서 최초로 기포

금산지역에서 최초로 기포한 날짜는 3월 8일 또는 12일이라 하였다. 『금산피화록』에는 "(금산지역 동학도들이) 3월 초에 기포하였다."[10]고 했으며 『금산군지』에는 "3월 8일에 무장한 동학군이 제원역에서 회합하여 이야면을 선봉장으로 5천여 명이 죽창과 농기를 들고 대거 금산읍에 들어와 관아를 습격하여 문서와 각종 기물을 불사르고 서리胥吏들의 가옥을 파괴했다."[11]고 하였다. 그리고 『오하기문』에는 "금(3월) 12일에 동학도 수천 명이 몽둥이로 무장, 흰 수건을 두르고 읍으로 몰려와 관리들의 집을 불살랐다."[12]고 하였다.

『금산군지』의 3월 8일 기포설은 근거가 분명치 않으나 『금산피화록』과 『오하기문』의 3월 초라는 점에서 벗어나지 않는다. 『오하기문』의 3월 12일 기포일은 3월 초라기보다 중순에 가깝다. 3월 초라고 한 『금산피화록』으로 보면 3월 8일설이 맞을 것 같다. 지금까지 최초의 기포일은 3월 18일(3월 20-21일이 유력-편집자주)에 전봉준과 손화중이 당산(現 高敞郡 孔音面 九岩里 堂山)에서 기포한 날짜를 치지만—김개남도 지금실(現 井邑郡 山外面 東谷里)에서 3월 18일에 기포하였다고 한다—금산에서 기포한 날짜는 이보다 10일 내지 최소 6일이나 빨랐다. 따라서 최초의 기포지는 고창 당산이 아니라 금산 제원역과 진산 방축리라 할 수 있다.

제원역은 읍에서 동쪽 4킬로미터 지점에 있는[13] 제원도濟原道 찰방역察訪驛이다. 삼례도·청암도·벽사도·오수도·경양도와 같이 제원도는 전라도의 주요 역도의 하나이다. 『동국여지승람』에는 무주의 소천역·용담현의 달계역·진안군의 단령역·고산현의 옥포역 등 4개 역을 관할하고 있었으며, 많은 역졸과 12결의 둔전屯田을 가지고 있던 역참이다. 진산 방축리防築里는 진산읍에서 북동쪽으로 1.5킬로미터 떨어져 있다. 그 당시에는 각종 상거래가 많았던 장거리였다.

동학군은 동서 양쪽에서 금산읍을 공격하여 무난히 점령하였다. 제원역에 모여 있던 동학군은 이야면이 통솔하였고, 방축리에 모여 있던 동학군은 조재벽(=敬重)과 최공우 접주가 통솔하였다. 그리고 금산 동학도들은 박능선 접주가 지휘하였다고 보여진다.[14] 『순무선봉진등록』에 의하면 영동 옥천접주와 접사接司 13명을 잡아 조사한 결과 '금산 도류자'들이라 하여, 혁명 기간 동안 영동과 옥천 도인들이 많이 참가하였음을 알 수 있다.[15] 한편 진산읍 방축리에는 진산 동학군과 인근 지역 연산이나 고산 동학군들도 가세하였다고 추측된다.[16]

동학군들은 금산읍을 점령하고 악질 관리들을 응징하는 선에서 그친 것 같다. 이때 금산군수 민영숙은 동학군에게 해를 입지 않은 것 같다.[17] 동학군이 금산읍을 점령한 후의 기록은 두 가지가 있다. 『금산군지』에는 "동학군은 문서와 각종 기물을 불사르고 서리들의 가옥을 파괴하였다." 하였고 「정공순의비鄭志煥殉義碑」에는 "적은 먼저 제원역을 접거하니 정지환은 군민을 규합하여 바로 김제룡 등을 몰아냈다."고 하였다. 또한 3월 23일자로 당시 군수였던 민영숙의 보고를 받은 의정부는 "동학도소라 칭하며 통문을 발송하자 모인 자가 근 천 명에 이르렀다. 그들이 이미 소원하고 있는 것을 해당 읍에서 (폐정을) 바로잡아 주고 그 연고를 소상히 효유하여 퇴산시키라는 뜻으로 제칙題飭을 따로 보냈다."[18]고 하였다. 이것으로 보면 군수를 해치지는 않았던 것으로 보인다.

한편 『금산피화록』에는 "3월 초에 보부상 김치홍, 임한석, 사인 정두섭이 힘을 모아 막아 지킴으로써 참혹한 화를 간신히 면하게 되었다."[19]고 하였다. 그리고 정숙조의 순의비문에는 "적을 막으려 의를 일으켜 공을 주맹主盟으로 추대하여 좁은 목을 나누어 방어하였다."[20]고 하였다. 관아까지 점령하고 악질 서리들을 응징한 것이 사실이므로 동학군을 물리쳤다는 비문들은 사실과 다르며 공적을 높이려 한 것이 아닌가 싶다.

동학군은 금산읍을 공격할 때 용담현도 공격하였다. 『동학당정토약기』에 용담현령 오정선의 말에 "동비東匪가 봉기하여 먼저 금산과 용담을 습격하자…쫓아내려 했으나 중과부적으로 위급한 지경에 이르렀다가 일단 격퇴하였다."고 하였다. 제원역에 모였던 동학군 일부는 용담현을 공격하여 점령했던 것이다. 즉 현령 오정선은 중과부적임을 알고 동학군과 타협하여 대결을 피했으며, 그러자 동학군은 며칠 후 물러났다. 이것을 "위급한 지경에 이르렀다가 격퇴하였다."고 표현한 것이다.

금산지역 동학군의 기포는 금산읍과 용담읍을 점령함으로써 매우 성공적으로 시작되었다. 그러나 10여 일이 지나자 보수 세력들은 동학군의 근거지인 진산 방축리를 공격하기 위해 보부상 우두머리인 김치홍과 임한석이 앞세워 인근 고을의 보부상들을 모았다. 그리하여 4월 2일 방축리를 공격하여 동학군 다수를 살해하였다. 『수록』[21] 영기조營寄條에는 "4월 초2일 신시申時 금산군 행상(行商, 褓負商) 김치홍과 임한석은 읍민과 행상 천여 명을 이끌고 곧바로 진산 방축리로 달려가 동학도들을 공격, 114명을 육살하였다."고 하였다.[22]

황현도 "금산의 행상 우두머리인 김치홍, 임한석 등이 상인과 고을 백성 천여 명을 인솔하여 진산에 있는 적을 공격하여 114명을 베어 죽였다."[23]고 하였다.[24] 김윤식은 "금산 백성과 보부상 5-6백 명이 동학당을 공격하여 1백 명을 살상하였다."[25]고 하였다. 그리고 이단석(李丹石, 『時聞記』)[26]은 "4월에 금산군수가 동학도를 많이 죽였다."[27]고 하였다.

천도교단의 기록으로 『김낙봉이력』과 오지영의 『동학사』에도 같은 내용이 기록되어 있다. 부안에서 청산으로 해월신사를 찾아 갔다 돌아오는 길에 진산 방축점에서 일박 하고 4월 1일 아침에 떠난 김낙봉은 다음날 "금산 포군砲軍에게 (진산 동학군이) 함몰당하였다."[28]는 말을 들었다 했다. 오지영의 『동학사』에는 "갑오년 봄에 이병춘(=任實接主)이 진산 접전에 참가하였다가 사로잡혀 총살될 뻔한 일이 있었다."고 하였다. "옆 사람이 총에 맞아 쓰러지자 함께 쓰러져…살아났다."[29]고 하였다.

그리고 전라감사 장계에는 "이달 초 3일 금산군 사람인 박병중 등이 의병 3천여 명을 일으켜 동학도를 토벌하였다. 죽은 이가 70여 명이요 부상하여 생명이 경각에 달린 자가 6백-7백 명이나 되었다. 동학 여당들은 도망쳐 남지 않았다."[30]고 하였다. 전 용담현령 오정선은 공초供招에서 "금년 3월에⋯금산군 보부상을 출의出義시켜 진산군을 공격하여 동학도 1백여 명을 진멸시켜 그 공로로 진산군수에 승진, 3개월간 부임한 바 있다."[31]고 하였다. 금산 민보군의 공격으로 진산 동학군은 최소한 70여 명이 전사하고 수백명이 부상한 것 같다.

금산의 보부상 세력은 전라도에서도 강력한 조직이었던 것 같다. 『주한일본공사관기록』에는 "금산 부상패가 소원할 일이 있어 수천 인이 모였다. 때마침 태인에 모이라는 말을 듣고⋯그곳(金山面 巨野)에 가 보니 동학당이라⋯공격하여 대승하였다.⋯의정부는 '부상들이 잇따라 동학도들과 싸워 몰아낸 공은 있으나 조정의 명령 없이 제멋대로 취당하며 싸운다. 이런 폐단이 커지기 전에⋯마땅한 조처가 있어야 한다.'"[32]고 하였다. 정부에서도 금산 부상배들이 강대하여 통제할 필요가 있다고 인식한 것 같다.

기습을 받아 상당한 피해를 입은 진산 동학군은 곧 보복할 준비에 들어갔다. 『수록』에 4월 3일자 금산 공형公兄의 보고가 있는데 "수천 명이 방금 진산 방축리와 충청도 옥천 서화면에 모여 금산읍에 돌입, 생령들을 도륙하리라는 풍설이 낭자하다."[33]고 하였다. 금산군민은 이 소식을 듣고 공포에 떨었으나 진산 동학군은 전봉준 동학군과 합류하기 위해 움직이느라 금산 보수세력을 보복 공격할 여유가 없었다.

즉 무장에서 혁명을 선포한 전봉준 동학군은 4월에 접어들면서 인근 고을을 차례로 점령해 들어갔다. 수령들은 관찰사에게 방비책을 마련하라고 아우성이었고 김문현 전라감사는 병력을 보충하기 위해 인근 고을 장정 수백 명씩을 징발하였다. 한편 보부상들도 불러들여 4월 6일 영장 이광양에게 영병 2백50명과 보부상 1천여 명을 이끌고 출동하라고 명령하였다. 소식을 들은 동학군도 결전을 앞두고 인근 동학군을 불러모았고 진산 동학군들도 금산 보수 세력에 대한 보복을 미루고 이곳으로 출동하였다.

4. 6월 중순에 집강소 설치

전봉준 장군이 이끄는 동학군과 감영군은 4월 7일(양5.11)에 황토재에서 결전을 벌인 결과 동학군이 대승하였다. 이어 동학군이 정읍, 흥덕, 고창, 무장, 영광, 함평을 차례로 점령해 나가자 정부는 홍계훈에게 경군을 맡겨 출동시켰다. 홍계훈의 경군은 황룡천에서 동학군을 만나 교전했으나 대패하였다.[34] 장성 황룡천변의 월평장터에서 점심을 먹던 4천 명의 동학군은 경병의 기습을 받고 당황했으나 곧 반격에 나서 신효리까지 밀고 들어가 이학승 대장을 사살하는 등 대승을 거두었다.

경군 본진이 영광에서 머뭇거리는 때를 타서 동학군은 전주로 달려갔다. 4월 27일(양5.31) 드디어 전라도의 수부首府 전주를 점령하였다. 홍계훈은 경군 본대를 이끌고 뒤쫓아 와 완산에 진을 치고 전주성을 공격하여 보았지만 역부족이었다. 정부는 다급한 나머지 청나라에 원병을 요청하였고, 이를 탐지한 일본군도 뒤따라 출동하게 되었다. 사태는 뜻밖에도 청일 양군의 대결로 변하여 나라는 위기에 빠져 들었다.

양호초토사 홍계훈은 조정의 명에 따라 동학군과 화약(全州和約)을 맺기 위해 협상을 하였다. 이 교섭은 급진전하여 5월 7일에 동학군은 전주성에서 물러나게 되었고 새로 전라감사에 임명된 김학진은 삼례에서 감영으로 들어오게 되었다. 조정에서는 청일 양군에게 "동학란은 평정되었으니 물러가라."

했으나 일본군은 본색을 드러내며 일언지하에 거절하였다.

　김학진 감사는 사태를 평온하게 끌고 가기 위해 동학군을 포용하였고, 전봉준의 요구조건을 받아들여 탐관오리의 발호를 청산하기 위해 동학군이 주도하는 집강소를 각 고을마다 설치하기로 하였다. 6월 초순에 지시하여 각 고을에는 6월 중순부터 집강이 임명되어 동학군의 집강 업무가 시작되었다. 정석모의 『갑오약력』에는 "6월에 관찰사는 전봉준을 감영으로 초치招致하고…전봉준이 요구한 집강소를 각 고을에 설치할 것을 허락하였다."고 하였다.

　그러나 금산 보수 세력들은 여러 형태로 동학군에 저항하였다. 퇴리 정지환 등과 공형公兄, 그리고 촌외 인사 박승호 · 고제학 · 박승숙, 전첨사 박항래 등이 전참판 정숙조를 맹주로 추대하고 의려義旅를 조직하였다. 이때 군수[35]는 김학진 감사의 지시에 따라 동학군을 자극하려 하지 않자 읍민들은 하나 둘씩 떠나 버렸다. 『금산군지』에는 다음과 같이 기록되어 있다.

　　5월에 도내 동학군이 더욱 강성하여 재침할 우려가 있으니 토벌할 것을 김진용(金震龍=致洪?)이 군수 이규문에게 청하였다. 그러나 군수는 이에 응하지 않고 희미한 태도로 대답을 했다. 격분한 김진용이 떠나자 읍민들도 관의 처사에 눈물을 머금고 정든 고향집을 버리고 떠나 금산읍 천호千戶 부중은 동학도만 남아 공허해졌다.[36]

　6월 중순에 이르자 집강 업무가 시작되면서 사태는 뒤바뀌었다. 『금산피화록』에는 "거괴 전봉준이 감영에 있으면서 보낸 사통私通이 종종 내려오자 잇따라 각 고을에는 집강執綱이 있게 됐다."고 하였다.[37] 아마도 금산에 집강소가 설치된 것은 6월 중순경인 것으로 보인다. "최초로 집강에 차임差任된 동학도는 용담현에 사는 김기조이며 그 후임은 금산읍에 사는 조동현이었다."[38] 그러나 금산읍 어디에 집강소와 도소를 설치하였는지 알 수 없다.

일단 관찰사의 명령으로 동학군 집강소가 설치되자 보수 세력의 저항은 중단되었다. 『금산피화록』에는 "(동학군의) 유인에 빠져들어 한결같이 빗나가 교화가 먹혀들지 않는 곳이 되어 버렸다. 읍의 백성들은 노인들을 부축하고 어린 것들을 안고 서로 바라보며 흩어지니 성중은 비어 버렸다."[39]고 하였다. 『주한일본공사관기록』에는 다음과 같이 기록하였다.

> 작년 동학도가 일어나자 그 읍(진산) 백성들은 모두 비도에 가담했다. 금산현에 사자使者를 보내 동비도東匪徒에 가담하라고 날짜까지 정해 주며 승낙 여부를 대답하라고 했다. 금산 현민들은 현감에게 제안하자 그는…비도에 가담하는 것은 의롭지 못한 일이라 하여…동학의 권유를 거절했다. 이것이 작년 6월의 일이었다. 그 후 진산 사람이 다시 와서 동학에 가담할 것을 권유했지만 또 이를 거절했다. …작년 6월에 진산 동학도가 대거 이 읍을 습격하고 민가를 불태우고 약탈을 자행했다.[40]

일본군이 1894년 11월(음)에 들은 것을 적은 것으로 10월의 사건을 6월로 착각한 것 같다. "6월에 진산 동학도가 대거 이 읍을 습격하고 민가를 불태우고 약탈을 자행했다."는 것은 사실과 다르다. 『금산피화록』에는 "5월 망간에 동도들은 모두 귀화했다." 하였고 "인심이 안정되자 전후 5개월에 걸쳐 농민은 농사 짓고 상민은 장사하였다."[41]고 했다. 귀화했다는 것은 전주화약 이후 동학군과 관이 상화相和했다는 뜻이고, 5개월간 화평했다는 것은 10월 중순까지 대립이 없었다는 뜻이다.

당시 동학군이 진산과 금산에서 집강소 활동을 하며 제일 먼저 강조했던 일은 신분제 타파 운동이었다. 동학은 1860년에 창도된 이래 신분제 타파를 부르짖으며 평등 사회를 실현하고자 하였다. 동학혁명 중 제일 먼저 조선왕조의 기둥이었던 신분제를 때려 부수는 일을 하였다. 동학군이 강했던 지역에서는 양반을 조롱하거나 모욕을 주는 사례가 적지 않았으며, 일반 민중들과 천민을 대하는 몸가짐이나 태도는 겸손하고 친밀하기 그지없었다.

5. 동학군 재기와 보수 세력의 저항

일본군은 장차 이 나라를 강점하기 위해서는 1차로 중앙의 정권을 장악하는 것이 급선무였다. 6월 21일 새벽에 일본군은 왕궁(경복궁)을 강점하고 조선 군대를 해산시키는 한편 고종을 구석으로 몰아부쳤다. 이어 대원군을 꼭두각시로 내세워 김홍집을 영의정으로 앉히고 국군기무처를 만들어 정권을 장악하였다. 그러나 밀려난 민씨들은 물론이요 유생들은 의병을 일으키려는 생각은 없었다. 대부분의 유생들은 오히려 친일정권에 편들어 기울어가는 나라를 구하려는 동학군을 섬멸하기만 바랐다.

7월 초부터 일본군을 몰아낼 대책을 숙고하던 동학군은 8월 1일 청일 양국의 선전포고로 청일전쟁을 확대시키자 항일전을 결의하게 된다. 8월 25일 남원대회에 모인 5만여 명 동학군은 항일 투쟁을 다짐하였다. 이로부터 동학군은 정예군을 조직하고 군량미와 군수물자를 조달하는 데 전력을 기울이기 시작하였다. 전주 동학 도집강소都執綱所는 각 고을에 농토 1결당 7두의 쌀과 호당 말먹이 콩 1되씩을 할당하고, 9월 하순부터 징수하기 시작하였다. 9월 13일경에 동학 지도부는 재기포에 대해 의견을 모았고[42] 18일에는 해월 신사가 청산에서 전 동학군에게 기포령을 내렸다.

대륙 침략을 기도한 일본군은 9월 26일(양10.26)에 전쟁을 확대하여 압록

강을 건너 구룡성과 안동을 점령하였다. 이에 따라 대동강 이남 수송로의 안전을 확보하기 위해 동학군을 섬멸시킬 목적으로 본토에서 새로이 후비보병을 동원하였다. 그리하여 후비보병 제19대대를 주축으로 동학군 토벌 전담 부대를 편성하게 되었다.

현역 3년, 예비역 4년을 마치고 다시 5년간의 후비 병역에 복무하고 있는 이들 후비보병은 30세 전후로 노련하였다. 일본군은 10월 6-7일(양11.3-4)부터 삼남으로 출동하면서[43] 조선 경병京兵도 신식 무기로 무장시켜 같이 출동시켰다. 김홍집 내각은 전라도와 충청도에서 동학군이 다시 일어나자 일본군이 나서달라고 요청하고 있었다. 9월 22일(양10.20)에 한국 정부도 동학군 토벌을 위해 신정희를 도순무사로 임명하였다.[44]

일본군과 경병이 내려온다는 소식을 들은 각 군현 보수 세력들은 민보군을 조직하기에 이르렀고, 동학에 대항하도록 부추겼다. 특히 순무영巡撫營은 9월 27-28일에 금산의 정두섭을 소모관召募官으로, 수교首校인 정지환을 본영 군관으로 임명하였다. 이들은 곧 정숙조를 맹주로 추대하고 민보군 조직에 착수하였다. "(군관으로 임명된) 정지환은 전 참판 정숙조와 길기순·신준호·박승호·고제학·박제군·박연수·박승숙·김진용·정두섭·엄채영 등과 창의군을 만들어 동학군을 초멸하리라는 설단(設壇=금산성 북문 외에 설단)의 맹세까지 하였다."[45]

『금산군지』에는 "맹주에 정숙조, 회장에 박승호·고제학, 참모장에 박승숙, 참모에 이석구, 감군에 김두진·곽병규, 의병장에 신구석(=龜錫)·양재봉, 포사장에 정두섭, 향군에 지영복·한영운, 훈장에 고주석, 도비장에 임한석, 비장에 변순여, 전초장에 엄포영, 초장에 김성초 등을 임명하였으며 무사武士는 250명이라."[46] 하였다. 『검암유고』에도 "의회장義會長에 고제학·박승호, 맹주에 정숙조, 포대장에 정두섭, 무대장武隊長에 정지환, 참모에 양재봉, 신구석이었다."[47]고 하였다.

10월 초에 경병과 일본군이 출동하였음을 알게 된 동학군은 10월 중순부터 행동에 나서기 시작하였다. 10월 15일 전후하여 전봉준이 이끄는 정예 동학군은 삼례에서 논산으로 진출하였고, 손병희도 북접 동학군을 이끌고 논산에 와서 전봉준 동학군과 합류하였다. 옥천, 영동, 진산, 금산, 고산 지역 동학군들도 논산으로 가기 위해 동원되었다. 그런데 금산 보수 세력은 민보군을 동원하여 동학군을 공격하려 하였다. 진산에 집결했던 동학군은 금산 민보군을 확실하게 제압하기 위해 때마침 삼례에 진출하여 있던 김개남 동학군에게 지원을 요청하였다.

『오하기문』에는 "남원 김개남이 청주로 출동하는 길에 삼례에 이르렀을 때 전봉준을 성원하고자 한 지대를 보내고, (자신은 금산으로 진출하여) 금산읍을 점령, 현감 이용덕을 쫓아냈다."[48]고 하였다. 그러나 김개남 동학군의 주력은 삼례에 계속 머물러 있었고 일부 병력만 논산과 진산에 보내 지원하였다. 진잠 공형의 보고에 "김개남 동학군은 11월 10일에 금산에서 진잠으로 진출했다."고 하였다. 아마도 5천 명 대군을 이끌고 11월 8일에 삼례를 떠나 금산에 들러 11월 10일에 진잠으로 진출한 것 같다.

금산 민보군 수천 명과 동학군 수천 명은 22일에 진산군과 금산군의 접경인 소리니재(松院峙) 일대에서 대진하게 되었다. 22일 오후부터 치열한 공방전이 벌어졌으나 승패가 나지 않았다. 2일간 대치하던 전투는 24일 오전 10시에 동학군의 총공격으로 분위기가 바뀌었다. 산 위에서 함성을 지르며 노도처럼 밀고 내려가자 민보군은 금산으로 달아났다. 여유를 주지 않고 동학군이 추격하자 민보군은 64명의 전사자와 많은 부상자를 내고 흩어져 버렸다. 『금산피화록』은 다음과 같이 기록하였다.

충청도 비류들이 연대하여 금산을 도륙하려 하였다. 소모관 정두섭은 포수 200명과 군관 정지환, 총독무사 및 병졸을 이끌고 진산현 경계에 당도했다. 그들은…높은 산상을 선점하고 진을 치니 수만이었고 포창砲鎗의 진세는 군율이 있는 듯했다. 양식 마련과 밥 짓는 것은 진산에서 맡았고 마치 개미 떼처럼 모였으니…모두 진산 남녀노소였다. 정오께 서로 접전하니 금성산·삽치揷峙·민치民峙 등 세 곳이었다.…적과 싸운 지 5주야(3일) 만인 24일 사시巳時에 당해 낼 수 없어 패산하였다.…전사자의 시신을 수습하니 64인이요 돌아오지 않아 생사를 모르는 자도 얼마인지 모른다.[49]

군관 정지환은 금산 관아로 끌려가 사살 당하였고, 동생 정영백도 사기점에 끌려가 살해 당하였다. 아들 정집종는 전투 중에 전사하였고, 둘째 아들 정회종만 간신히 살아남았다. 소모관 정두섭은 부하 수십 명과 같이 경상감영 중군 박항래를 찾아가다 유가면 오동리에서 동학군에게 체포되어 금산읍 장대에 끌려와 포살되었다. 맹주인 정숙조는 25일 제원역에서 체포되어 살해 당했다.[50]

금산읍에 돌입한 동학군은 공청과 향교, 보수 세력의 집들을 소각하였다. 금산읍의 보수 세력은 재기 불능할 정도로 타격을 받았다. 이로부터 인근 고을 동학군들은 수없이 드나들었다. "영동·옥천·무주 등의 적도들이 차례로 들어왔다.…그 밖에 개남포·연산포·공주포·강경포 등도 들어왔다 나가고, 나갔다가 들어오기를 반복했다."[51] 한다. 『금산군지』에는 "군수 이용덕은 동학군이 들어오자 허둥대며 도망갔다."[52] 하였고, 『일성록』에는 "무례히 인부印符를 몸에 지니고 도피하였으므로 부득이 파출罷黜한다."고 하였다. 『동학당정토약기』에는 "(동학군에 붙잡혀) 한쪽 팔이 잘렸고 주리를 틀려 다리에 중상을 입어 움직이지 못하였다."고 하였다.

동학군의 대병력은 11월 7일에 용담현으로 출동하였다. 10월 하순부터 민보군을 조직하여 동학군을 탄압하자 진안과 고산, 무주 동학군들과 연합하여 공격한 것이다. 『순무선봉진등록』에는 11월 8일에 동학군 수천 명이 북쪽에서 공격하였다 한다. 때마침 무주접주 이응백 삼부자가 수천 명의 무리를 이끌고 배후인 동쪽을 공격하여 왔다. 양쪽에서 협공 당한 민보군은 이튿날 9일 오시에 항복하고 말았다.

> 뜻밖에도 지난달(11월) 초 8일에 진안·고산·진산·금산 등지의 동학도 수만 명이 북쪽에서 쳐들어와 접전이 벌어졌다. 무주접주 이응백 삼부자가 수천 명의 무리를 이끌고 와 동쪽에서 갑자기 배후를 공격했다. 두 갈래의 적세가 너무 커서 적을 당해 낼 수가 없어 초 9일 오시에 패전하고 말았다.[53]

위세를 떨치고 있던 진산과 금산, 옥천 지역 동학군들은 뜻밖에도 11월 11일과 13일에 공주전투와 청주전투에서 전봉준과 김개남이 대패하였다는 소식이 들리자 사기는 땅에 떨어졌다. 그러나 조재벽과 최사문·최공우 부자가 이끄는 동학군들은 끝까지 저항할 태세를 갖추었다. 다른 지역 동학군과 마찬가지로 이들은 일본군이 금산으로 온다는 소식을 듣고 길목을 지키다가 기습하기로 하였다. 무기 체계가 월등한 일본군을 맞아 항쟁하기 위하여 천여 명의 동학군은 옥천 방면에 집결하였다.

6. 일본군의 금산 진입

일본군 인천 병참사령관(伊藤祐義)이 내린 훈령을 보면 동쪽·중부·서쪽 등 세 갈래로 1개 중대씩 출동시켰으며, 대대본부(대대장 南小四郎)는 중부 분진대(分進隊)와 같이 내려오게 되어 있었다. 중부로 내려오던 일본군(中尉 白木誠太郎)은 11월 6일에 옥천에 이르러 금산 쪽으로 방향을 돌렸다. "공주로부터 동학군에 의해 거의 포위되었다."는 연락을 받고 공주로 나아가기 위해 방향을 돌린 것이다. 이들은 제원역에서 10킬로미터 동쪽 지점인 양산 마을로 와서 유숙하게 됐다.

동학군 천여 명은 11월 8일(양12.4) 밤에 양산을 에워싸고 야습하였다. 『주한일본공사관기록』에는 "오후 3시 양산에 도착하니 동학군은 금산현과 옥천군 방향으로 퇴각하고 없었다. 민가에서 사영舍營하고 있었는데 밤 10시경에 동학군 1천여 명이 마을 보초선을 넘어 진입하여 왔다."고 하였다. 맹렬한 교전이 벌어지자 2백 미터 전방 민가에 동학군이 불을 질렀다. 주변이 환해지자 일본군은 동학군의 움직임을 포착하고 집중 사격을 가했다. 1시간여나 교전하였는데 11시가 넘어서자 동학군은 금산 방면으로 퇴각하였다. 수적으로 월등한 동학군은 일본군의 신식 소총을 당해 내지 못하였다. 동학군의 전사자는 40명이었고, 일본군은 탄약 1,152발을 사용하였다.[54]

이튿날인 11월 9일에 금산읍 동쪽 1킬로미터 지점[55]에 일본군이 나타나자 길목 언덕에 매복했던 동학군은 다시 기습을 감행하였다. 시라키(白木) 중위는 "12월 5일(음11.9) 오전 8시 30분 양산촌을 출발, 금산현을 향해 전진하다 오후 3시 10분경 금산현에서 약 6백 미터 떨어진 곳에 당도하자 적도들은 금산현 북단으로부터 사격해 왔다. 지대는 즉시 산개 전진하자 적은 저항해 올 기력이 없었는지 고산·용담 쪽으로 퇴각하였다."[56]고 보고하였다.

이 기습전은 3시부터 4시 반까지 1시간여에 걸쳐 벌어졌다. 동학군은 스나이더총 6정 정도(3정은 일본군이 노획)를 가지고 있었으므로 일본군도 고전한 것으로 보인다. "즉시 산개 전진하자 적은 저항해 올 기력이 없었는지 고

산·용담 방향으로 퇴각하였다."고 하였으나 사실과 다르다. 동학군은 6명이 전사하면서도[57] 1시간 남짓하게 맹렬히 공격하였으므로 쉽게 물러났다고 볼 수는 없다. 그리고 "이날 오후 5시 패산한 적 50-60명은 금산현 북쪽에서 읍내로 침입하려 하다가 우리 초병이 사격하자 용담 쪽으로 퇴각하였다."고 한 것을 보면 금산읍에서도 다시 기습전을 벌였음을 알 수 있다.

금산에 들어온 일본군은 몸져 누워 있던 금산군수 이용덕을 만났다. 그는 소 한 마리와 담배 두 묶음을 일본군에 보내어 아첨하였다. 이틀간 체류한 일본군은 11월 12일에 진산으로 떠났다. 도중에도 동학군은 산발적으로 일본군을 괴롭혔다. 그러나 진산에 도착하여 보니 동학군은 흔적도 없이 숨어버렸다고 했다. 동학군을 지원하던 현감 신협도 15리 떨어진 산중에 피신하여 나타나지 않았다. 간신히 현감을 불러다 문초하여 동학군에 가담한 사실을 밝혀냈다. 포박하여 끌고가려 했으나 동행했던 내무아문內務衙門 관리가 "일반 죄수처럼 포승 지우는 것은 혹독하다." 하여 구금하지는 않았다.[58]

12월 8일(음11.12) 금산현을 출발하여 진산현으로 향했다. 본대가 진산현에 도착한 것은 오후 3시였다. 가는 길 곳곳에는 시체가 뒹굴어 까마귀 떼의 밥이 되고 있는 것을 보았다. 그것이 동학당인지 또는 인민인지…분명치 않았다. 진산현을 향해 가는 본대는 곳곳에서 소규모의 전투를 했지만 격렬한 적은 만나지 않았다.[59]

일본군은 공주전투에 합류하기 위해 13일 아침 서둘러 연산으로 떠나갔다. 일본군이 물러가자 동학군은 다시 나타나 활동하였다. 이로부터 관군이 쳐들어오면 숨었다가 떠나가면 다시 나타나는 게릴라식 전법을 계속 구사하였다. 저항을 계속하기 위해서는 안전한 근거지가 필요하였다. 물색한 끝에 전북 완주군 운주면 산북리 기동(基洞, 터골, 垈谷) 북서쪽 석도골, 대둔산 미륵바위(715.1미터) 정상으로 정하고 11월 중순께 산상에 도소를 마련하였다.

7. 대둔산에서 최후의 항쟁

바위 꼭대기에는 초막을 칠 수 있는 평평한 곳이 몇 군데 있었다. 정상에 있는 120평방미터 정도의 장소에는 축대를 쌓아 제1초막을 쳤다. 뒤쪽에는 북풍을 막아 주는 바위가 있어 아늑하였고 주위는 낭떠러지 암벽으로 되어 있다. 동쪽으로 내려가다 좌측 바위틈을 빠져나가면 50평방미터 정도의 평평한 공간이 있다. 여기에는 제2의 초막을 쳤다. 제1초막에서 25미터쯤 남동쪽 계곡으로 내려오면 역시 초막을 칠 수 있는 곳이 있었다. 그리고 능선 너머 15분 거리에는 절터가 있어 샘물이 나온다.[60] 또한 염정동과 능선으로 이어져 식량을 운반하기 쉬운 곳이다.

최공우 등 진산 동학군 지도부는 11월 16일께 5-6명이 이곳으로 들어갔다. 식사를 도와줄 부인도 한 사람 끼어 있었다. 『의산유고』[61]에는 "산후동에 한참산漢㟰山이 있으며 그 상봉인즉 마천대摩天臺이다. 낭떠러지 절벽은 하늘에 오르는 것처럼 어렵다.…지금 이름 있는 적괴賊魁가 도당을 모아 굴 집에 들어갔으며, 부근의 적들도 때때로 숨어들고 있다 한다. 기찰을 보내 탐색하니 과연 위려危慮할 만하다."[62]고 하였다.

『일본공사관기록』에는 "한덕산(寒德山, 한듬산)에서 한참 아래쪽에 있으며…대단히 큰 바위산으로 한 줄기 작은 길이 있어서 사다리를 타고야 오르내릴 수 있다."고 하였다. 일제 말인 1942년부터 이곳에 정착한 이규만(李揆萬, 1933)은 토박이로부터 동학군이 일본군과 싸운 이야기를 들었다 하며, 나무하러 여러 차례 올라가 보았다 한다.

대둔산 케이블카 정상 정류장에서 서쪽 계곡 아래에 있는 육각정六角亭
으로 내려가서 서쪽 가파른 능선을 향해 다시 올라가서 가파른 고개를 넘
어 석도골 골짜기로 다시 내려간다. 거대한 미륵바위를 좌측으로 끼고 계
곡으로 올라가면 정상 능선에 이른다. 좌측에 바위 봉우리가 나타나는데
여기가 미륵바위이다. 정면은 사다리가 필요하나 좌측 옆을 돌아가면 기어
오를 수 있는 곳이 있다. 바위 위에 동학군들이 초막을 쳤던 자리가 있다.
말라죽은 나무가 많아 나무하러 가는 사람이 많았다. 오른쪽 계곡에는 샘
물도 있었다.[63]

『의산유고』에는 "산상에…여러 개의 바위 돌이 포개져 있었다. 그 속에 두
칸 집을 지었고 돌로 벽을 쌓아 처마 끝만 드러나 있었다. 동서와 북쪽 삼면
은 깎아 세운 듯하여 날개를 달지 않으면 들어갈 길이 없다. 앞쪽 아래로 한
줄기 길이 있으나 3층 사다리를 늘어뜨려야 올라갈 수 있다."[64]고 하였다. 일
본군 기록에는 초막이 세 채라 하였다. 처음에는 정상에 한 채를 지었다가
인원이 늘어나자 두 곳에 더 지은 것으로 보인다.

들어간 동학군 지도자는 도금찰都禁察 최학연(=崔士文)과 접주 최공우를
위시하여 접주 김재순·김석순·진수환, 그리고 교수敎授인 강태종 등이었
다.[65] 도금찰은 육임직인 교장·교수급과 같이 접주의 부친이나 어른에게 발
령하는 관례가 있으므로 최학연은 접주 최공우의 부친으로 보인다. 『의산유
고』에는 김치삼, 장문화, 김태경, 정옥남, 고판광, 송인업 등 십수 명이 입산
하였다고 하였다.

일단 자리를 잡은 동학 지도부는 수시로 내려가 진산 여러 곳의 동학군을
결속시켰다. 해가 바뀌어 1895년 1월 9일(양2.3)에 이르자 충청감영은 병력
을 출동시켜 대둔산 동학군을 공격하였다. 양호소모사 문석봉은 양총洋銃으

로 무장한 40여 명의 영군을 이끌고 10일에 터골(基洞)에 도착하였다.

험준한 바위 봉우리로 이루어진 산세를 보자 기가 질렸다. 동학군을 공략할 방도가 서지 않아 조방장助防將 김학립으로 하여금 미륵바위 서남쪽 1백 미터 떨어진 계곡 너머 능선에서 신식총(洋砲)으로 사격하여 보았으나 헛수고였다. 2일간 체류하다 대책이 없자 진산으로 철수하고 말았다. 그는 여기서 식량 공급을 10일간만 끊으면 굶어죽을 것이라는[66] 양도糧道 봉쇄 작전도 구상해 보았으나 그럴 병력이 없었다. 대책이 궁한 그는 3일 만인 1월 13일에 떠나 버렸다.[67] 이때 금산 의병장 김진용(金鎭容=震龍=致洪)이 3백 명을 이끌고 왔으나 그도 속수무책이었다. 그들이 물러가자 이들 동학군은 영군을 불러들인 진산군관 하경석河景奭을 처단하고 금산읍까지 달려가서 수성군을 공격하여 많은 병사들을 죽였다고 한다.

> 17일 유시에 대둔산 적도들이 또 다시 함부로 날뛰어 진산군관 하경석을 살해하고 금산에 들어와 지키는 병사를 살해하기에 이르렀다. 또한 연산 동면 비도들이 내응하니 그 무리들이 화를 일으킬 때가 머지 않았다.[68]

감영군은 이 소식을 듣고 1월 19일에 문석봉 소모사를 다시 출동시켰다. 지난번과 같이 공격할 대책이 없자 진산읍으로 물러났다. 『의산유고』에는 이간책을 사용하였다고 기록하였다. 터골에서 5리 정도 떨어진 주암舟巖에서 최공우와 친한 김공진을 꾀어 산상으로 올려보내 김치삼과 장문화에게 속임수를 노리는 서찰을 전하게 하였다는 이야기이다. 서찰 내용은 다음과 같다.

> 김치삼 장문화는 보아라. 너희들이 산에 오르던 날, 정녕 나와 약속하기

를 최사문, 최공우 3부자와 숙질의 머리를 베어 바치면 그 공적으로 죄를 대신 용서할 것이라 하였다. 그런데 그 기일을 많이 어기고 있다. 기회를 얻지 못해 아직 손을 쓰지 못한 것인가, 아니면 변심한 것인가. 어떤 사람인들 허물이 없을 수 없으니 고치면 착하게 되리라. 너희들 집안 식구들은 모두 도륙될 것이다. 그러니 빨리 계책을 시행하여 조만간 최씨 적 삼부자와 숙질의 머리를 베어 와 공을 세워야 죄를 용서받으리라.[69]

22일에 김공진을 입산시켜 최공우에게 서신을 보이자 분노한 그는 김치삼과 장문화 그리고 뒤에 들어간 6명을 묶어 낭떠러지에 던져 죽여 버리니, 계략이 성공했다고 하였으나 한마디로 엉터리 기록이다. 문석봉이 이곳에 처음 온 것은 1895년 1월 10일이었다. 3일 만에 떠난 그가 김치삼과 장문화를 만날 기회가 전혀 없었다. 최사문과 최공우 부자는 문석봉의 잔꾀에 넘어갈 위인이 아니며 생사를 같이하는 동덕同德을 의심할 위인도 아니다. 자신의 공적을 내세우려는 문석봉의 잔꾀로 꾸며진 기록이다.

문석봉이 다시 출동하자 금산 보부상 두목 김치홍은 용담에서 대포를 끌고 왔다. 포탄은 골짜기 중간에 떨어지니 소리만 요란스러웠다. 『주한일본공사관기록』에는 "터골에 이르자 전주에서 파견된 한병(사관 1명, 병졸 30명)이 대포를 산 위로 끌어올려 적 소굴을 향해 줄곧 포격하고 있었다. 대포가 1천5백 미터나 떨어져 있는 데다 2백-3백 미터 아래쪽에서 포격하니 포탄은 적의 소굴 훨씬 전방에 떨어져 한 발도 명중하지 않았다."고 하였다. 전주에서 따로 영병營兵이 온 것은 아니고 문석봉과 김치홍이 온 것을 이른 것이다.

그러나 1895년 1월 23일(양2.17)에 신식 무기로 무장한 심영병沁營兵과 일본군 3개 분대가 터골에 도착하면서 사태는 급전하고 말았다. 일본군은 24일(양2.18) 새벽에 공격할 준비를 마쳤다. 그러나 안개가 끼고 비가 내려 날이 밝아서야 공격을 개시하였다. 그가 보고한 「대둔산부근전투상보」에 의하면 동학군은 후방에서 기습한 일본군을 막지 못해 처참한 최후를 맞았다고 하였다.

대둔산부근전투상보(1895년 2월 18일 특무군조)(요지)

1) 2월 17일(양) 지대(일본군 3개 분대와 한병 30명으로 편성)는 고산현에서 명령을 받고 오전 3시 30분 출발하여 오후 4시 30분에 대둔산에 도착했다.

2) 그날은 한병韓兵 사관 윤세영과 김광수를 대동하고 산 위로 올라가 정찰했다. 남쪽에선 6킬로미터, 북쪽에서 8킬로미터 남짓했다. 적은 절벽 위 큰 바위 사이에 세 채의 집을 짓고 경계를 늦추지 않았다. 우리를 발견하자 몇 차례 사격을 가해 왔다. 작년 음력 11월 중순경부터 5, 6명의 적은 이 산 위 암굴 속에 들어와 살고 있었다. 공주 군대는 이것을 알고 15, 6일 전에 3일간 공격하다 돌아갔다. 그 후 민병이 와서 공격하다 1명이 총상 당하자 달아났다. 2, 3일 전에는 전주에서 군사가 와 공격하고 있는 중이라 한다. 여러 곳의 적들은 모여들기 시작하여 지금은 50여 명이 된다고 한다. 관군이 공격하면 큰돌과 거목을 떨어뜨리기도 하고 총을 쏘기도 하여 가까이 갈 수가 없다. 적굴은 바위 위에 있으므로 사다리가 있어야 겨우 오를 수 있다.

3) 18일 오전 3시에 야습할 계획이었으나 바람 비가 심하고 안개마저 자욱하여 지척을 분간할 수 없어 동이 트기만 기다렸다. 오전 5시 고마쯔(小松直幹)에게 2개 분대를 인솔하고 적의 배후로 40리 남짓 우회하게 했다. 그리고 소관은 6시 30분 일본군 1개 대대와 장위영병 30명을 인솔하고 적의 정면을 기어올랐다. 적의 소굴 1백미터 전방까지 접근하자 돌과 나무토막을 떨어뜨렸다. 안개는 여전히 자욱하여 적은 보이지 않고 까마득히 말소

리만 들려왔다.

4) 오전 9시 30분, 배치를 마치니 적의 전방 사면 왼쪽 2백 미터 지점 고지에는 한병 20명을 배치하고 나머지 한병과 일본군 1개 분대는 왼쪽 고지에 배치하였다. 배후로 올라갔던 고마쯔(小松) 지대가 10시에 도착하자 뒤쪽 고지에 배치했다. 오전 11시 10분 경에 큰바람이 불어 안개가 걷히며 적의 소재를 볼 수 있었다. 얼마 후 적이 5, 6명을 아래쪽에 배치하자 정면에 있던 한병이 저격했다. 다리를 맞고 새끼줄을 타고 올라갔다. 적의 소굴은 큰 바위로 삼면이 뒤덮여 지붕만 겨우 보일 뿐이었고, 큰 돌을 쌓아 정면에 총구멍을 내었다. 위에는 거목을 올려 놓아 우리 군대가 가까이 오기만을 기다려 무언가 시도해 보려는 것 같았다. 1시 40분, 세 방향에서 맹렬히 엄호 사격을 가하게 하고 소관은 일본군 1개 분대와 한병 사관 두 명을 대동하고 산정에서 배후를 공격하기로 했다. 가파른 언덕을 내려와 겨우 적의 소굴 뒤쪽 아래까지 돌진했다. 그런데 몇 길이나 되는 암석이 담벽과 같이 서 있어 전진할 도리가 없다. 갖고 오던 사다리를 중도에서 버렸으니 대책이 없었다. 사람 사다리를 만들어 한 사람씩 올라가게 하니 15분 만에 전대원을 등반시켰다. 다행히 적은 산이 험준한 것만 믿고 배후는 고려하지 않고 전방의 한병을 향해 계속 발포하였다. 이 틈을 타서 불시에 소리를 지르며 돌격했다. 적도는 허둥지둥 당황하여 어떤 자는 천 길이나 되는 계곡으로 뛰어들었고 어떤 자는 바위 굴 속으로 숨었다. 살아남은 자는 모두 포박하려 했으나 우리가 돌격한 다음 사다리를 타고 올라온 한병이 이들을 모두 죽이고 겨우 한 소년만 남겼다. 이 소년에게 적의 정황을 물었더니 적은 25, 6명이 있었는데 대개는 접주 이상의 위치에 있는 사람이라 했다. 또 28, 9세 되는 임산부가 총에 맞아 죽어 있었다. 접주 김석순金石醇은 한 살 짜리 여아를 안고 천길의 벼랑을 뛰어 내리다 암석에 부딪쳐 박살이 나 즉사했다.

5) 압수된 서류를 조사해 보니 주요한 자는 도금찰 최학연, 도집강 장지홍, 도집강 최고금, 도집행[70] 이광의 · 이광우, 대정 이시열, 접사 조한봉, 접주 김재순, 접주 진수환, 교수 강태종, 봉도 전판동이다. 명단에 없는 나머지 사람들은 알 길이 없다.

이 보고서는 과장되고 조작된 곳이 몇 군데 있다. 첫째, 동학군 전사자가 25명이라 했으나 노획한 화승총은 50자루였으니 절반도 못된다. 지방민들도 '(산상 도소에) 지금 50명 정도가 들어가 있다.'고 했다. 나머지 20여 명은 좌우로 흩어져 바위 아래로 뛰어내려 도망쳤다. 『동학사』에는 접주 최공우가 벼랑에서 뛰어 내려 살아났다 했으며, 주민들도 다래 넝쿨로 뛰어내려 많이 살았다고 한다. 초막에서 4미터 가량 내려오면 좌측 암벽에 뛰어 내릴 곳이 있었고, 초막에서 6미터 정도 내려오다 좌측 암벽 사이로 빠지면 좌 · 우 쪽으로도 뛰어 내릴 곳이 있었다.

다음은 "살아남은 자는 모두 포박하려 했으나 우리가 돌격한 다음 사다리를 타고 올라온 한병이 이들을 모두 죽이고 겨우 한 소년만 남겼다."고 하였다. 일본군은 뒤쪽 바위 2미터 거리에서 일제히 사격하였다. 그런데 10미터 아래쪽에 있던 한병이 사다리를 타고 올라와 모두 죽였다는 말은 어불성설이다. 일본군은 자기들이 임신부까지 죽인 만행을 한병에게 떠넘기려 한 기록이다. 또한 "몇 길의 암석이 담벽처럼 서 있다."고 한 것도 과장된 기록이다. 암벽 높이가 4미터쯤이니 젊은이면 누구나 기어오를 수 있는 바위이다.

8. 염정골의 최후항쟁

염정동은 진산에 속하지만 연산 관내에 속한 도산동 일대까지 통털어 염정골이라 한다. 당시 4백 호 정도가 살았다 하며 최사문과 최공우, 양양옥, 박중집, 이홍기, 김치선 등은 이곳에서 수백명의 동학군을 다시 모아 항쟁을 다짐하였다. 도소는 김세마의 집에 있었다고 여겨진다. 마을 남쪽을 흐르는 실개천을 건너 수락으로 넘어가는 길 초엽 오른쪽 한가운데에 있다.

연산현감 정대위는 동학군 활동이 다시 일어나자 충청감사에게 보고하였고 충청감사는 문석봉 양호소모사에게 초멸하라고 명령하였다. 『의산유고』에는 "청산의 적도가 재기포한다는 소식을 듣고 천여 명의 도당을 모아 서로 응하려고 했다."[71]는 것이다. 43명의 병력(병정 20명과 장관 23명)을 이끌고 1월 26일 새벽에 진잠을 떠나 남면 증촌增村까지 20리를 행군하였다. 염정동까지는 30리가 남았으나 동학군에 대한 정보가 없어 답답하였다.

'무기와 양초糧草가 얼마인지 알 수 없어[72] 보부상 2명을 뽑아 탐지해 오라고 보냈다. 20리 정도 떨어진 이수령梨樹嶺[73]까지 갔다가 동학군 파수막에서 붙들려 죽고 말았다. 연산현감도 며칠 전에 별감을 보냈으나 동학군에게 붙들려 살해된 일이 있었다. 문석봉은 염정동으로 통하는 세 곳의 길을 지키다가 나오는 사람을 붙들어 오게 하였다. 피난민 한 사람을 잡아오니 염정골 진사 권도현이었다. 동학군의 상황을 이야기하고, 도소는 김세마의 집에 정했다고 하였다. 43명의 병력으로 동학군을 공격할 대책이 서지 않아 시간을 보내던 그는 오후부터 대설이 내리자 출동하였다. 동학군도 폭설이 내리니 방심하리라 예측한 것이다. 『의산유고』에는 다음과 같은 내용이 실려 있다.

증촌增村에서 염정동까지는 30리로…5시경에 길을 떠나…술시(戌時, 오후 8시)경에 20리 지점인 이수령에 당도하였다. 산 위 동학군 파수막에서 7명을 잡아 가두었다.…숯을 피워 손발을 녹이고 염정동 김세마집으로 달려갔다. 장墻은 (키보다) 2척이 높았고 대문은 굳게 닫혀 있었다.…대설로 적도들은 방심하고 잠들어 우리가 출동한 것을 상상치 못했다. 사람의 등을 밟고 담장을 넘어…대문 빗장을 풀어 병사들을 살금살금 방문 앞까지 접근시켰다.…창거울로 들여다보니 두 칸 큰 방으로 비도의 대장막임을 알 수 있었다. 적들은 뒤섞여 누워 있고 북쪽 벽 모서리에 수십 정의 총을 모아 세웠다.…철편과 환도를 쥐고 달려들어 적을 밟고 총을 세워둔 곳에 이르렀다. 이때…밖에서 "저항하면 살꽂을 이겨 버릴 것이다.…거괴는 죽이되 협종자는 용서한다."고 소리치니…때는 자시(子正, 밤 11시-1시)였다.…비도들이 총이 있는 곳을 향해 (방으로) 들어오는 대로 찍으니 16명이었다. 나머지는 투항하여 결박하였고 400여 명은 옷을 벗겨 빈방에 가두었다.…때는 축시 말 인시 초(밤 3시)였다. 다시 토굴로 가서 40여 명을 사로잡아…5명의 괴수는 참하고 나머지 무리는 귀화시키니 1월 28일이었다.[74]

마치 동학군을 4백여 명이나 잡은 것처럼 기록하였으나 이들은 주민들이었다. 50명 정도가 동학군이었고, 그중에서도 방안에서 찍어 죽였다는 16명과 괴수로 처단한 5명 등 21명이 진짜 동학군이었다. 최사문과 최공우는 체포되지 않았다. 『동학사』에 따르면 대둔산에서 내려와 기병하자 관병들이 출동하여 최공우의 집을 에워싸고 그를 결박하였다. 최공우는 처자를 불러 수천 금을 관병에게 주고 주찬酒饌도 차려오게 하여 후대하였다. 술을 마신 병정들은 호활한 마음으로 그를 풀어주었다. 최공우는 비호같이 달려들어 총을 빼앗아 이놈도 치고 저놈도 치고 탈출하였다 한다.

사실 여부는 확인되지 않으나 염정동 자기 집에서 잡혔다는 것이며, 날짜는 1895년 1월 27일이라고 할 수 있다. 그러나 염정동 노인들은 동학군에 관해서 아무것도 모르고 있으며, 최공우와 같은 유명한 인물도 들어본 적이 없었다고 한다. 운주면 산중리 장평에 사는 유인권(柳寅權, 1908년생) 옹은 최공우가 대둔산 산상에서 뛰어 내려 살아났다는 이야기와 그 후 북쪽 지방으로 가서 살았다는 말을 들었으나 진산 어디에 살았는지 모른다고 하였다. 그는 일제 때 면장을 지내면서 이런 이야기를 들었다 한다.

9. 결론

금산지역 동학혁명운동은 진산 동학군이 주축이 되어 조재벽과 최사문, 최공우 부자 및 옥천, 청산, 영동, 황간, 고산, 금산의 여러 접주들에 의해 전개되었다. 초기 기포는 무장 당산과 태인 지금실 기포보다 8일 내지 6일이나 빨랐다. 보수세력과 밀고 당기는 대립관계도 어느 지역 못지않게 치열하였다. 이 지역의 대립 구도는 금산군의 보수 및 보부상 세력과 진산군의 동학 세력 간의 대결로 나타났다. 양군 사이에 지역감정이나 경제적 이해관계가 대립할 만한 원인은 찾아볼 수 없었으며, 다만 혁명 세력과 보수 세력 간의 대립이 있었을 뿐이었다.

아마도 동학사상과 유교사상의 대립으로 여겨지는데, 동학의 핵심 사상은 이중세계의 구조를 부정하는데 기초하여 신분제를 배척하는 쪽으로 나타났다. 그리하여 인간의 존엄성을 바탕으로 하는 사회를 만들자는 것이 동학이 지향하는 이상이다. 이에 반해 당시 유교는 신분제를 근간으로 하는 사회질서를 고수하려는 경향이 강했다. 동학과 유교는 서로 용납할 수 없는 이단이었으며 반사회 집단이었다. 이상하게도 진산군 사람들은 동학을 호의적으로 받아들였으며 관장을 비롯한 관원들도 동학에 가담하여 적지 않게 지원하였다. 이에 반해 금산지역은 보수 세력이 완강하였고 보부상 세력이 강하여 반동학 세력의 주축이 되었다.

혁명 과정을 살펴보면 이 지역의 혁명운동은 동학혁명 전체의 흐름을 잘

반영시키고 있다. 최초의 기포에서부터 집강소 활동기와 10월 소리니재 전투에서, 그리고 최후의 항쟁에서 일체감과 연대성과 저항정신이 잘 드러나고 있다. 일본군과 경병에 의해 동학군이 고전할 때 이곳 지도자들은 한편으로는 북접 주력과 합류하여 끝까지 저항하는가 하면, 한편으로 대둔산과 염정골을 근거로 끝까지 항쟁하였다.

조재벽은 12월 중순께 해월신사와 손병희의 동학군과 합류하여 영동전투를 거쳐 12월 18일의 보은 북실전투, 12월 24일의 음성 되자니전투에서 일본군과 끝까지 항쟁하였다. 한편 최사문, 최공우 부자를 위시하여 많은 동학 지도자들은 대둔산과 염정골에서 최후까지 끈질기게 항쟁하였다.

〈출처: 교사교리연구 제1호(포덕140년 10월)〉

전라도 남동지역 동학혁명운동

광양 유당공원 동학군 처형지
1894년 12월 7일(음) 광양읍성에 주둔하고 있던 김인배 이하 1천여 명의 동학군이 관군의 공격을 받아 약 200명이 죽음을 당하였다. 그날 김인배는 참수 당하여 그 머리가 광양 객사에 걸렸으며, 외읍 접주 박흥서 등 23명도 포살되었다. 200여 명은 유당공원에서 그 다음날부터 효수되거나 총살당하였다.

1. 머리말

1894년 동학혁명 때 전라도 남동 지역 동학군들도 다른 지역 못지않게 많은 발자취를 남겼다. 순천, 광양, 여수, 고흥, 낙안, 그리고 보성 동쪽 일부 지역과 경상도 하동, 사천, 남해 동학도들까지 이 지역 활동에 포함된다. 이 지역에 동학이 들어간 시기는 언제인지 확실치 않다.

고흥 대접주 송연호宋年浩와[1] 광양의 조두환趙斗桓이 1890년경에 입도[2]하였다고 한다. 송연호 대접주는 정영순丁永詢으로부터, 조두환은 광양접주 유수덕劉壽德으로부터 도를 받았다 한다. 고흥의 정영순과 광양의 유수덕이 이 지역 최초의 입도자라고 할 수 있다. 이들의 입도 연대는 1890년경으로 추측된다. 정영순은 고흥군 포두면浦頭面 상포리上浦里 출신으로 1890년에 입도했다고 한다.[3] 그는 전라북도 태인泰仁에 사는 유명실劉明實로부터 입도하였다고 한다. 따라서 이 지역의 동학 연원은 태인 지역의 어떤 연원이 된다.

전라도 동남부 지역 동학도들은 광화문전 교조신원운동이 열린 때인 1893년 2월부터 참여했다고 한다. 뒤이어 1893년 3월에 보은 장내리帳內里와 금구 원평院坪에서 열린 척왜양창의운동 때에는 많은 인원이 참가하였다 한다. 『취어』에 의하면 순천접과 하동접 도인이 각각 50명씩 보은 장내리에 참여하였다.[4] 그리고 고흥 도인 30여 명은 같은 시기에 금구 원평에서 열린 취회에 참가하였다.[5]

1894년 3월 21일에 백산(20일 무장, 25일 백산-편집자 주)에서 혁명의 깃발이 올라가자 바로 호응하여 4월 23일(양5.27)의 황룡촌전투를 비롯하여 4월 27일에 전주성을 점령할 때에도 많은 인원이 참가하였다. 『양호전기』에는 전주에서 나온 일부 동학도들은 태인에 머물러 있다가 "순창을 거처 순천으로 내려간 이가 1백 명 미만이었다."[6]고 했다.

2. 영호대도소의 활동

순천에 대도소 설치

이 지역의 동학혁명운동은 금구 김인배(金仁培, 25세)가 영호嶺湖 대접주로 내려와 순천에 영호대도소嶺湖大都所를 세우면서 더욱 활기를 띠기 시작하였다. 영호대접주를 젊은 김인배가 맡게 된 경위는 알 길이 없다. 20대가 대접주로 된 사례도 드문 일이지만 금구에 살던 그가 순천지역까지 내려와 대접주가 된 것도 특이한 사례이다.

대접주의 자격은 우선 수천 명의 도인을 거느리고 있어야 한다. 금구에 살던 그가 순천지역에 와서 직접 포덕했을 리는 만무하다. 아마도 이 지역에 많은 포덕을 했다는 태인두목 유명실劉明實과 어떤 연고가 있지 않았을까 여겨질 뿐이다. 즉 태인지역 연원주가 누구였는지 모르지만 유명실과 가까운 사이이고 그 인연으로 김인배가 대접주 임직을 물려받았다고 생각된다.

전주화약 이후 하동, 광양, 고흥, 낙안, 보성 일부, 순천 등은 김개남 휘하의 좌도 대도소에 속한다.[7] 그래서 김개남 대접주가 김인배를 대접주로 임명한 것으로 오해하는 이가 있다. 대접주의 임명은 해월신사가 배타적으로 주관하는 사항이다. 다만 거리가 멀어 남원의 좌도 대도소에서 제대로 관할하기가 어려워 순천지역에 대도소를 따로 설치하게 한 것은 김개남의 결정에 의한 것으로 여겨진다. 『순무선봉진등록』에 의하면 "6월에 김인배 대접주가

10만 동학군을 이끌고 성중(順天)에 도회소都會所를 설치했다."고 하였다.[8]

도회소라 기록한 것은 도소都所의 오기이다. 동학에서는 해당 포의 대접주가 있는 곳에 도소를 설치한다. 도소 제도를 처음 시작한 것은 1893년 11월이다. 『시천교역사』에 보면 계사년(1893) 11월조에 도인들이 모일 장소를 정하지 못하였는데 처음으로 법소와 도소를 두기로 하였다고 했다.[9] 즉 "각자 해당 고을에 본포本包를 조직하고 따로 도소를 두었다."[10]고 하였다.

본포 조직과 따로 도소를 두었다고 했다. 본포란 대접주를 중심으로 하는 포의 구성을 말한다. 대접주 밑에 수접주를 비롯하여 접주, 접사接司, 그리고 육임직을 구성하는 것이다. 그리고 도소都所란 포 단위의 업무를 보는 사무소 같은 것이다. 권병덕의 『이조전란사李朝戰亂史』에는 "처처에 각해各該 포소包所가 설립되야 교무를 집행하며 동학을 선전하니…."[11]라고 하였다. 여기서 포소란 '본포의 도소'를 줄인 말이다.

『오하기문』에도 도소에 대한 기록이 보인다. "적들은 고을마다 도인들을 거느리기 위해 접을 두었다. 이를 대도소라 한다."[12]고 하였다. 접은 50호 내외의 조직이므로 대도소를 둘 필요가 없다. 접과 포의 구별을 할 줄 몰라 포를 접이라 한 것 같다.

동학혁명 당시 대도소를 설치한 곳은 5개소에 지나지 않았다. 보은의 동학본부인 대도소를 제외하면 전라도의 좌도와 우도의 대도소가 있었고, 순천의 영호대도소와 고창 괴치의 손화중 대도소뿐이었다. 영호대도소 산하에는 경상도 하동 등과 전라도의 순천, 광양, 흥양 등이 소속되어 있다.

지도자들의 면모

전라 동남부 지역에서 동학혁명에 나섰던 지도자들은 헤아릴 수 없이 많았다. 대부분이 기록에서 빠졌거나 망실되어 현재 전해지는 지도자는 소수에 지나지 않는다. 『천도교서』에는 홍양(興陽, 高興)에서 기포한 이는 구기서具起瑞・송연호宋年浩・정영순丁永詢 등이고, 순천에서 기포한 이는 박낙양朴洛陽이라고 하였다.

『천도교회사초고』에는 홍양에서 기포한 이는 송연섭宋年燮, 임기서任琪瑞, 유동환柳東煥 등이라 했다. 광양光陽과 낙안樂安에서 기포한 이들은 모두 빠져 있다. 오지영의 『동학사』에도 홍양에서 기포한 이는 유일하게 유희도柳希道(劉福滿)라고 하였다.

『천도교창건사』에는 순천에서 기포한 이는 문상혁文相赫・유하덕劉夏德, 정우영鄭宇永・장기주張箕周・장익렬張益烈・박낙양朴洛陽 등이라 하였고 광양에서 기포한 이는 유수덕(劉水德, 壽德)・조두환趙斗桓・김창문金昌文이라 하였다.

『광양군사』에는 "봉강면에 거주하는 유석훈兪錫勳은 동학접주였다. 또한 진월津月 사람 양梁접주는 뛰어난 활동가였다. 이때 광양의 동학은 이동里洞마다 조직을 가지고 있어 그 세력이 자못 컸다."[13]고 하였다. 광양현에서 동학도가 많은 곳은 봉강면이다. 동리까지 동학 조직이 있었다고 전해진다.

낙안에서는 강사원姜士元・안귀복安貴馥・이수희李秀希[14]가, 보성 동북지역에서는 안규복安奎馥이 활동한 것으로 되어 있다. 동학 거괴 보성 안규복은 돈령敦寧, 호좌도접주湖左都接主, 집강執綱 등으로 불렸고 많은 무리가 따랐으며 인근 고을에서 크게 활동하였다고 한다.[15]

『오하기문』에는 낙안의 집강은 김사일金士逸[16]이고, 조보여趙甫汝도 낙안 동학군의 지도자라고 하여 낙안에서 기포한 것으로 보았다.[17] 『광양현포착동도성명성책』, 『순천부포착동도성명성책』, 『광양섬계역포착동도성명성책』 등을 통해 영호대도소의 중요 인물들을 짐작할 수 있다. 대접주 김인배, 수접주首接主 유하덕劉夏德・김갑이金甲伊(섬계역)・김학식金鶴植, 도집강 정우형鄭虞炯(쌍암) · 정홍섭鄭洪燮(광양 섬계역), 접사 이우회李友會(쌍암), 성찰 권병택權炳宅(순천) 등이 대표적인 인물이다.

순천에도 많은 접주가 있었으나 전해 오는 기록이 없다. 민보군과 관군에 게 포착되어 피살된 접주가 적지 않았다. 서면 접주 김영구金永九와 김가金哥 를 비롯하여 별량면 접주 김영우金永友, 월등면 접주 남정일南正日, 사곡 접주 한진유韓辰有, 동촌면 접주 정재철鄭在哲 등이 피살되었다.

그리고 송광면 성찰 김배옥金培玉도 잡혀 피살당했다. 광양현에도 접주가 많았으나 기록은 전해지지 않는다. 포착된 접주를 보면 봉강면 접주 박홍서 朴興西를 비롯하여 인덕면 접주 성석하成石河 · 박소재朴小才 · 박치서朴治西, 사곡면 접주 한군협韓君夾, 옥룡면 접주 서윤약徐允若 형제 · 이중례李仲禮 · 하종범河宗凡 · 서통보徐通甫, 월포면 접주 김명숙金明淑, 성부역星浮驛 접주 박정주朴正周[18] 등이다. 그리고 봉강면 접사는 조두환趙斗桓이었다.

하동에 영남의소

순천에 설치된 영호대도소는 바로 하동 서부 지역까지 손을 뻗쳤다. 경상 도 서남부 지역에는 두 갈래의 연원이 있었다. 진주 · 산청 쪽은 보은 임규호 任奎鎬 대접주 연원인 충경포 관내이다. 하동 · 사천 · 남해는 김인배 대접주 가 이끄는 영호포 관내이다. 전라도에서 집강제를 실시할 즈음 김인배 계통 의 하동접주 여장협(余章協, 辰橋面 朴達里)은 조직을 확대하기 위해 광양동학 도들에게 지원을 요청하였다.[19]

6월 28일 영호대도소가 순천에 설치된 다음 광양군 성부역 접주 박정주는 1백 명의 장정을 뽑아 하동으로 보냈다. 7월 7일(양8.8)에 하동읍 광평廣坪으 로 건너간 이들은 하동접주 여장협과 힘을 합쳐 하동읍 섬진강변 광평에 동 학영남의소嶺南義所를 설치하였다.[20]

장사하는 청년들이 많이 모여들었다고 한다. 이들은 부민富民들로부터 전곡을 거두어들였다. 새로 부임한 하동부사 이채연李采淵(漆谷人)[21]은 이 사실을 알자 크게 놀랐다. 이를 제압할 방도를 찾는데 여러 사람들이 화개면花開面 민포대장 김진옥金振玉이 적임자라고 하였다. 그래서 부사는 은밀히 김진옥을 불러다 동학도를 물리칠 방도를 의논하였다.

훈련원 주부와 오위장五衛將을 지낸 김진옥은 수년 전 도둑들이 출몰하자 피해를 막기 위해 민포民砲(火鉋軍)를 조직하여 지금까지 유지해 오고 있었다.[22] 김진옥은 "(동학군을) 모조리 죽여 버려야 후환이 없다."고 잘라 말했다. 그러나 부사는 동학군의 보복이 두려워 "죽이지는 말고 광양 쪽으로 쫓아 버리자."고 하였다. 『오하기문』은 다음과 같이 기록하고 있다.

　광양의 적들은 장사치들을 달래고 협박하여 하동읍에다 도소를 설치하고 사방으로 진출, 겁탈하려 하였다. 새로 부임한 부사 이채연은…몰래 화개花開 민포民砲를 불렀다. 이들을 몰아내라 하자 민포는 모두 죽이자고 했다. 채연은…다만 섬진강 건너편으로 쫓아내라 하였다.…적의 집은 모두 불 질렀고 처자들도 강 건너 광양으로 쫓아냈다.[23]

일본 기록에는 좀 다르다. "전라도 동학당이 사람을 보내 호농(岳陽, 花開의 豪農)들에게 돈과 쌀을 내라 하자 이에 불응하고 수백의 민병을 모아 8월 4일(음7.4)에 그들을(동학당) 잡아 하동부로 끌고 가서 동학도가 머물고 있는 객점客店과 동학도들의 집 7-8호를 부수고 부사와 힘을 합해 동도의 침입을 막았다."[24]고 하였다.

하나는 광양 동학군이 하동 광평에 건너와 영남의소嶺南義所를 설치하고 포덕을 하며 전곡을 모으려다 잡혀 쫓겨났다는 내용이고, 하나는 전라도 동학군이 악양면과 화개면 부호에게 사람을 보내 전곡을 요구하였다가 붙잡혀 광양으로 쫓겨났다는 내용이다. 두 기록이 모두 사실인 것 같다.

6-7월경 전국의 동학도들은 재기포 준비를 위해 조직을 확대하는 포덕활동과 식량 및 자금 확보에 주력하였다. 하동에 건너온 이들도 포덕활동에 힘쓰는 한편 군량미 확보에 힘을 기울이고 있었다. 결국 활동한 지 얼마 안 되어 김진옥 민포에게 집은 불태워지고 가족과 같이 쫓겨났다.

3. 항일전 준비에 전력

청·일 대병력 출동

전라도 동학군은 1894년 3월에 무장에서 혁명의 깃발을 올리고, 폐정개혁을 추진하며 민씨 일당을 몰아내는 데 주력하였다. 황토재에서 감영군을, 황룡천에서 경군을 물리쳤다. 4월 27일에는 드디어 전라도의 수부인 전주성을 점령하였다. 이때 정부는 몹시 당황하여 내부적 모순을 스스로 해결할 생각은 않고 청국군을 불러들여 동학군을 초멸하려 하였다.

정부는 서둘러 청국군을 불러들였고, 5월 5일(양6.8)부터 청군은 몇 차례에 나누어 4천5백 명의 대병력을 아산만 백석포에 상륙시켰다.[25] 일본은 오래전부터 조선 침략을 준비해 오다가 전주성이 동학군에게 함락되자 청군의 출동을 예견하고 대병력을 출동시킬 준비를 갖춰 놓고 있었다.

청군이 상륙한 2일 후인 5월 7일(양6.10)에 5백 명의 병력을 서울로 진입시켰다. 이후 5월 19일(양6.22)까지 4천2백 명이라는 대병력을 상륙시켰다.[26] 특히 일본군은 조선을 강점하기 위해 인천·서울 지역으로 상륙하여 수도권을 장악해 버렸다. 그제야 정부는 잘못을 깨달았으나 이미 늦었다. 다급한 정부는 하나의 대책으로 동학군과 타협하여 분쟁을 종식시키는 일을 서둘렀다.

그리하여 동학군의 폐정개혁안을 받아들이고 전주성에서 물러나게 하였다. 세칭 이것을 전주화약全州和約이라 한다.

5월 8일(양6.11) 동학군은 화약에 따라 전주성을 경군에 내주었다. 정부는 동학군을 완전히 물리쳤다고 발표했다. 그리고 동학 난동을 진압하였으니 청·일 양군은 물러가라고 하였다. 청군은 이를 수용하였으나, 일본군은 인정하지 않았다. 오히려 일본군은 서울로 대병력을 진입시켰고 6월 21일(양7.23)에는 왕궁인 경복궁까지 점령해 버렸다.

고종은 일본군의 포로가 되어 버렸다. 일본군은 대원군을 끌어들여 섭정을 맡기는 한편, 김홍집을 필두로 하는 친일 세력으로 정부를 개편했다. 뒤이어 국왕도 국정에 관여할 수 없게끔 군국기무처軍國機務處를 만들어 내정개혁이란 구실을 내세워 우리의 주권을 침탈하였다. 너무도 전격적이어서 조야간에 갈피를 잡을 수가 없었다.

청·일 양군의 결전

일본군은 숨 돌릴 틈도 주지 않고 청군을 공격하였다. 먼저 서해의 해상권을 장악하기 위해 풍도豊島 앞바다에서 청국 군함을 기습 격파하였다. 동시에 성환成歡에 배치된 청국군을 공격하여 대승을 거두었다. 그리고 나서야 일본은 7월 1일(양8.1)에 청일전쟁을 선포하고 대륙 침략에 나섰다.

일부 유생들은 일본의 침략 행위에 분개하여 의병을 일으키려 하였다. 경기·충청 지역 동학도들도 부산하게 움직였다. 이때 전봉준 대장은 남원으로 내려가 김개남 대접주를 만나고 있었다. 전라감사 김학진은 일본군의 왕궁 점령과 전쟁 행위를 알게 되자 군관 송사마宋司馬를 남원에 급파하여 전봉준 대장을 전주로 올라오게 하였다.

『오하기문』에는 "경사京師에서 난이 일어났다는 소식을 들은 김학진은 군관 송사마를 남원에 보내 전봉준 등에게 '나라의 어려움이 생겼으니…도인들을 이끌고 와서 전주를 지키자.'고 했다."[27]고 한다. 전봉준 대장은 곧 전주로 올라와 김학진 감사를 만났다. 7월 6일경으로 여겨진다.

무엇을 논의했는지 알 수 없다. 김학진 감사가 협의를 마치고 나서 발송한 7월 8일자 「감결」에는 항일에 관한 이야기가 들어 있지 않다. 그러나 전봉준 대장은 사태가 긴박하자 김개남 대접주를 만나기 위해 다시 남원으로 내려갔다. 동학 지도자들을 7월 15일경에 남원으로 불러모아 항일전에 나설 대책을 협의하였다.[28] 그 결과를 담아 7월 17일에 좌우도 도집강 명의로 다음과 같은 통문을 발송하였다.

방금 외구(外寇, 일본군)들이 궁궐을 침범하여 군부君父를 욕보이고 있다. 우리 모두는 의롭게 죽음을 다해 싸워야 할 것이다. 그러나 저 도둑(일본군)들은 지금 청병과 싸우고 있다. 그들의 병기는 매우 예리하다. 만일 당장 급하게 대항한다면 그 화가 종묘사직에 미치지 않을까 염려된다. 물러나 은밀히 시세를 살핀 다음, 기세를 돋워 계책을 세우는 것이 만전지책萬全之策이 될 것이다. 바라건대 통문을 띄워 관내의 각 접주와 일일이 상의해서 각기 생업에 안주하게 하고 경내 잡류들의 선동을 막고 동리를 휘젓고 다니며 소동을 피우는 일이 없도록 하라….[29]

이 통문에 따라 전라도 동학군들은 항일전 준비를 조용히 진행시켰다. 당시 항일전을 준비하자면 많은 대중을 동학의 깃발 아래 뭉치게 하는 일이 우선되어야 했다. 그리하여 하층 인민들에게는 신분제 타파를, 중간층에는 보국안민을 내세웠다.

신분제 타파와 무기 확보

"모든 사람은 태어나면서부터 존엄한 한울님을 모시었으므로 한울님처럼 존엄하다."는 동학의 인간관은 많은 인민들이 받아들였다. 하층 인민들은 일단 동학에 들어오기만 하면 신분 관계는 사라지고 인간 대접을 제대로 받을 수 있었다. 『오하기문』에는 다음과 같이 기록하고 있다.

> 적당은 거의 천민이거나 노예들이라 양반과 사족土族을 제일 미워했다. 관 쓴 이를 만나면 너도 양반이냐며 대들어 망신을 주거나 갓을 빼앗아 찢어 버리기도 하였다. 혹은 자기가 쓰고 거리를 쏘다니며 모욕을 주기도 하였다. 대개 남의 집 종으로…적을 끌어다 주인을 겁 먹여 노비문서를 억지로 불사르게 하여 면천하려 하였다.…노비를 둔 이들은 이런 소문을 듣고 노비문서를 미리 불태워 화를 면하려 하였다.…혹시 사족과 노奴 · 주主가 같이 적을 따르면 서로 접장이라 하며 그들의 법에 따랐다. 백정이나 재인才人들도 평민이나 사족들과 같이 대등하게 예를 행하니 사람들은 이를 갈았다.[30]

오지영의 『동학사』에도 12개조로 된 '집강소의 행정'에서 신분제 타파가 주요 강령이었다고 했다. '유림과 양반배 소굴(서원 등–편자 주)을 토멸할 것', '종문서는 불사를 것', '백정의 머리에 패랭이를 벗기고 갓을 쓰게 할 것' 등 3개 조항이나 들어 있다고 했다.[31]

동학의 신분제 타파 운동은 처음부터 혁명적인 모습으로 나타났다. 조선조 후기에 실학파들은 "모든 사람이 양반이 되면 양반 제도는 없어진 것이나 다름없다."는 식으로 신분제의 극복을 시도하였다. 이에 비해 동학의 신분제 타파 운동은 세계관이나 실천 운동 면에서나 기존의 틀을 뒤집어 엎자는 혁명적인 운동이었다.

다음으로 주력했던 것은 무기와 군수품의 확보였다. 전라도 동학군은 군·현을 장악하고 있어 7월 초부터 은밀히 무기 확보에 나서고 있었다. 전라병사는 "6월 29일에 동학도 5-6백 명이 성중에 난입하여 군기고의 줍물(=무기)과 화약 및 탄환을 모두 탈취해 갔다."[32]고 하였다. 그러나 군량미 확보는 추수기를 기다려야 했다.

하동과 진주성 공격

경상도 하동과 사천, 남해, 광양 지역의 동학군은 사정이 달랐다. 우선 하동지역의 반反동학 세력을 제압하는 일이 급선무였다. 김인배 영호대접주와 김개남 대접주는 경상도 서남부 지역을 공격하기로 하였다. 그리하여 순천, 광양, 하동 동학군들은 8월 30일까지 광양군 다압면多鴨面 도사리道士里에 모이도록 하였다.

공격에 나설 인물은 영호대도소 수접주인 유하덕劉夏德과 광양접주인 박정주朴正周, 유수덕劉壽德이었다. 움직이기 시작한 것은 8월 25일경부터였다. 하동부사 이채연은 수만 동학군이 공격해 오리라는 소문을 듣자 감영에 청병하러 간다며 도망쳐 버렸다.

화개 민포대장 김진옥은 다급히 통영으로 달려가 대완포 12문을 지원받아 끌고 왔다. 그리고 악양岳陽, 화개花開, 적량赤良, 하동읍 등에서 향병 수천 명을 동원하였다. 하동읍에는 성곽이 없어 강변과 뒷산 안장봉[33]에 천여 명의 병력을 배치하고 동학군을 맞았다.[34]

일본 기록에는 9월 1일에 "흥양, 순천, 광양 등지의 동학도 수만 명이 황색·백색 수건을 두르고 포총와 도검을 갖추었으며, 대장은 말에 올라 큰 깃발을 날리며 포를 쏘며 하동에 이르렀다."[35]고 하였다. 『하동군사河東郡史』에는 "영장 여건상余建相이 향병 7백 명을 모집하였고, 민포장 진사 김형수金瀅秀, 김진현金鎭鉉, 좌수 정재선鄭在璇, 수리 정찬두鄭燦枓, 전 좌수 강윤수姜崙秀, 전 사과 김태룡金泰龍 등이 수천 향병을 모았다."[36]고 하였다.

8월 29일 오후에 하동 서북쪽 건너편 섬진관蟾津館(多鴨面)에는 만여 명의 동학군이 모였다. 북과 꽹과리 소리며, 총포 소리가 천지를 진동시켰다. 9월 1일에 두 갈래로 나누어 공격하였다. 한 갈래는 섬진강 하구인 망덕에서 올라와 하동 남쪽에서 공격하였고 한 갈래는 하동 윗쪽 화심리 쪽에서 공격하였다. 섬진관에 모였던 동학군 만여 명은 나루터 여울목 물살을 헤치고 건너왔다. 만지등晚池嶝을 거쳐 화심리花心里와 두곡리豆谷里에 이르러 이 일대에 진을 쳤다. 망덕진에 모였던 수백 명은 9월 1일에 선단船團을 만들어 조수를 타고 거슬러 올라왔다. 하동 동학군은 이들과 합류하여 공격하였다.

『오하기문』에는 몇 척의 배를 묶어 많은 사람이 승선하도록 선단을 만들어 섬진강을 거슬러 하동읍 남쪽에 상륙했다고 하였다.[37] 점심 후 안장봉에 포진한 민포군을 공격하기 시작하였다. 또한 일부 병력은 해량解良 포구 쪽으로 내려가 안장봉을 향해 공격해 올라갔다.

안장봉 북쪽이나 남쪽이 모두 가팔라 공격이 쉽지 않았다. 민포군은 대완포를 쏘려 했으나 조작할 줄 아는 이가 없었다. 어떤 청년이 나서서 겨우 발사하였다. 그러나 공중으로 날아가 섬진강에 떨어졌다.[38] 이를 지켜본 동학군은 대완포가 거의 무용지물임을 확인하고 총공격에 나섰다. 『하동군사』에는 다음과 같이 기록하였다.

9월 2일 동도東徒 두목 박정주朴正周가 동학군 1만여 명을 이끌고 본격적인 도강작전을 시작했다. 이때 안봉鞍峯(하동군청 뒷산—필자 주)에는 김진옥 등 수천 명 민병이 대완구 등 무기를 갖춘 관군과 함께 진을 치고 있었다.

전라도 동학군은 섬진관에서 주력이 강을 건너 만지등에 진지를 구축하였고, 일부는 섬진관에서 큰 짚둥우리를 밀고 그 뒤에 숨어 강 모래사장으로 해량 건너편까지 내려왔다. 만지등 일대의 동학군은 하동 동학 여장협이 인솔하는 1천여 명의 동도와 합세하여 안봉으로 차츰차츰 다가왔다. 그런데 이때 안봉의 관군 측에서는 대완구를 쏠 수 있는 사람이 없어 안절부절 못하고 있을 때 한 청년 민병이 나와 자기가 대완구를 쏠 수 있다고 하며 막대기 끝에다 기름을 묻혀 대완구 구멍에 넣고 불을 붙이자 대포알이 섬진강 강물에 힘없이 나가 떨어졌다. 이것을 바라본 동학군은 대완구의 위력이 없음을 짐작하고 총공격을 개시했다. 이날 상호간 치열한 싸움 끝에 민포군 대장 김진옥, 진사 김영수, 수리 정찬두 이하 수많은 병사들이 전사했고 다음날 백의 강륜수 등 남은 병사들이 장렬히 전사했다. 이리하여 안봉에 있던 민포군 및 관군이 거의 전멸되자 5일 오후 6시경에 읍내는 동학군의 수중에 들어가게 됐다. 읍내로 들어온 동학군은 관가와 민가에 방화하여 700호 이상이 불타 전 읍내가 잿더미로 변했다.

『오하기문』은 『하동군사』와 다르게 기록하고 있다. "밤이 깊어 포를 쏘아도 명중이 안 되자 중과부적으로 몰살당할까 두려운 나머지 김진옥은 철련 鐵練을 휘둘러 한쪽을 열고 서쪽으로 달아났다. 민포의 전사자는 3인이다."[39] 라고 하였다.

『하동군사』에는 "민포군 대장 김진옥, 진사 김영수, 수리 정찬두 이하 수많은 병사들이 전사했으며, 다음 날엔 백의 강륜수 등 남은 병사들이 장렬히 전사했다."고 기록하였다. 『갑오군공록』에도 '하동 전 주부 김진옥은 전사자'로 기록되어 있다.

『오하기문』은 또한 과장하여 이튿날 읍으로 들어간 동학군은 "민가 10

여 채에 불을 지르고 부중에 도소都所를 설치하였다.…그리고 화개동으로 올라가 악명 높은 민포 수창자의 집을 찾아내어 불을 지르니 5백여 채나 됐다.…민포를 붙잡아 살해한 수도 전후 십여 인이나 되었다."[40]고 하였다.

『하동군사』에는 "민포의 발상지인 화개에 침입하여 탑리塔里로부터 법하리法下里 일대 가옥을 모조리 불사르고 재산을 몰수하였으며, 이어 악양과 적량으로 내려와 민포군 집을 낱낱이 찾아내어 불질러 버렸다."[41]고 하였다. 부중에서는 "관가와 민가 10여 채를 불질러 잿더미가 되었다."고 하였다.

『주한일본공사관기록』에는 "하동에 둔취屯聚한 동도의 괴수는 유하덕이며 대장은 홍, 강, 백, 송 등 4명이라."[42]고 하였다. 이들은 하동부에 9월 10일까지 머물러 있었다고 한다. 『오하기문』에는 이 소식을 들은 "진주, 사천, 곤양 등지에서 동학에 물들었던 자들과 간사한 백성들이 일시에 들고일어났다."[43]고 하였다.

경상 서남부 장악

하동을 점령한 동학군은 9월 11일경부터 인근 군·현의 동학군을 지원하기 위해 나섰다. 그리고 김인배 영호대접주는 각지에서 동원된 여러 포 도인 7천 명을 이끌고 9월 18일에 진주성을 무혈점령하였다. 경상감사 조병호趙秉鎬는 진주 인근 군·현에서 활동한 동학도의 동향과 진주 공격의 경위를 장계로 올렸다. 각 고을에서 보고와 문장이 연달아 올라왔다.

남해현령 이규풍李圭豊은 "이달(9월) 11일에 호남 동도 19명이 본 현(南海)에 쳐들어와 이청吏廳에 자리를 잡고 관리를 협박하여 감옥에 가두었던 비류 16명을 임의로 석방하였고, 읍폐邑弊를 바로잡는다며 난류들을 모아 마을에 출몰하면서 작폐가 심하다. 16일에는 그들 무리 2백 명이 진주로 가서 도를 창도唱道한다며 곤양 등지로 갔다."고 보고했다.

사천현 공형은 "이달 13일에 동학도 수십 명이 와서 조사할 일이 있다며 호장과 이방을 잡아갔다. 그 뒤 동학도 수백 명은 한 방의 총소리를 신호로 남문에서 곧바로 동헌으로 들어왔다. 본관은 두려워 어찌할 줄을 몰랐다. 군기고를 부수고 무기를 탈취하므로 본관이 여러 가지로 타이르자 무기는 반납했다. 그러나 함부로 전재를 뒤졌으며 억지로 전표錢標를 받아갔다. 17일에 접소로부터 '사천 원님은 영호嶺湖에서도 알아주는 선량한 관리'라며 전표지를 돌려보냈다. 18일에는 호남 동학도 1백여 명이 다시 쳐들어와 작청作廳에 유숙하고 19일에 남해 쪽으로 흩어져 갔다. 20일에는 각처 동학도 8백여 명이 총칼을 갖고 고을로 난입하여 관속만 보면 칼을 뽑아 공갈 협박하였다. 공해에서 숙식한 다음 하리下吏인 황종우黃鍾羽 · 황태연黃台淵의 집에 불을 지르고 엔간한 즙물을 모두 가져갔다. 마을을 돌아다니며 우마와 의복, 산물들도 멋대로 탈취해 갔다. 22일에 고성 쪽으로 향해 물러갔다."고 했다.

곤양군수 송휘로宋徽老는 "이달 15일에 하동의 동학도 수천 명이 본군 다솔사多率寺(昆明面 龍山里)에 모였다. 광양 · 순천 동학도 수천 명은 깃발을 들고 각角(태평소)을 불고 총을 쏘고 함성을 지르며 곤양 성내로 들어와 혹은 유숙하고 혹은 점심을 먹고 갔다. 진주로 가던 길에 들렀다고 했다. 금방 진주 접경인 완사浣沙 등지에서 합류하기 위해 본군을 거쳐 갈 때 읍정邑丁이 연습하던 조총 20자루를 협박하여 탈취해 갔다."고 했다.

고성부사 신경균申慶均은 "동학도 6백여 명이 칼을 휘두르며 관장이 없는 본읍에 들어와 창고를 부수고 심영沁營에 보낼 포량미砲糧米 수십 석을 마음대로 가져갔다. 근처 마을에 가져다주고 밥을 지어먹으며 밤낮으로 총을 쏘며 불량잡배들을 끌어들였다. 부유층을 잡아다 토색질을 무상히 하며 지금도 머물고 있다."고 하였다.

진주목사 유석柳檫의 보고는 상세하다.

이달 14일에 본주 대여촌代如村 민인民人들이 각 면에 폐해를 바로잡아야 한다는 통문을 보내고 무리를 모아 읍으로 들어왔다. 타일렀으나 듣지 않고 장터에 큰 장막을 치고서 민가에 불을 지르고 동헌에 난입하였다.…옥문을 부수고 죄수를 멋대로 방면하였다. 많은 무리가 옥천사玉泉寺(固城郡 禮城里)로 가서 불당과 승사를 모조리 불질러 버렸다. 17일에는 동학도 수천 명이 하동으로부터 본주에 왔다. 병사와 목사는 같이 성곽 밖으로 나가서 한편으로 방비하고 한편으로 타일렀다. 그러나 도당들은 승세를 타고 난입하여 각 공해에다 도소를 설치했다. 소위 도통령都統領 정운승鄭運昇은 수백 명을 중군장中軍將은 4-5백 명을, 하동포河東包는 7-8백 명을, 우선봉右先鋒은 5-6백 명을, 후군장後軍將은 4-5백 명을, 도통찰都統察은 1백 명을 거느렸다. 외지外地(嶺湖包 이외)의 단성포丹城包, 남원포南原包, 섭천포涉川包, 상평포上平包, 오산포吾山包, 구례포求禮包도 고을 안에 흩어져 있으며 그 수가 얼마인지 알 수 없다. 18일에는 영호嶺湖대접주 김인배金仁培가 천여 명을 거느리고 성 안 이청吏廳으로 들어왔다. 징을 울리고 북을 치며 포성을 울리니 우레와 같았고 총창검극銃槍劍戟이 극히 날카로웠다. 붉은 대형 깃발을 진전陣前에 내걸었는데 보국안민輔國安民이란 네 글자가 씌어 있었다.[44]

진주성 점령에 참여한 동학군 중에는 남원포와 구례포, 그리고 단성포, 섭천포, 상평포, 오산포 도인들이 약 3천 명이나 참여했다. 남원포와 구례포는 김개남 영도하에 있는 포이고, 단성포, 섭천포, 상평포, 오산포 도인들은 충경포忠慶包에 속하는 포이다. 진주성을 공격하기 위해 주변의 동학군들과 사전에 치밀하게 계획하였음을 짐작할 수 있다.

위의 3천 명 이외에 도통령 3백 명, 중군장 5백 명, 하동포 8백 명, 우선봉 6백 명, 후군장 5백 명, 도통찰 1백 명 등 3천 명, 김인배 대접주 휘하의 1천 명 등으로 총 7천 명 정도가 동원되었다. 이중 남원포와 김인배 대접주 휘하의 동학군은 무장을 제대로 갖추었으나 여타의 동학군은 그렇지 못했다.

『오하기문』에 "진주병마절도사는 영장을 시켜 김인배를 맞아들이게 하였다. 그리고 도인을 죽인 데 대해 사죄하고 그를 진주성으로 들어오게끔 인도하였다."[45]고 했다. 『백곡지栢谷誌』에는 "호남 동학 김인배와 옹방규邕方奎 등이 하동과 진주를 함락시키자 진주병사 민준호는 크게 놀라 성문을 열고 그를 맞아들여 소를 잡고 주연을 마련하여 영접하였다."[46]고 하였다.

관속들이 도망쳐 공해公廨는 비었고 마비되었다. 민폐를 염려한 동학군은 오래 머물러 있지 않았다. 이튿날인 19일부터 떠나기 시작하였다. 중군장이 제일 먼저 성을 나왔으며 24일에는 전라도 동학군들이 여장협과 같이 빠져나와 섬진강을 건넜다. 경상감사의 장계는 다음과 같다.

술과 밥을 강제로 청하니 감당할 수 없었다. 관속과 읍민은 모두 도망갔다. 고로 여러 번 타이르자 읍에 머물러 있던 무리들은 19일에 물러가기 시작했다. 중군장은 21일에 수백 명을 이끌고 소촌역으로 갔다. 온 마을을 그물질하듯 산물을 빼앗자 많은 민인들은 놀라 흩어져 역참驛站은 온통 비어버렸다. 22일에는 대여촌代如村 용심동龍哱洞으로 가서 재산을 탈취하고 30여 호를 불질렀으며, 주민들은 창검에 의해 상처받은 이가 많았다. 24일에는 성중 무리들이 다 물러갔다. 나머지 무리들은 마을에 출몰하였고 병영과 고을의 관속들은 거의 도망가고 말았다.[47]

진주성을 점령한 지 5일 만인 24일, 전라도 동학군을 비롯한 인근의 동학군들이 모두 철수하였다. 병사 민준호는 동학군에게 매우 호의적이었다. 이후 이 지역 동학군들은 그와 손잡고 항일전을 위해 기세를 올리고 있었다.

대원군의 효유문

8월 하순부터 도처에서 항일운동을 위해 동학군이 일어나자 당황한 정부는 대원군에게 귀화를 권하는 효유문曉諭文을 발표하게 하였다. 정석모鄭碩謨가 9월 7일에 효유문을 가지고 전주에서 남원으로 떠났으므로, 효유문을 발표한 날짜는 9월 3일경으로 보인다. 효유문의 요지는 다음과 같다.

대원군 효유문(요지)

500년 동안 백성들은 병식兵式을 모르고 오늘에 이르렀다. 어찌 된 것인지 근자에 이르러 기강이 해이해지고 풍속이 점점 쇠퇴해졌다. 방백 수령들의 탐학과 토호 강족들의 무단武斷과 간사하고 교활한 벼슬아치들의 침노와 삭탈 행위는 날이 가고 달이 갈수록 더해 가서 끝이 보이지 않는다. 그래서 동학에 탁명하여 무리를 지어 스스로 보호하며 하루살이라도 다행으로 여기게 되었다. 나는 본래 세속을 떠나 조용히 살아 온 지 20여 년이 되었다. 이미 늙고 병들어 세상 돌아가는 일을 듣지 못하였다. 요사이 나라에 어려운 일이 많이 생겨 노환을 무릅쓰고 대궐로 들어갔다. 도성 밖은 사방이 병란으로 겹쳐져 눈에 들어와 뒤돌아본즉 조정은 고립무원의 위기에 처하여 이름만 있고 실권이 없는 형세와 같다. 온 나라를 둘러보니 그중 나라를 위하는 자라고 믿음이 가는 곳은 오로지 삼남뿐이다. 이처럼 믿을 수 있는 삼남지방 태반이 잘못 물들게 되었다. 처음에는 원통함을 호소하고자 일어났다가 점점 기승을 부리어 도처에서 발동하여 소동을 피워 기강을 범하게 되었다. 과연 이것이 의거인가 패거悖擧인가 살펴보아야 한다. 너희들은 모두 우리 조정이 훌륭하게 길러낸 양민이다. 우리가 천성에 순응하여 삶을 보전해 주지 못해 난에 이르게 하였으니, 거기에다 어찌 차마 군대로써 서로 견주겠는가. 조정은 이미 삼도에 선유사를 보내 은덕으로 베풀었다. 너희들이 끝내 듣고도 돌아오지 않으면 이는 조정의 뜻을 어기는 것이다. 이리되면 난민의 지목을 면할 수 없게 되어 나라에서 베푸는 용서하는 은덕을 영구히 받을 수 없게 된다. 무기를 버리고 집으로 돌아간다면 결코 털끝만치라도 죄 줄 이가 없다. 지금은 가을이라 이미 (곡식이) 익었으니 부모처자와 같이 배불리 먹고 즐기면서 오래도록 태평성세의 백성이 될 것이다. 그중 재주가 있고 총명한데도 가난에 빠진 이가 있으면 마땅히 정부가 재능에 따라 거두어들일 것이다. 내 나이 금년에 팔순에 이르렀으니 아무것도 구할 것이 없다. 오로지 종사와 생령을 생각할 뿐이다. 근일 조정이 행하는 개혁정치를 너희들도 들었을 것이다. 종전의 못된 폐단들은 백성에게 병해病害가 되었다. 이것들을 일일이 바로 잡아 이웃끼리 화목하고 정의를 더하여 화평의 복을 돈독히 누리게 될 것이다. 모두가 우리 성상이 나라와 백성을 위하려는 고심의 결과이다. 오호라! 오늘이야말로 너희들이 화와 복을 나누는 날이 될 것이며 생사를 가르는 날이 될 것이다. 내 말은 여기서 그치련다. 각기 잘 새겨듣고 후회하는 일이 없도록 하라.[48]

대원군의 말을 믿을 사람은 하나도 없었다. 한때 전봉준 대장은 민씨 정권을 몰아내기 위한 대안으로 대원군을 거명한 적이 있다. 그러나 일본군이 왕궁을 점령한 후 본의든 본의가 아니든 그들의 꼭두각시 노릇을 하는 대원군을 볼 때 권력에 눈먼 늙은이로밖에 보이지 않았다.

저항한 낙안 공격

9월 중순 이후 전라도 전 동학군은 항일전을 위해 군수물자 확보에 나섰다. 엄청난 양이 필요하여 때로는 강제적인 방법도 쓰게 되었다. 전라좌도의 경우 5천 명의 병력을 2개월 정도 먹이려면 1일 1인 700그램을 쳐도 200여 톤이 필요하게 된다. 그래서 전량관典糧官을 임명하는 한편 군현마다 일정량을 배당하였다.

결당結當 쌀 7말, 호당 말먹이 콩 1되씩을 부과하였다. 그 밖에 장태鷄籠, 동앗줄, 짚배자(稿褙子), 화약, 상차(廂車, 수레에 싣는 상자)를 만드는 데 쓰일 물품으로 푸른 대나무, 짚신, 삼껍질(皮麻), 껍질 벗긴 삼 줄기(骨麻), 볏집(稻稿), 목판木板 등을 할당하였다.[49]

전라좌도에서는 운봉현 이외에는 저항하지 않고 동학군의 지시에 따랐다. 그런데 영호대도소 관내의 낙안군에서 문제가 생겼다. 흉년이 들어 낼 수 없다고 징수를 거부하였다. 영호대도소는 매우 난처해졌다. 타군에 영향을 줄까 염려되어 힘으로 제압하기로 했다. 『오하기문』에는 9월 18일에 1천여 병력으로 낙안성을 공격하였다고 했다.

18일에 순천의 적인 양하일梁河一은 금구, 남원의 적들과 힘을 합쳐 낙안군으로 들어와 천여 채의 집에 불을 지르고 약탈하였다. 양하일은 대를 물려온 순천지방의 토호였다. 그는 난이 일어나자 순천부를 급습하려 했다. 그의 부친이 죽을힘을 다해 말리자 하일은 병력을 낙안으로 돌렸다.…이 고을의 적인 김사일金士逸은 마침 집강이었다. 그는 보성의 적을 끌어들여, 막았으나 패하여 많은 군민이 죽었다. 적은 병력을 풀어서 불을 지르고 노략질을 하여 고을은 모두 비어 버렸다.[50]

전라병마절도사의 장계는 다르다. 낙안을 공격한 날짜는 9월 15일이라 했다. 군기고를 부수고 총창과 탄환, 화약 등을 탈취하였다. 이튿날 민포들이 모여 저항하려 했으나 동학군이 월등히 강해 대항치 못하고 도망쳐 버렸다고 했다. 병마사의 장계는 다음과 같다.

9월 15일 술시경에 동학도 천여 명이 순천 선암사仙巖寺로부터 총창을 갖고 본군 이교청吏校廳에 난입하였다. 나머지 백여 명은 흩어져 이속의 집과 민가에 들어가 재산을 약탈하고 사람을 만나면 쏘고 찌르려 하자 모두 혼이 나갔다. 그들은 곧바로 군기고의 문을 부수고 총창과 탄환, 화약 등 필요한 물건을 골라 거두었다. 그들은 성문을 밤새도록 지키며 성을 둘러싸고 방포하니 온 고을이 물 끓듯 하였다. 이튿날 새벽에 본읍 의소義所 민포들이 성 밖에 모여 성을 되찾고자 하였다. 18일 미시에 동학군들은 문을 열고 쇄도해 나오며 시석矢石이 비오듯 했고 함성은 천지를 진동시키자 의소의 민보들은 대항하지도 못하고 도망쳐 버렸다.…본읍의 의소인義所人 김형수金炯洙를 붙들어 목을 쳐서 문루의 장대에 매달았다. 이민吏民들은 놀라 성을 비우고 도망쳐 버렸다. 19일 신시경에 군기고에 불을 지르고 서문을 열고 무리들은 왔던 길로 선암사로 돌아갔다.…소문에 의하면 순천접, 고산접, 남원접, 태인접, 금구접이라 칭하였다.…이민吏民의 집에서 빼앗은 재산과 의복 등을 담은 상자가 우마로 50여 바리나 되었으며 사람을 붙들어 지고 가게 한 것이 40여 짐이나 되었다. 값으로 따지면 몇십만 냥인지 알 수 없었다. 죽은 사람도 3명이요 불탄 집도 149호였으며 빼앗긴 농우도 55쌍이요 상처를 입고 죽게 된 이도 수십 명에 이르렀다.[51]

『오하기문』에는 마치 고을 집강으로 임명된 동학군 김사일金士逸이 보성 동학군을 끌어들여 저항한 것으로 기록했으나 사실이 아니다. 동학군이 군수품 조달을 강제하는 데 대해 낙안군수가 항거하자 영호대도소는 1천 명의 동학군을 동원하여 공격한 것이다.

흥양접 남원서 활동

전라도 동남부 지역에서 광양 동학군과 흥양 동학군은 수적으로 많았을 뿐만 아니라 활동 면에서도 두드러졌다. 정영순丁永詢과 송연호宋年浩를 비롯하여 송홍길宋洪佶, 김종문金宗文, 정창도鄭昌道, 유복만劉福滿 등의 활동은 대단했다. 특히 무장투쟁에 앞장섰던 유복만은 유명했다. 『오하기문』에는 다음과 같이 기록하고 있다.

> 이때 전라좌도의 적 가운데 남원과 보성 적들이 매우 흉악스럽고 간교하였다. 민간에서 좌상도左上道는 남원접이 차지하고 좌하도左下道는 보성접이 차지했다. 다만 흥양접만은 이들과 달리 기율이 있었다. 접주인 유복만이 잘 거느려 그가 이르는 곳에서는 이름난 부자나 교활한 구실아치를 가려서 빼앗았고 나머지 평민들은 일체 불문에 돌렸다. 복만이 온다는 소문을 들으면 모두가 안도하였다 한다.[52]

흥양 동학군의 일부는 순천지역에서 활동하였고 일부는 남원대도소에 올라가 활동하였다. 특히 유복만(또는 柳希道) 접주는 8월 중순부터 1천여 명을 이끌고 남원으로 올라가 활동하기 시작하였다. 그리고 보성 동학군 일부도 남원으로 올라가 활동하였다. 전라병마절도사의 보고에 "8월 20일에 본부 읍(남원읍--필자 주)의 군기고와 산성(=蛟龍山城) 군기고를 흥양, 보성, 태인, 남원 상동방山東坊 부동釜洞 등지 동학도 1천여 명이 부수고 모두 탈취해 갔다."[53]고 하였다. 『오하기문』에는 "유복만이 교룡산성에 들어가 무기고의 병기를 부내(남원)로 실어 날랐다."[54]고 하였다. 홍양과 보성 동학도들은 남원에서 약 1개월간 활동하다가 9월 하순경에 돌아간 것으로 추정된다.

『고홍군교구역사』에 유복만이란 이름이 보이지 않는다. 『동학사』 초고본에는 '홍양에 유희도柳希道, 구기서具基瑞, 송연호宋年浩 등'이 기포했다고 하였다.[55] 그리고 유복만 접주는 천여 명을 거느리고 남원에 올라가 활동하였고 13월 중순부터는 군량미 조달에 힘을 기울였다.

『박봉양이력서』에는 "지금(11.23) 유복만은…3백 명의 무리를 이끌고 곡성에 가 있고, 1천여 명은 약탈하려고 흩어져 남원성 안에는 3천 명이 못 된다."[56]고 하였다. 박봉양이 남원성을 공격한 11월 28일에는 곡성에 있었던 것같다. 그뿐만 아니라 12월 초순에는 홍양에 내려와 최후의 전투를 벌였고 여기서 체포되어 최후를 마쳤다.

항일 위한 총기포령

일본 침략군은 8월 16일에 평양의 청군을 물리치자 당초의 계획대로 대륙 침략에 나섰다. 그리고 처음부터 계획했던 대로, 조선을 자신들의 병참기지로 만들기 위해 병탄倂呑 수순을 밟아 나갔다. 이즈음 청산에 있던 해월신사는 9월 11일과 12일에 삼례에서 열린 동학 지도자 모임의 결의에 따라 9월 18일(양10.16)에 항일전을 위해 총기포령總起包令을 내렸다.

청군을 물리친 일본군의 전투력을 맨주먹인 동학군이 몰아내기란 불가능한 일이었다. 그러나 해월신사는 항일전을 위한 기포령을 내렸다. 이 자리에 황해도 해주의 팔봉접주였던 19세의 김구金九(당시 이름은 金昌洙)는 오응선吳鷹善 대접주 등과 같이 참석해 있었다. 그는 해월신사의 기포령을 『백범일지白凡逸志』에 다음과 같이 기록하였다.

선생은 진노한 안색에 순 경상도 어조로 "호랑이가 물러 들어오면 가만 히 앉아서 죽을까! 참나무 몽둥이라도 들고나가서 싸우자!"고 했다.

이 기포령은 전국의 모든 접·포에 전달되었고 동학도들은 도처에서 일어 났다. 제일 먼저 경기도 안성과 죽산에서 일어났다.

정부는 수도권 방위 차원에서 안성과 죽산에서 일어난 동학군에 대한 대 책을 마련하기 위해 논의하였다. 당찬 이를 뽑아 보내기로 하고 9월 10일자 로 죽산부사에는 장위영壯衛營 영관領官인 이두황李斗璜을, 안성군수에는 경 리청經理廳 영관領官인 성하영成夏永을 임명하였다. 그리고 군대를 이끌고 내 려가게 하였다.[57] 『주한일본공사관기록』에는 "군대 약 300명씩을 두 곳에 파 견하였다."[58]고 했다.

9월 21일에는 양호도순무영兩湖都巡撫營을 설치하고 호위부장扈衛副將 신 정희申正熙를 도순무사都巡撫使로 임명하였다.[59] 그리고 "전라·충청도에 비 류들이 창궐하니 호위부장 신정희를 순무사로 임명하여 순무영을 설치하여 제군諸軍을 거느리고 초무剿撫하도록 하라."는 명령을 내렸다.

또한 9월 26일에는 장위영 정령 이규태李圭泰를 순무선봉장으로 임명하는 동시에 여타 대관들의 임명을 마치고 10월 6일(양11.9)부터 출동시켰다. 그 러나 관군의 무장과 실력으로는 동학군을 제압하기 어렵다고 판단한 정부는 일본군의 출동을 요청하게 되었다.

결국 9월 25일(양10.23)에 일본군은 서울 주둔병 중 2개 소대를 차출하여 죽산 쪽으로 내려 보냈다. 동시에 이노우에(井上馨) 일본공사는 우리 정부에 일본군 장교가 교도중대를 지휘할 것이라고 일방적인 통고를 하여 왔다.[60] 9 월 28일(양10.26)에는 일본군 인천병참감 소속 1개 소대 병력도 수원에 출동 시켰다.[61] 한편 정부는 9월 하순부터 보수층을 부추겨 반동학反東學 세력으로 민보군을 만들도록 권장하였다.

고승당산 전투

10월에 접어들어 이처럼 일본군과 관군이 출동하자 전국의 동학군은 여러 지역에서 전투를 벌이게 되었다. 전라도의 순천, 광양, 낙안, 흥양, 보성 동남부 지역에서도 일본군과 관군을 상대로 싸웠다.

경상도 남서부 일대가 동학군에게 점거됐다는 보고를 받은 정부는 9월 25일자로 대구판관 지석영池錫永을 토포사討捕使로 차하差下하여 현지로 파견했다.[62] 그는 26일(양10.24)에 대구를 출발, 28일에는 부산을 거쳐 감리서監理署와 일본 영사관에 들렀다가 29일에 배편으로 통영에 왔다.

포군 100명과 군관 4명을 조발調發하여 10월 2일에 고성固城으로 향했다. 여기서 일본군과 합류하였다.[63] 한편 부산 일본영사관은 정찰대로부터 보고를 받은 다음 9월 24일(양10.22)에 일본군 남부병참감南部兵站監 소속 1개 중대(약 170명)를 파견하였다.[64] 도처에서 동학군 활동이 심상치 않다는 보고를 받은 부산의 일본군 남부병참감은 10월 5일(양11.2)에 후비보병 독립제16연대 제4중대장 스즈끼(鈴木安民) 등을 추가로 보냈다. 그는 일본군을 이끌고 10월 7일(양11.4)에 곤양昆陽으로 와서 지휘권을 잡았다.

10월 10일 아침에 진교면 안심리 뒷산에 진을 치고 있는 동학군을 공격하기 위해 나섰다. 이것이 일본군과의 첫 번째 전투였다. 하동접주 여장협余章協이 동학군 4백여 명을 산상에 배치하고 필사적으로 대항했다. 그러나 무기의 열세로 패하고 말았다. 동학군 8명이 전사하고 30명이 붙잡혔다.[65]

일본군은 다시 10월 14일(양11.11)에 하동 옥종면 고승당산高僧堂山 일대에 진을 친 5천 명 동학군을 공격하였다. 진주지역 동학군 3천여 명과 일본군 170여 명이 오전 8시부터 3시간에 걸쳐 싸웠다. 역시 무기의 열세로 대패하였다. 『경상감사장계』에는 동학도 포살자는 186명이며 부상자도 헤아리기 어렵다고 했다.[66]('경남 남서부지역 동학혁명운동' 참조)

고승당산 전투에서 패한 동학군 일부는 지리산 쪽인 덕산으로 후퇴하고 일부는 섬진강 쪽으로 후퇴하였다. 관군은 섬진강 쪽으로 간 동학군을 추격하여 17일에 황토치黃土峙까지 왔다. 여기서 일본군과 만나기로 했으나 나타나지 않자 진주로 돌아가 버렸다.[67]

일본군, 광양까지 추적

『경상감사장계』에 의하면 "10월 18일(양11.15)에 일본군 140명이 하동부에 들어 왔다. 이튿날(19일) 아침 곤양으로 향해 가다가 섬진강蟾津江 건너 광양 귀등산龜嶝山에 동학군이 모여 있는 것을 보았다. 곧 팔조면八助面(現 古田面) 목도리牧島里에서 배를 타고 강을 건너가 7-8명을 사살하고 하동부로 돌아왔다."[68]고 하였다.

전라도의 동학군은 이날 처음 일본군을 맞아 싸웠으나 7-8명의 전사자를 내고 후퇴하였다. 20일(양11.17)에도 일본군은 광양으로 건너와 동학군을 공격하여 30여 명을 사살하고 많은 부상을 입혔다. 22일(양11.19)에도 다시 광양으로 건너와 섬거역蟾居驛에서 동학군과 접전하여 7-8명을 사살하였다.[69]

그런데 광양 동학군은 일본군이 섬거역으로 출동하고 나서 하동읍에는 6명의 일본군만 남아 있는 것을 알았다. 『경상감사장계』에는 "22일 아침에 1천여 명을 동원하여 광양 사평촌(沙平村, 津月面 烏沙里 沙平)에서 배를 타고 하동부 마전면(馬田面; 現 古田面) 신방리(新芳里; 現 錢島里)로 건너가 11시경에 하동부를 공격하였다. 거의 점령할 지경에 이르렀을 때 뜻밖에도 경상 우병영 포군 100명이 당도하여 일본군 6명과 합세하였다. 동학군은 부득이 물러서고 말았다."[70]고 하였다.

『대판매일신문』에도 "이날 별도로 다수의 적병은 우리의 배후에 나타나 하동부로 다가왔다. 우리 잔류 병졸 8명은 이들을 방어했다. 먼저 깃발을 든 1명을 저격하자 나머지 적들은 모두 물러갔다."[71]고 하였다. 실제로 동학군이 물러난 것은 우병영 포군 100명이 당도하였기 때문이다.

동학군은 두치豆峙 쪽으로 가다가 토포사 지석영의 관군과 만나 공방전을 벌였다. 『경상감사장계』에는 "22일에 지석영이 이끄는 관군이 하동 갈록치 渴鹿峙에 이르자 동학군 기백 명과 만나게 됐다. 일본군에 쫓겨 섬진강을 건너가기도 하고 산곡으로 도주하기도 했다. 동학군 11명을 사살하고 17명을 생포하였다."고 했다.[72] 『대판매일신문』은 관리들에 의해 처형된 이름 있는 동학도는 다음과 같다고 하였다.

진주 구해창舊海倉에서 잡은 동학도 21명 중 괴수 임석준林碩俊은 10월 11일(양11.8)에 효수했으며 8명은 엄수嚴囚하고 나머지는 석방했다.

금오산 전투에서 잡은 21명 중 괴수 최학원崔學元은 10월 16일(양11.13)에 총살하고 나머지는 엄형한 후에 석방하였다.

진주에서 잡은 58명 중 괴수 김상규金商奎는 10월 16일(양11.13)에 효수하고 동몽 김권순金卷順은 같은 날 총살하였다. 나머지 27명은 가두고 29명은 엄형 후 석방하였다.

하동 갈록치 접전에서 잡은 34명 중 대장 김재희金在僖와 김달득金達得, 창귀倀鬼(組長) 김성대金性大 등은 10월 24일(양11.21)에 하동 나루터에서 총살하였다.[73]

23일(양11.20)에는 흩어진 동학군을 토벌하기 위해 탐색전에 나섰다. 그러나 동학군의 행방을 찾지 못하여 철수하고 말았다. 동학군이 순천 쪽으로 철수한 것을 확인한 다음 24일에 곤양으로 돌아왔다. 하동부사 홍택후洪澤厚는 토포사 지석영을 따라와서 겨우 부사직을 행하고 있는 중이라[74] 일부를 잔류시켜 달라고 애원하였다.

우병사右兵使는 관군 1백 명을 잔류시키고 26일에 창원 마산포로 철수하였다. 하동부사 홍택후는 이후 동학도에게 너그럽게 대하여 별다른 충돌이 없었다. 김인배도 그를 칭송했다고 한다.[75] 한 달 후인 11월 28일에는 영우嶺右 13읍 조방장助防將으로 임명되었다.

후비보병 2천7백 명 투입

10월에 접어들자 일본은 동학군을 본격적으로 초멸하기 위해 별도의 병력을 동원하여 투입하였다. 그들은 후비보병 독립제19대대(後備步兵獨立第19大隊)이다. 병력 수는 본부 56명과 1개 중대 221명씩 3개 중대로 총 7백19명이다. 대대장에는 미나미 고시로(南小四郎)소좌이다.

후비병이란 상비역 7년(만 20세부터 3년간은 상비군으로, 나머지 4년간은 예비역으로 복무해야 한다)을 거친 다음 5년간의 병역을 다시 복무하는 병사를 말한다. 이들의 연령은 28세부터 30세 전후가 대부분이다. 이 19대대는 10월 9일(양11.6)에 인천에 상륙한 다음 10월 19일(양11.16)에 동학군 초멸작전에 투입되었다.

이 밖에 한성수비대(後備步兵獨立第18大隊) 소속 1중대와 용산·인천수비대에서 1중대, 부산수비대에서 1개 중대와 보충병, 육전대(251명과 승무원 82명) 등을 투입하였다.[76]

후비보병 독립제19대대의 투입은 동학군을 뿌리째 뽑아 일본이 조선을 강점하는 데 후환을 남기지 않겠다는 일본 정부의 조선 침략 전략의 일환으로 취해진 조치이다. 인천병참사령관인 이토(伊藤祐義) 중좌는 파견대장에게 내리는 훈령에서 이런 속셈을 여실히 드러내 보였다.

> 후비보병 독립제19대대는 (한양 용산에서부터-편집자 주) 세 개의 길로 나누어 가며 연도에 있는 동학당을 격파하고 그 화근을 초멸하여 동학당이 다시 일어나는 후환을 남기지 않도록 해야 한다.
> 1개 중대는 서쪽 길(수원, 천안, 공주, 전주, 영광, 장성, 남원)로, 1개 중대는 중앙(용인, 죽산, 청주, 보은, 청산)으로, 1개 중대는 동쪽 길(가흥, 충주, 문경)로 가서 낙동강에 이르러 다시 명령을 기다릴 것.
> 동쪽으로 가는 중대는 조금 일찍 떠나서 비도를 북동쪽에서 서남쪽으로, 즉 전라도 방면으로 내몰도록 하라. 만일 비도들이 강원도와 함경도 쪽으로 러시아 국경에 가까운 곳으로 가게 되면 적지 않은 후환이 남을 것이다.
> 각 중대는 11월 12일에 용산을 출발하도록 하라.[77]

이처럼 러시아의 간섭을 사전에 차단하기 위한 작전도 병행하였다. 강원도와 경상도 동학당들이 함경도 쪽으로 못 가게 먼저 동진로의 일본군을 투입하였다. 즉 서쪽으로 몰아 넣는 작전을 폈던 것이다. 지역이 넓다 보니 1개 중대로서 소임을 다할 수 없다는 요청에 따라 11월 16일에는 1개 중대를 증파하였다.

김개남 대접주, 청주성 공격 실패

동학군은 여러 지역에서 최후의 전투를 벌였으나 많은 희생자만 내었다. 11월 중순에 이르러 김개남 대접주의 전라좌도 동학군은 청주성 공격에 실패했다는 소식을 전해야 했다. 10월 14일에 남원을 떠나 전주로 올라가 4일간 체류했다가 21일에 삼례로 이동한 후 보름 정도 이곳에 체류하였다.

11월 8일에야 북상 길에 올라 10일에는 진잠鎭岑을 점령하였고 11일에는 유성儒城을 거쳐 회덕懷德까지 점령하였다. 12일에는 신탄新灘으로, 13일에는 충청도 동북부 지역 동학군 1만여 명이 집결한 문의文義로 올라갔다.

『주한일본공사관기록』에는 "12월 9일(음11.13)···6시 40분쯤에 1만5-6천 명의 동학도가 청주에서 1.5킬로미터 떨어진 곳까지 진출하였으며, 문의 방면에서 오던 동학도 1만여 명이 합세하였다."[78]고 했다. 『순무선봉진등록』에는 1만 명이라고 하였다.[79]

전라좌도 동학군의 핵심은 중군장에 담양 용구동龍龜洞 접주 김중화金重華였고, 선봉에는 낙안접주 강사원姜士元과 안귀복安貴福, 그리고 보성의 이수희李秀希 등 3명이었다.[80] 유복만, 남응삼, 김홍기 등 쟁쟁한 접주들은 남원에 남아 군량미 조달에 힘썼다.

전라좌도 동학군이 북상하는 앞에서 구와하라(桑原榮次郎) 소위가 이끄는 40여 명의 일본군이 막아섰다. 11월 12일(양12.8)이었다. 이들은 청주성의 지형을 살피고 나서 무심천을 건너 남쪽 언덕에 진지를 구축하였다. 동학군이 남문까지 도달했을 때 배후에서 공격하기로 했다. 현 서원대학교 앞 언덕으로 추정된다.

11월 13일 아침 드디어 수만 명 동학군은 청주성을 향해 밀고 들어갔다. 청주병영군은 남문과 성벽에 올라가서 지켰다. 동학군이 청남문 좌우를 둘러싸자 언덕에 매복해 있던 일본군은 배후에서 집중 사격을 가했다. 동학군은 전사자가 속출하여 후퇴하고 말았다.

신탄 방면으로 10리가량 가다가 남이면南二面 양촌리陽村里에 이르렀다. 망일산(望日山, 230미터) 북동 지역 산자락에다 진을 치고 저항하기로 하였다. 밤고개(栗峙)까지 2킬로미터 사이의 산 언덕 위에 포진하였다. 『주한일본공사관기록』을 보면 다음과 같다.

오전 8시쯤 적이 또 청주에서 10리가량 떨어진 신탄 방향의 산 위에 모여 사격함에 따라 1시간가량이나 적을 맞아 싸웠다. 한때 (저항하는 전법이) 동학도라고 생각할 수 없을 정도로 (대단)하였다. 그래서 오른쪽 산 위로부터 공격하고, 다시 적의 뒤쪽으로 우회하여 퇴로를 차단하는 데 힘썼다. 적은 다시 지탱해 낼 수 없어 신탄 방향으로 무너져 달아났다. 다시 10리가량 추격하였다. 적은 방어에 매우 힘썼으나 끝내 감당하지 못하고 달아났다. 이때가 10시 40분이었다.[81]

일본군과 청남군은 우측 120미터 고지에서 사격하였다. 뜻대로 되지 않자 병력을 우회시켜 퇴로를 차단하려 하였다. 일본군 구와하라(桑原)는 퇴로를 막는 포위작전으로 바꾸었다. 동학군은 무기의 열세를 극복하지 못하고 후퇴하여 신탄을 거쳐 파군坡軍에 이르렀다. 저항할 의욕을 상실한 채 진잠鎭岑에 당도하자 이번에는 민보군이 공격하고 나왔다. 겨우 총 31자루와 말 4필을 빼앗아 연산까지 내려왔다.[82] 결국 11월 15일경에 뿔뿔이 흩어졌고 김개남 대접주는 태인으로 돌아와 피신하였다.

한편 공주성을 공격하던 전봉준 장군과 손병희 통령도 11월 11일에 패전하여 금구 원평까지 밀려 내려와 11월 25일에 최후의 항쟁을 마치고 흩어졌다. 혁명군의 주력이라 할 수 있는 전봉준 대장과 손병희 통령의 패전 소식은 전체 동학군의 사기를 떨어뜨렸다.

좌수영 공격도 실패

이때 경상 서남부와 전라 동남부 지역의 영호대도소 산하 동학군들은 여수 좌수영 공격에 총력을 기울이고 있었다. 8월 중순까지만 해도 동학군과 좌수영 영병들 사이에는 별다른 마찰이 없었다. 그런데 동학군에 협조하던 이봉호李鳳鎬 수사가 개체改遞되고 7월 3일[83]에 후임으로 김철규金澈圭가 수사가 되었다.

『오하기문』에는 전라도로 내려오던 김철규는 동학당에게 말과 전량을 빼앗겼다. 전봉준에게 사람을 보내 신표信標를 청하자 전봉준 대장은 4명의 성찰까지 차출하여 호위하게 해서 여수까지 무사히 내려가게 하였다고 한다.[84]

김철규는 처음에는 협조적이었으나 등을 돌린 것은 9월 중순부터이다. 동학군이 항일전 준비를 위해 군량미 등을 거두어들이자 좌수영이 거절하면서 마찰이 생겼다. 이로부터 동학군과 좌수영 사이에는 점점 불신이 커져 갔다. 드디어 원수처럼 살벌한 사이가 되고 말았다.

김철규 수사는 9월 하순에 동학군 수십 명을 잡다 가두는가 하면 죽이기까지 하였다. 한편 여수 서남쪽에 위치한 큰 섬인 금오도金鰲島에 일본어민들의 전초기지를 허용하여 불법적인 고기잡이로 어민들의 생계를 위협받게 하였다. 『대판조일신문』에 따르면 동학군이 좌수영을 공격하는 이유로 세 가지를 들었다.

전라 경상 양도 동학도들이 온 힘을 기울여 좌수영을 공격하려는 원인은 세 가지가 있다. 첫째는 절도사 김철규가 일찍이 동학도 수십 명을 살해한 일이 있어 숙원으로 여기는 점이다. 둘째는 좌수영에서 일본어민을 보호하여 금오도金鰲島와 나팔도喇叭島에서 많은 일본어민이 모여들어 고기를 잡게 한 데 대한 반감이다. 셋째는 좌수영은 순천, 홍양, 광양, 낙안, 보성, 장흥과 이 밖에 7진을 관할하는 전라도에서 제일 큰 관청이기 때문이다.[85]

김인배 대접주는 9월 하순경에 낙안 접주 이수희(李守喜, 秀希)[86]로 하여금 1천 명의 동학군을 동원하여 좌수영을 공격하게 하였다. 『여수·여천향토지』에는 9월에 동학군이 남문을 공격했으나 성채가 견고하여 돌파하지 못하고 물러났다고 하였다.

이후부터 좌수영의 방비는 강화되었다. 수성군 3백 명을 훈련시키는 한편 주민들을 동원하여 민보군을 조직하였다. 10월 중순에는 정부에 교섭하여 상당량의 군량미를 확보하였다. 정부는 좌수영이 군사상 요충지임을 알고 광양에 있는 구둔곡舊屯穀에서 적당량을 가져다 쓰게 하였던 것이다.[87]

방비가 점점 강화되자 영호대도소는 11월 10일에 순천지역 동학군을 좀 더 많이 동원하여 2차 공격에 나섰다. 동원된 인원은 수천 명에 이르렀으나 무장은 보잘것이 없었다. 16일에 동학군은 덕양역德陽驛(現 召羅面 德陽里)에 집결하였다. 17일에는 여수로 진격하여 좌수영 뒷산인 종고산鍾鼓山과 그 일대를 점령하였다.

깊은 밤중에 공격하려 했다. 그런데 이날따라 강추위가 몰려왔다. 『오하기문』에는 "덕양에 이르러 좌수영 정찰병들을 물리치고 계속 전진하여 종고산을 점거하였다. 별안간 날씨가 엄청나게 추워져…가져 온 음식들이 꽁꽁 얼어붙어 씹을 수가 없었다.…결국 해산하고 말았다."[88]고 하였다. 『주한일본공사관기록』은 다음과 같이 기록하였다.

지난 16일(음11.20) 밤 동학도 약 1천 명이 좌수영으로 내습하여 영병과 성 밖에서 접전을 벌인 끝에 동학도 약간명이 사상되었다. 동학군은 영문 뒤에 있는 경룡산鏡龍山(鍾鼓山)에 거점을 만들었다. 그리고 자주 영문을 공격하였다. 영병 3백 명으로는 도저히 지탱하기가 힘들었다. 그곳의 많은 민가는 적에 의해 불태워져서 인민은 사방으로 도망쳐 숨어 버렸다. 또 순천부에서는 지난 8월부터 동학도가 멋대로 설치고 다니기 시작하여, 요즘에는 동학도가 아주 점령해 버린 꼴이 되어 공공연히 조세 등을 받아내고

있었다.[89]

물러났던 동학군은 20일에 다시 내려가 종고산을 점령하였다. 그리고 좌수영 영문을 여러 차례 공격하였다. 3백 명의 영병으로는 방어하기가 어렵게 되자 수사 김철규는 일본군함 츠쿠바 함장인 쿠로오카 타테와키(黑岡帶刀)에게 지원해 달라고 애원하였다.

『주한일본공사관기록』에는 "통영항에 정박 중인 츠쿠바(筑波) 함장 쿠로오카(黑岡)는 12월 19일(음11.23)에 삼도통제사가 보낸 하급관리를 만났다. '비류 수천 명이 성을 포위하였다. 대항할 힘이 없으니 일본군이 와서 도와달라.'는 것이었다."[90] 고 했다.

일본 육전대 출동

일본군은 지원에 나섰고 수천 동학군이 집결해 있는 덕양지역 인근에 1백여 명의 육전대를 상륙시켰다. 일본군과 수영군은 공격을 개시했고 화력에 밀린 동학군은 산상으로 올라가 저항하였다. 신식 무기의 위력에 밀려 동학군은 순천 쪽으로 후퇴하였다. 그러나 동학군은 밤이 되자 어둠을 틈타 반격에 나섰다.『대판조일신문大阪朝日新聞』에는 다음과 같이 기록하였다.

이번에 좌수영은 동도의 공격을 막기 위해 금오도와 나팔도에 와 있는 우리 일본 어부를 고용하여 병사로 만들어 성중의 영병과 합쳤다. 동도들은 성중에서 일본병이 지키는 줄 알고 매우 경계하는 모양이었다.…적은 좌수영을 공격하기 전에 수사 김철규 외 2명에게 "서로 손을 잡고 이류(왜병)의 발호(우리 일본을 가리킴) 제압하자."는 취지로 된 한 통의 글을 보내 감언으로 좌수영을 유도하려 하였다. 좌수영은 이에 응하지 않고 동도를 국

적이라 규정하자 격분하여 곧 좌수영 공격에 나섰다. 먼저 성외 500여 채의 민가를 친 다음 12월 16일(음11.20) 저녁부터 공격하기 시작하였다. 이튿날 17일(음21)저녁때까지 24시간에 걸쳐 격전을 벌였으나 영병에 의해 격퇴되었고 사상자는 60여 명에 이르렀다.[91]…동학군은 이런 상황에 이르자 더욱 격앙되어 지난달 19일(음23)에 순천의 본군으로부터 광양 별대別隊에게 한 발짝도 물러서지 말고 좌수영병과 대전하면서 본군이 이르기까지 기다리라고 명령하였다. 본군 수만은 밀물처럼 순천을 떠나 광양 동학군과 합세하여 좌수영을 향해 진격했다. 이에 앞서 연해에 있던 우리 츠쿠바함은 좌수영의 위급한 소식을 듣고 1백여 명의 육전대를 편성하여 상륙시켜 좌수영병을 구하고 동도를 습격할 대비를 취하였다. 21일(음25)에 동도가 좌수영 인근인 덕양리德陽里에 모여들어 일거에 좌수영을 치려는 기세를 보였다. 다음날 22일(음11.26) 새벽에 미나미(南) 해군대위와 와타(和田) 해군소위가 이끄는 육전대(1백 명)를 출동시켜 성장城將 곽경환郭景煥이 이끄는 2백50여 명의 좌수영병을 선봉으로 하여 덕양리의 동도를 역습하였다. 적은 좌수영병이 공격해 오자 곧 뒷산 산정(1,500미터)으로 기어올라 진을 치고 내리 사격하였다. 우리 육전대는 두 대로 나누었다. 한 대는 적이 처음 진을 쳤던 곳을 짓밟아 버리고 곧 산정으로 올라갔다. 적은 유리한 지형을 차지하고 총을 쏘아댔다. 이를 무릅쓰고 공격해 올라가자 그들은 황급히 골짜기를 빠져 나가 순천 쪽으로 달아났다. 우리 병사들은 추적하지 않고 덕양리로 돌아왔다. 적의 일대는 기세등등하게 밤중의 어둠을 틈타 우리를 공격해 왔다. 이들을 물리친 다음 일본군과 영병은 좌수영으로 철수하였다. 동학군은 많은 희생자를 냈으며 1명의 포로를 잡았다. 이날 저녁 츠쿠바함은 순천부 남쪽 사항리沙項里 동편 묘도猫島 해상에서 육지에서 벌어지는 전투 상황을 보았다. 적이 덕양리의 산과 들에 불을 지르자 화염이 치솟았다. 30-40리 사이에 연기가 가득하여 아무것도 분간할 수 없었다. 다만 총성이 콩볶듯 들려왔을 뿐이다.[92]

11월 27일(양12.23) 밤 동학군은 맹공을 가했다. 일본군과 관군은 견딜 수 없어 좌수영까지 후퇴하였다. 그런데 동학군은 무슨 이유인지 다음날(11.28) 3차 공격에 나서지 않았다. 뿐만 아니라 공격을 포기하고 순천으로 물러갔다. 아마도 수천 명의 잠자리와 식량 공급이 문제였다고 추측된다.

순천에 돌아갔으나 식량문제는 해결할 방법이 없었다. 굶주린 동학군의 기강은 흐트러지고 결국 조직은 무너지게 되었다. 한편 일본군과 관군이 다가오고 있다는 소문이 파다하여 혼란을 부추겼다. 좌수영 공격의 실패는 곧 동학군의 몰락을 가져왔다.

영호대도소의 최후

지금까지 협조하던 구실아치들이 동요하였고 12월 6일(양1895.1.1)에 드디어 민을 선동하여 등을 돌렸다. 12월 7일에 영호대도소는 최후를 맞게 되었다. 삼반三班(吏校奴令)과 성안 백성들이 들고 일어나 4시경에 영호도소를 습격했다. 『순천부공형문장』과 『양호우선봉일기』에는 다음과 같이 기록하였다.

『순천부공형문장』

본부(순천부)의 성중 각처에는 동학도 수천 명이 모여 주둔하면서 난리를 피우고 있었다. 이달 초6일에 관리와 백성들이 같이 들고일어나 동도 괴수와 수종자 1백50여 명을 붙잡아 일일이 포살하였다. 그 경위는 우선봉 사도가 행차할 때 사실을 자세히 밝혔다. 이날 이후 백성들과 군교에게 엄히 지

키라는 영을 내려 다시는 동도의 작폐는 없었다.[93]

『양호우선봉일기』

　각처 동학도 수천 명은 무리를 이루어 동부 각 공해公廨에 도소를 세우고
돈과 양식을 강제로 거두어들이고 사람도 상케 하며 재산을 탈취하였다.…
군수(이수홍)는 곧 동학도의 거괴를 포획하고자 본군(낙안)의 민포 50명을
이끌고 순천부로 달려갔다. 작일(6일) 신시申時경에 순천부의 이교 및 하속
과 주민들도 같이 일어나 영호도집강 정우형鄭虞炯과 접주(이름을 알 수 없
는) 문가文哥, 전미도총錢米都摠 양철교梁喆敎, 선봉 진주 양가梁哥 및 추종자
1백50여 명을 포살했다.[94]

　순천부에서 기습을 당한 김인배 대접주를 비롯한 지도부는 급히 광양으로
빠져나갔다. 그러나 광양에서도 현감과 이속 그리고 주민들이 들고 일어나
끝내 체포되어 최후를 맞았다. 『순무선봉진등록』에는 광양에서 김인배 대
접주 등이 체포 살해된 경위를 다음과 같이 기록하고 있다.

　광양현공형문자에 의하면…이달(12월) 7일에 관리와 주민이 일시에 힘을
모아 영호대접주 금구 김인배와 영호수접주 순천 유하덕 양한을 체포하여
효수하였으며 이 밖의 무리 90여 명도 포살하였다. 이런 사유를 우선봉 사
도주가 행차했을 때 통촉하였다. 이날 이후에도 민과 군에 령을 내려 100여
명을 수색하여 잡다 포살하였다. 그리고 민과 군이 엄히 지켜 다시는 동
도의 폐는 없었다.[95]

학살자 명단

영호대접주 금구 김인배, 영호수접주 순천 유하덕(이상 효수), 사곡접주 한군협韓君夾, 옥룡접주 서윤약徐允若 형제, 인덕접주 박치서朴治西, 사곡접주 한진유韓辰有, 광양 순천 수접주 김학식(金鶴植, 霍植), 봉홍접주 박홍서朴興西, 인덕접주 성석하成石河, 월포접주 김명숙金明淑, 순천서면접주 김가金哥, 우조牛造도당 이차겸李且兼, 순천서면 도당 황재숙黃在淑 등이다. 이 밖에도 78명이 포살되었다.

일본군 츠쿠바 함장은 동학도 정탱원鄭撑元을 심문하다 순천과 광양에서 민보군에 의해 동학 지도자들이 학살되었다는 사실을 알았다. 사실 여부를 확인하기 위해 그는 12월 9일(양1.4)에 츠쿠바 함선을 출동시켰다. 이튿날 광양만에 도착하여 미우라(三浦) 대위와 다카기(高木) 소위가 수병 1분대를 이끌고 상륙하여 관리들이 안내를 받아 김인배 대접주와 유하덕 수접주 및 30명의 동학도 시신을 확인하였다. 『우편보지신문郵便報知新聞』은 다음과 같이 보도하였다.

지난 1일(음12.6) 밤 순천부에서 한때 동도에 부화附和했던 지방 구실아치들과 인민들이 돌연 순천부에 있는 경상전라 동도본영(영호대도소)을 기습하여 수령의 한 사람인 정우형鄭虞炯(左先鋒)과 나머지를 살해하였다. 또한 광양으로 피신한 경상전라도통령 김인배와 부통령 유하덕도 다음 날인 2일(음12.7)에 광양현에서 구실아치들과 인민들에 의해 살해되었다.… 일본군함 츠쿠바호는 지난 4일(음12.9)에 광양 앞바다로 회항回航하여 5일(음12.10)에 분견대를 광양성에 보내 확인케 했다. 반정反正의 구실아치들은 도통령 김인배와 부통령 유하덕의 수급首級과 동도 30인 정도의 시체를 보여주고 순순히 복종할 뜻을 밝혔다. 동도들은 지금 수령을 잃고 사분오열

되어 흩어졌다.[96]

경상도 서남부 지역과 전라 동남부 지역을 관할했던 영호대도소가 무너지자 일본군과 관군, 영병, 민보군은 동학군 학살 행위를 도처에서 벌였다. 광양과 순천 그리고 흥양과 보성, 낙안지역 동학군들은 샅샅이 뒤지는 그들에 의해 붙잡혀 학살당하였다.

수색과 학살의 연속

제일 먼저 출동한 것은 일본군과 좌수영 영병이었다. 일본군은 부산 병참부에서 파견한 2백여 명이고 좌수영에서 출동한 영병은 영관 이주회李周會가 이끄는 5백여 명과 중초영관中哨領官 곽경환郭景煥이 이끄는 1백여 명 등 6백 명이다. 중초영관 곽경환은 하동으로 가서 부산에서 츠쿠바함을 타고 온 일본군과 합류하였고, 이주회의 영병은 순천으로 올라와 동학군을 색출 학살하였다.

『주한일본공사관기록』에 의하면 12월 7일에 좌수영 영병 1백여 명은 곽경환郭景煥의 지휘 아래 뱃길로 하동을 향해 떠났다. 9일(양1895.1.4) 오전에 하동부내 다리장터(橋場基)에 상륙하여 부산에서 온 일본군 1개 중대와 합류하였다. 이들은 10일 아침에는 섬진강을 건너 다압면多鴨面 월포月浦에서부터 동학도 토벌에 나섰다.

쿠로오카(黑岡) 츠쿠바 함장은 좌수영 병사 김철규가 건네 준 서류에서 뽑아 1895년 1월 25일에 「전라좌수영병의 동작에 관한 기사」를 만들었다. 그 내용이 『주한일본공사관기록』에 실려 있다. 그 요지를 보면 다음과 같다.

『주한일본공사관기록』(요지)

(좌수영병 곽경환은)···일본 육군중대와 만나 5일(음12.10) 이른 아침에 일본군 중대와 같이 하동을 떠나 광양현 다압 원포에 이르러 동도를 토벌하였다. 동일 오후 4시 동현 섬거역蟾居驛에 이르러 동도 25명을 죽였다.

1월 3일(음12.8) 좌수영영관 이주회李周會는 좌수영에서 5백여 명을 이끌고 순천 쪽으로 출발했다. 그날 오후에 순천부 사항리砂項里에 이르러 산 위에 있는 동도를 공격하였다. 10리를 추격하여 41명을 죽였다.

1월 6일(음12.11)에 곽경환이 이끄는 1백 명은 광양현 백양동白楊洞에 이르러 괴수의 한 사람인 정홍서丁弘西를 잡아 효수하였다. 이날 밤에 광양성으로 가서 유진하였다(즉 군함 츠쿠바함 소속 분견대가 광양에 도착한 다음날이다).

1월 7일(음12.12) 이른 아침에 (부산서 온 일본군 중대병력은 광양에 남아 있고) 순천부를 향해 떠났다. 어제(6일, 음11일) 오전 8시에 영관 이주회는 좌수영병 5백 명을 지휘하여 순천부 영장 이풍희李豊熙와 같이 순천부에 미리 와 있었다. 이날 오후 4시 이주회는 순천부 동쪽 20리까지 나가서 일본 육군을 맞았다. 다음날 이른 아침 이주회는 일본육군과 같이 순천부로 들어왔다.

1월 8일(음12.13)에는 일본육군과 (곽주회 휘하병정) 좌수영병은 모두 순천부에 머물면서 쉬었다. 이날 (이주회 영솔) 좌수영병 5백 명은 순천을 떠나 좌수영으로 돌아갔다. 다음날 9일(음12.14)에는···한병 50명을 이끌고 일본 육군은 순천을 떠나 낙안으로 향했다. 10일(음16일) 이른 아침 보성군 조치(鳥峙, 새재)에 가서 동도 9명을 잡아 죽였고 11일에는 보성지방 동도의 거괴 11명을 잡아 죽였다.···18일(음12.23)에는 보성 동학도 거괴인 양성좌, 허성보, 허용범과 장흥 동도 거괴인 김보열, 김성한, 정덕흠, 김시언, 구자익 등을 잡아 19일에 효수하였고 박윤지, 김달매도 진전陣前에서 잡아 죽였다.[97]

영관 곽경환이 이끄는 좌수영병은 배편으로 여수를 출발하였다. 12월 9일 (양1.4) 오전에 하동부내 교장터(橋場基, 다리장터)에 상륙하였다. 10일 아침부터 일본군과 같이 광양현 다압多鴨 월포月浦로 건너가 동학군 색출에 들어갔다. 섬진강을 경계로 동쪽에서 서쪽으로 색출해 몰아가기 위한 작전이었다.

이날 오후에 섬거역에 이르러 주민들을 잡아다 일일이 심문하여 동학 가담자를 찾아냈다. 영호대도소 도접주 김이갑(金以甲, 伊甲)은 영병에게 발각되어 참수되었고 나머지 1백29명도 포살되었다. 광양으로 가다가 비양거襞陽居에 들르니 촌민들이 영호대도소 도집강 정홍丁洪을 잡아다 칼과 창으로 찔러 죽였다.

『양호선봉진일기』에는 12월 11일에 좌수영 민병과 같이 일병 2백 명도 광양성에 들어왔다고 하였다. 이때 좌수영병은 광양성 남문 밖에 늘어선 많은 가옥에 불을 질렀으며 또한 선무청選武廳과 이방의 집에도 불을 질렀다고 하였다. 순천에서 포살 처리한 경위를 보면 도리에 맞지 않는 패악 행위였다고 하였다.[98]

『순무선봉진등록』에는 "12일에 좌수영은 병정들을 이끌고 순천부로 가서 좌수와 공형들을 잡아왔다. 이들은 18일에 포살 처리했다."[99]고 하였다. 이후 좌수영에서는 순천지역에 자주 나타나 재산을 빼앗고 학살하기를 되풀이하였다 한다.

하동 민보군의 행패

광양 동학군들은 하동 민보군이 들어와 약탈과 학살을 반복하여 많은 인원이 피살되었다. 김진옥金振玉이 이끄는 화개·악양 민보군 5백 명과 하동부 영솔군관 김응표金應杓가 이끄는 1백 명은 12월 10일에 광양 옥곡玉谷에서 합류하여 동학군 소탕에 나섰다. 『주한일본공사관기록』에는 다음과 같이 기록하였다.

하동영솔군관 고목告目

소인들이 전일 고목告目 중…소인들은 병정 1백 명을 거느리고 서쪽으로 십 리 거리에 있는 신촌에서 나루를 건너 바로 섬진관에 도착하였다. 여기서 정의진正義陣과 합세하여 행군하였다. 본읍의 정의군은 둘로 나누고 화개와 악양의 동서면은 면민이 두령을 정하게 하고 초10일 오시경에 포군과 민정 1백여 명을 인솔하여 탑촌에서 강을 건너게 하였다. 한 부대는 재를 넘어 옥룡면에 이르러 잡은 동비 31명을 경병에게 빼앗겼다. 그리고 한 부대는 직금촌織錦村에서 강을 따라 내려와 정의군과 합세하였다. 정의장은 전에 주부主簿였던 김진옥金振玉이고 병력은 4백85명이었다.

9일 진시경에 신암新巖에서 강을 건너 죽천竹川에 도착하여 동비의 목책을 소각하고 험한 산비탈 길을 기어올라 옥곡玉谷에 이르러 정의군과 합세하였다. 동학군 48명을 색출하여 비촌飛村에서 무참하게 학살하였고, 다시 13명을 더 색출하여 학살하였다. 이중에는 광양 지도자 박정주朴正周를 비롯하여 유윤학柳允學, 박사영朴士永, 전백현全伯賢, 김광준金光俊, 고광신高光信 등이 끼어 있었다. 11일에는 부산에서 출발한 일본군 1개 중대 2백37명이 하동에서 광양으로 건너와서 순천 쪽으로 진군하였다.[100]

섬거역蟾居驛 일대에는 동학 지도급 인사들이 살고 있을 뿐 아니라 많은 주민들이 동학에 가담하고 있었다. 그래서 어느 지역보다 동학 세력이 강하였다. 그러나 하동부 수성군과 김진옥이 이끄는 화개 악양 민보군 등 6백여 명이 진격해 오자 제대로 대항해 보지도 못하고 흩어졌다.

섬거역 지역 동학군들은 대부분 백운산 깊은 산중으로 피신하였다. 그리고 순천·광양에서 탈출한 동학군 일부는 낙안군과 장흥군, 그리고 흥양(高興) 방면으로 피신하였다.[101] 그중에도 일부는 관군에 체포되어 학살된 사례가 적지 않았다. 『동학란기록』에 의하면 12월 22일에도 광양 동학군 박학일朴鶴日 외 48명이 체포되었다고 하였다.[102]

하동 민보군의 잔학 행위는 말로 표현할 길이 없었다. 『순무우선봉일기』에 하동 민보군들은 광양 경계를 침범하는 날부터 엄청나게 민폐를 끼쳤다. 이두황은 민포군 중군인 박제민을 잡아다 곤장 10도를 치고 방송하였다[103] 한다. 동학군 토벌을 빙자하여 양민들을 학살하거나 재산을 탈취하는 사례가 빈번하여 이두황 관군마저 그들을 징벌하게 된 것이다.

순천·광양이 무너지자 낙안 동학군들도 피신하기에 바빴다. 보성 접주인 안귀복安貴福은 낙안 지역에 숨었다가 끝내 체포되어 처참하게 학살 당하였다. 『선봉진정보첩』에는 낙안의 거괴 강사원姜士元과 안귀복, 이수희李秀希 세 사람은 김개남이 청주를 침범할 때 선봉진이라 칭하고 많은 무리를 이끌고 앞장서서 소요를 일으킨 자라고 하였다.[104]

낙안군 동명 출신 이수희는 처음에는 흥양 유복만을 따랐다. 10월부터 순천에 가서 활동하다가 12월에 돌아왔다. 그는 순천에서 김인배의 휘하에 들어가 활동하다가 좌수영 공격 때에는 중군으로 활동하였으며 여기서 패하자 피신하여 12월 25일 술시에 남산 쌍전雙田 앞길에서 붙잡혀 당일 진시에 군민을 모은 자리에서 효수하여 경계하였다. 그 뒤 수급은 좌수영에 올려 보냈다.[105]

안귀복은 보성 동부 지역 사람으로 동학의 호좌도접주湖左都接主로서 활동한 인물이다. 호좌도접주라면 휘하에 상당한 접주를 거느렸던 큰 인물이다. 『순무선봉진등록』에는 "혹은 돈녕敦寧 혹은 호남좌도접주 혹은 집강이라 하며 많은 동학군을 거느리고 근읍에서 크게 화를 지은 자이다. 본읍 수성군과 서면 사람들이 12월 22일에 외서外西 돌이치突伊峙에서 체포하여 당일 효수하였다. 그 수급은 좌수영에 보냈다."[106]고 하였다.

『순무선봉진등록』에 의하면 낙안 남상면南上面 칠동七洞에 사는 접사 최환구崔煥九가 이 동리에서 10리 떨어진 산곡마을 변화리卞禾里에 숨어 있다는 정보를 입수하고 27일에 보성 민병을 동원하여 집을 포위하고 잡으려 했으나 미리 알고 피신하여 잡지 못하였고, 낙안 거괴인 조보여趙甫汝 등 2인만 잡았다 한다.

최환구와 보성읍괴 최덕화崔德和가 아직 그곳에 숨어 있다고 하여 28일에도 다시 출동하여 두 동리를 뒤졌으나 잡지 못하였다. 병정이 오는 것을 보고 피신하여 멀리 도망치고 말았다. 민보군은 최한구의 집으로 가 뒤져 보았으나 사경에 이른 80의 부친 최득수崔得秀만 병석에 누워 있는 것을 보고 돌아왔다.[107]

흥양서 최후 항전

흥양현(興陽縣, 高興郡) 동학군들의 최후 항전은 처절하였다. 『천도교서』에 "유희도는 4천 군을 거느리고 흥양에서 일어났다." 하였으므로 유희도(柳希道, 劉福滿)는 흥양 지역을 대표하는 동학 지도자였던 것이 분명하다.

그는 기포 초기에 장성 황룡촌 전투부터 참여한 것으로 여겨지며 전주성을 점령한 다음 흥양으로 내려와 활동하였다. 그 후 8월 하순부터는 남원으로 올라가 김개남 장군 휘하에서 활동하였다. 앞서 본 바와 같이 8월 20일에 남원읍 군기고와 교룡산성 군기고를 부수고 군기를 탈취하는 데 앞장섰다.

곡성에 있던 유복만은 남원성이 박봉양에게 점령되었다는 소식이 전해지자 흥양으로 내려왔다. 『순무선봉진등록』에 의하면 흥양은 "비류의 소요를 연달아 당하여 여러 달 동안 관청 업무를 제대로 보지 못하였으며…8월에 비로소 공형을 위시한 여러 사람이 궁병宮兵을 규합하여 수성에 힘써 비류의 침노를 겨우 면할 수 있었다. 그런데 12월 초에 비류 유복만이 1천여 명의 무리를 이끌고 와서 성 밖 동북에 있는 두 산에 분거하므로 수성 장졸을 출동시켜 산 아래로 쳐들어가 붙잡으려 하였다. 그들은 이를 알아차리고 유둔(油芚, 東江面) 등지로 달아나 곧 해산하였다."[108]고 했다.

12월 25일경에 유복만은 수성 포군 정재홍鄭在洪에게 체포되었다. 어디에서 체포되었는지 모르나 유둔에서 체포된 것이 아닌가 싶다. 체포 당시 유복만은 회룡총 1정을 가지고 있었고 포군 김연삼金連三에게 체포된 함량진咸良振도 모슬총 1정을 가지고 있었다. 유복만과 오준언吳俊彦 등 동학군 27명은 현감이 부임하기 전에 잡혀 처형되었다. 12월 28일에는 일본군 등판송태랑(藤板松太郎) 소위가 60명의 병력을 이끌고 와서 3일간 유진했다 갔으며[109] 2일에는 관군도 들어왔다가 4일에 떠났다.[110] 일군과 관군이 연달아 들어오자 동학군은 다른 지역이나 섬으로 피신하였다. 『고흥군교구역사』 집필자인 정창도鄭昌道는 영주산瀛洲山 백운동에 들어가 숨었다가 겨우 목숨을 부지하였다 한다.

4. 결론

1894년 6월 전라도 전역에 동학 집강소가 설치될 때 순천지역에는 영호대도소嶺湖大都所가 설치되었다. 대접주인 금구 김인배가 내려와 순천의 유하덕과 김이갑, 광양의 박정주와 김학식, 낙안의 이수희와 강사원, 보성 동부 지역의 안귀복, 흥양의 유복만과 송연호 등과 손잡고 대도소를 세운 것이다. 이들은 7월에는 순천, 여수, 광양, 낙안, 보성 동부 지방, 흥양 등 지방 관아를 완전히 장악하는 한편 경상도 하동 지역까지 진출하여 활동하였다. 특히 경상도 서남부인 진주, 사천, 고성, 곤양, 남해, 하동까지 세력을 뻗쳐 나갔다.

9월 재기포 때에는 제일 먼저 군수물자 조달에 전력을 기울였다. 이 지역 동학군이 쓸 물품뿐만 아니라 김개남 장군이 청주 공격에 필요한 물자까지도 아울러 조달해야 했다. 그래서 과도하게 거두다 보니 인심을 많이 잃게 되었다. 때로는 병력까지 동원하여 강제하기도 하였으니 반대 세력들은 재산을 약탈해 가기만 한다고 비난하였다.

다음은 김개남 장군이 청주를 공격하는 데 병력을 지원하는 일이었다. 낙안의 강사원, 이수희, 안귀복 등은 순천대도소 관내에서 1천여 명이 동원되어 선봉을 담당케 하였다. 낙안 동학군을 비롯하여 광양, 순천 지역에서 많은 동학군들이 동원되어 참가한 것으로 추측된다.

끝으로 눈엣가시처럼 버티고 있는 여수의 좌수영을 점령하는 일이었다. 처음에는 양측의 관계가 나쁘지 않았으나 9월 중순부터 동학군이 군수물자를 동원하자 점점 적대관계로 변해 버렸다. 9월 하순경에 낙안 접주 이수희의 지휘로 1천 명 동학군이 공격하였으나 실패하고 말았다. 좀 더 많은 동학군을 동원하여 대대적으로 공격했더라면 3백 명 정도가 수비하고 있는 좌수영을 능히 점령할 수 있었다.

그러나 이 첫 번째 공격을 잘못하여 병력을 보강할 기회를 주었으며, 결국은 일본군까지 끌어들이게 하여 반격을 받게 되었다. 첫 번째 공격 때에는 관군이나 일본군이 개입할 단계가 아니었으므로 동학군에게 유리하였다. 지도부가 이를 잘 판단하여 연달아 공격을 계속했더라면 적은 희생으로 장악할 수 있었다. 날씨도 추운 11월 중순에 이르러 재차 공격을 시도했으나 이미 때는 늦었다. 공주전투와 청주전투에서 동학군 주력 병력은 결정적인 타격을 받아 이미 전세는 기울어 가고 있었다. 민심 또한 등을 돌려 가고 있어 어려움은 한두 가지가 아니었다.

11월 25일 영호대도소 관내 수천 명의 동학군이 동원되어 여수를 공격하기 위해 덕양 일대에 집결해 있다가 일본군과 관군, 민보군의 공격을 받고 무너지게 되었다. 동학군들은 하나가 되어 최후까지 항쟁하였으나 역부족이었다. 순천으로 후퇴해 있던 영호대도소는 12월 6일 밤에 반란이 일어나 주요 간부가 살해되면서 해산되고 말았다. 광양으로 피신한 김인배 등 주요간부들과 많은 동학군들은 12월 7일에 역시 반기를 들고 일어난 무리에게 살해당하니 재기할 기회마저 잃고 말았다. 이후 동학군은 흩어져 민보군과 관군, 일본군에게 무참히 학살당하게 되었다. 〈출처: 교사교리연구 제11호(포덕146년 12월)〉

전라도 서남부지역 동학혁명운동

해남군 읍내 전경
1894년 6월부터 해남 동학군은 읍내 남동리에 집강소를 설치하여 폐정개혁을 단행하였다.

1. 무안, 해남, 진도의 초기 활동

전라도 남서부 지역인 무안, 해남, 진도 지역에 동학이 처음 전파된 것은 1890년경으로 여겨진다. 1930년대에 작성된『천도교보天道教譜』에 의하면 대체로 1893년에 입도한 사람들이 많다. 그리고 1924년 이후『천도교회월보』에 실린 환원(還元, 사망) 기사에도 오래된 입도자는 역시 1890년으로 나타나 있다. 다만, 1920년대에 작성된 자료이므로 이미 환원한 사람들은 누락되었을 가능성이 많아 정확하다고 보기는 어렵다.

전라도 일대에 동학 도인이 엄청나게 늘어난 시기는 1892년의 삼례 교조 신원운동과 1893년의 광화문 앞 교조신원운동, 충청도 보은과 전라도 원평院坪에서의 척왜양창의운동斥倭洋倡義運動이 벌어진 때라고 보인다.

전라도 서남부 지역인 무안務安, 해남海南, 진도珍島에 동학이 자리 잡은 것은 역시 1892년이었다고 생각된다. 1920년대의 기록에 남아 있는 입도자를 보면 무안군務安郡 김의환金義煥은 1892년 7월 17일에, 이병경李秉烔은 1892년 11월 7일에, 청계면 남성리 조병연趙炳淵도 1892년에, 청계면 남안리 이병대李炳戴는 1892년에, 청계면 도림리 고군제高君濟는 1892년에, 석고면 당호리 한용준韓用準은 1892년에, 남리의 함기연咸奇淵은 1892년에 입도하였다. 그리고 청계면 상마리 송두욱宋斗旭과 송두옥宋斗玉은 1893년에, 장산면 각두리栢頭里 장도혁張道爀은 1893년에, 청계면 청계리 한택률韓澤律은 1893년에, 청계면 하마리 송군병宋君秉과 박인화朴仁和는 1893년에, 외읍면 교촌리의 정인섭鄭仁燮은 1893년에 입도한 것으로 되어 있다. 그 후 1894년에 동학혁명이 일어나자 엄청난 수가 입도하였다.

해남군海南郡의 경우 김병태金炳泰는 1892년 11월 10일에, 김의태金義泰는 1893년에, 해남면 해리 홍순洪淳은 1893년 4월 5일에, 화원면 인지리 김순근金順根은 1893년 9월 18일에, 옥천면 용산리의 김원태金源泰는 1892년에 입도하였다. 이들의 윗대라 할 수 있는 김도일金道一, 김춘두金春斗, 김춘인金春仁, 나치운羅致雲 등은 그보다 훨씬 앞서 입도했을 것이다. 해남도 역시 1894년에 동학혁명이 일어나자 엄청난 입도자가 줄을 이었다.

진도군珍島郡에 동학이 최초로 전해진 때는 1892년 1월이었다. 『천도교회월보』의 『진도종리원연혁』에 의하면 의신면義新面 만길滿吉에 사는 나봉익羅奉益과 양순달梁順達이 나주에서 온 나주접사 나치현羅致炫으로부터 도를 받은 것이 시초가 되었다.[1] 그 뒤로 많은 사람이 입도하게 되었으며 1894년에는 조도면 남동리 김광윤金光允을 비롯하여 많은 사람들이 계속하여 집단적으로 입도하였다 한다.

1893년 3월에 보은과 원평에서 열린 척왜양창의운동 때에는 무안, 남해, 진도 동학도들도 상당수가 참여하였다. 『취어聚語』에 의하면 "영암, 무안… 등지에서 260여 명이 3월 30일에…차례로 들어 왔다."고 하였다. 관원의 보고에 의하면 4월 3일에 보은 장내리를 떠나간 동학도 수는 "영암접에서 40여명, 무안접에서 80여 명이 돌아갔다."고 하였다.[2] 『취어』에는 또한 "초3일 아침부터 저녁까지 민당들이 돌아간 자로는 전라도 일도의 관읍官邑은 알 수없으나 모두 5천 6백여 명이다."라고 하였다. 이 엄청난 수의 동학도 중에는 무안, 해남, 진도의 동학도들도 섞여 있었을 것이다. 『진도종리원연혁』에는 "나봉익, 양순달, 이문규李文奎, 허영재許暎才가 참가하였다."[3]고 기록하였다.

1894년 3월 21일에 백산에서 동학혁명 깃발이 올라가자 무안, 해남, 진도 동학군들은 4월 중순부터 기포하기 시작하였다. 전봉준 장군과 손화중 대접주가 무장 동음치면冬音峙面 당산에 모였을 때, 즉 1894년 3월 15일(20일~편집자 주)경에 무안의 배규인(裴奎仁, 相玉)과 해남의 김춘두 등은 측근들을 이끌고 참가했다고 보여진다. 그 후 전봉준 장군이 4월 16일(양5.20) 함평을 점령하고 5일간 체류했을 때에는 무안과 해남 동학군들은 대대적으로 기포하기에 이르렀다. 『동학당휘보』에는 "그들 무리 절반은 영광에 머물고 반은 함평과 무안 등지로 향하였다."[4]고 하였다.

동학군은 4월 18일 이전에 무안읍을 점령한 것이 사실이다. 『동학당에 관한 휘보』 4월 21일자에는 "무안에서 보낸 보고를 접하니 본현 삼내면三內面 동학도 7-8천 명이 절반은 말을 타고 절반은 걸어서 몸에는 갑주를 입고 각기 긴 창과 큰 칼을 지니고 18일에 들어와 하룻밤을 자고 나주로 향했다."[5]고 하였다. 나주로 갔다는 것은 북상했음을 뜻하며 함평에 있는 전봉준 장군과 합류하기 위한 이동이라고 보여진다. 주목되는 것은 무안에서 '하룻밤을 자고' 갔으나 관과 충돌이 없었다는 사실이다. 관이 호의적으로 협조하였거나 이미 전봉준 동학군이 점령하고 있었거나 둘 중 하나였기 때문이 아닌가 싶다.

"반은 함평과 무안 등지로 향하였다."는 초토사의 전보처럼 이미 동학군이 무안을 점령하고 있었다. 「전라도 출정군의 위로를 위한 내탕전 하사의 건」이란 문서에는 "동학도는 셋으로 나뉘었는데 하나는 영광에 주둔하고 하나는 무안에 주둔하고 하나는 함평에 주둔하면서 서로 연계하며 성원하고 있다."[6]고 하였다.

이 기록은 동학군이 무안을 점령하고 있었음을 말해 주고 있다. 무안 동학군이 4월 18일에 무안을 점령했다는 소식을 접한 "전라병사 이문영은 순천과 창평에서 병력 2백 명(순천에서 150명, 창평에서 50명)을 동원하여 4월 20일에 무안으로 파송하여 성을 지키는 데 돕도록 하였다."[7] 한다. 이들 병력이 무안에 왔으나 이미 동학군이 장악하고 있었으므로 별다른 역할은 하지 못했을 것이다.

삼향면에서 7-8천 명이 올라왔다고 한 것은 배규인(배상옥) 대접주가 동학군을 이끌고 왔음을 말해 주는 것이다. 배규인 대접주는 자기가 태어나 살고 있던 삼향면 대양리(大陽里, 大朴山 북쪽에 있는 大月里 마을)에서 동학군을 모아 출발한 후 다시 청계면에 들러 이곳 동학군과 합류하여 무안읍으로 들어왔다. 전봉준 장군이 홍계훈 경군과 싸우기 위해 많은 병력이 필요하여 배규인에게 지원을 요청한 것으로 보인다. 이중에는 남해 동학군이나 영암 동학군들도 합류했을 가능성이 없지 않다.

『순무선봉진등록』에 의하면 "배규인은 호남하도거괴湖南下道巨魁라." 하였고 '무안, 장흥 등지의 비괴들은 서로 왕래한'[8] 것으로 되어 있다. 이것은 배규인이 무안군 지도자일 뿐만 아니라 영광, 장흥, 해남, 강진 등지에 영향을 끼친 지도자였음을 말해준다. 따라서 배규인은 무안 동학군만 모은 것이 아니라 여러 곳의 동학군을 모을 수 있어 7-8천 명이란 엄청난 인원을 동원한 것으로 보인다. 그는 무안에 들어와 식량문제 등을 감안하여 정예병력만을 추려 전봉준 장군과 합류한 것이 아닐까 한다.

전주로 내려왔던 홍계훈洪啓薰 경군이 동학군을 토벌하기 위해 출동한 것은 4월 18일이었다. 7백 명의 병졸을 이끌고 군산에 상륙했던 홍계훈은 전주로 오는 도중 2백30명이 도망치자[9] 군의 사기는 땅에 떨어졌고 불과 4백여 명의 병력으로 동학군을 토벌할 자신이 없어 여러 날 전주에 머물러 있게 되었다. 병력 보충이 절실하여 원병을 요청하였으나 4월 17일경에야 총제영總制營 중군 황주헌黃周憲이 4백 명을 이끌고 19일에 인천을 떠나 22일경에 법성포로 상륙한다는 연락이 왔다. 그래서 4월 18일에 전주를 떠나 영광을 향해 출병하게 된 것이다.

태인, 정읍, 고창을 거쳐 4월 21일 저녁에야 영광에 도착할 수 있었다.[10] 전봉준 장군은 이 소식을 접하자 별안간 전군을 출동시켰다. 밤중에 출동한 동학군은 함평에서 동쪽으로 30리 지점에 있는 나산(羅山, 나루뫼)으로 이동하였다. 나산은 장성 쪽으로 가는 길목이기도 하다. 전봉준 장군이 급히 나산으로 옮긴 것은 비어 있을 전주성을 공격하기 위해서였다. 『난파유고蘭波遺稿』에는 "이날 밤 함평 진산장津山場으로 옮겨갔으며 다음 날(22일) 장성 월평으로 떠났다."[11]고 하였다.

22일 새벽에 나산을 떠난 동학군은 점심때에 장성 월평장에 도착하여 삼봉 아래 본진을 설치하고 점심을 먹게 되었다. 함평현감은 동학군이 21일 밤에 함평을 떠난 것을 알고 22일 아침에 동학군이 "나주와 장성 쪽으로 이동했다."[12]고 홍계훈에게 서둘러 보고하였다. 급보를 받은 홍계훈은 전주 공격의 기미를 알아차리고 이학승李學承 대관隊官을 장성으로 급파하였다. 이학승 대관은 원세록元世祿, 오건영吳健永으로 하여금 병정 3백 명을 이끌고 동학군의 행진을 막고자 장성으로 달려 갔다.[13]

정오경 황룡천黃龍川에 도착한 이들은 4천여 명 동학군이 월평장터에서 점심을 먹고 있는 것을 발견하고 대포를 발사하였다. 『전봉준공초』에는 "아군이 취식 때 경군이 대포를 쏘아 아군이 40-50명이 전사했다."고 하였다.[14] 놀란 동학군은 뒷산으로 올라가 관군의 동정을 살펴보았다. 기백 명에 지나지 않음을 알게 된 전봉준 장군은 전군에 반격을 명령하였다. 동학군은 일제히 황룡강을 건너가 미리 준비했던 대나무 장태를 굴리며 신호리로 진격하였다. 관군은 들판에서 밀려 야산지대인 신호리辛湖里 신촌 까치골로 후퇴하였다.[15] 동학군이 삼면에서 이곳을 포위하고 맹공을 가하자 이학승 대관과 5명의 장졸들은 좌왕우왕하다가 전사하였고 나머지 관군들은 정신없이 서쪽 사창고개를 넘어 땅거미가 질 무렵 영광읍에 이르렀다. 『양호초토사등록兩

湖招討使謄錄』에는 다음과 같이 기록하였다.

　　22일 묘시(卯時, 오전 5시-7시)에 함평현감 권풍식權豊植의 보고가 도달하여 보니 그들(동학군) 무리들은 우리 고을에서 장성과 나주 등지로 방금 떠나갔다 하며 그들 무리의 원정서願情書도 보내 왔다.…대관 이학승·원세록·오건영으로 하여금 병정 3백 명을 영솔하고 장성 등지에 나가서 다만 그들의 움직임이 어떠한가를 살피도록 하였다. 23일에 따로 군관 장진우와 운량감관 김영태를 법성포에 파견하여 배편으로 내려온 총제영總制營 병정을 하륙시켜 음식을 주는 것을 감독하도록 하였다.…이날 땅거미가 진 후에 출진하였던 병정들이 황망하게 돌아와 보고하기를 아군이 겨우 장성 월평에 도착하자 피도彼徒들도 때마침 황룡천에 도착하게 되어 점점 가까워지자 접전이 벌어져 한바탕 서로 죽이게 되었다. 극로백(克虜伯, 크루프)포를 한 방 쏘니 피도들이 맞아 죽은 자가 대략 수백 명이 되었다. 그러자 피도 만여 명은 세차게 달리어 죽음을 무릅쓰고 앞다투어 30여 리나 추격해 왔다. 그들은 많고 우리는 적으니 아군은 힘이 빠져 넘어지고 자빠지며 허둥거리다 본진에 돌아왔다.[16]

　그런데 이 기록에는 22일 아침에 이학승이 출동한 것으로 되어 있으나 돌아온 날짜는 23일 땅거미가 진 후라고 하였다. 결국 23일에 전투가 벌어진 것으로 되어 있으나 『난파유고』에는 22일에 전투가 있었던 것으로 기록하고 있다.[17] 전투 일자는 22일이 분명하며 23일이라 한 것은 오기라고 보여진다. 동학군은 관군이 법성포에 상륙한 지원군과 합류하느라 머뭇거리는 틈을 타서 24일 아침에 장성을 출발, 갈재蘆嶺를 넘어 정읍을 거쳐 태인으로 올라갔다. 25일에는 금구 원평에서 일박하고, 26일에는 모악산 서쪽 청도리를 넘어 전주 완산完山 앞 삼천三川에 진출하였다. 여기서 일박 하고 27일 아침에 전주성을 공격하기 시작하여, 하오 2시경에 무난히 점령하였다. 뒤따라오던 홍계훈 관군은 완산에 진을 치고 성중을 공격할 생각은 않고 이따금씩 대포만 쏘아대고 있었다.

고종과 민씨 일족은 청국에 원병을 요청하였다. 사태의 추이를 살피고 있던 일본은 청국군이 출동할 날짜와 일본군이 인천에 도착할 날짜까지 계산에 넣고, 대륙 침략을 위한 절호의 기회로 삼기 위해 즉각 병력 출동을 서둘렀다. 인천항에 상륙한 일본군은 먼저 서울을 점거하여 기선을 잡았다. 정부의 경솔한 청국 원병은 일본군을 수도 서울에 불러 들인 결과를 가져왔다.

당황한 정부는 일본군 철수책을 내놓았다. 즉 동학군과 화해하여 평정을 이루었으니 일본군은 물러가야 한다고 요청하는 방법을 생각하게 되었다. 4월 18일에 전라도 관찰사로 임명된 김학진은 삼례에서 정부의 지시를 받아 동학군과 관군 간에 화약이 이루어지도록 배후에서 활동하였다. 정석모鄭碩謨의 『갑오약기』에서는 김학진은 "입성하지 못하고 삼례역에서 관군과 동학군에 사람을 보내 정부의 명으로 화해케 하였다. 이에 동학군이 북문을 열고 나가자 관찰사와 관군이 입성하니 5월 8일이었다."[18]고 하였다.

일단 동학군이 전주성을 빠져 나가자 정부는 일본군의 철수를 주장하게 되었다. 그러나 일본은 이런 요구를 받아들일 생각보다는 강점할 의욕이 앞섰다. 북경 주재 러시아 공사 카지니가 일본 특명전권공사 대도大島와 만난 자리에서 일본군의 철수를 요구한 내용과 일본 측의 답변을 보면 일본의 의도가 잘 나타나 있다.[19] 즉 "지금 이 나라에 주재하는 귀국(일본)의 군대는 귀 공사관과 거류민을 보호하기 위해 온 것이라고 하지만, 남쪽 지방의 민란도 이미 평정되어서 오늘에 있어서는 오히려 귀국 군대의 한성 주재로 말미암아 민심이 동요되고 수만 명의 조선 사람이 도성을 버리고 피난가는 실정이니, 가능한 한 빨리 그 일부라도 귀국시켜 주시기 바란다.…귀국 군대가 이대로 오랫동안 이 나라에 주둔하면 청국도 역시 부득이 군대를 증파하지 않을 수 없게 되고, 그렇게 되면 곧 일본과 청국이 전쟁을 벌이게 될 것이다."고 하였다. 일본측은 "우리나라는 어민을 제외하고 3개 항과 경성에 1만 명에 가까운 거류민을 두고 있으며, 이 나라 외국 무역량의 과반을 우리나라 상인들이 취급하는 것과 관계가 있으므로, 이번의 민란이 평정되었더라도 향후 이들의 이익을 보호하기 위해서는 확실한 보장 조치를 취하지 않을 수 없다.…개혁안 5개 조를 제출하였고…약간의 위력을 과시하지 않고서는 좀처럼 쉽게 개혁을 단행할 것 같지 않다.…이 개혁안이 채택되지 않는 동안은 군대 철수는 응하지 않을 것이다."라고 하였다.

제각기 자기 고을로 돌아간 동학군들은 도소를 설치하고 포덕활동에 나섰다. 5월 24일자 일본 『시사신보時事新報』에는 "나주의 보고를 보면 5월 9일 적도 수백 명은 인근 무안에 모여 전곡을 약탈하며 여기저기서 난폭하게 행동하자 해당 수재는 다음 날 이민吏民을 끌고 가서 30명을 체포하고 그들로부터 서책과 녹권錄卷, 염주, 예물 등을 몰수하여 보내 왔다."[20]고 하였다. 당시 무안현감은 보은군수였던 이중익(李重益, 이해 4월에 부임)이었으며 동학군 도소 활동을 금하려고 한 것 같다. "전곡을 약탈하며 여기저기서 난폭하게 행동하였다."는 것은 일반 민중들의 전곡을 약탈한 것이 아니라 부자나 탐관오리의 집에 가서 전량錢糧을 내놓게 한 것이다.

2. 군·현에 동학 집강소

의외로 동학군의 요구를 받아들인 정부는 김학진으로 하여금 동학군들과 화해를 유지할 수 있도록 어느 정도의 재량권을 준 것 같다. 동학군과 화평을 모색하던 그는 면·리 단위 집강소를 설치하여 원정原情을 해결하기로 하였다. 그리하여 6월 7일에 각 군현 수재들에게 집강소를 차질 없이 설치 운영하라고 지시하였다. 김성규金星圭의 『초정집草亭集』에는 "너희들은 살고 있는 고을에 가서…의로운 사람을 집강으로 뽑아 위법자가 나타나면 포착하여 고을 수재와 상의해서 처리하라. 만일 집강이 전결하기 어려운 일은 관에 보고하면 법대로 포착할 것이다."[21]고 하였다.

당시 행정권이 군·현 수재에게 있었으므로 면·리 단위의 집강은 민정을 해결할 위치에 놓여 있지 않았다. 동학군은 대안으로서 군·현 단위의 집강소를 설치하여 줄 것을 강력히 요청하였다. 『갑오약력甲午略歷』에는 "6월에 관찰사가 전봉준 등을 감영에 초치하자…전봉준은 삼베옷에 메 산 자 관을 쓰고 의젓이 들어오니…관찰사는 관민 간에 상화相和할 방책을 의론하고 각 고을마다 집강을 설치하기로 허락하였다."[22] 한다. 『오하기문』 6월조에도 "순창군수 이성렬李聖烈은…김학진이 여러 번 공문을 보내 지금의 (동학과의) 화해 국면(撫局)을 깨뜨리지 말라 하여…어쩔 수 없이 아전과 백성들은 동학에 기탁하여 도소를 설치하고 집강을 배치하였다."[23]고 하였다.

전봉준과 김개남은 관찰사가 군·현 단위 집강소를 설치하기로 결정하자 각 고을 수재守宰들이 딴생각을 갖지 못하게끔 지방순회에 나섰다. 김개남은 6월 12일경부터 순창, 옥과, 담양, 창평, 동복, 낙안, 순천, 홍양, 곡성 등지를,[24] 전봉준은 6월 중순부터 장성, 담양, 순창, 옥과, 남원, 창평, 운봉 등지를 돌았다.[25] 결국 김개남은 좌도 지역을, 전봉준은 우도 지역을 맡아 혁명을 이끌어 가도록 합의하고 집강의 활동을 강력히 지원하기 위하여 전주에 도집강소를 만들었다. 한편 전라 남동부 지역은 영호대접주 김인배를 순천에 보내어 지도하게 하였고, 남서부 지역은 무안의 배규인으로 하여금 지도하게 하였다.

전라도 남서부인 무안, 해남, 진도 지역은 결국 배규인이 이끌어가게 되었다. 이 지역에서 활동한 지도자들을 보면 대략 다음과 같다. 무안務安지역은 다른 지역보다 많은 인물들이 나서서 활동하였다. 『천도교회사초고天道敎會史草稿』 갑오년조에는 배규인裵奎仁, 배규찬(裵奎贊, 배규인의 弟), 송관호宋寬浩, 임운홍林雲洪, 정경택鄭敬澤, 박연교朴淵敎, 노영학魯榮學, 노윤하魯允夏, 박인화朴仁和, 송두욱宋斗旭, 김행로金行魯, 이민홍李敏弘, 임춘경林春景, 이동근李東根, 김응문金應文 등을 대표적인 인물로 꼽고 있다. 그리고 『전라도소착소획동도성책全羅道所捉所獲東徒成册』에는 배정규裵正圭 · 박순서朴順西 · 김자문金子文 · 정여삼鄭汝三 · 김여정金汝正 · 장용진張用辰 · 조덕근趙德根 등이 기록되어 있으며, 오지영의 『동학사』에는 박기운朴琪雲 · 송두옥宋斗玉이 추가되어 있다. 그리고 9월 재기포 때에는 "배규인은 2천 군을 거느리고 무안에서 일어났다." 하였다. 『동학란기록』(하) 「죄인록」에는 박정환朴正煥이 접주로 활동하였다고 했다.

해남海南지역도 다른 지역에 못지않게 많은 인물들이 앞장서서 활동하였다. 『천도교회사초고』에는 김도일金道一 · 김춘두金春斗가 기록되어 있으며, 『동학사』에는 9월 기포 때에 김병태金炳泰가 3천 군을 거느리고 해남에서 일어났다[26]고 하였다. 『순무선봉진등록(巡撫先鋒陣謄錄)』 제5에는 김신영金信榮, 백장안白長安, 전유희全由禧, 윤주헌尹周憲, 김형金泂, 박인생朴仁生, 김순오金順五, 박익현朴益賢, 이은좌李銀佐, 김숙국金叔國, 박헌철朴憲徹, 김춘인金春仁, 장극서張克瑞, 이중호李重鎬, 임제환林濟煥, 최원규崔元圭, 윤규룡尹奎龍 등이 기록되어 있다. 『동학란기록』(하) 「죄인록」에는 강준호姜準浩 접주의 이름이 보이고, 『동학란기록』 「선봉진각읍료발관급감결先鋒陣各邑了發關及甘結」에는 박창회朴昌會, 김동열金東說, 정채호鄭采鎬, 강서옥姜瑞玉, 강점암姜点岩, 성신인成臣仁, 남처성南處成[27] 등이 추가되어 있다.

진도珍島지역의 대표적 인물은 김광윤金光允, 나치현羅致炫, 나봉익羅奉益, 양순달梁順達, 허영재許暎才[28]를 위시하여 김수종金秀宗, 손행권孫行權, 박중진朴仲辰[29] 등이다. 『동학란기록』(하)「죄인록」에는 김중야金仲也가 기록되어 있다. 그리고 『순무선봉진등록』제7에는 이방현李方鉉, 김윤선金允善, 주영백朱永白, 김대욱金大旭, 서기택徐奇宅이 기록되어 있다.

이상은 교중 기록과 관측 기록에 나타난 지도자들로서, 누락된 인물이 오히려 많을 것이다. 이 중 각 군·현의 대표적 인물을 보면 무안의 배규인은 단연 이 지역에서 으뜸가는 지도자이다. 앞서 본 바와 같이 『순무선봉진등록』에 배규인은 호남하도거괴湖南下道巨魁라고 하였고 "무안, 장흥 등지의 비괴들은 서로 왕래하였다."[30]고 하여 배규인은 장흥, 강진, 영암, 해남, 진도 지역을 왕래하면서 중요한 역할을 하였던 것으로 보인다. 해남현은 지형이 동서로 길게 펼쳐져 있어 서쪽 남리지역은 김신영이 대표적인 인물이었고,[31] 동쪽은 김춘두金春斗가 대표적인 인물이었다.[32] 『천도교회월보』환원란에는 김병태가 김도일로부터 입도한 것으로 되어 있으며, 김병태의 환원을 간단하게 기록한 것으로 미루어 대표적인 인물은 아니었던 것 같다.

끝으로 진도지역의 대표적인 지도자는 조도鳥島의 박중진朴仲辰과 본도의 손행권을 들 수 있으나 분명치는 않다. 아마도 의신면 만길의 나봉익일지도 모른다. 진도 성내리에 사는 향토사가 박주언朴桂彦은 "관군과 일본군이 들어오자 일부 동학군들은 의신면에서 배를 타고 제주도로 피신하였다는 이야기가 있다."고 하였다. 나봉익은 제주 양씨인 양순달과 같이 배를 타고 제주도로 피신한 것으로 보이는데 좀 더 조사하여 보아야 할 것이다.

전라도 서남부 지역의 초기 동학 집강소(또는 都所)는 큰 말썽 없이 운영되었다. 무안에서는 이미 4월 16일경에 전봉준 동학군이 점령하였고 18일에는 배규인 대접주가 7-8천 명을 동원하여 들어왔으므로 관이나 보수세력들은 별다른 저항을 보이지 않았다.[33] 1994년에 간행한 『무안군사』에는 "동학군이 들어와 이방 박병길朴炳吉을 체포하려 하자 나주로 피신하여 그의 사랑채만 불태웠다."[34]고 하였다. 동학군은 박병길을 악질 관리로 지목하였으나 피신하여 사랑채만 불지른 것으로 보인다.

배규인 대접주는 집강소 설치에 앞서 목포진木浦鎭을 공격하여 무기를 거둔 다음 무안으로 올라왔다. 『순무선봉진등록』의 목포 만호萬戶 보고에 의하면 "지난 6월에 전 만호가 있을 때 동학의 무리 수천이 본진에 돌입하여 달려와서 군기를 몽땅 약탈하여 갔다."[35]고 하였다. 전투한 흔적이 없는 것으로 보아 전 만호는 동학군에게 무기를 순순히 내어주고 약탈당했다고 보고한 것 같다. 집강소는 무안읍에서 10리가량 남쪽에 떨어져 있는 청계면 청천리淸川里에 설치하였다. 『무안군사』에는 "청계면 청천리에 집강소를 설치하고 각 지방에 접주를 두어 본격적인 포교 활동을 했다."고 하였다.[36]

무안군수였던 이중익도 동학군에 매우 협조적이었던 것으로 보인다. 『일성록』에 의하면 이해 8월 25일자에 의금사義禁司에서 공납 전곡을 지키지 못했다는 죄목으로 무안현감 이중익을 전라도 관찰사에게 압상押上하라고 명을 내린 바 있다.[37] 당시 상황으로 보아 이중익 현감은 공납 전곡을 동학군에게 내어주고 역시 동학군에게 약탈당했다고 보고했던 것 같다. 이중익은 1894년 4월에 현감으로 부임하여 9월까지 재임 기간 중 동학군과 별다른 마찰 없이 지냈다. 10월에 전봉준 장군이 일본군을 물리치기 위해 재기포할 때 전라도 일대의 동학군 집강소를 통해 많은 군량미와 군수전軍需錢을 거두었다. 여기서부터 갈등이 시작되었고 10월에 이응식李膺植 현감이 새로 부임하면서 대립하기에 이르렀다.

해남에서는 집강소 설치가 순조로웠을 뿐만 아니라 그 이후의 활동도 순조로웠다. 『도인경과내력道人經過來歷』에 보면 "금 6월 12일에 동학군 20인이, 17일에는 2천여 인이, 23일에는 30여 인이, 29일에는 60여 인이, 7월 초3일에는 2백여 인이, 초8일에는 2백여 인이, 16일에는 2천2백여 인이, 전후로 지나간 인원은 4천7백여 인이었으며 각기 창과 총검을 가지고 입성하여 쏘아대니 기세가 위태롭고 두려웠다."[38]고 하였다.

동학군이 6월 12일에는 현감을 찾아가 집강소 설치 문제를 의논한 것으로 보이며, 17일에는 집강소를 설치하는 한편 보수 세력들에게 위압감을 주기 위해 2천여 명을 동원하여 시위를 벌인 것으로 보인다. 집강執綱은 김춘두가 맡았을 것으로 보인다. 김춘두는 해남읍내 사람이며 많은 동학군을 거느리고 있었다. 그리고 집강소는 읍내 남동南洞에 설치하였다고 전한다.

7월 16일에 2천2백여 명의 동학군을 모이게 한 것은 7월 5일 나주성 공격에 실패한 이후 일부 보수 세력들의 움직임이 심상치 않자 이들의 기세를 제압하기 위한 시위 행위로 보인다. 그리고 이날 동학군은 수성군이 무장을 못하게 "무기고에서 조총 25자루와 천보총 6자루, 환도 3자루, 화약 5두, 연환 1천 개를 거두어 갔다."[39]고 한다. 한편 해남 동학군은 집강소 활동을 통해 하층 민중들의 생활고를 극진히 살펴준 것 같다. 즉 『도인경과내력』에 의하면 "윤병사 소봉所捧 4천3백 냥 중에서 1천1백1십 냥을 민간에 나누어 주었고, 5백 냥은 관노사령(奴令)과 각청 남녀 종과 고인鼓人(工人)들에게 나누어주었다."고 한다.[40] 그리고 동학도인들에게 "제공하는 공찬供饌 비용은 6천4백82냥 9전 4푼이 소용되었는데 그중 1천 냥은 관아에서 부담하고 나머지는 각 면의 요호饒戶들에게 배정하여 거두었다."[41]고 하였다.

그러나 진도에서는 집강소 설치 이후 문제가 있었던 것 같다. 6월 중순경에 동학 집강소가 처음 설치될 때에는 관찰사의 명령에 따라 눈치만 보고 있던 보수 세력들이 민종렬이 버티고 있는 나주에서 동학군이 엄청난 병력으로 공격했으나 수성군이 이를 물리쳤다는 소식을 듣자 동학군을 상대하려

하지 않았으며 여러 면에서 비협조적으로 바뀌었다.

　동학 지도부는 대책을 강구한 끝에 다른 지역 동학군을 불러들여 보수 세력을 제압하기로 하였다. 즉 해남, 무안, 그리고 멀리 손화중 관내인 영광과 무장지역 동학군들과 교섭하여 보수 세력을 제압하기로 하였던 것이다. 『순무선봉진등록』에는 "금년 7월에 본부 조도면鳥道面 적괴 박중진이 영광과 무장 등지에서 무리를 모아 배를 타고 내침, 성을 공략하고 살해하고 재물을 노략질하였으며 군기도 약탈하고 마을에 계속 머물면서 불을 지르고 가산을 부수며 백성의 재물을 겁탈하였다."[42]고 하였다. 손화중 대접주를 찾아가 지원을 요청한 결과 제대로 무장한 많은 동학군을 배편으로 데리고 올 수 있었던 것 같다. 이들의 식량을 확보하기 위하여 부민이나 악질 관리배들의 전곡을 강제로 거둔 것 같다. 『천도교회월보』에 의하면 무안, 영암, 해남의 동학군들도 진도성 공격에 참가한 것이 분명하다.[43]

　당시 군수는 이희승李熙昇[44]이라는 자였는데 동학군의 힘에 놀라 어디론가 떠나가 버렸고, 행정 공백이 생기자 동학 집강소는 굶주린 백성을 위해 힘을 기울여야 했다. 후임 군수가 부임한 것은 9월 18일이었으며 식량 사정이 극에 이른 데 대해 "거듭 흉년이 들게(荐歉) 된 것은 오로지 동학이 창궐했기 때문이다.…거의 백성들은 부황으로 누렇게 뜨고 창자는 비어 있으니 수직守直하기가 불가능했다."[45]고 하였다. 진도 동학 집강소는 해산물을 싣고 해남이나 무안 등지로 가서 그곳 동학도소와 교섭하여 식량을 교환하여 죽이라도 쑤어 먹게 하였을 것이다. 부안 대접주 김낙철金洛喆의 기록인 『용암성도사역사龍菴誠道師歷史』에도 이런 사례를 찾아 볼 수 있다.[46]

　여기서 진도에 동학이 들어온 경위를 잠시 살펴보면 나주 연원淵源의 접사接司인 나치현에 의해 의신면義新面에 처음으로 전도되었다. 『진도종리원연혁』은 1892년 1월에 "나주접사 나치현 씨께서 무슨 봇짐 하나를 짊어지고…본군 의신면 만길리를 들어섰다. 첫 번 만나기는 나봉익, 양순달 양씨였다.…얼마 동안 지내노라니…인내천, 포덕천하, 광제창생, 보국안민이라는 법설을 끌어내자…두 분은 그만 승낙하고 입도하였다.…얼마 아니 가서 한 사람 두 사람 늘기 시작하여…포덕34년(1893) 계사 2월에 보은 장내리 집회에 나치환, 나봉익, 양순달, 이문규, 허영재 제씨가 참석하였다."고 하였다.

이로부터 진도에는 동학도인이 늘어났으며 동학혁명이 일어나자 더욱 늘어나 의신면義新面과 고군내면古郡內面, 조도면鳥島面, 진도면珍島面이 가장 많았던 것으로 전해진다. 의신면 만길晩吉과 원두寵頭는 나주 나씨와 제주 양씨들이 사는 집성촌이었다. 여기에 최초로 입도한 나봉익과 양순달이 살고 있었으며 마을 인근 사람들은 모두 동학을 신봉하고 있었다 한다. 이들은 또한 진도에서도 알려진 부자 마을이었다 한다.[47] 아마도 의신면 동학군들이 진도 동학군을 이끌어 갔던 것으로 보여진다.

『순무선봉진등록』의 진도도호부사 보고에 의하면 "고군내면 내동리에 사는 손행권은 금년 7월에 소란을 겁내어 해남으로 도피하였다가 잠시 후에 집으로 돌아왔다. 동면 석현리 사는 김수종은 손행권으로부터 사도邪道에 물들어 집에 들어앉아 주문呪文 읽는 것을 일과로 삼았다."[48]고 하였다. 손행권은 동학 집강소가 설치된 후인 7월에 남해로 건너가 그곳 동학군들의 활동을 살펴보고 왔다. 이로부터 포덕에 나섰으며 석현리 사는 김종수는 동학에 입도하여 집에 들어앉아 동학 주문을 읽는 것을 일과로 삼았다.

이상 3개 군의 초기 집강소 활동은 대체로 무난하였음을 알 수 있다. 그러나 동학군이 일본 침략군을 몰아내기 위해 재기포한 9월 기포 이후에는 보수 세력의 저항을 받기 시작하여 그들과 대립이 심화되었고, 결국 관군과 일본군이 출동하면서 사태는 뒤바뀌었다. 특히 12월에 이르러 무안, 해남, 진도의 동학군들은 민보군과 관군의 엄청난 학살행위로 피를 흘리게 되었다.

3. 일본군 몰아내려 재기포

8월 25일 김개남 장군은 남원에서 대회를 열었다. 6만여 명이 동원된 이 대회에서는 일본 침략군을 몰아내기 위해 재기포再起包할 것을 다짐하였다. 『갑오실기』 9월조에 의하면 김학진은 장계에서 "남원부에 모인 비도는 5-6만이며 각기 병기를 갖고 밤낮으로 날뛴다. 금구에 모인 무리들도 이미 귀화했다가 어긋난 행실로 돌아섰다.", "근일 비도들이 점차 늘어나니 이는 전에 없었던 변으로, 임금님의 명령에 항거하며 의병義兵이라 칭하니 가히 이를 용서할 수 있으랴."[49]고 하였다.

동학군은 9월부터 장정들을 모집하고 군수전과 군량미 및 군수품 마련에 온 힘을 기울였다. 9월 22일에 김학진 감사가 물러나고 23일자로 홍주목사 이승우李勝宇가 발령[50]되면서 동학군과 관은 대립하게 되었다. 호서지역에서도 동학군들이 속속 기포하자 10월 6일자로 이승우를 홍주목사로 다시 임명하고 이도재李道宰를 전라감사 대리로 임명하였다.[51] 이로부터 일본 침략군과 정부군, 수성군이 합동으로 동학군을 공격하기 시작하였다.

나주의 민종렬은 일본군과 관군이 내려온다는 소식을 듣고 10월 들어 초토사로 임명받자[52] 초토영을 설치하고 병력을 보강하였다.[53] 이러한 상황이 전개되자 전라도 남서부 지역에서 가장 먼저 반응한 곳은 진도군이었다. 『순무선봉진등록』에 보면 "10월 10일…민정 1천3백22명을 모아…우수영과 힘을 합쳐 남북에 걸쳐 방비하도록 하고, 첫째로 무안지역의 사포진에 대처케 하고 두 번째는 영문과 좁은 출입구를 잘 지키도록 하였다."[54]고 한다.

일본군과 관군은 여러 방면에서 동학군을 압박하게 되었다. 11월 11일에 공주성을 공격하던 전봉준 동학군이 일본군의 월등한 무기 앞에 여지없이 무너지자 전 동학군은 동요하기 시작하였다. 이틀 뒤인 11월 13일에는 청주성을 공격하던 김개남 동학군도 일본군의 월등한 무기 체제에 패배하여 무너지게 되었다. 그러자 각지 보수 세력들은 도처에서 일어났다.

전라우도에 속하는 동학군은 반기를 드는 지역의 보수 세력을 먼저 공격하는 전략으로 들어갔다. 이 지역에서 반기를 든 군현은 나주와 장흥, 강진, 병영을 꼽을 수 있다. 무안·남해·진도 동학군들은 일본군과 정부군이 내려오기 전에 나주성을 공격하자는 손화중·최경선·오권선 휘하 동학군, 그리고 함평의 이화삼李化三의 뜻에 따라 고막원 일대로 출동하게 되었다. 나주성 공격 전략은 북쪽에서 손화중·최경선·오권선의 동학군, 함평 일부 동학군들이 내리 공격하고, 무안·해남·영암·함평 일부와 강진·장흥 동학군들은 고막원古幕院에 모였다가 남쪽에서 올려 공격하기로 하였다.

무안, 해남, 진도, 함평, 영암, 강진, 장흥 동학군들은 당초의 약속대로 나주 서쪽 30리 지점인 고막포(古幕浦, 咸平郡 鶴橋面 古幕里)와 고막원(古幕院, 羅州郡 文平面 玉堂里) 일대에 11월 15일경에 집결하였다. 『금성정의록』에는 "무안군 고막포 등지에 적이 5-6만이나 모여 있었다. 이들은 서쪽 5개 면에 침입하여 약탈하며 이미 진등참長嶝站에 이르러 나주를 공략한다고 큰소리를 치고 있었다."[55]고 하였다. 이 소식을 접한 나주목사 민종렬은 북면 용진산에 출동한 수성군을 급히 불러들였다.[56] 그리고 전주에 내려와 있는 일본군에게도 지원을 요청했다. 『동학당정토약기』에 보면 "나주에 있는 초토사 민종렬이 구원해 주기를 여러 번 청해 왔으나 태인과 기타 지역의 비도를 소탕해야 하므로 다만 회답만을 해 주고 말았다."고 하였다.[57]

석현石峴전투와 선암仙巖전투, 용진산聳珍山전투를 통해 동학군의 약점을 잘 알고 있는 민종렬은 천보총과 대포로 무장한 포군 3백 명을 출동시켜 선제공격을 명령하였다. 11월 17일(양12.13) 점심 후에 수성군은 나주를 떠나 20리 지점인 자지재(紫芝峴, 多侍面 佳雲里)에 이르러 날이 저물자 새꼴장(草洞,

多侍面 永洞里)으로 넘어가 유진하였다. 때마침 전왕田旺·지량知良·상곡上谷 등 3개 면 민병 2천여 명이 당도하여 힘을 보탰다. 이 민병들은 관군의 후위에 배치되었고 "기세만 올리되 함부로 움직이지 말라."고 엄명을 받았다.

18일 아침 동학군은 고막원(文平面 山湖里, 現 古幕院驛) 동쪽 청림산(青林山, 多侍面 文洞里) 일대와 호장산(虎壯山, 虎長山, 多侍面 松村里), 그리고 진등참(多侍面 동곡리, 文洞里) 일대에 포진하고 있었다. 전투는 수성군의 선제공격으로 시작되었다. 수성군은 대포를 쏘아 산에 있던 동학군들을 들판으로 내려오게 한 다음 공격에 나섰다. 동학군은 수다水多와 진등 일대에서 숲을 방불할 만큼 깃발을 날리며 위세를 떨쳤다. 전투가 개시되자 사면에서 불길이 오르고 포성은 천지를 진동시켰다.[58]

수적으로 월등한 동학군은 처음에는 기세가 등등하였으나 조총과 시석矢石으로 무장한 이들은 관군을 대적한 지 얼마 안 지나 적수가 되지 못했다. 수성군은 시석과 조총이 미치지 않는 거리에서 대포와 천보소총으로 공격하니 동학군은 점점 사상자가 늘어났다.[59] 1시간쯤 지나 동학군은 5리 가량 밀려 고막교를 건너 함평군 학교면 고막리로 후퇴하고 말았다. 추격해 오던 수성군은 유인작전에 말려들까 두려워 철수하였다. 전투는 일단 여기서 중단되었고 밤이 되자 대오를 정비한 동학군은 수성군을 공격하러 나섰다. 지형이 불리한 수성군은 고막원 뒤편 호장산 언덕으로 후퇴하였다.

이날 밤 민종렬은 별안간 수성군에게 회군하라고 명령을 내렸다. 북면 동학군 1만여 명이 나주로 쳐들어온다는 정보를 입수하고 불러들인 것이다. 밤중에 병력을 이동하는 것이 위험하여 19일[60] 정오경에 나주로 돌아왔다. 다시 면은 3개 면에서 강제로 동원한 민병들만 남아 지키도록 하였다. 고막포로 후퇴하였던 동학군은 수성군이 철수하자 11월 19일부터 식량을 확보하기 위해 서창西倉으로 가서 세곡을 거두어 들였다.[61] 민종렬은 북쪽 동학군이 움직이지 않자 20일 밤에 포군 50명을 고막포 쪽으로 다시 출동시켜 민병과 합류하게 하였다. 21일에는 도통장 정석진과 도위장 손상문이 포군 3백 명을 이끌고 뒤따라 와서 합류하였다.[62]

『난파유고』에는 수성군이 당도하자 다시 전투가 벌어졌다고 하였다. "그러자 다시 동학군은 고막산 일대로 후퇴하여 완강히 저항하였다. 날이 저물자 대적하기가 어려워진 수성군은 약 5리 정도 뒤에 있는 호장산虎壯山으로 물러났다. 하루종일 물 한 모금 먹지 못한 수성군들은 쓰러질 지경이었다. 마을에서 주식을 얻어다 기갈을 면하게 하고 나서[63] 본진을 먼저 나주로 환군하도록 하였다.…도통장은 일부 병력을 호장산 후미진 곳에 매복하여 후퇴하는 병력을 엄호하다가 본진이 자지현에 이르자 안심하고 철수하였다."[64]

이 고막포 전투에서 역시 동학군은 많은 희생자를 내었으며 철수하는 수성군을 보고도 추격하지 못하였다. 『진도종리원연혁』에는 앞서 본 바와 같이 "나치현羅致炫 등 여러 지도자 등이 많은 동학군을 이끌고 고막포 전투에 참가하였다가 세가 불리하여 후퇴하였으며 이 전투에서 나치현이 수성군에 체포되어 학살당하였다."[65]고 하였다. 동학군은 당초 북쪽과 서쪽에서 협공한다는 작전을 세웠으나 명령 체계가 제대로 이루어지지 못해 작전계획에 차질이 생겨 패전하고 말았다.

『무안군사務安郡史』에는 "무안의 일서면(一西面, 현 청계면) 접주 박치상朴致相은 나주 공격전에 참여했다가 우퇴부에 총상을 입고 돌아와 퇴비더미 속에 숨어 지내다 간신히 살아남았다."고 했다. 몽탄면 접주 김응문金應文도 고막원전투에 참가했다가 후퇴하여 함평 엄다리에 숨어 있던 중 체포되어 12월 8일에 화형을 받고 순도하였다 했다. 같은 마을 동지였던 김효구·김덕구·김영구도 체포되어 12월 12일에 처형되었고, 김성권도 체포되어 심한 고문을 받아 그 장독으로 죽었다 했다. 그리고 해제면 석용리의 김장현 삼형

제도 나주 공격에 참여했다가 해산된 후 일본군에 체포되자 자결하였다 했다.

나주성 공격에 실패한 동학군은 장흥의 동학군이 금구金溝서 내려온 김방서金邦瑞 동학군과 능주 및 동복 동학군이 연합하여 12월 4일에 벽사碧沙를, 5일에 장녕성長寧城을 점령하고 7일에는 강진성을, 10일에는 병영兵營을 점령하였다는 소식을 듣고 사기가 회복되었다. 장흥·강진·병영전투를 보면 12월 4일 새벽(8시경)에 동학군은 처음으로 함성을 지르며 벽사역관을 공격하였다. 어지럽게 포를 쏘고 함성을 지르며 공격하자 역졸들은 이미 도망갔으므로 동학군은 단숨에 점령하여 버렸다.[66] 『장흥부사순절기』에는 "4일에 벽사역 공해와 민가는 적들의 화포로 모두 불에 타 재가 되었고, 불길과 연기는 하늘을 덮고 들을 메우니 사람들은 넋을 잃었다."[67]고 하였다.

장녕성은 서남쪽과 북쪽은 가파른 산으로 둘려 있고 동쪽이 터져 있지만 높은 목책을 쌓아 난공불락의 요새였다. 당시 장녕성을 지키던 수성군의 수는 1천여 명으로 추산된다. 박헌양은 성채가 견고하여 수성군이 분전만 하면 능히 방어할 수 있다고 믿었다. 그러나 벽사역이 떨어지자 "성안 백성들은 넋을 잃지 않은 이가 없었다."[68] 박헌양은 동문루에 올라 장병들을 격려하며 방어에 임하였다. 12월 5일 새벽 동학군은 어둠을 헤치고 장녕성을 동서남북으로 에워쌌다. 동이 트자 한 방의 포성을 신호로 함성을 지르며 성벽에 달라붙었다. 제일 먼저 북문(連山里 소재) 쪽이 함락되자 동학군은 사방에서 성을 타고 넘어갔다. 당황한 수성군은 달아나기에 바빴고 이 광경을 본 박헌양은 문루에서 내려와 동헌으로 들어갔다. 1시간 만에 장녕성은 동학군의 수중에 들어갔다.[69]

12월 6일에 동학군은 하오 2시경에 강진으로 출발하였다. 새로 부임한 강진현감 이규하李奎夏는 장흥이 함락되었다는 보고를 받자 급한 나머지 6일 새벽에 병영으로 달려가 원병을 요청하였다. 서병무 병사가 난색을 표하자 나주로 달려가 청병하였다. 역시 상부의 허가를 받아야 한다며 어렵다고 하였다. 강진현 관민들은 동학군이 밀려오자 우왕좌왕하며 혼란에 빠졌다. 수적으로 우세한 동학군은 8시경에 안개를 이용하여 성밑까지 다가갔다. 포성이 울리자 백성과 병졸들은 도망치기 시작하였고[70] 전투는 1시간 만에 끝나 읍성은 동학군의 수중에 들어갔다.

다음은 병마절도사가 있는 병영兵營 공격이었는데 성 둘레에는 목책이 단단하게 설치되어 있으며 병력도 6백 명 정도였으므로 장흥과 강진처럼 간단치 않았다. 동학군에게 유리한 점이 있다면 병영 군사들이 사기가 떨어져 싸울 의욕이 없었다는 것이 한가닥 희망이었다. 박기현의 『일사』에는 "수성군 거의가 겁에 질려 어찌할 줄을 모르고 있었다.…군무에 무능한 병사도…뒷전에 물러나 있으니 수성할 대책이 없었다."[71]고 하였다. 동학군이 공격하자 모두가 도망치기에 바빴다. 『오하기문』은 "서병무가 크게 놀라 소매 좁은 두루마기 차림으로 해 가리개를 쓰고 옥로(玉鷺, 갓 머리의 옥장식)는 떼어 감추고 인부印符는 가슴에 품고 짚신을 신고 피난민과 섞여 성을 빠져나가 영암으로 달아났다."[72]고 하였다.

이처럼 장흥 동학군이 대승을 거두자 전라도 남서부 지역 동학군들은 사기가 저절로 충천했다. 내려오는 일본군과 관군을 맞아 결전하려면 장흥에서 결판을 내야 한다고 합의가 이루어졌다. 인근 동학군들은 장흥 동학군의 집결지인 남면(용산면) 어산語山으로 모여들었다. 이곳은 장흥 남동부 20리 지점에 있으며 강진 동부(칠량, 대구, 마량)가 연결되어 있는 지역으로 지방 동학도가 많아 수만 명이 숙식할 수 있는 곳이다.

영암·해남 동학군들도 벽사와 장흥·강진이 함락되자 천여 명이 기포하여 관아 공격을 준비하고 있었다. 『순무선봉진등록』에는 "7일에 강진을 연달아 함락하자 그 여세가 더욱 창궐, 본읍(영암)도 침범하리라 하니, 성중 이민吏民이 힘을 합쳐 주야로 방비에 힘을 기울이고 있으나 중과衆寡의 세가 커서 걱정이 많다."[73]고 하였다. 해남 동학군들도 병영이 함락되자 크게 고무되어 수천 명이 기포하였다.

무안지역 동학군들도 12월 8일에 수천 명의 동학군을 무안 삼향면 대월리大月里[74]에 집결시켰다. 『순무선봉진등록』에는 "12월 8일에 무안 경내 동학배들 수천 명이 대월리 앞에 모였다가 경군이 내려온다는 소식을 듣고 거의 해산하였다."[75]고 하였다. 12월 8일이면 동학군이 장흥을 수중에 넣은 뒤이며, 강진성이 떨어지던 날이다. 배규인 대접주는 경군과 일본군이 내려온다는 것을 벌써 알고 있었다. 싸워 보지도 못하고 해산하려면 무엇 때문에 수천 명을 집결시켰을까. 아마도 수백 명의 젊은 장정들을 추려서 장흥으로 가기 위해 모인 것이 아닌가 싶다.

한편 일본군은 벽사·장흥·강진·병영이 동학군 수중에 들어갔다는 급보를 받자 후비보병 독립제19연대 대대장인 미나미 고시로(南小四郎)[76]는 즉각 병력을 파견하였다. 일본군과 경군은 세 갈래(三路)로 강진을 향해 내려가도록 하였다. 『동학당정토약기』에는 "3개 지대 중 우측 지대는 강진에서 비도와 싸우느라 약간 늦어졌다."[77]고 하였다. 전투지가 강진 어디였는지는 기록이 없다. 동원된 병력은 경병 약 120명과 일본군 약 250명으로 모두 370명 정도였다고 추산된다.[78]

병영에서 철수한 이인환·이방언 동학군은 남면 어산촌에 주둔하였고 나머지 소수 병력은 장흥 남문 밖 건산 모정등茅征嶝에 주둔하고 있었다. 어산촌 묵촌은 이방언 대접주가 살던 곳이었다. 다른 지역 동학군들도 속속 모여들었다. 처음 전투는 장흥에서 벌어졌다. 황수옥에 의하면 12일에 장흥으로 와서 하루를 자고 13일 새벽에 일본군과 힘을 합쳐 (남문 밖에 있는 동학군을)

몇 차례 공격하자 적들은 흩어졌다고 하였다. 동학혁명 중 최후 전투라 할 수 있는 장흥 지역 전투는 13일에 막이 오른 것이다. 뒤이어 15일에는 석대 벌 전투, 17일에는 옥산촌 전투로 이어지면서 일본군의 야만적 살인 행위가 시작되었다.

『순무선봉진등록』에는 "13일 새벽에 적세를 탐지하니 남문 밖에 수천 명이 집결해 있었다. 일본군과 본영 병정 30명이 합세하여 공격하니 수합數合이 못 되어 적은 사방으로 달아났다. 세차게 추격하여 20여 명을 포살하니 나머지는 죽을힘을 다해 달아나 다시는 나타나지 않았다."[79]고 하였다. 장흥에 주둔하였던 일부 동학군은 화력이 약해 제대로 싸워 보지도 못하고 남면 어산촌 본진으로 후퇴한 것이다.

어산촌에 집결한 동학군은 여러 지역에서 모여 약 3만 명은 넘었을 것으로 본다. 이인환·이방언 대접주와 인근에서 참여한 쟁쟁한 동학 지도부는 여러 대책을 검토한 끝에 15일 새벽에 일본군을 선제 공격하기로 하였다.[80] 『순무선봉진등록』이진호 교도대장 보고에 의하면 12월 15일에 동학군은 일본군과 관군을 포위하고 맹공을 퍼부었으나 때마침 시라키 세이타로(白木誠太郎) 중위가 일본군 지원부대를 끌고 오자 역습을 받고 석대벌로 밀리면서 자울재에 이르기까지 많은 동학군이 사살되었다고 한다.

> 15일…장흥에 도착하여…부대를 주둔시키고 잠시 휴식하고 있었는데 뜻밖에 비류 3만 명이 봉우리 아래에서부터 북쪽 골짜기 주봉에 이르도록 만산편야滿山遍野 수십 리에 걸쳐 봉우리마다 수목 사이에 깃발을 줄줄이 꽂고, 함성을 지르고 포를 쏘며 충살衝殺코자 날뛰는 기세가 대단하였다. 그러자 주민들은 허둥대며 어찌할 줄 몰라 분주하였다. 일본군 중위와 상의하여 통위병 30명(백낙중--필자 주)으로 주봉의 적을 물리치게 하고, 본대 병

정은 일본군과 같이 성 모퉁이에 있는 죽림에 잠복하였다. 그리고 먼저 민병 30명을 출동시켜 싸우게 하여 들판으로 유인해 낸 다음 충성을 떨치려는 병졸들을 두 갈래로 나누어 총을 쏘며 공격하자 잇달아 (동학군) 전열이 무너지므로 전진 또 전진하여 공격하니 포살자가 수백 명에 이르렀다. 노획물은 크고 작은 대포 4문과 회룡창 한 자루, 나머지는 활과 화살, 화약과 총탄 및 집기들이었으며 모두 태워 버렸다. 20리 지점인 자울재까지 추격하자 해는 서산에 걸려 있고 북풍 찬바람이 불어오고 병졸들은 허기진 기색이었다. 또한 남쪽을 바라보니 골짜기가 깊고 비스듬하게 구불구불한데다 대숲이 빽빽하여 잘못될 염려가 있어 곧 본진으로 철수하였다.[81]

성암 김재계의 증언에 의하면 12월 15일에 어산촌에 본진을 둔 "이인환·이방언은 보성, 장흥, 강진, 해남, 영암 각 군의 포包를 합하여…북상(나주)을 도모하던 중 정부군과 일본군이 장흥에 들어와 주둔했다는 소식을 듣고…수십만 동학군을 지휘하여 장흥읍으로 직충直衝하다가 석대벌(石臺坪)에서 결전을 벌였다."[82]고 하였다. 처음에는 자신만만했으나 일본군의 계략에 빠져 산림지대에서 평지로 나오게 되자 전세는 불리하게 뒤바뀌었다. 화력이 월등한 일본군과 경병은 동학군이 접근할 수 없는 거리에서 사격하니 당할 수가 없었다. 석대벌에서 송정리로, 다시 자울재로 옮기면서 약 4시간에 걸쳐 혈전을 벌였으나 동학군은 수백 명의 희생자를 내고 패하였다.

일본군과 경군은 날이 어둡자 추격을 포기하고 돌아갔다. 후퇴한 동학군은 장흥에서 남쪽 40리 지점인 고읍 대내장(竹川場, 玉山)까지 물러섰다. 4-5천 명이 집결하여 다시 결전을 벌이기로 하고 진을 쳤다. 일본군과 경군은 17일 오후에 나타났다. 『순무선봉진등록』에는 "17일…남면 40리 지점에 있는 대내장에 이르러 남쪽을 바라보니 왼쪽에는 바다가 펼쳐 있고 산천은 험준한데 어찌된 일인지 비류 4-5천 명이 모여 있으며 옥산 일대에도 진을 치고 있었다. 때로는 함성을 지르고 때로는 포를 쏘며 여전히 날뛰었다. 대오를 정돈하여 일제히 공격하니 적의 무리는 크게 패하여 포살자가 1백여 명이요 생포자가 20여 명이나 되었다. 그중 10여 명은 효유해서 방면하고 나머지는 포살하였다. 5리 남짓 쫓아가다가 때마침 풍설이 대작하고 황혼이 깔리며 밤이 되어 곧 돌아왔다."[83]고 하였다.

관산읍에 사는 손동옥孫東玉의 증언에 따르면 "동학군과 일본군은 고읍천을 사이에 두고 3-4시간 싸우다가 동학군이 패했다. 총소리에 놀란 옥산 주민들은 남쪽 뒷산으로 피신하자 온 산이 백산이 되었다. 일본군은 민간인에게 총격을 퍼부어 무고한 주민들이 사살되었다."[84] 한다. 동학군은 다시 패해 해남과 진도 쪽으로 물러서게 되었다. 장흥과 강진 출신 동학군 지도자들은 천관산과 여러 산중으로 숨어 들었으나 무안과 해남 지역에서 온 지도자들은 일단 해남과 진도 쪽으로 피신하게 되었다.[85]

12월 17일 대내장 전투 이후 완전히 해체된 동학군은 일본군의 학살 행위로 각지에서 많은 피를 흘리게 되었다. 일본군 현지 지휘자의 학살 행위가 아니라 일본 공사와 군 수뇌부가 결정한 학살 방침이었다. 『동학당정토기』에 의하면 "장흥·강진 부근 전투 이후로 많은 비도를 죽이는 방침을 취하였다. 이는 소관 한 사람의 생각으로 한 것이 아니라, 훗날에 재기할 가능성을 제거하기 위하여 다소 살벌하다는 느낌을 살지라도 그렇게 하라는 공사와 사령관의 명령이 있었기 때문이다.…장흥 근처에서는 인민을 협박하여 동학도에 가담시켰기 때문에 그 수가 실로 수백 명에 달하였다. 그래서 진짜 동학당은 잡히는 대로 죽여 버렸다."[86]고 하였다.

4. 동학군의 비참한 최후

일본군은 조선 침략에 장애가 되는 동학군을 철저히 수색하여 괴멸시킬 작전을 폈던 것이다. 한곳에 며칠씩 주둔하면서 민병들에게 색출하도록 강요하여 잡히는 대로 포살하게 하였다. 만일 동학도를 비호한 사실이 드러나면 엄중히 처단한다고 위협하자 민병들은 마을 단위로 밤낮을 가리지 않고 동학군 수색에 나섰다. 현지에서 처형한 동학군은 "해남 2백50명, 강진 3백20명, 장흥 3백 명, 나주 2백30명이고 기타 함평, 무안, 영암, 광주부, 능주부, 단양현, 순창현, 운봉현, 장성현, 영광, 무장 각지에서도 모두 30명 내지 50명 정도씩 잔적殘賊을 처형하였다."[87]고 하였다. 무안, 해남, 진도 세 고을 중 가장 많은 희생자를 낸 곳은 해남이었다. 무안, 해남, 진도 순으로 피해 상황을 살펴보면 다음과 같다.

무안지역에서는 동학군 활동이 대단했으나 희생자는 50명 정도에 그쳤다. 『선봉진각읍료발관급감결』에 의하면 "무안읍은 연안 구석 후미진 곳에 있어 교화의 덕택이 미치지 못하여 동학배가 창궐하자 압박받아 온 자는 요행이라 하였고 즐겨 따르는 자는 이제 시운을 탔다고 하며 거침없이 혼란스럽게 휩쓸려 평민으로서 물들지 않은 자가 없었다."[88]고 하였다.

『순무사정보첩』에 의하면 "무안은 비류의 소굴로서 거괴들도 많았다. 그래서 수성군을 설치하고 각 면의 민정民丁들과 힘을 모아 접주만 70여 명을 붙잡았으며 이 밖에 누망자漏網者도 많았다. 본관은 민원에 따라 30명을 처단하고 40명은 가두게 하였다. 거괴 중에는 배상옥과 배규찬 형제가 들어 있는데, 무안읍의 거괴일 뿐만 아니라 하도(전라도 서남) 연해읍에서는 괴수라고 칭해 왔으며, 김개남·전봉준·손화중·최경선에 견줄 만한 적괴였다. 상옥은 달아나 놓쳐 버리고 규찬만 잡아 가두었다가 군민을 모아 효수하면서 괴수 9명도 아울러 포살하였다. 그리고 수감한 모든 자들은 본현에서 경중을 가려 처리하여 보고하라고 명령하였다."고 하였다.[89]

또한 『전라도소착소획동도성책』에 의하면 "12월 8일에 접주인 배정규와 박순서를 체포하여 즉시 포살하고, 동당 서여칠 등 6명도 체포하여 경중을 가려 처분하도록 하였다. 9일에는 적당 19명을 잡아 그중 거괴인 김응문, 김자문, 정여삼, 김여정, 장용진, 조덕근은 심문을 마치자 죽여 버렸고, 나머지 12명은 경중을 가려 처분하라 하였다."[90] 한다. 접주급인 김응문, 김자문, 정여삼, 김여정, 장용진, 조덕근 등은 혹독한 고문으로 물고 당한 것이다.

간신히 피신했던 무안 대접주 배규인도 해남 남쪽 바닷가인 은소면(현 松旨面)에서 윤규룡이라는 자에게 붙잡혀 일본군에 넘겨졌다. 일본군 대위 마츠모토(松本保一)는 배규인을 12월 24일에 포살하고[91] 윤규룡에게는 1천 냥의 포상금을 주도록 하였다. 『갑오군공록』에도 윤규룡은 기재되었다. 『일본사관함등』에는 마츠모토 대위가 잡혀온 배규인의 당당한 품위를 보고 과연 거괴라고 하였다 한다. 그리고 배규인(相玉)의 동생인 배규찬(裵奎贊, 相五)은 무안 삼향면에서 오한수라는 자에게 체포되어 앞서와 같이 무안에서 포살당했다. 윤석호 청계면 접주도 체포되어 학살당했다 한다. 성암成菴 송두옥은 청계 상마리 사람으로 살아남아 훗날 천도교 활동을 하였으며, 노영학과 박인화도 살아 남아 후일 천도교 목포교구장을 지냈다 한다.

보수 세력들은 일본군과 관군이 동학도를 색출하여 체포하라는 명을 내리자 떼를 지어 다니면서 무고한 사람들을 동학도로 몰아 재물을 약탈하는 사례가 도처에서 일어났다. 하도 민폐가 심하여 관군마저 이런 일을 못하도록 금하기도 하였다. 『선봉진각읍료발관급감결』 12월 14일조에 의하면 "어제 행진하다 나주 삼향 민병들이 동학도를 잡는다고 10명, 1백 명씩 떼를 지어 연도에 널렸음을 보고 불러다 횡포로 시끄럽게 하지 말라고 엄중히 지시하였다.”[92]고 하였다.

다음은 해남지역을 살펴보면 일본군 기록에 동학군 2백50여 명을 살해했다 하였으므로 어느 곳보다 많은 희생자를 냈던 곳이다. 장흥전투와 대내장전투가 벌어지던 그때 해남 동학군 중 남리 대접주 김신영과 삼촌면 접주 백장안, 산림동(山林洞, 현 平活里) 교장 윤종무 등은 12월 16일에 1천여 명을 동원하여 우수영을 공격하려고 남리역에 모였다.[93] 그러나 관군이 도착하여 뜻을 이루지 못하고 말았다.

『일본사관함등』에 보면 “동학군은 여름부터 가을까지 3-4차례나 우수영에 출몰하였다 하며, 지금(12.17) 해남과 무안 등지 동학군들이 우수영을 점령코자 압박하고 있을 때 마침 본대가 도착하였다.…겉으로 보기에는 우수영이나 해남에는 동학군은 없으며 소위 우두머리들은 이미 도피하였다. 각 읍에서 붙잡지 못한 적도들은 연해의 여러 섬으로 숨어들었다.”고 하였다.[94]

『천도교회월보』는 “동학혁명이 일어났을 때 우수영에서 동학도 수백 명을 잡아 가두자 해남의 김병태는 수사인 이규항을 찾아가 설득하여 전원 석방시켰다 한다. 그리고 12월에는 수성군의 눈을 피해 밤중에 배를 타고 제주도로 건너가 절연지도에 숨었다가…동학도 10여 인을 만나 다시 배를 타고 진도의 구자도로 건너와 숨었다가 살아났다.” 하였다.[95]

우수영을 점령하지 못한 해남 대접주 김춘두를 비롯한 여러 접주와 무안과 북쪽에서 내려온 동학군들은 해남읍을 공격하기로 하였다. 이들은 18일 저녁부터 해남읍성 밖에 모여들었다. 그런데 19일 새벽에 통위영병이 당도하자 전투가 벌어져 8-9명의 전사자가 생기면서 해산하고 말았다.

『순무선봉진등록』에 따르면 통위영병이 “12월 18일 밤 축시(2-3시 사이) 경에 행군하여 해남현 근경에 이르러 적정을 탐문하여 보니 동학군 1천여 명이 성 외곽에 집결해 있었다. 2개 소대를 둘로 나누어 접근시키자 그들이 수 삼차 방포하며 저항하였다. 경군이 일제히 응사하며 공격하자 적도들은 사방으로 흩어져 달아났으며 8-9명이 사살되었다."[96]고 하였다. 하루만 빨리 공격했더라면 동학군은 해남성을 무난히 수중에 넣었을 것이다.

통위병정은 12월 19일에 해남에 들어왔으며 일본군은 21일과 22일에 들어왔다. 동학군은 사방으로 흩어졌으며 많은 인원이 산중이나 섬(海島)으로 피신하였다. 20일부터 동학군 색출에 들어가 모사였던 전유희와 남리역 대접주 김신영이 삼촌면(三寸面, 현 三山面)에서 지방민에게 체포되었으며, 접주 윤주헌과 교수(敎首, 敎授) 김동, 박인생도 체포되었다. 김신영과 윤주헌은 일단 해남읍에 가두었고 김동과 박인생은 즉시 포살하였다.[97] 또한 같은 날인 22일에 이도면 접주 김순오, 교장 박익현, 집강 이은좌, 별장 박사인, 교수 김하진 등 5명도 체포되었다.

이후 해남의 대표적 지도자인 대접주 김춘두와 김춘인 형제 그리고 백장안도 연달아 체포되었다. 즉 "12월 25일에는 본읍을 어지럽게 한 비도의 괴수 김춘두 형제와 화일면(花一面, 현 花山面)의 김만국, 박헌철 등을 잡아 일본군에 넘겼다."[98]고 한다. 김춘두는 해남 일해리(一海里, 현 南海邑 海里) 출신으로 해남의 대표적인 대접주였다. 중요 인물이라 일본군은 나주 대대에 이송하여 포살하고, 김춘인은 해남옥에 가두었다가 처형하였다.[99]

29일에는 현산면에서도 접사 장극서, 교수 이중호, 도집 임제환, 집강 최원규 등이 잡혔다. 녹산 산림동 접주인 김경재는 28일 포살되었고, 산림동 접사 박홍녕과 해남접사 강준호도 28일에 포살되었다. 25일에는 해남 녹산면(祿山面, 鹿山面) 수성군이 완도로 출동하여 군외면 불목리에서 해남 삼촌면 대접주 백장안을 밤중에 기습하여 체포하여 해남에 끌고 와 28일에 포살하였다. 백장안은 원래 삼촌면(현 三山面) 구림리에서 태어나 무과에 급제한 한량으로 1893년에 동학에 입도, 많은 포덕을 하여 삼산 · 비곡 · 현산 · 해남읍

남동리 지역의 접주로 활동하던 인물이었다.[100] 이 밖에 이름도 남기지 못하고 일본군과 관군에 붙잡혀 최후를 마친 동학군이 2백50여 명이나 된다.

끝으로 진도 동학군의 피해상황을 보면 『진도종리원연혁』에 의할 때 "당시 본군에서 관군에 학살당한 도인만도 무려 7-80명이었다."고 하였다. 일본군과 관군은 12월 26일에 진도에 상륙, 벽파진에서 일박 하고 27일에 읍으로 들어왔다. 이들은 동학군 활동이 없다는 것을 확인하고 4일 후인 30일에 해남 우수영(右水營, 門內面)으로 건너갔다.

『순무선봉진등록』에는 "본현 경내의 비도인 손행권, 김수종 양한을 체포한 경위는 이미 보고하여 자읍에서 처리하라는 명을 받았다. 더욱 탐색하여 이방현, 김윤선, 주영백, 김대욱, 서기택 등을 추가로 체포하여 아울러 잠시 가두고 조사 보고하려 하였는데 금월 26일에 경군 영관이 솔병하고 경내에 들어와 벽파 진참에서 일박 하고 다음날 27일 아침에 읍에 이르렀다. 본부의 수성군과 민정을 같이 파송하여 수감된 죄인을 차례로 취조한 후 손행권, 김윤선, 김대욱, 서기택 등을 처단하였다. 나머지는 모두 방면하여 생업에 힘쓰게 하였다."[101] 했다.

일본군과 관군이 들어 온 후에 동학군 지도자들인 손행권 등 7명이 희생되었다. 그러나 『진도종리원연혁』에서는 70여 명이 학살되었다 하였으므로 나머지 인원은 언제 학살했는지 알 수 없다. 일본군과 관군이 떠난 후 수성군이 저지른 것으로 보인다. 진도읍 성내리 박주언과 송현리 소문영(蘇文永, 1952)은 "동학군 30여 명이 수성군에 타살되어 남문 밖에 내버렸다가 썩은 냄새가 나서 솔계치(率溪峙, 샘골)에 내다 버렸다는 이야기가 있다."고 하였다. 『진도군지』(1976)에는 "조도면 출신인 박중진 등 50여 명을 잡다…수성군이 타살하여 읍의 서편 솔계치에 버렸다."고 하였다.

동학군 학살은 1895년 봄까지 계속되었으므로 무안, 해남, 진도 지역에서 학살된 동학군 수는 수천 명에 이를 것이다. 인간 존중의 삶의 틀을 이루기 위해, 침략자 일본군을 몰아내기 위해 의롭게 나섰던 동학군에게 정부와 유생들은 일본군과 손잡고 총칼과 몽둥이를 휘둘러 너무나 많은 목숨을 죽음으로 몰아갔다. 〈출처: 교사교리연구 제8호(포덕141년 10월)〉

전라도 나주지역 동학혁명운동

나주읍성의 남문인 남고문과 나주 시가
1894년 7월 5일부터 11월 24일까지 동학군의 공격을 받았던 나주시와 금성산

1. 머리말

　나주지역 동학군들은 전주성 점령 이후 5월 중순경에 나주로 돌아왔다. 이들은 나주 북쪽을 장악하고 동학 세상을 만들어 나갔으며 6월 중순에는 집강소를 설치하고 폐정을 개혁하려 하였다. 그러나 뜻밖에도 나주목사 민종렬이 반발하여 모든 계획은 좌절되었고, 11월까지 수성군과 대립하면서 싸움을 계속해야만 하였다.

　한때는 나주성을 공격도 하여 보고 한때는 협상도 하였으나 매번 헛수고로 돌아갔다. 6월 25일경 태인 · 정읍 동학군 수천 명을 모아 최경선[1] 대접주가 이끌고 나주로 내려와 7월 5일의 대공세를 처음으로 폈으나 실패하였고, 8월 13일에는 전봉준 장군이 민종렬을 직접 만나 협상을 벌였으나 역시 허사였다. 심지어 김학진 감사를 통해 민종렬을 파직시켰지만, 지방민의 완강한 반발로 이 계획도 성공하지 못했다.

　결국 나주를 점령하지 못한 동학군은 최경선이 이끄는 많은 동학군을 이곳에 주둔시켜야 했으며, 10월에는 손화중 대접주 휘하의 동학군까지 투입하여 북상 계획에 적지 않은 차질을 가져오게 하였다. 10월 하순부터 관군과 일본군이 출동하면서 나주 수성군은 오히려 역습으로 나왔다. 침산 전투, 용진산 전투, 고막포 전투 등 전후 6차례의 공방전이 있었으나 동학군 쪽이 점점 몰리게 되었다.

　11월 23일에 동학군은 나주성을 최후로 공격하기 위해 함박산까지 진격

했으나 무기도 턱없이 부족하였고 강추위까지 몰아쳐 제대로 전투 한번 못
해 보고 돌아오다가 도리어 수성군의 기습을 받고 무너지고 말았다. 나주지
역 혁명운동 과정에 대한 기록으로는 『금성정의록』[2]과 『난파유고』[3], 『동학
란기록』, 『주한일본공사관기록』, 『봉남일기』[4], 『오하기문』, 『용암성도사역
사』, 『천도교회사초고』, 『동학사』 등이 있다. 이 기록들을 바탕으로 이 지역
동학혁명의 전개 과정을 살펴보고자 한다.

2. 나주 동학군의 초기 활동

나주에 동학이 들어온 것은 1885년 전후로서 『천도교창건록』[5] 정광조 연
원 난에 보면 나주교인으로서 만암 강대설이라는 분이 있다. 그는 1885년에
입도하여 수접주를 지냈으며 동학혁명운동에 직접 참가하기도 하였다.[6] 이
밖에 많은 인사가 있었으나 기록이 망실되어 자세한 내력을 알 길이 없다.
동학 세력이 특히 많이 늘어난 것은 1892년과 1893년 이후였다.

공주와 삼례 교조신원운동을 계기로 민중들의 관심을 갖기 시작하였다.
『천도교창건사』에는 정정식과 이정헌 · 강해원이란 인물이 보이는데, 이들
은 공주와 삼례에서 교조신원운동이 일어났던 1892년 이후에 입도한 사람들
이다. 1894년 3월에 나주 동학군을 이끌고 전봉준 장군과 같이 백산에서 기
포한 지도자는 오중문(吳仲文, 勸善)과 전유창, 강대열, 전천옥, 김진선, 김진
욱 등이다.[7]

동학군이 나주성을 공격할 계획을 세운 것은 4월 16일(양5.20) 함평을 점령
한 다음의 일이다. 그러나 전봉준 장군은 나주성 공격 계획을 바꾸었다. 전
봉준 장군은 홍계훈이 이끄는 관군이 영광으로 내려오면 전주성을 공격할
뜻을 갖고 있었다. 그래서 전투를 피하고 특사를 보내 민종렬에게 혁명에 동

참하도록 권하였다. 『오하기문』에는 다음과 같이 기록하고 있다.

우리가 오늘 의거한 것은 위로 나라(임금의 은혜)에 보답하고 아래로 서민을 편안케 하기 위함이다. 여러 고을을 거치면서 탐관은 징벌하고 청렴한 관리는 상을 주고, 관의 폐단과 병통을 바로 고치며 연달아 나쁜 병폐를 영구히 바로잡아 없애려 했다.…우리의 본뜻은 이에 그칠 뿐이다. 어찌하여 너희 관사官司는 나라의 형편과 백성들의 실정을 생각지 않고 각 고을에서 군사를 움직여 공격하기를 위주하고, 살육을 위주하니 참으로 무슨 마음일까. 하는 짓을 생각하면 마땅히 맞서 싸워야 할 것이나, 무죄한 아전과 백성들이 다 함께 불타 죽는 것이 불쌍한 일이다.…이 뜻을 관사에게 고하여 각 고을에서 모집한 군대를 모두 놓아 보내어 집에 돌아가 농사짓게 하고, 감옥에 갇힌 죄수들을 즉시 풀어 주어 돌려보낸다면 우리는 그 고을에는 들어가지 않을 것이다. 한 임금의 백성으로서 어찌 공격할 뜻이 있겠는가? 가부간 속히 회답하여라.[8]

민종렬은 회답하기를 "명분 없는 거병은 법에 따라 마땅히 벌 줄 것이며, 도리가 아닌 말은 들으려 하지 않는다."며 거절하였다. 동학군 지도부는 격분하여 나주성을 공격하자고 하였으나 전봉준 장군은 기다리자고 만류하였다. 『금성정의록』에는 "함평에서…큰 것은 둘레가 열 아름이요, 길이가 10여 발이나 되는 '닭장태'를 여러 개 만들어 놓고 침입하려 하다가 민공의 답장을 보고 먹던 밥숟가락을 떨어뜨리고 혼이 빠져 북으로 돌아갔으며, '닭장태'도 가져갔다."[9]고 하였다.

함평에서 5일간을 체류하자 4월 21일(양5.25) 저녁 때에 영광으로부터 반가운 소식이 들려왔다. 홍계훈 관군이 법성포로 상륙하는 관군과 합류하기 위하여 영광으로 내려왔다는 것이다. 전봉준 장군은 전 동학군에게 이 밤을 타서 나산(羅山, 나루뫼)으로 이동하라고 명령하였다. 『난파유고』에는 "이날 밤 함평 진산장으로 옮겨갔다.…다음 날(22일)에는 장성 월평으로 떠났다."[10] 고 하였다.

나산에서 일박한 동학군은 22일 새벽에 장성 월평장으로 급히 이동하여 본진을 삼봉 아래에 설치하였다. 홍계훈은 함평현감으로부터 동학군이 나주와 장성 쪽으로 이동했다는 급보를 받고 당황한 나머지 이학승 대관을 급히 출동시켰다.[11] 300여 명[12]의 병력을 이끌고 정오경 월평 맞은편 황룡천黃龍川에 도착한 이학승은 4천여 명 동학군이 월평 장터 일대에서 점심을 먹고 있는 것을 발견하고 대포 2문을 발사하여 40명을 몰살시켰다.[13] 불의의 공격을 받은 동학군은 뒷산 삼봉으로 몰려 올라가 관군 측의 병력이 기백 명임을 확인하고 반격에 나섰다. 황룡천을 건너 장태를 굴리며 신호리까지 진격하자 경군은 신촌 까치골로 후퇴하였다.[14] 동학군은 포위작전을 펴서 이학승 대관과 5명의 장졸을 사살하는 전과를 올렸다.[15] 지휘관을 잃은 경군은 정신없이 사창고개를 넘어 영광으로 도망쳤다. 『양호초토등록』에는 다음과 같이 기록되어 있다.

22일 묘시(卯時)에 함평현감 권풍식의 보고가 도달하였으므로 살펴보니 그들(동학군) 무리는 우리 고을에서 장성과 나주 등지로 방금 나갔다 하며 그리고 그들 무리가 이르는 바 원정서도 또한 보내왔다.…대관 이학승·원세록·오건영으로 하여금 병정 300명을 영솔하고 장성 등지에 나가서 다만 그들의 움직임이 어떠한가 살피도록 하였다. 23일에 따로 군관 장진우, 운량감관 김영태를 법성포에 파견하여 배편으로 내려온 총제영 병정을 하륙시켜 음식을 주는 것을 감독하도록 하였다.…이날 땅거미가 진 후에 출진하였던 병정들이 황망하게 와서 고하기를 "아군이 겨우 장성 월평에 도착하자 피도(동학도)들도 때마침 황룡촌에 도착하게 되어 점점 가까워지자 접전이 벌어져 한바탕 서로 죽이게 되었다. 구르프포를 한 방 쏘니 피도들이 맞아 죽은 자가 대략 수백 명이 되었다. 그러자 피도 만여 명은 세차게 달리어 죽음을 무릅쓰고 앞다투어 30여 리나 추격해 왔다. 그들은 많고 우리는 적으니 아군은 힘이 빠져 넘어지고 자빠지며 허둥거리다 본진에 돌아왔다."고 하였다.[16]

동학군은 관군이 법성포에 상륙한 관군과 합류하느라 머뭇거리자 24일 오전에 장성을 출발, 갈재를 넘어 정읍을 거쳐 태인으로 강행하였다. 25일에는 금구 원평에서 일박하고, 26일에는 전주 완산 앞 삼천에 진출하여 일박하고 27일 하오 2시경에 어렵지 않게 전주성을 점령하였다. 전라도의 수부首府라고 할 전주성을 점령하자 이 지역 일대가 동학군의 세력권에 놓이게 되었다.

관군과 화약이 이루어지자 전주성까지 나아갔던 수백 명의 나주지역 출신 동학군은 곧 내려 왔으며, 북면 일대에 도소를 세우고 활동을 시작하였다. 북면 일대의 동학군은 광주와 장성, 그리고 함평 북부 지역 동학군과 하나가 되어 동학 세력을 확대시켜 나갈 수 있었다.

그런데 민종렬은 5월 초순부터 동학군을 저지할 목적으로 수성군을 강화시키고 있었다. 강진·해남·영암·장흥·보성 등지에서 장정 50명씩을 차출하도록 하여 수성군을 강화하고 있었다. 12일에는 다시 2백여 명을 징발하여 5백여 명의 수성군을 확보하였다.[17] 그리고 나주 인근에서도 천여 명의 장정들을 징발하였다.

3. 제1차 나주성 공방전

나주목사 민종렬 휘하에는 특출한 인물이 많아 일심동체가 되어 동학군과 대치하고 있었다. 『금성정의록』에 의하면 "남문 밖에 있는 우진영右鎭營영 장 이원우와 동심 협의하여…정태완(=鄭錫珍)을 도통장에, 김재환을 부통장에, …손상문을 도위장都衛將으로, 김성진을 중군으로, 김창균을 통찰統察로 임명하였으며, 그리고 별장 박근욱은 서문을 지키고, 병장 문낙삼은 북문을 지키고, 별장 박윤칠은 동문을 지키고, 별장 문관후와 별장 박경욱은 남문을 지키게 하였다. 나머지 장졸들도 재질에 따라 별장 · 별초 · 참모 · 서기 · 정탐 · 도훈도 · 천총 · 파총으로 임직을 맡기니 모두 68인이나 되었다."고[18] 한다.

또한 "별초군으로 힘이 세고 용감하고 건장한 자를 포군으로 삼고, 마을의 한정閒丁을 모아 16초哨를 편성하고 군막을 성 위 한쪽에 두었다. 무너진 성첩을 보수하고…일변 사격 훈련을 시켰다."[19] 나주성의 병력은 수성군이 약 6백 명이고, 민보군이 초당 125명으로 약 2천 명이었으니 모두 약 3천 명이었다. 이에 비해 오권선과 전유창 · 강대설 · 전천옥 등이 이끄는 동학군은 7천 명 정도로 수적으로는 우세하였으나, 질적으로는 크게 뒤떨어졌다.

6월 중순부터 전라도 전역에서 고을 수령들은 동학군과 손잡고 대소사를 서로 의논하며 마찰 없이 일을 처리해 나갔다. 그런데 유독 나주의 민종렬 목사만은 성문을 굳게 닫고 동학군을 용납하려 하지 않았다.

동학군 전라 대도소는 최경선 대접주가 5천 명의 병력을 끌고 가 나주 동학군과 합동하여 공격하도록 하였다. 최경선은 6월 그믐께 출동하여 7월 1일에 나주 북쪽 10리 지점인 노안면 금안리에 내려오게 되었다. 『전봉준공초』에 의하면 최경선이 나주로 보낸 것은 그가 광주와 나주지역에 친지가

많이 있어 기포하기에 수월했기 때문이라 하였다.[20]

휘하에는 이형백과 장운학, 박건량, 김중회, 김병혁이 있었으며[21] 이들은 많은 접주 중에서도 활동력이 대단한 인물들이었다. 나주로 오기 전에 여러 지역 동학군을 동원하여 편제를 마친 다음 오색 깃발을 날리며 농악대를 앞세우고 7월 1일에 나주 북방 4킬로미터 지점인 금안리 일대에 진을 쳤다. 나주 대접주 오권선도 북면 일대에서 동학군을 동원하여[22] 7월 2일에 금안리로 내려와 최경선 동학군과 합류하였다.[23]

이때 함평 북부지역인 불갑면, 월야면, 해보면, 나산면, 대동면, 심광면 동학군들이 대부분 동원되었다고 여겨진다. 『순무선봉진등록』 함평현감 보고에 "본현 동학괴수 이화진을 포살하였고…접주 김경오, 이춘익, 이재면, 이곤진, 김성필, 김인오, 김성서, 노덕휘 등 8명도 체포하여 포살했다."[24]고 하였다. 이들이 바로 함평 동학군의 지도자로 여겨진다.

나주성 공격일은 7월 5일(양8.5)로 정하고 공격 시간은 저녁 때 어둠을 타서 서성문을 공격하기로 하였다. 나주성은 9척의 높이에다 3천3백미터의 둘레로 남북으로 길게 네모진 성곽으로 되어 있다. 북쪽에는 금성산이 진산으로 자리잡고 있다. 성문은 북망문北望門, 남고문南顧門, 동점문東漸門, 서성문西城門이 있었으며 서성문을 공격 목표로 삼은 것은 지형적으로 유리한 점이 있었기 때문인 것 같다.

동학군 1만여 명은 이날 오후에 출발하여 금성산과 그 뒤쪽을 거쳐 오두재를 넘어 저녁 해가 진 다음 어둠을 틈 타 서성문으로 몰려들었다. 동학군이 공격하여 온다는 사실을 알고 있던 민종렬은 이원우 영장과 같이 만반의 준비를 갖추고 대기하고 있었다. 7월 5일의 공방전에 대해서 『금성정의록』과 『난파유고』는 다음과 같이 기록하고 있다.

7월 초하루 적괴 최경선은 수천 명의 무리를 이끌고 멀리 달려 유린하면서 본 고을에 바로 쳐들어 왔다. 오권선도 괴수가 되어 무리를 이끌고 금안리에다 합진하고 침탈 3일 만에 금성산으로 개미떼처럼 붙어 올라 초5일 저녁 어두워지자 정상으로부터 물밀듯이 내려와 곧바로 서문에 이르렀다. 민공은 급히 영을 내리기를 "도둑떼들이 우리 서문에 몰려왔으니 이곳은 내가 맡아 대적하리라. 너희들은 오직 북·동·남 삼문을 맡도록 하라. 별장들은 각기 성을 지키는 데 힘쓸 것이며 놀라 어지럽게 하지 말며 이탈하지 말고 잘 대비하면 염려할 것이 없다. 알아야 할 것은 적이 서문을 공격하다 동문을 칠지, 남문을 치다 북문을 칠지 모르니 이 점을 경계하여 적의 흉계에 속지 말도록 하라." 마침내 적을 맞아 성문을 둘러보고 칼을 찬 채 문루에 올라 좌정하였다. 우측에 도통장을, 좌측에 서문 별장 박근욱을 거느리고 지휘하니 절제가 지엄하고 치밀하였다. 적을 제압 승리할 방책을 이미 정하고 나서 아무 일 없는 것처럼 조용하게 있었다.…적은 성문을 바라보니 텅 빈 것 같았으며 단지 등촉만 밝히고 있는 줄 알았다. 드디어 무리들을 성 아래로 와서 북을 두드리며 큰소리로 외쳐대니 듣고 견딜 수가 없었다. 성문은 이미 굳게 닫혀 만 명이 달라붙어도 열지 못하게 되었다. 적은 일변 성문을 깨뜨리려 하며, 일변 성벽을 잇따라 기어 오르려 달려들으니 마치 숲을 이룬 것 같았다. 명령이 떨어지자 관군은 대완포와 장대포를 연이어 발사하니 불길은 붉게 솟아오르고 포성은 산천을 흔들어 놓았다. 성 위에 있던 각 초병들은 일제히 큰소리를 지르며 최경선과 오권선 두 적괴는 도망치지 말고 목을 바치라고 하였다. 이는 바로 병든 나무꾼은 호랑이와 표범의 소리를 듣기 어렵지만, 철부지 어린아이에게는 뇌성벽력처럼 들리었다. 적들은 혼비백산하여 서북쪽으로 도망치며 서로 넘어지고 밟히어 헤아리기 어려울 정도로 사상자를 냈다.[25] -『금성정의록』

7월 5일 밤 적괴 최경선이 수천의 무리를 이끌고 금안동에서 금성산 낭 떠러지 기슭으로 기어올라가 정상에서부터 일제히 쏟아져 내려와 서성문 앞에 다다랐다. 사태가 급박해져 어렵게 되자 민공은 정석진을 불러 모의 하여 전략을 결정한 다음 대오를 엄히 단속하고 성문을 활짝 열도록 하였 다. 아무 준비를 못하고 있는 것처럼 하고 조금도 움직이지 않고 조용하게 있었다. 적들이 공격하여 오자 호령이 떨어졌고 장사들은 성 위로 올라가 먼저 대포를 일제히 발사하였으며 천보조총까지 쏘아대자 뇌성벽력처럼 크게 산천을 진동시켰다. 적은 손도 써 보지 못한 채 일시에 흩어져 사방으 로 도망쳐 버리니 수성군은 크게 이기었다.[26] -『난파유고』

두 기록은 7월 5일 저녁 어두워지자 동학군 수만 명이 금성산 정상에서 쏟 아져 내려와 나주 서성문을 공격했다고 되어 있다.[27] 아마도 동학군 1만여 명은 오도치梧道峙를 넘어 다보사多寶寺 부근에 이르러 산으로 올라가 성내 를 살펴보고 어둠을 타고 서성문으로 공격해 들어간 것 같다. 그런데 동학군 은 대포나 사다리를 준비하지 않고 화승총과 궁시로 공격한 것 같다.

『오하기문』에는 7월 5일의 동학군 공격을 상식에 벗어나게 기록을 하고 있다. "대치한 지 10여 일에 이원우는 사람을 시켜 거짓으로 항복한다고 속 였다. '나주성 백성들은 수성하느라 고단하여 도인들이 오기를 날마다 바란 다. 오늘 밤 동문을 열어 놓을 것이니 이 기회를 놓치지 말라.'고 전했다. 최 경선은 속아 넘어가 크게 기뻐하며 삼경에 동문으로 들어갔다. 수십 보 앞에 가던 자가 함정에 빠져 고함을 지르자 그제야 계략에 빠진 것을 알고 성 밖 으로 퇴각하였다. 이때 양쪽에 매복해 있던 병사들이 모두 일어나 대완포 10 좌를 일시에 발사하자 최경선은 대패하여 도주하였다."[28]고 하였다.

당시 서성문 밖에는 실개울이 흐르고 넓은 밭이 있었다 한다. 수성군은 이 일대에 마름쇠를 묻어 놓아 동학군이 접근하기 어렵도록 하였다 한다. 사기가 충천한 동학군은 물밀듯이 환성을 지르며 마름쇠를 밟고 서성문으로 돌진하였다. 이때 많은 인원이 부상하였으며 성문 앞에 이르러 성문을 부수려 하는가 하면 성을 타고 넘어가려 하였다 한다. 이때 수성군은 10문의 대포와 3백여 명이 천보조총을 일시에 발사하여 많은 동학군을 사살하였다 한다. 민종렬은 천보조총으로 무장시켜 화력을 보강하였던 것이다.[29] 9척의 높은 성벽 밑에서 좌왕우왕 하다 결국 물러서고 말았다.

4. 나주성 외곽 봉쇄

나주성 공격에 실패한 동학군은 다른 지역에서 반혁명 움직임이 있을까 염려하였다. 그러나 최경선 대접주와 오권선 대접주 휘하 나주 동학군은 비록 성은 장악하지 못했으나 동학군의 사기는 여전하였다. 동학군으로서 취할 수 있는 정략은 외곽 일대를 봉쇄하고 인마의 왕래를 막는 것이었다. 이 해 6-8월에는 몹시 가물었으며 전답은 먼지가 일어날 지경이었다.

동학군 측에서도 식량 공급이 제대로 안 되어 어려움이 많았다. 전봉준은 동학군을 재투입할 생각도 하여 보았으나 일본군을 몰아내는 데 지장을 줄 수 있는 빌미를 제공하지 않기 위해 다른 방법을 찾아보기로 하였다. 그리하여 김학진 감사로 하여금 민종렬 목사와 이원우 영장을 개체改替하도록 계청啓請하게 하였다.[30] 당시 정부에서도 일본군이 물러가기를 원하고 있었기 때문에 전라감사의 계청을 신중하게 다루었다.

7월 19일자로 김학진의 계청을 받아들여 나주목사와 이원우를 개체하는 조치를 취하였다. 그리하여 새로운 나주목사로 박세병을 발령하였다.[31] 이로써 사태는 제대로 수습되는 듯하였다. 그런데 이원우 영장과 나주읍민들이 반발하여 민종렬을 못 떠나게 하였다. 『오하기문』에는 다음과 같이 기록하고 있다.

"민종렬이 파직 당하자 관민이 떠나지 못하게 막으므로 떠날 수가 없었다. 또한 적이 좋아할 일이므로 민종렬도 어찌 할 바가 없었다. 이원우 영장은 흥분해서 이런 조처는 조정의 본뜻이 아니라 적신賊臣들의 사주에 의한 것이니 민목사는 가고자 하면 스스로 떠나가되 나는 떠날 수가 없다면서 수성에 더욱 힘을 기울였다. 박세병은 부임할 방도가 막혀 버렸다."[32]고 하였다.

7월 하순부터 정부는 승지 엄세영을 전라도에 보내 동학농민군을 귀화하도록 효유하게 하였는데 나주에 들러 민종렬을 만났다. 그간의 사실을 알아보고[33] 정부에 보고하기를 "도내 군현들이 적의 손아귀에 다 들어갔으나 나주만은 금성철문처럼 지켰다."[34]고 하였다. 조정은 8월에 이르자 동학을 본격적으로 소탕하는 쪽으로 정책을 더욱 굳혀 나갔다. 따라서 민종렬은 계속 나주목사로 있는 쪽으로 기울어 갔다. 사태가 이렇게 되자 전봉준 장군은 민종렬을 직접 만나 담판을 지으려고 나서게 되었다.

관찰사와 비장의 서찰을 받아 가지고 관원 몇 사람과 수하 등 10여 인을 대동하고 8월 8일에 전주를 떠났다. 나주 북면에 들러 최경선과 오권선 대접주를 만나 전후 대책을 의논한 다음 통로를 봉쇄하고 있던 동학군을 20-30리 후방으로 물러나게 하고 8월 13일에 나주성으로 들어갔다. 오지영의 『동학사』는 다음과 같이 기록하고 있다.

전 대장은 최경선에게 통지하여 곧 군대를 거두어 돌아오게 하고 전 대장은 스스로 종자 수인을 데리고 나주 읍에 이르니 사문 수성이 오히려 게으르지 않았다.… "방금 우리 나라는 왜구가 독수를 내밀어 침략을 꾀하고 국정은 나날이 말이 아니어서 나라 존망이 목전에 있으니 그대는 아는가 모르는가. 어서 바삐 꿈을 깨라." 하니 목사가 전 대장의 기품을 보고 언사를 들으매 간담이 서늘하여 말문이 막히어 감히 한마디도 항변할 수 없었으며 오직 머리를 숙이며 전후 사유를 듣기를 청할 뿐이라. 전 대장이 다시 천하대세며 홍계훈과 강화하던 말이며 각 군에 집강소를 설치하고 서로 국사를 의논하는 등 전후 수말首末을 낱낱이 말하니 사리가 그럴듯하고 위풍이 또한 늠름한지라 목사는 다만 한마디로 유유唯唯할 따름으로 이날부터 집강소를 설치하여 정사를 보게 하였다.[35]

『동학사』는 "이날부터 집강소를 설치하여 정사를 보게 하였다."고 하였으나 합의한 것은 하나도 없었으며, 집강소도 설치할 수 없었다. 오히려 서로의 적대관계만 확인하는 데 그쳤다. 『금성정의록』에는 『동학사』와는 반대로 전봉준 장군을 비하하는 내용으로 되어 있으며, 기회를 보아 처단하려 하였으나 전봉준 장군이 꾀를 써서 겨우 사지로부터 벗어났다 기록하였다.

8월 13일 거괴 전봉준이 도당 10여 인을 거느리고 손에는 한 치의 무기도 휴대하지 않은 채 본주 서성문에 와서 수문 별장에게 청했다. 나는 순영문의 문첩과 비장裨將의 사통을 갖고 왔으니 문을 열라 하자…별장은 민 태수에게 전하면서 이 적을 도살함이 어떻겠는가고 물었다. 민 태수는 그가 단신으로 왔으니 감영의 지휘로 온 것이다.…싸움에 임해 적을 죽이는 것은 당연하나 걸련乞憐의 내청자를 죽이는 것은 무사답지 않으니 너희들은 의심치 말고 불러오라고 했다. 봉준은 인사를 나눈 다음 우리들(동학도)은 근년에…탐관오리의 학정을 감당키 어려워 집을 떠나…머리를 모아 행동을 같이하여…병든 세상을 바로잡으려 했다.…다른 뜻이 아니라 공은 특별히 이해해 주기 바란다고 했다. 민 공은…본래 너희들은 전라 좌도에서…이미 세상을 어지럽힌 무리들이며 감히 고을을 지키는 관을 모해하고 순찰사를 쫓아냈으며 경군과 싸워 위로는 군주의 정사에 근심을 끼쳤고 아래로는 만백성들을 처참하게 핍박했다.…개를 기르는 것은 도적을 보고 짖게 하자는 것이요 울타리를 치는 것은 도둑을 막자는 데 있다. 오두막도 그러하거늘 항차 나라의 중요한 진성을 지키지 않을 수 있겠는가.…봉준은 낙담하여 입을 다문 채 얼른 일어나 객사에서 자고 이튿날 떠나려 했다.[36]

『금성정의록』은 감사와 비장이 보낸 서찰에 대해서는 한마디도 언급도 하지 않았다. 무엇 때문에 전봉준 장군이 나주에 왔는지 설명하려 하지 않았다. 마치 전봉준 정군이 민종렬에게 머리를 숙이고 애원한 것처럼 기록하였을 뿐이다. 한편 친일 집단이 장악한 정부는 전라감사 김학진에게 파직했던 민종렬을 다시 추천하도록 지시하여 8월 17일자로 민종렬과 이원우를 나주목사와 우진영 영장으로 재임명하였다.[37] 결국 평화적인 해결 방법은 수포로 돌아가고 말았다.

5. 수성군 10월부터 반격

9월 26일(양10.24)에 일본군은 3만 병력을 출동시켜 압록강을 건너 구룡성을 점령하면서, 동학군을 전담할 후비보병 제19대대를 증파해왔다. 현역 3년, 예비역 4년을 거치고 다시 5년간의 후비병역에 근무하는 이들 병사는 30세 전후의 노련한 병사들이었다.[38]

당시 관군 중에는 일본군의 훈련을 받은 교도중대가 있었고, 장위영, 통위영이 있었다. 모두 신식 무기로 무장하여 전력을 크게 보강하였다. 김홍집 내각은 전라도와 충청도 동학군을 토벌하여 달라고 일본군에게 요청하는 한편 9월 22일(양10.20)자로 호위부장 신정희를 도순무사로 임명하고 순무영을 창설[39]하여 동학군 토벌에 임하도록 하였다. 그리고 민보군 지도자는 소모사나 소모관 또는 조방장 등에 임명해서 군사를 지휘할 권한을 부여하였다.

정부의 이러한 지시를 받은 민종렬은 더욱 기세를 올려 수성군으로 하여금 동학군을 공격할 준비를 갖추게 하였다.[40] 그리고 민종렬은 9월 29일자로 소모사에 임명되었다.[41] 『봉남일기』에는 "이때 나주에 병력을 늘리고 성첩을 수축하고 무기를 보완하는 등 동학군에 대항하기 위해 여념이 없었다."[42]고 하였다. 『금성정의록』에도 "부통장인 김재환이 대완포와 장대포가 무거워 다루기 쉽도록 포차砲車를 만들었는데 매우 정교하여 좌우 회전이 마음대로 되게 하였다."[43]고 하였다.

동학군은 10월 10일 이후 충청, 경기, 강원, 호남, 경상, 황해 각지에서 일본군을 이 땅에서 몰아내기 위해 재기포하였다. 전봉준 장군과 손병희 북접통령은 공주를 향해, 김개남 장군은 청주를 향해 북상하였고 손화중과 최경선 휘하의 동학군들은 나주로 집결하였다. 특히 손화중 대접주는 고창 등지에서 동학군을 대대적으로 동원하여 오권선이 이끄는 나주 동학군과 같이 나주 동쪽 20리 지점인 침산砧山과 송정리 옆에 있는 선암仙巖, 북쪽인 용진산聳珍山 일대에 진출하였다.

『순무선봉진등록』 흥덕현감 보고에 "동학도당들은 지난달(10월) 15일 이후 나주 수성군을 치러 간다며 모두 모여 갔으며 아직 돌아오지 않았다."[44]고 하였다. 『양호우선봉일기』 흥덕현감 보고에도 "본현 이동면 은동 서상옥, 일서면 진목정 정무경은…동학군을 이끌고 나주로 갔다." 하였고, "이동면 교동 고태국은 바로 적당의 흥덕 대접주로서…9월 18일에 나주성을 함락시킨다며 수백 명의 무리를 이끌고 광주로 갔다."고 하였다.

또한 "이동면 내옥리 고성천, 정읍 남촌 강윤언, 고부 하오산 김태운, 무장

사기점 추윤문 등 4명은…10월에 동학군을 이끌고 나주로 가서 감히 선봉이라 했다."[45]고 하였다. 고창군 설송면 괴치리에서 전하는 말에 의하면 당시 행렬은 성송면 괴치리 손화중 대도소에서 장성 삼계면 신사新沙까지 맞닿았다고 한다.

수만 동학군이 집결하자 민종렬은 당황했으나 10월 12일(양11.9)에 일본군이 출동했다는 소식이 전해지자 오히려 선제 공격을 생각하게 되었다. 광주군 동곡면東谷面 소재지인 침산을 선택하였다.[46] 동학군 7백여 명은 능선 일대에 배치되어 있었다. 『난파유고』에는 첫 승리를 거두었다 하였다.

20일에 민종렬이 장대에 나와 출전 명령을 내렸다. 선봉장에 김창균, 우군으로는 정석진, 중군은 김성진으로 하여 각각 2백 명씩의 포군을 인솔하고 출발, 동남쪽 5리 지점인 석현리에 당도했다. 김창균이 연로하여 추위에 떨자 여러 사람이 별안간 걱정하였다. 정석진이 선봉이 되기를 청하며 이르기를 "비록 장령으로 선·후진이 정해졌으나 사정이 이와 같으니 내가 선봉이 되고 군이 후군이 되는 것도 임기제변臨機制變의 대책이 아니겠는가." 하며 선후를 바꾸었다. 21일에 전진하며 정탐하니 적도 7백여 명이 광주 침산에서 진을 치고 있었다. 기세를 올리며 소라를 불고 사기를 떨치며 총을 쏘고 함성을 질러대었다. 일후(一帿, 1킬로미터)의 거리까지 전진하여 일자형으로 돌격케 하였다. 포수 강춘삼이 대완포를 쏘자 민가에서 불길이 솟았다. 연달아 천보조총을 사격하여 살육하니 적은 저항도 못하고 포와 창을 버리고 도망쳐서 아무도 없었다.[47]

『금성정의록』에도 『난파유고』와 같이 과장하여 기록하고 있다. 물론 600명의 관군과 700명의 동학군은 병력의 수에서는 비슷하나 무기 체제와 전투력을 비교하면 수성군이 월등하게 우세하였다. 12시부터 시작된 전투는 하오 2시에 이르자 동학군 측이 점점 열세로 밀리기 시작하였다. 결국 손화중 대접주 본대가 있는 선암으로 후퇴하고 말았다. 수성군은 첫 번째 전투에서 승리하자 사기가 충천하였으며 동학군이 별 것 아니라고 여기게 되었다.

그러나 수성군은 선암 일대에 엄청난 동학군이 집결하여 있으므로 추격할 엄두도 못 내고 바라보고만 있었다. 선암은 찰방역참察訪驛站으로 어등산 서남쪽에 있는 교통의 요충지이다. 때마침 접응장 손상문, 박재구, 구유술, 김학술, 전학권 등이 포군 100명을 이끌고 달려오자 생각이 달라졌다.

식사를 마치고 10여 리 떨어진 선암으로 진격하라는 명령을 내렸다.[48] 동학군 만여 명은 강변에 깃발을 꽂고 포성을 울리며 위세를 떨치고 있었다. 수성군은 박재구를 선봉에 세우고 "뒤쳐지면 군법으로 다스리겠다"[49]고 내몰았다. 『금성정의록』에는 다음과 같이 기록하고 있다.

적이 멀지 않은 곳에 있으니 만일 바라만 보고 공격을 지체하면 적으로 하여금 기세를 돋우게 할 것이니 득될 계책이 아니다. 지금 우리는 고되게 승리한 수성군으로 날쌔게 공격하면 쉽게 부술 수 있다."면서 진격하라 명령하였다. 여러 장수들은 적세가 엄청나 중과衆寡가 현격하므로 승패를 예측키 어려우니 돌아갔다가 뒷날을 도모하자고 만류하였다. 도통장은 이르기를 "그렇지 않다.…저 보잘 것 없는 비류는 처음 패한 나머지 필연코 무리들은 의구심을 가질 것이며 우리 군대는 이겼기 때문에 용기 백배할 것이다. 또한 적의 무리들은 오합지졸이고 관군은 적으나 모두 맹수의 모습이다….[50]

그런데 『난파유고』에는 공격하던 수성군이 동학군의 작전에 말려들었다가 빠져 나왔다는 애매한 대목이 있다. 선암 전투는 강을 사이에 두고 포를 쏘며 대치하다가 동학군이 어등산 남쪽 야산으로 물러서자 수성군은 의심 없이 추격해 들어가다가 "깊이 들어가 고군이 될 염려가 있어 깃발을 흔들어 군대를 불러냈다. 호명하여 점검해 보니 한 사람도 부상하지 않았다."[51]고 하였다. 수성군이 동학군의 유인 작전에 말려들었음을 시사하는 기사이다.

동학군은 선제공격을 한 수성군에게 승리하지는 못했으나 큰 타격도 받지 않았다. 당시 동학군은 수성군과 싸우는 일과 더불어 식량을 조달하는 일이 어려운 문제로 제기되었다. 그래서 추수가 끝나 장성·고창에서 많은 군수 물자를 날라왔으나 원체 많은 병력을 동원하였기 때문에 그만큼 식량문제가 심각하였다.

『봉남일기』에 "고창접 동학군이 본부(장성)에 이르자 우리 마을에서 400상 의 점심을 지어다 바쳤다. 봉연과 친구 송위성이 와서 말하기를 군수전을 토 색하기 때문에 피해 왔다고 하였다. 각 리와 면에서는 쌀과 군수전을 임의로 내게 하며 어떤 사람은 앙심으로 빼앗아 가는 폐단도 있어 원성이 높다. 저 녁때에 고창접 동학군 천여 명이 황룡장터로 옮겨갔다."[52]고 하였다.

전라 대도소에서는 항일전을 앞두고 9월부터 각 군에 군수물자를 할당하 였으며 9월 하순부터는 예정대로 거두어들이기 시작하였다. 『영상일기』에 는 "적도가 본도의 대동목(大同木, 무명)과 민간으로부터 공전公錢과 전세미田 稅米도 매결每結 10두씩을 거두었다. 앞서 적이 각방各坊에서 거둔 쌀은 대방 大坊에서 백 석, 소방小坊에서 80-90석이었으므로 48방에서 거둔 쌀은 몇백 석인지 알 수 없다."[53]고 하였다.

전라도 동학군은 김학진 감사가 적지 아니 협조하여 이렇다 할 적대관계 를 피하여 왔다. 그런데 9월 22일 김학진 감사가 물러나고 23일자로 홍주목 사 이승우가 전라감사로 부임[51]하면서 사태는 동학군에게 불리하게 흐르기 시작하였다. 김학진 전라감사는 아마도 8월 25일 동학군 5만여 명이 운집하여 남원대회를 통해 동학군이 항일전에 총궐기할 것을 결의하자 스스로 물러난 것 같다.

그런데 호서지역에서도 동학군들이 강력하게 기포하자 10월 6일자로 이승우를 홍주목사로 다시 임명하여 방비에 힘쓰도록 하고 이도재를 전라감사 대리로 임명하였다.[55] 이로부터 더욱 동학군과 관은 대립 상황으로 치닫기 시작하였다.

한편 10월 28일자로 호남 초토사로 임명받은 민종렬은[56] 일본군과 관군이 내려온다는 소식을 듣고 초토영을 설치하는 한편 병력을 보강하기 위해 수성별초 박봉년朴琫年 등을 시켜 향교에 통문을 보내어 의병을 모집하도록 하였다. 그러나 유생들은 동학군의 보복이 두려워 "관군이 올 때까지 기다리자."[57]고 하였다. 유림 이병수 등은 "방금 임금이 격노하여 관군을 출동시켜 빠른 시일 내에 도둑을 쳐 없애라고 명령하였으니 (우리가 일어나 공을 세우면) 임금님이 힘써 이룬 공을 탐하는 것이 되어 도리에 어긋나지 않겠는가. 차라리 때를 기다리며 예기를 다듬었다가 시기를 보아 일어나는 것이 좋을 것이다."[58]라고 하였다.

동학군과 수성군 사이에는 10여 일간 소강상태를 유지하다가 11월 6일(음)에 이도재 전라감사가 나주목사에게 "경병 5천 명이 이미 전주에 들어왔으니 안심하고 출병하여 동학군을 초멸하라."[59]는 명령을 내렸다. 이와 때를 같이하여 동학군 측은 11월 초에 손화중, 최경선, 오권선, 배규인 등이 모여 고창, 장성, 광주, 동복, 남평, 나주, 함평, 무안, 진도 등지의 동학군들을 동원하여 나주성을 공격하기로 하였다.

합의된 전략에 의하면 손화중·최경선·오권선이 이끄는 동학군은 북쪽 지역에서 공격하고, 무안의 배규인은 서남쪽 함평 고막포에서 공격하기로 하였다. 함평 동학군을 이끌었던 지도자는 김경옥, 이춘익, 이재민, 이곤진, 김성필, 김인오, 김성오, 김성서, 노덕팔 등이었다.[60] 그리고 『전라도소착소획동도성책』에는 거괴로 이은중이 들어 있다.

무안 동학군을 이끌었던 지도자는 배규인, 배규찬, 송관호, 임운홍, 정경택, 박연교, 노영학, 노윤하, 박인화, 송두욱, 김행로, 이민홍, 임춘경, 이동근, 김응문 등이다.[61] 『전라도소착소획동도성책』에는 '무안 적괴 배정규, 박순서, 김자문, 정여삼, 김여정, 장용진, 조덕근' 등이 기록되어 있다.

민종렬은 북부 지역 동학군의 움직임을 탐지하고 11월 10일에 병력을 출동시켜 선제공격을 감행하였다. 동학군이 만일 나주성에 접근하면 방어전을 펴기가 어렵다고 판단하여 선제공격에 나선 것이다. 도통장은 11월 11일에 600명의 수성군을 이끌고 북면 쪽으로 출동하였다. 첫날은 주엽정(周葉亭, 朱葉亭·竹葉亭)에 이르러 하루를 유숙하고 12일에는 북창北倉에 도착하였다. 하루종일 비가 내려 부득이 5리 정도 되돌아와 죽산竹山에서 유진하였다.

13일에 다시 북창으로 진출하여 탐문하니 동학군은 광주 두동·신촌·칠봉·비시동·용동·천동·성대마을 일대에 유진하고 있었다. 한편 동학군은 수성군이 도착하자 전번에 선암 전투에서 얻은 경험을 살려 들판보다 산악전이 유리하다고 판단하여 이날 새벽에 용진산으로 들어가 진을 쳤다. 수성군은 산 중턱까지 올라갔으나 동학군이 험준한 산상에서 내리 공격하니 당해낼 재주가 없었다. 수성군은 일단 후퇴하여 후응군이 오기를 기다렸다.

저녁이 되어 수성군은 산에다 불을 질렀고 밤하늘에 대고 포성만 울리니 천지가 진동할 뿐이다. 산상에 포진한 동학군은 수성군이 문제가 아니라 강추위와 식사문제로 견뎌 낼 재주가 없었다. 새벽이 되자 결국 동학군은 장성 쪽으로 철수하고 말았다. 이번 전투도 아쉬움을 남긴 채 물러난 것이다. 『금성정의록』에는 다음과 같이 기록하였다.

10일에 전공을 세운 수성군이 돌아왔다. 이날 밤 북면을 정탐하고 돌아와 보고하기를 "오권선이 다시 각읍의 동학군을 모아 재산을 약탈하니 사람들은 아무도 버틸 수가 없으며, 또한 아침저녁으로 나주로 돌입하여 성보城堡를 점령할 것이라며 기세가 매우 험악하다." 민공은 도통장을 불러 이르기를 뉘우치지 못한 저 오권선을 통탄하면서 "욕심과 독을 품은 흉칙한 성품을 지니고 있으며 아직도 해충의 여독을 지녔으니 빗나감이 생각보다 심하다. 당연히 병력을 출동시켜 적도들을 토벌하여 위험에 빠진 백성의 목숨을 건져야 한다."고 하였다.[62]

11일 오후에 행군한 수성군은 주엽정에 이르러 일박하고 12일에는 40리를 진군하여 북창점에 이르렀다. 적들은 방금 광주 두동에 주둔하고 있으며 말로는 수만 명이 모였다고 한다. 얼마 후 5개면 집강들이…각기 수백 명의 민병들을 이끌고 와서 모였으며 후웅장 손상문, 최성순, 김창균도 역시 후웅군을 이끌고 왔다. 비는 오래도록 개일 줄을 몰랐고 날은 점점 어두워져 광야에 유진하게 되니 형편이 난처하여 죽산 앞뜰 부근으로 이진하게 되었다. 촌민들은 다투어 술과 음식을 가져다 주며 맞았으며, 수성장은 "어찌하여 어두운데 이처럼 찾아왔는가." 하였다.[63]

…이튿날 정탐에 의하면 적들은 용진산 위로 옮겼다 한다. 마침내 중군 김성진으로 하여금 큰 깃발을 세우게 하고 대적할 대책을 마련하니 도부통장과 향도관 임주호, 유의근, 돌격장 강춘삼, 천보대장 전공서 등 33인은 입을 굳게 다물고 배나 빠른 걸음으로 도달하여 몰래 적세를 살피었다. 별안간 용진산 중턱에서 수천 명의 적도를 만나게 되자 적들은 포를 어지럽게 쏘아댔다. 강춘삼에게 곧 대완포를 시험으로 쏘아 보라 명하였으며 천보

총도 뒤따라 연발하니 두 진영이 쏘는 포성으로 천지는 뒤흔들리었다. 적은 많고 우리는 적으니 접전에 응하기가 어렵게 되어 깃발을 휘둘러 군을 불러들였다. 중군에 급령을 내려 두 분대로 나누게 하고 한 지대는 진의 좌편 산 위로, 한 지대는 본진에 속하도록 하였다. 때마침 후응장인 손상문이 군대를 끌고 와 합류하니 군의 위용은 차츰 정돈할 수 있었다. 그러나 적은 산 위에 있고 관군은 아래에 있으니 지형이 불리하여 걱정하고 있을 즈음에 응접장 박근욱, 박재구, 최윤용, 구유술이 병력을 이끌고 오게 되자 그를 산정 우변에 진을 치게 하여 삼면에서 적을 맞도록 하였다. 그리고 민병을 좌우 둘로 나누니 모두가 용감하여 보였다. 임여현 등은 산의 좌편에 불을 지르게 하여 식량 나르는 길을 차단 하였고, 김성진은 산의 우측에 불을 질러 달아날 길을 차단하게 하였다. 양측의 치열한 싸움은 야밤에 이르자 적진에서 포성이 점점 줄어들어 갔다. 강춘삼이 바위에 의지해서 올라가 살펴보니 과연 대항하는 적들이 없었다. 나무를 붙잡고 벼랑 기슭으로 북쪽 길을 따라 도망쳐 버린 것이다. 일제히 산 위로 올라가 무기들을 수습하니 전군은 크게 이겼다. 돌아와 소를 잡고 푸짐하게 먹었다.[64]

『난파유고』에도 거의 똑같이 기록하고 있다. 다만 "일제히 산 위로 올라가 무기를 수습하였으나 밤이 깊고 산이 험악하여 추격하지 못하고 돌아와 북창 큰 뜰에 유진하였다."고 하였다. 동학군이 모두 물러가 조용해지자 산으로 올라가 보았던 것이다. 이때 고막원 일대에 집결해 있던 동학군이 협공작전을 폈어야 성공할 수 있었는데 일이 그렇게 되지 못했다. 당초 나주성 공격일을 11월 15일쯤으로 잡아 놓고 준비를 진행시키다가 수성군의 선제공격을 받아 협공작전이 어긋난 셈이다.

6. 고막원서 공방전

무안·함평 동학군은 당초 약속대로 나주 서쪽 30리 지점인 고막포(古幕浦, 咸平郡 鶴橋面 古幕里)와 고막원(古幕院, 羅州郡 文平面 玉堂里) 일대에 집결하고 있었다. "서면을 정탐하니 무안군 고막포 등지에 적이 5-6만이나 모여 있었다. 이들은 서쪽 5개 면에 침입하여 약탈하며 이미 진등참長嶝站에 이르러 나주를 공략한다고 큰소리를 치고 있었다."[65]고 하였다. 이 소식을 접한 민종렬은 북면 용진산에 출동한 수성군을 급히 불러들였다.[66] 그리고 전주에 내려온 일본군에게도 사람을 보내어 지원을 요청했다. 『동학당정토약기』에 보면 "정토군이 전주에 있을 때 나주에 있던 초토사 민종렬이 구원해 주기를 여러 번 청해 왔으나 태인과 기타 지역의 비도를 소탕해야 하므로 다만 회답만을 해 주고 말았다."고 하였다.[67]

민종렬은 이번에도 동학군이 나주성 인근으로 접근하여 오기 전에 포군 3백 명을 출동시켜 선제공격을 시도하였다. 석현전투와 선암전투, 용진산전투를 통해 동학군의 약점을 잘 알고 있었다. 훈련받지 못한 농민들일 뿐만 아니라 조총과 궁시와 창칼로 무장하고 있는 동학군을 두려워하지 않았다. 그래서 소수 병력으로도 능히 대적할 수 있으며 선제공격을 하면 기세를 누를 수 있다고 믿었던 것이다.

11월 17일(양12.13) 점심 후에 수성군은 나주를 떠나 20리 지점인 자지재紫芝峴에 이르러 날이 저물자 도통장은 1백 명의 포군과 강춘삼·전공서를 이끌고 앞뒤에 적진이 포진하고 있는 새꼴장(草洞)으로 넘어가 유진하였다. 때마침 전왕·지량·상곡 등 3개 면 민병 2천여 명이 당도하여 큰 힘이 되었다. 이 민병들은 관군 후위에 배치하고 "기세만 올리되 함부로 움직이지 말라."고 엄명하였다.

18일 아침 부통장이 이끄는 병력과 합류하여[68] 고막원(文平面 山湖里, 現 古幕院驛) 동쪽 청림산(靑林山, 多侍面 文洞里) 일대와 호장산(虎壯山, 虎長山, 多侍面 松村里), 그리고 진등참(多侍面 동곡리 文洞里) 일대에 포진하고 있는 동학군을 공격하였다. 전투는 수성군의 공격으로 시작되었으며 3백 명의 수성군을 앞세워 대포만 쏘아댔다. 산에 있던 동학군들도 들판으로 내려와 반격에 나섰으며 양군은 접전하자 사면에서 불길이 오르고 포성은 천지를 진동시켰다.[69]

얼마 후 후응장 최성순과 박근욱, 구유술이 수성군과 민병 3천여 명을 이끌고 뒤따라 왔다. 동학군은 수다水多와 진등 일대에서 숲을 방불케 하리만큼 깃발을 날리며 위세를 떨쳤다. 수적으로 월등한 동학군의 무기는 화승총과 시석矢石이었으며 수성군은 대포와 천보조총으로 무장한 처지라 싸움이 되지 않았다. 수성군의 대포와 천보조총의 탄환은 동학군 진영까지 날아와 치명적인 타격을 주었으나 동학군의 화승총과 시석은 수성군 진영에 도달하지 못하니 1시간이 지나자 동학군 측에 희생자가 속출하게 되었다.

부득이 동학군은 5리 가량 밀려 고막교를 건너 함평군 학교면 고막리에 이르렀다. 『난파유고』에는 고막교를 건너가던 동학군은 밀물이 들어와 빠져 죽은 자가 많았다고 하였다. 추격하던 수성군은 위험하다고 생각하여 철수하고 말았다. 얼마 후 밤이 되자 대오를 정비한 동학군은 반격에 나섰다. 지형의 불리함을 알게 된 수성군은 고막원 뒤편 호장산 언덕으로 후퇴하여 진을 쳤다. 『난파유고』에는 다음과 같이 기록하고 있다.

관군과 민병을 합치니 3천여 명에 이르렀다. 수다, 진등에서 대적하게 되어 포를 쏘니 산상에 있던 적도들은 해산하였다. 차차 진군하니 적의 큰 병력이 진등 아래위에 가득했으며 기치는 숲과 같이 늘어서 있었으니 마치

물이 넘치는 기세였다. 급히 명령하기를 대완포를 먼저 쏘고 뒤따라 천보조총을 쏘라고 하였다. 도통장과 부통장이 사졸보다 앞장서서 시석을 피하지 않고 용맹스럽게 독전하였다. 중군이 적진 좌측을 엄호 공격하니 포탄이 떨어지자 적당이 쓰러져 죽었다. 수성군이 용략하니 일당백이 아님이 없었으며 시체가 들에 가득 널렸다. 10여 리를 따라가 죽이자 고막교에 이르렀다. 사람은 많고 다리는 좁은데다 조수가 넘치니 물에 빠져 죽은 자가 헤아릴 수 없었다. 적은 드디어 계책이 궁하여 죽기로 달아났다.[70]

호장산에 진을 친 수성군은 인근 5개 면에서 소를 잡고 주식을 날라다 포식하고 골아 떨어졌다. 이날 밤 민종렬은 별안간 수성군을 회군하도록 명령하였다. 북면 일대의 동학군 만여 명이 나주에 쳐들어온다는 정보를 입수하자 수성군을 불러들인 것이다. 밤중에 병력을 이동하면 위험이 따른다 하여 19일[71] 새벽까지 유진하였다가 정오경에 나주로 돌아왔다. 그리고 3개 면에서 강제로 동원하였던 민병들은 모두 다시 면에 남게 하였다.

고막포로 후퇴하였던 동학군은 19일부터 식량을 확보하기 위해 서창西倉으로 가서 세곡을 거두어들이고[72] 나주 공격을 다시 준비하였다. 민종렬은 북쪽 동학군의 움직임이 없자 20일 밤에 중군 김성진에게 포군 50명을 주어 20일 밤에 고막포 쪽으로 출동시켰다. 선발대로 진등에 간 이들은 이곳 민병통령 조맹균과 합류하였다. 21일에는 도통장 정석진과 도위장 손상문이 포군 3백 명을 이끌고 뒤따라 와서 합류하였다.[73]

『금성정의록』에는 "적군은 관군을 보고 나는 듯이 도주하여 감히 대적하지 못하고 고막산을 향해 도망쳤다. 20여 리를 추격하자 적도들은 기세가 꺾여 모두 흩어져 버렸다."고 하였다. 그러나 『난파유고』에는 수성군이 매우 난처한 처지에 이르러 조심조심 철군한 것으로 기록하고 있다. 동학군은 인근 지역으로 나가 식량을 조달하고 있을 때 수성군이 진격해 오자 여기서부터 전투가 벌어졌다. 고막산 일대로 돌아가자 이곳까지 따라온 수성군은 동학군의 완강한 저지에 밀려 싸우다 날이 이미 저물어 대적하기가 어려워 호장산으로 물러서야 했다. 하루종일 병사들은 물 한 모금 먹지 못하여 쓰러질 지경이었다. 군관 김일운을 시켜 마을에서 주식을 얻어다 기갈을 겨우 면하게 되었다.[74]

주목되는 것은 이때 수성군은 나주로 환군하라고 명령을 내렸다는 사실이다. "요기를 하고 나자 병사들에게 명령을 내려 일제히 포를 쏘고 함성을 질러대며 진격할 기세를 보이게 하고…" 중군 김성진으로 하여금 본진의 병력을 인솔하고 먼저 환군하도록 하였다. 본대가 안전하게 멀리 가게끔 도통장 정석진과 도위장 손상문은 포군 40명씩을 이끌고 호장산 후미진 곳에 매복하여 엄호하고 있다가 본진이 자지현에 이르자 안심하고 환군하였다.[75] 이것은 수성군이 동학군을 공격하는 데 한계가 있었음을 말해주는 것이다.

그러나 이 고막포 전투에서 동학군은 역시 크게 패배한 것이 분명하다. 『진도종리원연혁』에 "나치현 등 여러 지도자들이 많은 동학군을 이끌고 고막포 전투에 참가하였다가 세가 불리하여 후퇴하였으며 이 전투에서 나치현이 수성군에 체포되어 학살당하였다."[76]고 하였다. 북쪽과 서쪽에서 협공한다는 작전은 손발이 맞지 않아 실패로 돌아간 것이다.

7. 나주성 최후 공격

북면 일대를 사실상 장악하고 있던 손화중, 최경선, 오권선의 동학군은 11월 22일부터 다시 나주 공격을 시도하였다. 5-6개 고을의 도움을 얻어 11월 23일에 나주에서 북쪽 10리 거리인 노안면 금안리와 남산리 일대로 진출하였다.[77] 이날은 몹시 추웠으며 밤이 되자 강추위가 더욱 몰아쳐 손발을 움직일 수 없게 되었다. 남산리를 출발한 동학군은 나주 북문 밖 함박산咸朴山까지 진출하였다. 그러나 강추위가 더욱 거세지자 손발을 움직일 수 없어 공격을 단념하고 남산촌으로 돌아왔다. 『금성정의록』에는 다음과 같이 기록하고 있다.

> 이날 밤 북문 밖 함박산까지 근접해 왔다. 민태수는 영장 이원우와 같이 북문에 올라 옹성막甕城幕을 다니며 병졸들을 위무 격려했다. 몹시 추워 금산 의막義幕에서 병졸이 불을 피웠는데 세찬 바람으로 불이 막소로 옮겨 붙었다. 폭죽 터지는 소리가 마치 대포를 연방하는 것같이 요란하였다. 이때 동문 밖에서 도깨비불이 노끈에 불을 당긴 것처럼 줄지어 번져갔다. 염탐하던 병사가 와서 고하기를 적들은 놀라 관군이 산 위에서 봉화 불을 들고 발포할까 의심하더니 남산촌 부근으로 퇴각했다.[78]

『난파유고』에도 똑같이 기록하고 있으나 모두가 과장된 기사이다. 수성군 막소에 불이 나서 대나무 마디가 터지는 소리에 놀란 동학군은 후퇴했다든지, 도깨비불을 보고 놀라 공격을 포기하고 돌아갔다는 것이다. 『오하기문』에는 "이원우 등이 병졸들을 엄히 하고 대기하고 있자 적들은 감히 성 아래로 진격하지 못하였다. 또한 날씨도 혹심하게 추워 들에서 유숙할 수 없게 되자 1천5백 명의 무리들은 동리로 돌아가 민가를 빌려 유숙하였다. 관군은 눈치채고 몰래 야습하여 참살하거나 체포한 수가 헤아릴 수 없었으며 양민도 많이 죽었다."[79]고 하였다. 그러나 남산촌 공격은 야습한 것이 아니라 24일 오후 1시경 대낮에 수성군이 기습하였다.

『금성정의록』에 의하면 민종렬은 "24일에 도통장 정석진이 군을 정돈하여 출정할 때 민태수는…'성문 밖의 일은 도통장의 재량에 맡기니 적을 가벼이 보지 말고 신중하게 심력을 기울여 공을 세우라.'고 하였다. 또 도위장 손상문에게 포군과 천보대를 인솔하고 앞에 나가 적과 대항하라 하고, 초관哨官 박성로에게는 포군 1백 명을 인솔하고 산길을 따라 좌측 통로를 차단하라 하고, 별장 전학권錢鶴權에게도 포군 1백 명을 인솔하고 그들의 우측 통로를 차단, 이른바 삼로에서 기습하도록 하였다."는 것이다.

선봉장 정석진과 손상문은 군을 이끌고 직접 남산촌 앞에 이르러 숲이 우거진 곳을 통해 엿보니 깃발은 하늘을 덮었고 막사들은 산을 둘러 가며 쳐져 있었다. 곧 소를 잡아 포식하려는 때에 김기옥이 이끄는 천보대가 일제히 발포하니 다른 관군들도 분발하여 포를 난사했다. 동학군들도 포를 쏘며 응수하여 함성을 질러댔다. 양 진영이 쏘는 포소리로 산악이 찢어지는 듯 했으며 화염은 하늘을 덮었다. 마침내 동학군들은 크게 무너져 도망쳤으며 쓰러진 시체가 들에 가득하고 피는 내를 이루었다. "적괴 오권선은 겨우 빠져 노새를 타고 도망치자 천보대가 남산을 넘어 쫓아갔으나 하촌下村에 이르니 사라져 버려 죽었는지 살았는지 그림자도 찾아볼 수 없었다"[80]고 하였다.

용산동 2구(남산)에 거주하는 김순모(金順模, 1923)는 아버지 김형준(金亨俊, 1875)으로부터 들었다며 "동학군은 남산에 주둔하고 있었고, 수성군은 나주에서 구정리九丁里 언덕까지 와서 대포와 천보조총을 쏘며 공격하였다. 수성군은 삼면에서 공격하였으며 동학군은 남산리 남쪽 능선에 올라가 응전하였다. 구정리 앞산과 남산리 능선 거리는 2백 미터 정도였으며 결국 동학군 측이 밀려 남산 옆 언덕에서 많이 전사하였다."[81]는 것이다. 공격한 시간은 점심 때로 여겨지며 약 1시간 정도 교전한 것으로 보인다.

이 24일의 나주지역 최후 전투에서 패한 동학군은 일단 광주로 후퇴하였다. 당시 동학군은 주력 부대인 전봉준 장군과 김개남 장군의 동학군이 각각 공주 우금티전투와 청주전투에서 각각 패하여 남으로 밀리고 있었다. 특히 11월 25일 금구 원평에서 전봉준 장군과 손병희 통령이 일본군·관군과 싸우다가 패전하자 동학군의 사기는 완전히 무너져 버렸다. 광주목사의 보고에 의하면 손화중과 최경선은 "11월 27일에 수만 명을 이끌고 성중으로 들어와 공해나 민가에 머물렀다가 12월 1일 10시경에 도당을 해산하고 떠나갔다."[82] 하였다.

손화중은 광주에서 떠나 고창군 부안면 수강산으로 들어가 산당에 숨었다가 12월 11일에 체포되고 말았다.[83] 『갑오실기』에는 "이달(12월) 11일에 고창사민 이봉우가 손화중을 체포하여 방금 현옥에 수감하였다."[84]고 하였다. 그리고 광주에서 12월 1일에 떠난 최경선은 남평에 들러 식량 등을 거두어 가지고[85] 2백여 명을 이끌고 동복同福으로 내려갔다. 외남면 벽사와 사평이란 큰 마을에 이르러 유숙하자 이 사실을 알게 된 오위장을 지낸 바 있는 오윤술이 이교吏校와 민병 3백여 명을 동원하여 4일 새벽 동이 틀 무렵 고단하게 자고 있는 동학군을 기습하여 많은 인원을 사살하고 최경선 대접주 등을 체포하였다.[86]

오윤술의 기록에 의하면 "157명을 포살하고 거괴 최경선과 이형백, 차괴 장운학, 박건량, 김중회, 김병혁 등 따라다니던 62명을 체포하였다. 거괴 최경선은 일본군에 넘겼으며 일본군은 최경선을 서울로 압상하였다. 이형백은 나주 초토영으로 압상하고 장운학과 62명은 읍에서 참작하여 처분하라."[87]고 명하였다. 최경선 대접주는 일단 단양으로 끌려갔다가 12월 7일 전주로부터 내려오는 일본군에 넘겨져 전봉준 장군과 같이 나주로 끌려갔다.

동학군이 해산하자 나주목사 민종렬은 종적을 감춘 동학군을 체포하기 위해 혈안이 되었다. 그는 초토사의 이름으로 전라도 53개 전 군현에 동학 잔당을 잡아들이라고 엄명을 내렸다. 뒤이어 일본군도 나주로 들어와 본영을 두고 동학군 토벌을 지휘하였으며 양호 좌선봉 대장 이규태와 우선봉 이두황이 이끄는 관군도 들어와 명실공히 나주성은 토벌군의 총본부가 되었다.

8. 나주지역 동학혁명의 최후

일본군은 1월 5일(음12.10)에 나주성에 들어와 임시로 본부를 설치하고 군수물자를 공급하였고, 동학군 토벌을 위한 병력을 지휘하였다. 일단 토벌을 마친 2월 5일 모두 이곳에 모여 각지에서 체포한 동학군을 학살하기 시작하였다. 임시재판소와 같은 것을 두어 등급을 매긴 다음 대부분 학살하였다.

주목되는 것은 12월 중순부터 본격적으로 학살에 들어갔는데 "훗날 재기할 가능성을 제거하기 위해 다소 살벌한 느낌을 살지라도 그렇게 하라는 공사와 사령관의 명령이 있었기 때문이었다."[88]는 것이다. 일본은 우리나라를 침략하는 데 장애가 되는 동학의 조직력을 완전히 파괴하려고 이와 같은 잔학 행위를 한 것이다.

『김낙철역사』에 의하면 부안에서 체포된 김낙철 대접주는 나주로 끌려와 엄청난 가혹 행위를 당했다고 기술하였다. 31명이 잡혀왔는데 나주에 도착하자 몽둥이와 철편으로 2시간씩 구타하여 어깨가 부러지고 갈비뼈가 부러지는 고초를 당하고, 다시 수성군에 의해 한 차례 더 구타당하고 나서 진영 토굴(감옥)에 들어가니 많은 동학군들이 삼단같이 쓰러져 있었다고 하였다. 그리고 27명은 곧 총살해 버렸다는 것이다.[89]

나주 수성군의 잔학 행위도 이루 말할 수 없었다. 일본군의 보고에 "수성병들이 동학도들에 대한 행위를 살펴보니 잡히는 대로 죽여 버리고 정상을 조금도 참작하지 않았다. 그들은 동학도 때문에 두 번에 걸쳐 두텁게 포위되어 격렬히 공격을 받았으므로 분한 나머지 그와 같이 잔인하게 복수하게 된 것이라 하였다. 특히 나주성 밖에서 많은 시체를 보게 된 것은 이때문이라…."[90] 하였다.

전라도 각지에서 체포된 무수한 동학군들은 현지에서 학살당하였을 뿐만 아니라 이곳에 끌려와서 관군과 일본군에 의해 엄청나게 학살되었다. 남고문 앞에 있는 지금의 나주 초등학교 자리에 나주영문 토굴 감옥이 있었다 한다. 나라를 바로잡고 침략자 일본군을 몰아내려 죽창을 들고 일어섰던 많은 동학군은 통한의 최후를 여기 나주에서 맞았던 것이다.

〈출처: 교사교리연구 제7호(포덕141년 7월)〉

전라도 남원지역 동학혁명운동

전라좌도 대도소가 설치됐던 남원 전경
교룡산 우측 능선 중간에 은적암이 있다. 수운 최제우 선생이 1861년 12월부터 1862년 6월까지
이곳에서 글도 쓰고 포덕도 하였다.

1. 머리말

초기 동학혁명운동은 여러 지역에서 동학군의 힘을 모아 관군을 무찌르는데 총력을 기울였다. 황토재 전투와 황룡촌黃龍村 전투를 승리로 이끌었고 4월 27일에는 전라도의 수부인 전주성을 차지하게 되었다. 전주에서 정부군과 화약을 도출하자 6월 초에는 김학진 감사와 타협하여 고을마다 집강소를 설치하도록 하였다. 그리하여 6월 중순부터는 동학군에 의해 군·현 집강소가 세워졌고 폐정을 개혁하는 제2단계의 혁명운동에 들어갈 수 있었다.

6월 이후 민중들은 동학에 대거 몰려들어 명실공히 대중적 기반을 굳히게 되었다. 동학 지도부는 좀 더 체계적으로 혁명을 수행하기 위해 전주에 동학 대도소를 설치하고 우도와 좌도에 지역별 대도소를 설치하였다. 원평에는 전봉준 장군이 총괄하는 호남우도 대도소가 설치되었고, 남원에는 김기범(金箕範, 開南)¹ 대접주가 총괄하는 호남좌도 대도소가 설치되었다.

좌도 대도소의 영역은 전래의 좌도 영역을 넓혀서 금산, 진산, 용담, 진안, 무주를 포함하여 태인, 장수, 임실, 순창, 담양, 곡성, 구례, 창평, 옥과, 순천, 광양, 낙안, 보성, 흥양(興陽, 高興) 등 19개 지역으로 정하였다.

지역이 광범하여 보수 세력이 강한 금산, 용담, 무주, 진산 지역과 순천, 광양, 낙안 지역은 별도로 동학군의 병력을 마련하여 제압하도록 조치하였다. 이 외의 군·현은 김개남이 이끄는 남원 대도소에 병력을 모아 제압하도록 하였다. 남원에 집결한 동학군 병력은 주로 남원지역을 위시하여 태인, 임실, 담양, 홍양 지역의 동학군들이었다. 이들이 남원에 집결한 것은 6월 25일 부터이며 멀리 홍양의 유희도(柳希道, 福萬) 대접주도 수천 명의 동학군을 이끌고 김개남과 같이 남원성에 들어왔다.

필자는 이 글에서 금산지역과 순천지역을 제외한 남원, 태인, 임실, 장수, 순창, 담양, 곡성, 구례, 홍양, 낙안, 창평, 옥과 지역을 묶어서 살펴보기로 한다. 먼저 이 지역에 동학이 정착한 경위를 살펴보고, 갑오년 6월 중순 이후부터 집강소를 설치한 경위와 8월 25일에 열린 남원대회 이후의 항일전 준비, 10월 중순 이후의 동향과 청주성 공격의 실패, 끝으로 일본군과 보수세력의 반격에 밀린 동학군의 비참한 종말을 개관하려 한다.

2. 남원지역 동학의 정착 과정

전라도에 동학이 처음 들어온 곳이 바로 남원 지역이다. 1861년(포덕2) 11월에 경주 관아의 탄압을 받은 동학의 창시자 수운대신사는 제자 최중희를 대동하고 정처 없이 여행하다가 12월 중순에 남원에 당도하였다. 『남원군종리원사부동학사南原郡宗理院史附東學史』에는 다음과 같이 기록되어 있다.

> 포덕2년…본군 남문 외 광한루 아래 오작교 옆 서형칠 집에 오시어 수일을 유숙하다가 약방인고로 번거하므로 인하여 좀 떨어진 곳에 있는 서형칠의 생질 공창윤 집에 유숙하시며 서형칠, 공창윤, 양국삼, 서공서, 이경구, 양득삼 등에게 전도하였고 전주군 신모(명미상)가 대신사께 찾아와 입도하였다.[2]

대신사는 공창윤의 집에서 10여 일간 머물다가 12월 그믐께 남원 서쪽 10

리 지점에 있는 교룡산성 내 선국사라는 절에 딸린 덕밀암德密庵으로 들어갔다. 대신사는 이곳을 은적암隱寂庵이라 이름하고 1862년 7월 초순까지 6개월간을 체류하였다. 여기서 동학론과 교훈가, 수덕문 등 여러 글들을 썼으며 인근 고을에 왕래하며 포덕도 하였다.

『천도교전주종리원연혁』[3]에는 "포덕2년(1861) 신유에 대신사께서 포덕차로 최중희 씨를 거느리고 남원으로부터 본군(全州郡)에 와서 물태풍속物態風俗을 돌아보신 후 포교를 하시다."라고 하였다. 『오하기문』에도 "최제우는 동학이라 고쳐 부르고 지례, 김산(金山=金陵)과 호남의 진산·금산錦山의 산골짜기를 오가며…하늘에 제사를 지내고 계를 받게 하였다."[4]고 하였다. 전라도에는 대신사가 1861년 12월부터 직접 포교하였음을 알 수 있다.

대신사가 경주로 돌아간 다음에는 도인들은 경주 용담을 왕래하며 도맥을 이어 왔다. 양형숙은 "16세 때에 용담에 가서…12일을 머물렀다."[5] 하며, 『남원군종리원』에는 "…서형칠, 양형숙, 공창윤 등이 용담에 왕래하며 도맥을 유지하다가 포덕5년 갑자년 봄에 대신사가 순도하자 완전히 끊어져 버렸다."[6]고 하였다. 이 무렵 남원, 전주, 진산, 금산 등 전라도 지역에 적지 않은 인원이 동학에 입도했던 것으로 보인다.

1864년 3월에 대신사가 좌도난정률에 의해 순도하자 도맥은 점점 쇠퇴하였으며 결국 끊어지고 말았다. 이로부터 약 20년이 지난 1882년경에 동학은 다시 들어와 퍼지기 시작하였다. 『천도교서』[7]에 해월신사는 고산 도인 박치경의 주선으로 1884년 6월에 익산군 금마면 사자암으로 가서 여러 도인들을 만났다고 한 기록이 있다. 아마도 1882년경부터 이 지역에 동학이 포교되었음을 알 수 있다.[8]

전라좌도에 속하는 군·현에 동학이 자리 잡은 시기는 지역에 따라 다르나 대체로 1880년부터라고 생각되며, 도인의 수가 크게 늘어난 것은 1893년의 교조신원운동 이후라고 여겨진다. 군별로 동학이 자리잡은 과정과 동학혁명 때 기포한 접주들을 살펴보기로 한다.

(1) 남원군

남원군에 동학이 다시 포교된 것은 1885년 이후로 추정된다. 임실군 운암면 지천리에 사는 최봉성(崔鳳成, 字 贊國)은 해월신사로부터 도를 받아[9] 남원군 오수지역에 사는 강윤회와 종형인 김영기에게 먼저 포교하고 1890년에는 김종우, 이기면, 김종황, 유태홍, 장남선,[10] 조동섭[11] 등에게 포덕하였다.

1891년에는 이기동, 황내문, 이규순, 최진악, 변홍두, 변한두,[12] 정동훈 등이 입도하면서 남원 지역에는 수천 명에 이르는 동학 세력이 자리잡게 되었다.[13] 『천도교회월보』 환원 기사에 보면 1890년부터 1892년 사이에 많은 입도자가 있었음을 알 수 있다.[14] 그러나 민중들이 집단적으로 입도한 것은 1892년 11월에 삼례 교조신원운동이 있은 이후였다.

1894년의 동학혁명에 혁명의 깃발을 올린 접주는 적지 않았다. 김홍기, 이기동, 최진학, 전태옥, 김종학, 이기면, 이창우, 김우칙, 김연호, 김시찬, 박선주, 임동훈, 이교춘, 강종실 등이 기포하였다. 이 중 오수접, 부동접, 조산접은 강접強接이었다고 한다. 『오하기문』에는 화산당접花山堂接을 남원의 강접으로 꼽았으며 접주는 이문경이라 하였다.[15]

(2) 임실군

『천도교임실교사』에는 "포덕14년(1873) 계유 3월에 최봉성 씨가 신사에게 입교하사…수백 호에 달했다."[16]고 하였다. 해월신사는 1871년 3월에 영해 교조신원운동의 후유증으로 강원도 정성군 남면 유인상(劉寅常, 劉時憲)의 집에 피신 중이었으므로 임실로 오기는 어려웠을 것이다. 더욱이 청운면 새목터 허선의 집에 왔을 때 입도하였다 하므로 연대가 맞지 않는다. 운암면 선거리의 효암 김학원[17]과 청웅면 새목터(鳥項里)의 허선許善이 입도한 날자는 1880년 3월 10일이다.

임실 지역 주요인물의 입도 연대를 보면 『천도교창건록』에는 풍암 이병춘이 입도한 연대는 1887년이다. 그리고 『천도교회월보』 환원 기사에 보면 운암면 선거리 김영원은 1889년 2월 24일에, 백암 이종현과 집암 엄민문, 이종대는 1889년 7월 25일과 9월에, 청운면 조항리 하암 조석걸, 성덕화도 이해 10월 20일에 입도하였다. 덕치면 회문리의 김춘성은 1890년 10월 3일에, 청웅면 향교리 이종근은 7월 17일에, 성수면 월평리 박태준은 1891년 9월 30일에, 청웅면 향교리 이종태도 그해에 입도하였다.

동학의 교세는 1892년 11월에 삼례 교조신원운동 이후에 급격히 늘어났으며, 1894년 동학혁명운동 때에도 크게 늘어났다. 6월 21일 일본군이 경복궁을 침범한 사실이 전해지자 전주 이씨 문중에서까지 입도하였다. 특히 현감인 민충식閔忠植마저 입도하자 군민 대다수가 동학도가 되었다.

박내홍朴來弘은 기행문 「전라행」에서 "청웅면 새목터는 갑오년간에 동학제 두령의 거소였으므로 해월신사조차 행차하시어…(갑오)동란시에는 일군이 도가道家 아닌 집이 거의 없었다."[18]고 하였다. 『천도교회사초고』에는 1894년에 기포한 임실군 접주는 최승우, 최유하, 임덕필, 이만화, 김병옥, 문길현, 한영태, 이용학, 이병용, 곽사회, 박경무, 한군정 등이라고 하였다. 조석걸, 이병춘, 허선도 기포한 유명 접주의 한 사람이었다. 김정갑(金正甲, 김영원 접주의 손자, 1917생)은 1894년 당시 임실에는 6대 연원(包)이 있었으며 그 산하에 31명의 접주가 있었다고 증언하였다.

⑶ 순창군

순창에 동학이 들어간 시기는 분명치 않으나 1948년도 교인명부(敎譜)와 『천도교회월보』의 환원 기사를 보면 1889년에 입도한 사람이 보인다. 쌍치면 금성리의 이병선은 1889년에, 쌍치면 시산리의 계두원은 1890년에, 금성리 김동화는 1890년에,[19] 동계면 관전리 김만두는 1891년에 각기 입도하였다.[20] 금과면 방성리 설임철은 1892년 5월 4일에, 쌍치면 금성리 임병선은 1892년 7월에, 인계면 세룡리 신석우는 1894년에, 순창군(면미상) 안의만은 1894년에 입도한 것으로 되어 있다.[21] 1948년에 작성된 것이므로 이미 환원한 도인들은 많이 누락되었을 것이다. 1893년 보은 척왜양창의운동 해산자들에 대해 관이 조사한 것을 보면 순창 동학도들도 끼어 있다.[22]

『천도교서』[23]에 의하면 이용술, 양회일, 오동호, 김치성, 방진교, 최기난, 지동섭, 오두선 접주들이 기포하였다 한다. 『동학사』에는 "오동호가 1천5백명의 동학군을 거느리고 기포하였다." 하였으므로 1894년 이전에 이미 수천명에 이르는 동학도가 있었음을 짐작할 수 있다.

⑷ 곡성군

『남원군종리원사』의 부록인 『구례군교구사』에 보면 1892년 봄에 남원에 사는 도인이 곡성군 기봉진에게 전도한 것이 이 지역에 처음 동학이 들어온 것이라 한다. 오곡면 승법리의 강치언도 이때에 입도한 것으로 되어 있다. 『천도교창건록』에는 이병춘 관내 도인인 순암 김기영과 능암 전홍기도 1894년에 입도하였다 한다. 그리고 1894년에는 조석하, 조재영, 강일수, 김현기 등 4명의 접주가 기포하였다 한다.[24]

⑸ 옥과현

옥과현은 인근 고을에 비해 동학 세력이 미약하였다. 『순무선봉진등록』
에 "처음에는 거괴가 없었고 단지 협종자로 전재석, 김낙유, 황찬묵 3인…"[25]
이었다고 하였다. 이들은 적어도 1890년경에 입도하였을 것으로 추정된다.

⑹ 구례군

곡성 사람 기봉진이 1892년에 허탁, 임양순, 임태순, 조경묵, 우공정 등에
게 전도하였다 한다. 이들의 포덕활동으로 수백 호를 만들었다 한다.[26] 『천
도교회월보』 환원 기사에 보면 이보다 3년 전인 1889년 10월 28일에 용방면
용정리에 사는 강철수가 입도하였고,[27] 1890년 1월 18일에는 광의면 수일리
에 사는 위암 김석진이 입도하였다.[28] 그런데 1894년에 기포한 접주는 임봉
춘[29]이 유일하다고 하였다.

『오하기문』에는 전 구례 현감 남궁표와 당시 현감 조규하가 동학에 입도
하여 포덕에 앞장섰다 한다. "구례 전 현감 남궁표는 물러난 다음 구례에서
살았으며, 구례의 적(동학군) 임정연으로부터 입도하고 나서 제자라며 현민
들에게 입도를 권유하였다."[30] 한다. 그리고 현감 조규하는 "적(東學軍)이 오
면 주연을 베풀어 잘 대접하면서…전송하는 일에 정성을 다했다.…사촌의
아들을 개남에게 딸려 보내고, 자신도 입도하여 자칭 구도인舊道人이라."[31]
하였다 한다. 임봉춘은 임정연의 아들로 보인다.

⑺ 담양군

동학혁명 당시의 활동으로 보아 담양군의 동학 세력은 임실, 태인, 남원에
뒤지지 않았다. 『천도교회월보』 환원록에 의하면 담양면 백동리 김학원과
무면 성도리 추병철은 1892년에, 용면 복용리 전오봉[32]와 수북면 남산리의

황정욱[33]과 송구진[34]은 1894년에, 고서면 보촌리 최수선[35]은 1889년에 입도하였다. 이 기록은 1919년의 것이고, 그 이전에 입도한 사람이 돌아갔을 것이므로 최소한 최수선이 입도한 1889년 이전에 이 지역에 동학이 자리 잡았을 것으로 본다.

1894년에는 남응삼(南應三, 南周松), 김중화, 이경섭, 황정욱, 윤용수, 김희안, 이화백 등 접주들이 기포하였다. 황현이 지적한 담양의 강접 용귀동접은 읍에서 서쪽으로 4킬로미터 떨어져 있는 수북면 주평리 용귀동에 있었다. 김개남의 중군으로 활약했던 김중화[36]와 군수물자 조달을 책임졌던 남응삼은 이 지역 출신의 거물이었다.[37] 『순무선봉진등록』에서는 '광주 용귀동[38]'이라 하였으며, 다른 기록에는 창평 용귀동이라 한 데도 있다. 원래 용귀산 아래의 일부는 창평현에 속하여 있다가 1914년에 행정구역을 개편할 때 이 일대가 담양군 수북면으로 되었다. 용귀산 일대를 용귀동이라 하였다.

⑻ 창평현 · 낙안현

창평현은 일제 때 담양군 창평면으로 편입되었으나 원래 독립된 작은 현이었다. 1894년에 백학과 유형로가 기포한 것으로 되어 있다.[39] 이들이 언제 입도하였는지 알 수는 없다. 그리고 낙안현도 언제부터 동학이 자리 잡았는지 기록이 없다. 1894년에 기포한 동학 세력이 상당하였으며 김개남이 청주를 공격할 때 접주 강사원과 안귀복, 이수희 3명이 선봉을 담당한 것으로 미루어 동학 세력이 강했던 것으로 보인다.[40]

⑼ 흥양현(興陽縣, 高興郡)

『동학사』에는 유희도, 구기서, 송년호 접주가 기포하였다 하였고, 『천도교서』에는 구기서, 송두호, 정영순, 송년섭, 임기서, 유동환 접주가 기포하였

다고 했다. 또한 "유희도는 4천 군을 거느리고 흥양에서 일어났다." 하여 흥
양 동학 세력이 대단했음을 알 수 있다. 수천에 이르는 동학군을 거느렸다는
것은 그만큼 동학 세력이 자리 잡고 있었음을 말해 준다.

(10) 장수군

『취어』에는 1893년 4월에 보은에서의 척왜양창의운동을 마치고 돌아가는
군·현 동학도의 인원수를 기록한 대목이 있다. 그중 "초3일 아침부터 저녁
까지 돌아간 자 중에는 전라도 장수접 동학도가 230여 명이나 되었다."고 하
였다. 다른 지역보다 많은 인원이 참가한 것이 주목을 끌었다. 1936년에 작
성된 천도교보에는 1890년 11월에 장수면 용계리에서 장영섭이 입도한 기
록이 보인다. 해월신사로부터 신암信菴이라는 도호를 받은 김신학은 이보다
먼저 입도한 것으로 전해지고 있다.

『천도교회사초고』에는 1894년에 장수에서 "황학주, 김학종, 김숙여, 김병
두, 김홍두 접주들이 기포하였다."[41] 한다. 그리고『영상일기』와『오하기문』
에는 황내문이 대표적인 접주라고 하나 위의 6명도 황내문에 못지 않게 수천
명을 이끌어 간 장수군의 유수한 접주들이었다.

(11) 태인군

당시의 태인현 지역은 현 정읍군 태인면, 옹동면, 산외면, 감곡면, 칠보면,
산내면, 보림면, 용북면이었다. 『천도교서』1886년 조에는 "이때 충청·전
라·경상·경기 등지의 인사들이…신사를 찾아오는 분이 많았다."고 하였
다. 원평 용계장(龍溪丈, 金德明)도 1886년 10월에 여러 인사와 동행하여 상주
군 화서면 봉촌리 앞재로 가서 해월신사로부터 도를 받았다고 하였다. 태인
지역 인사들도 이 무렵에 동학을 받아 온 것으로 추측한다.

『천도교서』 등에 의하면 1894년 동학혁명 때 태인 지역에서 기포한 접주는 김기범(金箕範, 開南)을 위시하여 최영찬, 김지풍, 김한술, 김영하, 유희도, 김문행 등이라고 하였다. 이 밖에도 김삼묵, 김연구, 임홍택 등이었다. 한때 해월신사가 시산 김삼묵의 집에 가서 임첩을 발행한 일도 있었으며, 지금실에 있는 김기범의 집에 가서 15일간이나 유숙하면서 동학을 지도한 일도 있었다. 김기범을 정점으로 한 수천여 명의 동학도가 뿌리를 내리고 있었다. 그중 가장 활발했던 곳은 산외면과 칠보면, 태인면이었다.

3. 혁명 초기의 상황

1894년 동학혁명을 선포한 동학군은 한 고을씩 차례로 점령하였다. 태인, 남원, 임실, 순창, 담양, 장수, 구례, 곡성, 흥양, 낙안 지역 동학군들은 전봉준 장군의 휘하에 모여 황토재 전투와 황룡천 전투를 승리로 이끌고 이어서 전주성을 점령하였다.

전라좌도에 속했던 동학군들이 초기에 얼마나 참가하였는지 알 수 없으나 인원수는 적었더라도 모든 군·현에서 참가한 것으로 보인다. 임실에서는 3월 16일에 청웅면 향교리에 모였다가 3월 18일경에 산외면 동곡리 지금실로 가서 김개남 동학군과 합류 기포하여 백산으로 갔다 한다.[42] 남원 동학군들도 오수에 모였다가 지금실로 가서 김개남 동학군과 합류하여 기포한 다음 백산으로 갔다 한다.[43]

전주화약이 성립되어 5월 8일(양6.11)에 고을로 돌아온 이후에는 군·현별로 도세道勢를 늘리는 데 힘을 기울였다. 『오하기문』에는 남원지역의 경우 "구도인舊道人이 많았으며 5월 이후에는 따라붙는 백성들이 늘어나 수천 인에 이르렀다."[44]고 하였다. 구도인은 이미 오래전부터 동학을 해 왔던 도인이고 신참도인은 말 그대로 새로 들어 온 도인을 말한다. 일부 부자들도 재산을 보호할 목적으로 동학에 들어온 이가 많았다 한다.

5월 하순부터 전라도 일대는 동학 세력이 요원의 불길처럼 일어나 고을마다 도소를 차려 놓고 활발하게 움직이기 시작하였다. 조선왕조의 뿌리를 뒤흔드는 신분제 타파 운동이 활발하였고, 악질 부호나 구실아치들을 괴롭히는 일이 연달았다. 혁명의 기세가 높아가자 보수세력들은 동학군을 가리켜 약탈자요 난동자로 몰아 갔다. 정부는 자신들이 불러들인 청일 양군을 물리치기 위한 명분을 찾기 위해 동학군의 귀화를 권고하는 효유문까지 발표하게 되었다. 『오하기문』에는 6월 3일에, 『초정집』에는 5월에 효유문을 반포하였다고 하는데 아마도 5월 하순에 발송하였으나 6월초에 이르러 일반에게 알려진 것 같다.

김학진 감사도 5월 하순에 귀화를 권하는 효유문을 발송하였다. 김학진의 효유문에는 면·리에 집강소를 설치하여 관이 임명하는 집강으로 하여금 동학군의 어려움을 해결해 준다는 것이 들어 있었다. 그리고 과거에 저지른 죄나 민소民訴는 모두 없었던 것으로 덮어 둘 것이며, 금년에는 실농하였으므로 일체의 부역을 면제하여 주겠다는 것이었다.

요컨대 면·리 단위로 집강소 설치하여 동학군의 억울한 일들을 해결해 줄 것이니 안심하고 귀화하여 영농에 힘쓰라는 것이었다. 면·리 단위 집강소가 자신들의 억울한 일을 해결해 주리라고 믿는 사람은 아무도 없었다. 작은 일은 면·리 집강이 취급하고 큰 일은 감영에서 처리한다는 이 안은 일종의 속임수로 받아들여졌다. 당시의 모순들은 동학군이 행정권과 사법권을 장악하지 않으면 보장할 수 없는 것들이었다. 요지는 다음과 같다.

병기를 버리고 농사일로 돌아가 각자 생업에 종사해야 할 것이다. 그러나 몇몇 곳에서 병기를 버리지 않고 모여 있다 하니 어찌된 까닭인가. 임금께서 여러 번 타이르는 말씀을 내렸으므로 잘 헤아릴 줄 안다.…다시 한번 진심을 전하니, 의심하거나 겁내지 말고, 고향으로 돌아가…평민이 된다면 안정된 생업을 누릴 것이다.…몇 가지 적어 약조하니…의심하는 일이 없도록 하라. ① 너희들의 귀화는 허락되었다.…지난 허물로 침학 토색하지 못하게 엄금하리라. 마을에 집강을 두어 원통한 일은 집강을 거쳐 감영에 호소하면 조처해 주리라. ② 무기 반납을 제외하고, 재물과 곡식에 관한 민소民訴가 있어도, 없었던 것으로 사면하리라. ③ 실농失農하고 가산을 탕진하였으니 부역과 각종 공납금은 면제하여 주리라.[45]

효유문을 검토한 전봉준과 김개남을 비롯한 동학 지도부는 일단 거부하기로 결정하고 대안을 만들었다. 즉 집강소는 군·현 단위로 두되 동학군이 집강을 맡도록 하자는 것이었다. 전봉준과 김학진은 의외로 합의를 이루어 동학군의 요구대로 군·현 단위 집강소를 설치하며, 집강은 동학군이 맡도록 하였다. 김학진 감사는 합의한 대로 6월 7일에 각 군·현 군수·현감에게 집강소 설치에 대한 감결을 내렸다.

김성규의 『초정집草亭集』에는 "너희들은 살고 있는 고을에 가서…의로운 사람을 집강으로 뽑아 위법자가 나타나면 포착하여 고을 수재와 상의해서 처리하라. 만일 집강이 전결하기 어려운 일은 관에 보고한다면 법대로 포착할 것이다."[46]고 하였다. 정석모의 『갑오약력』에도 "6월에 관찰사가 전봉준 등을 감영에 불러들이자…전봉준은 삼베 옷에 메 산 자 관을 쓰고 의젓이 들어왔다.…관찰사는 관민 간에 상화相和할 방책을 의논하고 각 고을에 집강을 설치할 것을 허락하였다."[47]고 하였다.

『오하기문』 6월 조에도 "순창군수 이성렬은…김학진이 여러 번 공문을 보내어 지금의 (동학과의) 화해 국면(撫局)을 깨뜨리지 말라 하여…어쩔 수 없이 아전과 백성들이 동학에 기탁하여 도소를 설치하고 집강을 배치하였다."⁴⁸고 하였다. 전봉준과 김개남은 관찰사가 집강소 설치를 군·현에 시달하자 일부 수재守宰들이 혹시 집강소 설치에 반발할 염려가 있어 여러 고을을 순회하기로 하였다.

김개남은 6월 12일경부터 태인 동학군을 거느리고 순창, 옥과, 담양, 창평, 동복, 낙안, 순천, 홍양, 곡성을 거쳐⁴⁹ 10여 일이 지난 6월 25일에 남원성으로 들어갔다. 전봉준도 6월 중순부터 20명의 측근들을 대동하고 장성, 담양, 순창, 옥과, 남원, 창평, 운봉을 거쳐 6월 28일경에 원평으로 돌아왔다.⁵⁰ 그리고 두 지도자는 김개남은 좌도지역을, 전봉준은 우도지역을 맡아 혁명을 이끌어갔다.

김개남은 6월 25일에 남원으로 들어올 때 담양접주 남응삼, 홍양접주 유희도(=柳福滿)와 같이 수천의 병력을 이끌고 들어왔다. 남원부사 윤병관은 겁을 먹고 도망쳐 버렸으며 이속吏屬들도 뿔뿔이 흩어져 관아는 비게 되었다. 부중에 전라좌도 동학 대도회소大都會所를 설치한 김개남은 자리가 잡혀가자 여러 고을의 부자나 악질 구실아치들을 조사하게 하였다. 수천의 병력을 유지하자면 식량과 금전이 필요하였다. 이것을 이들로부터 강제로 조달하려는 계획이었다.

다음은 동학의 포덕사업에 힘을 기울여 혁명 세력을 키워 가기로 하였다. 새로 입도한 사람에게는 새 세상이 온다는 '다시개벽開闢'의 신념을 심어 주었고, 인간의 존엄성을 스스로 깨우치게 하는 수행을 권장하였다. 사람은 한울님을 모시고 있으므로 누구나 한울님과 같이 존엄하다는 '인내천의 인간관'과 '사람 섬기기를 한울님 섬기듯이 하자는 사인여천의 실천'과 "모든 사람은 한울님처럼 대접받을 수 있는 세상을 만들어야 한다."는 이상을 향해 나가자고 가르쳤다.

　이때 제일 먼저 나타난 행동은 양반 중심의 신분제를 타파하는 일이었다. 1860년 창도 당시부터 실천하여 온 신분제 타파운동은 1865년 10월에 "사람이 곧 한울님이니 도인 된 사람은 귀천貴賤을 타파하라."[51]고 한 해월신사의 설법으로 일상적인 강령의 하나로 받아들여졌다. 동학군의 신분제 타파운동에 나타난 행위에 대해 『오하기문』은 다음과 같이 기록하고 있다.

　　남의 집 종으로서 적(동학)을 따르는 자들은 물론이요, 적을 따르지는 않아도 적을 끌어다 주인에게 겁을 주어 노비문서를 불태우게 하거나 억지로 면천하게 하였다. 혹은 주인을 묶고 주리를 틀거나 곤장을 치기도 하였다.…양반으로 노비와 함께 적(동학)을 따르는 자들은 서로를 접장接長이라 하며 동학의 규범에 따랐다. 백정白丁이나 재인才人에 속한 자에게도 평민이나 양반과 같이 대등하게 대해 주니 사람들은(양반 등-편집자 주) 더욱 분하게 여겼다.[52]

　태인 집에 머물고 있던 전봉준은 7월 2일경에 남원으로 내려와 김개남과 여러 가지를 협의하였다.[53] 김학진 감사의 무장 해제 요구와 일본군에 대한 동학군의 대책을 주로 의논하였다. 그리고 동학에 들어온 일부 불량배들이 백성을 괴롭히고 재물을 빼앗는 약탈행위에 대해서도 심각하게 협의하였다. 결론은 일단 무기류는 관에 바치도록 하고 일본군을 물리치기 위한 항쟁은 당분간 추세를 보아 마련하도록 하였다.

4. 일본의 주권 침해

1만 명의 병력을 서울에 진주시킨 일본은 6월 21일(양7.23) 새벽에 왕궁을 점령, 꼭두각시로 대원군을 끌어들였다.[54] 한편 〈국군기무처〉를 두어 중요 문제를 전결하게 하여 대원군의 서정 참여를 차단하였고, 청국과 맺은 모든 조약을 무효화시키는 동시에 청국군을 몰아내는 권한을 일본군에 위임하도록 강제하였다. 일본군은 이런 절차를 마치자 6월 25일에 아산 앞 풍도 근해에서 청국군을 수송해 온 고승호高陞號를 기습 공격하여 격침하였고, 28일에는 4천 병력으로 성환에 주둔중인 섭사성 휘하의 2천여 청군을 격퇴시켰다.

7월 21일(양8.20)에는 「한일합동잠정조관韓日合同暫定條款」을 억지로 체결하였고, 27일(양8.26)에는 「대조선대일본양국맹약大朝鮮大日本兩國盟約」을 강제하였다. 이 문건에는 "경부선·경인선 두 철도를 일본 자금으로 건설하고, 한국정부는 개통 후 50년이 지나 건설비를 상환하게 하고, 그때까지 철도 운수사업을 일본이 독점하게" 하였으며 "일본군이 이동하거나 식량을 준비하는 데 모든 편의를 제공한다."는 내용이 들어 있다.[55]

한편 7월 5일 전봉준은 김학진 감사와 협상하기 위해 전주로 올라갔다. 『수록』에는 "이달 6일에 전봉준은 그 학도學徒와 같이 영문營門으로 찾아와 진심을 털어놓고 굳게 언약한 다음, 여러 읍의 집강에게 통문을 띄웠다.…(김학진은) 그 대강을 「감결」로 군·현에 시달하였다."[56]고 하였다.

감사의 감결 중에는 전봉준이 각 접에 보낸 통문 후록後錄이 덧붙여져 있다. 통문의 요지는 첫째, "이번 거사는 백성에게 가해지는 해악을 제거하자는 데 있다. 그러나 교사한 부랑배들이 함부로 날뛰어 평민을 침학하며 마을을 해치고 있다.…착한 이를 해치는 무리이니 각 읍의 집강은 밝게 살펴 금단하라." 둘째, "이미 거둔 포창검마砲槍劍馬는 소속 관청에 바치고 관내 접주는 그 결과를 문건으로 감영에 올리라.…그리고 역마나 상마商馬는 주인에게 돌려주고 이후로는 포砲와 말을 뺏는 일이 없도록 하고, 전재錢財를 토색하는 자는 영문에 보고하면 군율로써 처리하게 될 것이다. 남의 무덤을 파헤치거나 사사로운 빚을 받아내는 것은 말할 것도 없고, 시비도 논하지 말라. 만약 이 조목을 어기는 자는 감영에 보고하여 법으로 다스리게 할 것이다." 라고 하였다.

7월 9일경에 남원으로 내려온 전봉준은 김개남과 여러 접주들을 만나 의논하여 7월 15일에 남원에서 대회를 열기로 하였다. 전라도 전역에 사람을 보내니 모여든 인원은 수만 명에 이르렀다. 『오하기문』에는 "이달 망간에 전봉준과 김개남 등이 남원에 수만 인을 모아 대회를 가졌다."[57]고 하였으며 "봉준은 각 읍에…집강을 세워 수령의 일을 수행하게 하니 호남의 군사권과 재정권은 모두 적(동학)이 장악하게 되었다."고 하였다.

그런데 7월 16일에 전라감사 김학진은 급히 군관 송사마를 남원에 보내어 전봉준을 전주에 오라고 하였다. "도인들을 이끌고 전주로 와서 함께 지키자."는 것이었다. 중앙정부가 친일파 소굴로 변하자 김학진은 반일 항쟁을 결심한 것으로 보인다. 전봉준은 절호의 기회라고 판단하여 7월 17일에 전주로 올라갔다. 이때 여러 지역에서 모였던 수만 명의 동학군들도 각기 자기 고을로 돌아갔다. 김개남은 임실 성수면 성수산 상이암으로 들어갔다. 『오하기문』에는 다음과 같이 기록하였다.

봉준은 편지를 받고…무리를 정돈하여 전주로 갈 계획을 세웠으나 개남은 불응하고 자신의 부대를 거느리고 샛길로 도망하듯 돌아갔다. 봉준은… 가까운 동지 40-50명과 같이 선화당으로 들어가 학진을 만났다.…학진은 군대의 지휘권을 봉준에게 넘겨주었다.…이에 봉준은 학진을 옆에 끼는 절

호의 기회로 잡아 호남을 마음대로 요리하였다.…사람들은 학진을 도인 감사라고 불렀다.[58]

"개남은 샛길로 도망하듯 돌아갔다."는 황현의 기록은 사실과 다르다. 김개남은 전봉준과 같이 동행하여 임실까지 올라와서 본래의 계획대로 헤어져서 성수산 상이암으로 들어간 것이다. 『오하기문』에는 "김개남이…정기精騎 백여 명을 거느리고 상여암(上輿菴, 上耳庵)으로 들어가 더위를 피했다."[59]고 하였으나 이 대목도 사실과 다르다. 이해에는 6월부터 가뭄이 심하여 강물이 마르고 곡식이 타죽었다.[60] 이런 때에 수천의 동학군을 남원에 주둔시키기는 어려운 일이었다. 김개남이 남원을 떠난 것이나 수만의 병력을 해산시킨 것은 민폐를 끼치지 않기 위해서였다.

지금실 집으로 갈 생각도 했을 것이다. 그러나 좁고 외져서 오가는 이들을 재울 만큼 넓지도 못했고 교통 또한 불편했기 때문에 상이암으로 정한 것이다. 상이암은 깊은 산중이지만 남원, 장수, 임실, 태인은 물론 남쪽에 있는 담양과 곡성, 구례 등지에서 왕래하기도 편하였고 아담한 암자라 여러 명이 기거할 수 있는 곳이었다.[61] 특히 물 맑고 시원하여 100명의 정예만 이끌고 7월 17일에 들어갔다.

전주에 당도한 전봉준은 김학진을 만나 항일 대책을 의논하였다. 좌우도 도집강(左右 都執綱)의 이름으로 군·현 집강에게 보낸 통문을 보면 대충 짐작할 수 있다. 『수록』의 문건을 추려 보면 다음과 같다.

방금 왜구가 궁궐을 침범하여 임금(君父)에게 욕을 보였으니 우리들은 응당 다같이 의롭게 나가서 목숨을 바쳐야 할 것이다. 그들 왜구는 바야흐로 청국병을 적으로 싸우고 있는데 그들의 전투력은 매우 날카롭다. 만일 지금 급하게 대항하여 싸우면 그 화가 종묘사직에 미칠지 모르므로 물러나 있다가 시세를 관망한 연후에 그 정세에 따라 (동학군의) 기세를 독려하고 계책을 세워서 만전의 대책을 마련하는 것만 같지 못하다. 바라건대 통문을 발송하여 경내境內 각 접주들과 하나하나 상의하도록 하라.[62]

항일 투쟁을 위한 김학진과 전봉준의 대책은 당분간 관망하는 것으로 정한 것 같다. 청국군을 제압한 일본군의 전투력이 예상 외로 강하였기 때문이다. 그리고 일본은 김홍집 내각을 앞잡이로 하여 나라의 주권을 장악하고 있었다. 전봉준과 김개남은 8월 초순에 이르러 항일 전쟁을 심각하게 논의하기 시작하였다.

뜻밖에도 8월 초에 경상도 안의에서 불상사가 일어났으며, 운봉에서 박봉양이 배신한 사실이 전해졌다. 안의의 불상사란 남원 동학군이 식량을 조달하기 위해 안의로 갔다가 봉변을 당한 일이다. 『오하기문』에는 8월 초[63]에 남원 동학군은 운봉을 거쳐 함양군 지곡면 개평리로 가서 부민富民 정씨로부터 많은 식량을 얻어 내었다. 동학군은 20리를 더 가서 안의현에 이르러 현감 조원식에게 협력을 구했다. 그는 흔쾌히 받아들이고 음식과 술을 대접하였다. 날이 저물자 현감은 숨겨 두었던 장정들을 동원하여 불시에 습격하였다. "3백여 명이 죽었다."[64] 하였으나 안의에 간 동학군은 수백 명에 지나지 않았으며 살해된 이도 수십 명에 지나지 않았다.

박봉양에 대한 『오하기문』의 내용은 "전 주서注書 박문달朴文達은…가재家財를 약탈당할까 두려워 남원의 적 황접주(黃乃文, 長水人)에게 입도하여… 한 달 남짓 주문呪文도 읽었다.…그러나 입도자의 재물도 계속 약탈하여 가자 (동학과) 단절한다는 글을 보냈다."[65]는 것이다. 『영상일기』에도 "운봉의 부호 구실아치로 적당(동학군)이 심하게 전곡을 토색하자 빼앗기지 않으려고 장수의 황내문에게 거짓 입두(暗附)하여 화를 피하려 하였다."[66]고 하였다.

『박봉양경력서』에는 "7월 26일 조상의 영전에 곡하고 족친들과 그리고 뜻을 같이 하는 30여 인과 하인 10여 명을 모아 놓고 도둑을 막는 계략을 설명하였다."고 하였다. 그리고 8월 초에 반기를 든다고 동학 남원 대도소에 보내왔다. 운봉은 고원지대로 남원 상동면 부절리에서 450미터나 높은 해발 600미터의 지대에 있다.

운봉에 가려면 가파른 산길을 3킬로미터나 올라가야 하므로[67] 천혜의 요새와 같은 지형을 가졌다. 이런 지형을 이용하여 동학군을 막아낼 수 있다고 판단한 것이다. 8월 22일에 새로 부임한 군수 이의경마저 협력하고 나서자 더욱 자신이 생겼다.[68]

동학 지도부는 배후에서 경상도 민보군과 결탁하여 위협하는 운봉 민보군에 대한 방비책이 필요하였다. 우선 방아재 밑에 있는 부동 동학군으로 하여금 막아 내게 하였다. 『영상일기』에는 "8월 19일(양9.18) 남원부 부동(釜洞=上東面 釜節里)의 적 강감역과 유학규가 타읍의 동학군 수천 명을 거느리고 본부에 있던 군기인 활과 포와 화약을 부동으로 실어갔다."[69]고 하였다. 부동은 큰 동리일 뿐만 아니라 동학 세력이 강하여 무력만 갖추면 자체 방어력이 있었던 마을이다.

이때 흥양의 유복만 접주도 다시 남원으로 올라온 것 같다. 그는 수천 동학군을 이끌고 교룡산성에 들어가 군기고의 병기를 부내府內로 옮겨 놓았다. 『오하기문』에는 "길에 뿌려진 화약은 두께가 한 치나 되었고, 화살은 땔감으로 대신했다. 마름쇠도 수십 석石이나 어지러이 내버렸다."[70]고 하였다. 당시 항일전을 준비하던 동학군은 무기가 절실히 필요했다. 화약을 길에 뿌리거나 화살을 땔감으로 대신하거나 마름쇠를 버렸을 리가 없다.

상이암에 들어가 있던 김개남은 임실 일대에 3만여 명의 동학군을 집결시켰다. 아마도 24일경부터 임실, 태인, 장수, 진산, 금산, 용담, 무주, 진안 등 여러 고을 동학군들을 관촌면, 신평면, 임실읍, 성수면 일대에 모이게 하여 대오를 짜고 깃발을 준비한 다음 25일 아침에 남원으로 출발한 것 같다.

『오하기문』에는 "25일 김개남은 임실에서 남원으로 들어왔다.…좌도 여러 적들이 남원 부중으로 모이니 무려 7만여 인이었다."[71]고 하였다. 남쪽에 있는 순창, 담양, 곡성, 구례, 창평, 옥과, 낙안, 흥양 동학군들도 올라왔을 것이다. 『오하기문』에는 "징과 북의 장단에 맞춘 동학군의 행렬은 남원까지 80리를 이었다. 우리 나라에서 도적이 이처럼 치열했던 바는 아직 보지 못했을 것이다."[72]라고 하였다.

선두 행렬이 남원에 이르자 "군복을 갖춘 많은 동학군들이 김개남을 맞아들였다."[73] 부민이나 유생들은 모두 도망가고 남원읍내는 동학군으로 가득 찼으며 부중과 교룡산성 두 곳에 나누어 주둔하였다.[74]

김개남은 남원관아를 비로소 차지하고 전라좌도도회소라는 정청政廳을 설치하였다. 그리고 군제를 오영五營으로 편제하니 전 영장은 담양 접주 남응삼을, 후영장은 남원 오수접주 김홍기를, 우영장은 김대원을, 좌영장은 김용관을, 중영도통장은 김개남 자신이 맡았다. 그리고 모주謀主는 남원 김우칙(金佑勅=金禹則)이 맡도록 하였다.

각 영의 병력 수는 5-6천 명씩이라 하며[75] 각 영에는 일원장一元將과 이원장二元將을 두었고 그 밑에 군수군軍守軍과 영군營軍이 속하도록 하였다. 또한 각 영에는 성찰, 통찰을 수십 명씩 두었다.[76] 한편 각 군·현의 집강소 활동도 본격적으로 가동시켰다. 서기와 성찰, 집사, 동몽을 두어 업무를 보게 하니 마치 관청을 방불케 하였다.[77]

『갑오약력』에 의하면 이 오영제는 대원군의 효유문을 가져갔다 체포된 정석모 자신의 건의로 채택된 제도라고 한다. 만일 그가 건의했다면 그 시기는

9월 20일 이후에서 9월 25일 사이가 되었을 것이다. 정석모는 9월 19일에 김삼묵을 만났으며 9월 30일에는 남응삼을 따라 담양으로 갔으므로 건의 시기는 20일-25일 사이라고 여겨진다. 그러나 『영상일기』와 『남원군동학사』에 오영제가 구체적으로 기록되어 있어 정석모의 건의에 의해 설치된 것이라고 믿어지지 않는다.

『갑오약력』에 보성 안 접주의 처소에 머물렀을 때 "그는 근자에 오방五方 기치를 7-8천 개나 만들어 오늘(9월 12일경) 장대에서 기제旗祭를 올리기로 하였다."는 말을 들었다. 오방기제五方旗祭는 곧 오영제도를 시행하기 위한 제례로 볼 수 있다. 따라서 오영제는 정석모의 건의에 의해 창설된 제도가 아니라 김개남 동학군이 스스로 창제한 제도라고 할 수 있다.

김개남 휘하 모든 접들은 이 오영제에 소속되어 움직였다. 대접주는 홍양의 유복만, 담양의 남응삼, 태인의 정창규, 김연구, 진안의 이사명, 금구의 김봉덕(金鳳德=鳳得), 임실의 최찬국 대접주와 도접주 최준필(崔準弼=崔承雨) 등이었다. 이밖에 중급의 접들도 모두 오영에 속하여 움직였다. 그리고 남원지방 큰 접주는 김홍기, 황내문, 이규순, 이기동, 박세춘, 유태홍, 변홍두, 최진악, 김소호, 심노환, 이문경, 조동섭, 김형진 등이었다. 이 외에도 김우칙, 이춘종, 박정래, 박중래, 김원석 등으로 헤아릴 수 없이 많았다. 구체적으로 오영에 소속된 지역별 군·현은 알 수 없다.

이웃인 임실군에서도 6월 중순부터 읍내에 동학도소를 설치하고 현감 민충식의 적극적인 후원을 받아 활발하게 활동하였다.[78] 당시 대접주 최찬국과 김영원, 도접주 최승우을 비롯하여 30명의 접주가 있었다. 접의 사무를 담당하였던 접사는 김교필 등이었고 교장, 교수 등 육임직도 많았다 한다.

大接主: 崔贊國 金榮遠

都接主: 崔承雨

接主: 金學遠 韓榮泰 崔由河 崔東弼 許善鍾 趙錫杰 李炳春 朴京(敬)武 林德弼 黃熙榮 李鍾勤 林再洙 梁京(景)寶 嚴鍾聲 文吉鉉 李萬化 李龍擧 李炳用 郭士會 韓君正 崔鳳頊 崔鳳九 朴廷煥 朴成根 金茂龍 朴準承 楊化三 崔鳳商 崔鑛學

接司: 金敎弼 李鍾鉉 李龍洙 朴萬澤 宋光浩 金景煥 申鶴來 崔賢弼 崔學弼 崔權瑞

六任職: 禹成五 崔宗箕 李治悅 全勇琦 李龍必 李昌化 李白雨 李鍾仁 崔太瑞 李化先 鄭相容 白弼煥 李光儀 姜喜鎭 鄭相悅 金判奉 李鍾文 李起煥 朴龍雲 金敎奉 朴順萬 魯炳喆 崔學胤

동학군이 항일전을 논의한 시기는 7월 중순부터이고, 전봉준과 김개남이 행동으로 옮긴 것은 8월 하순경이다. 『갑오약력』에 "들리는 소문에 의하면 김개남이 기병한 것은 서울을 치려는 뜻이 없지 않다며 그 시기를 기다리는 중이라."[79]고 하였다. 그런데 항일전 준비에 전봉준과 김개남이 견해를 달리하였다는 설이 있으나 이는 사실과는 다르다고 여긴다.

『오하기문』에 김개남이 8월 25일에 남원을 점거하자 전봉준이 달려와 항일전 준비를 말렸다고 하였다. 즉 "봉준은…전주에서 남원으로 달려와 개남에게 '지금의 정세로 보아 일본과 청나라가 전쟁 중에 있는데 어느 쪽이 승리하든 우리에게 총뿌리(군대)를 돌릴 것이다. 우리들은 비록 인원수는 많으나 오합지졸이라 쉽게 무너져 끝내 우리의 뜻을 실현할 수 없게 될 것이다. (차라리) 귀화하여 여러 고을로 흩어져서 정세의 변화를 지켜보는 것만 같지 못하다.'고 하자 개남은 큰 무리를 한 번 흩어지게 하면 다시 모으기가 어렵다며 듣지 않았다."[80]고 하였다.

황현의 기록은 전해들은 이야기를 적은 것이므로 정확하다고 보기는 어렵다. 전봉준이 반대한 것으로 기록했으나 그도 8월 하순부터 거병하기 시작하였다. 『갑오실기』 9월 조의 김학진이 정부에 올린 장계에 의하면 "남원부에 모인 비도는 5-6만이며 각기 병기를 갖고 밤낮으로 날뛴다. 금구에 모인 무리들도 이미 귀화했다가 어긋난 행실로 돌아섰다." "근일 비도들이 점차 늘어나니 이는 전에 없었던 변으로 임금님의 명령에 항거하며 의병이라 칭하니 가히 이를 용서할 수 있으랴."[81]고 하였다. 같은 시기에 전봉준도 금구 원평에서 거병했음이 확실한데 김개남을 말렸다는 것은 잘못된 기록이다.

김학진은 9월 초의 일을 20일간이나 미루어 9월 22일경에 장계를 올렸던 것이다. 그래서 정부는 "날짜를 이처럼 지연시켰으니 (김학진을) 중고重考해야 한다."는 논의가 있었던 것이다. 김학진이 장계를 지연시킨 것은 의도적이었으며 동학군의 편의를 보아주기 위한 것이라고 보여진다. 정부에서 이를 문제 삼자 김학진은 스스로 사직하려 하였으나 동학군을 무마시킬 인물이 없어 정부는 유보하고 말았다.

항일전을 위한 준비에서 중요한 것은 식량과 무기였다. 그중 무기는 병기고를 털면 되지만 식량을 확보하는 일은 간단하지 않았다. 우선 추수가 끝나야 했으며 무리하게 징수하지 않으면 안 되었다. 가령 5천 명이 2개월간 먹으려면 1일 1인 700그램으로 쳐도 200여 톤이 필요하다. 군수물자를 조달하는 전량관의 적임자를 물색하던 김개남은 담양 접주 남응삼을 선정하였다. 남응삼은 숙고 끝에 각 군·현에 일정량을 할당하여 시달하였다. 결당 쌀 7말, 매호당 말먹이 콩 1승 씩을 부과하였고, 장태(鷄籠), 동아줄, 짚배자, 화약, 상차廂車를 만드는 데 쓰일 물품으로 푸른 대나무, 짚신, 삼껍질, 껍질 벗긴 삼 줄기(骨麻), 볏집, 목판 등을 할당하였다.

군수품 할당은 행정권과 사법권을 완전히 장악하였을 때에만 가능하다. 할당량을 채우지 못하면 처벌할 수 있어야 하므로 집강들이 군·현 관리들을 강제할 힘이 없다면 집행하기 어렵다. 당시 좌도에서는 운봉현을 제외하면 군수 물자 할당에 저항한 사례가 없었다. 그만큼 동학군에게 행정권과 사법권이 있었음을 보여주었다.

5. 대원군의 효유문

항일전 준비에 힘쓰던 시기인 9월 8일에 뜻밖에도 대원군 효유문이 전달되었다. 동학혁명이 일어나자 고향 전주에 내려와 있던 정석모에게 대원군의 서찰이 전달되었다. "충청과 경상 양도에는 이미 사람을 보내 선유하였으나 유독 호남만 맡길 사람이 없어 (선유하지 못하고 있으니) 군이 (나라를 위해) 전해주는 노고를 아끼지 말아주기를 바란다."는 내용이었다. 그리고 김태정과 고영근高永根 두 사람이 대원군의 효유문을 갖고 왔다.

김학진 관찰사는 대원군의 뜻에 따라 전주 대도소를 통해 전봉준에게 보여주었고, 남원으로 사람을 보내 김개남에게도 전해 주기로 하였다. 전주 집강인 송덕인과 영교營校 1인, 사령 1인을 차출하여 정석모와 대원군의 심복 2인과 같이 가게 하였다. 9월 7일 하오에 떠난 6인은 어두워서야 임실에 도착하였다. 현감 민충식의 환대로 식사를 마치고 밤길을 달려 남원성에 들어갔다. 8일 아침에 김태정과 고영근을 동반하고 정석모는 김개남을 찾아갔다. 『갑오약력』에는 다음과 같이 기록하고 있다.

개남이 정청에 정좌하니 그 위의는 대단했다. 인사 후 국태공의 효유문과 뜻을 전하였다. 개남은 '그대들이 온 뜻은 이미 알고 있다. 잠시 물러가 쉬었다가 상의하자.'고 하였다. 성찰이 인도로 나누어 머물게 하니 서로 만나 볼 수 없게 되었다. 나는 보성의 안 접주 처소에 머물었다.…그는 '근자에 오방(五方=五營)기치를 7-8천 개나 만들어 오늘 장대에서 기제旗祭를 올리기로 하였다. 기제 때에는 반드시 모진 풍파가 있게 마련이다.'고 하였다. 신시쯤에 군졸 30여 명이 와서 안 접주에게 '지금 대접주(개남)가 막 기제를 올리려고 정석모를 잡아 대기시키라는 명령이 있었다.'고 하였다.… 군졸을 따라 장대에 이르니 군중은 바다처럼 모였다. 김태정과 고영근, 영교 송씨가 항쇄項鎖를 채운 채 계하에 있었다. 나도 계하에 끌려가 앉았다.…개남은 꾸짖기를 '네 나이 소년인데 집에서 책을 볼 것이지(말인즉 옳다) 어찌 무모하게도 공명심에 사로잡혀 개화당에 휩쓸려 국태공을 유인 농간하여 효유문을 받아 왔느냐. 이것이 어찌 국태공의 본 뜻이랴….'[82]

김개남은 대원군의 밀지나 효유문과 무관하게 추진하여 왔던 항일전 준비를 계속하였다. 『갑오약력』에서 정석모는 '추후에 들은 말'이라며 대원군은 속으로 밀지를, 겉으로 효유문을 전하였다고 하였다.[83] 즉 이준용(李埈鎔, 대원군의 손자)이 전 승지인 이건영을 (정석모가 남원에 오기) 하루 전날 김개남에게 보내 '기병하여 서울로 올라오라.'는 밀령을 전하였다 한다. 대원군이 전한 효유문의 요지는 다음과 같다.

방백수령들의 탐학과 토호 강족들의 무단武斷과 간사 교활한 구실아치들의 침삭侵削 행위가 나날이 더해 가고 다달이 늘어 가자…호소할 길이 없어 동학에 탁명하여 무리를 모아 스스로 보전하여 단 하루라도 행복한 생활을 하고자 하기에 이르렀다.…처음에는 원통함을 호소하려 일어났으나 점점 기세가 올라 발동하기에 이르러 가는 곳마다 요란을 거듭하여 기강을 침범하고 분수를 넘어서 관으로 하여금 정사를 보지 못하게 하며 나라의 명령이 시행되지 못하게 하니…과연 이것이 의거인가, 패거悖擧인가.…조정은 이미 삼도에 특사를 보내어 덕으로 다스리려는 뜻을 시달하였으니 너희들은 말을 듣고도 돌아오지 않으면 이는 조정에 항거하는 것이다.…너희들이 만약 병기를 놓고 농사일로 돌아가면, 털끝만치도 죄를 더하는 일은 없을 것이다.…오늘은 너희들이 사느냐 귀신이 되느냐의 갈림에 임하였다. 후회함이 없게 간절히 타이른다.[84]

효유문을 보고 난 김개남은 격분하여 정석모 일행을 처단하려 하였다. 그러나 극단적인 조치를 취하면 민심에 영향을 줄 염려가 있다 하여 유보하였다. 그래서 정석모 일행을 감금 상태에 두었던 것이다. 이런 전후 관계를 살펴볼 때 9월 재기포는 독자적으로 결정한 항일전쟁이었다. 일부에서 대원군의 밀지에 따라 재기포한 것으로 해석하는 것은 잘못으로 여겨진다. 이 점은 전봉준 공초에 분명히 밝혀져 있다.

전봉준은 심문관으로부터 대원군과의 관계를 집요하게 추궁당하자 한마디로 아무런 관련이 없다고 단언하였다. 3차 심문에서 심문관이 "대원군이 동학의 거사에 관여한 것은 세상이 다 아는 일이다. 대원군은 권한이 없으며 네 죄의 경중은 오직 이 (재판장의) 결정에 달려 있다. 그런데 너는 끝내 바른 말을 아니하고 대원군이 (너희) 뒤를 보아주리라 믿는 것 같으니 무슨 뜻에서 그리하는가?"라고 하였다. 이에 대한 전봉준의 대답은 단호하였다. "대원군이 다른 동학도 수백과 관련이 있었다 하여도 나는 애초부터 관련이 없었다.", "나와 관련이 있는 것들도 (모두) 숨기지 않(고 말을 했)는데 어찌 다른 사람의 것을 숨기겠는가?"라고 했다.[85] 이처럼 분명하게 말한 것을 갖고 대원군을 보호하려는 뜻으로 해석하는 이도 있다. "좌우간 진정한 전지傳旨이든 위조 밀지密旨이든 간에 중앙으로서의 연락 선동이 그들의 기포를 자극하고 격려하였다는 것만은 움직일 수 없는 사실이다."[86]고 주장한다.

전봉준과 김개남은 일본의 꼭두각시인 대원군의 말을 들을 이유가 없었다. 오랫동안 동학을 탄압한 장본이이라 할 수 있는 7의 말을 듣고 거사할 동학도는 없었다. 전봉준은 송희옥과 대원군의 관련설도 단호히 부인하였다. "(송희옥과) 관련이 없다는 것을 어떻게 아는가?"고 묻자 전봉준은 "송희옥과 대원군 사이에 만일 증표가 있다면 모르겠으나 (너무도) 자명한 일이니 (관련된 사실이) 전혀 없다."고 잘라서 말하였다. 9월 18일(양10.17)에 해월신사 법헌法軒이 항일전을 위해 기포하라는 명령을 내릴 때 주목할 말을 남겼다. "호랑이가 물러 들어오면 앉아서 죽을까. 참나무 몽둥이라도 들고 나서서 싸우자."[87]고 하였다. 정부가 일본의 지배에 들어가자 이 나라의 주권을 스스로 지켜보려는 동학군의 충정에서 일어난 거사였다.

김개남은 10월에 접어들자 관아에 보관 중인 무기로 휘하의 동학군을 무장시키는 동시에 여러 고을에서도 많은 무기를 거두어 들였다. 5천 명의 동학군을 완전 무장하기에는 태부족이었으므로 무기를 제작하기도 하였을 것이다. 또한 군수물자와 식량 확보, 그리고 겨울옷을 마련하는 일은 대단히 어려웠다. 일부 보수세력들이 비협조로 뜻대로 되는 일은 없었다. 『오하기문』에 "진안, 장수, 무주, 용담, 금산 등 5읍이 하동과 운봉을 본따 민포들이 일어나 적을 물리쳤다."고 하였다. 그러나 운봉을 제외하면 10월까지 이 지역 보수 세력들이 싸움을 걸어오지는 않았다.

동학군은 운봉 민보군의 움직임이 수상하여 이를 제압하기 위해 9월 중순경에 부동 유학규 접주로 하여금 백여 명의 병력을 출동시켜 야간 기습을 감행하게 하였다. 『영상일기』에는 "9월에 남원의 적인 유학규가 밤을 타서 용령을 넘어 운촌(에 들어와 가옥)을 불태우고 갈곡秸穀하는 잔학 행위가 우심했다. 박봉양이 이 사실을 알고 아침이 좀 지나 수성군을 끌고 가서 맞아 싸워 크게 부셔 버리니 적당들은 모두 도망쳤다. 이로부터 운봉민은 죽기로 수비하였다."[88]고 하였다.

『박봉양경력서』에는 "9월 17일 야밤에 백여 포군을 거느리고 달려가 돌격하여 거괴 임창순을 참하고 싸웠다. 군수 이의형이 끌고 온 수성군과 함양군에서 온 원병이 당도하여 힘을 합쳐 기세가 올라 적도들을 10여 리 밖으로 몰아냈다. 이때…살해한 자는 17명이요 부상을 입고 달아난 자는 부지기수이다."라고 하였다. 『영상일기』에는 이튿날 아침이 좀 지나서 나타났다 한 것으로 보아 동학군은 아침이 되도록 큰 타격을 주고 물러난 것 같다. 이런 일이 있자 운봉의 보수 세력들은 잠잠해졌다.

『주한일본공사관기록』에는 9월 15일(양10.13)자 오수 찰방 양주혁의 보고에 "관고에 쌓아 놓은 쌀과 상납할 여러 군목軍木 20동同 27필匹을 모두 탈취해 갔다." 하였고, 16일에는 능주 목사 조존두가 "남원 대도소의 지시라 하며 동전 2만 냥과 백목白木 30동을 탈취하여 갔다."고 하였다. 17일에는 광주 목사 이희성이 "남원 대도소에서 군수물자가 시급하니 동전 10만 냥과 백목 100동을 수송해서 바치라고 사통을 보내 왔다."고 하였다. 동학군 지도부는 정부와 민보군의 움직임이 심상치 않자 선제공격에 나섰다.

6. 항일전의 전개

동학군 주력은 항일전을 위해 대병력을 동원하여 북으로 출진하였다. 충청도 수부首府인 공주와 병영이 있는 청주와 그리고 홍주성 공격이 일차 목표였다. 제일 먼저 충청도 서부지역 동학군들은 10월 28일에 홍주성을 공격했다. 출동한 일본군과 관군이 성문을 굳게 닫고 막강한 화력으로 수비하자 수백 명의 희생자만 내고 물러섰다. 전봉준은 공주를 향해 10월 22일부터 출진하였다.

김개남은 10월 14일에 5천 병력을 이끌고 남원을 떠나 전주로 향하였다.

이때 남원 토박이 동학군인 화산당花山堂[89] 접주인 이문경과 오수 접주인 김홍기, 임실접 접주인 최승우, 홍양접 접주인 유복만, 담양 접주인 남응삼, 장수 접주인 황내문에게 서로 협력하여 남원성을 지키도록 맡겼다. 이들이 거느린 병력은 약 3천 명 정도였으나 무장을 제대로 하지 못하여 전투력에는 한계가 있었다.

김개남 동학군이 14일 저녁 임실에 당도하자 현감 민충식이 환영하였다. 민영준의 조카인 그는 김개남이 상이암에 있을 때 찾아가 동학에 입도하고 결의형제까지 맺었다.[90] 개화당 세력에 밀려난 처지이므로 김개남의 항일전을 지지한 것으로 보인다. 비슷한 사례로 당시 진주병사 민준호도 이런 처지로 김인배 동학군과 협력한 것으로 보인다. 이튿날(15일) 김개남이 전주로 향할 때 그는 행군도성찰行軍都省察로서 군복을 갖추어 입고 말에 올라 앞장서서 길을 인도하였다. 『주한일본공사관기록』에는 다음과 같이 기록하였다.

임실 현감 민충식은 동비와 결탁하여 비도들이 전주를 공격할 때 전봉준, 김개남 등과 동행하면서 공모하였고, 또 비도들이 공주 부근에 도착하였을 때 현감은 전봉준을 수행하여 노성(忠淸 魯城)까지 갔다.…의당 사형을 내려야 하지만 관직에 있으므로 처리가 지체되고 있었다. 순사 2명과 병정 3명을 시켜 압송하다가…1895년 1월 4일 천안군 상동에 이르렀을 때…틈을 타서 도주하였다.[91]

김개남은 임실에서 병력을 보충하여 16일에 전주로 올라갔다. 신원에 도착했을 때 순천 부사 이수홍과 고부 군수 양성환을 만나자 군수전을 염출할 목적으로 이들을 체포하여 전주로 끌고 가 진중에 가두었다. 이수홍 순천 부사는 군수전 3천 냥을 바치고 풀려났으나 고부 군수 양성환은 저항하다 매를

맞고 풀려났다가 장독으로 사망하였다.[92]

전라병사 장계에 의하면 "10월 16일 저녁 9시경에 사사롭게 사도주를 모시고 전주참으로 올라가다 신원참에 당도하였을 때 마침 남원 대접주(金開南)가 도착하게 되어 붙잡혔다. 결박당하여 전주에 이르러 사도주는 30도, 저는 10도의 곤장을 맞았다. 대접주는 말하기를 군수전 10만 냥과 백목 1백 동을 마련하여 5일 내에 실어 오라고 하였다. 기한 내에 날라다 바쳐야 살 수 있다 하여 순천읍중은 그를 살려내기 위해 서둘러 전목錢木을 마련하여 밤을 새워 20일에 실어다 바치고 살아났다."[93]하였다.

17일에는 남원 부사로 임명되어 내려오던 이용헌이 전주에 머물러 있음을 알고 그를 체포하였다. 전주에 도착한 이용헌은 남원에 사람을 보내어 백성들에게 성을 탈취하라 부추겼으며, 또한 운봉 박봉양에게도 사람을 보내어 동서에서 협공하자고 밀계까지 꾸몄다. 김개남은 이런 사실을 추궁하였으나 극구 부인하였다. 그런데 옷깃에서 기밀문서 한 장이 떨어져 나왔다. 임금이 소모사에게 내리는 동학군 토벌 명령서였다. 분노한 김개남은 신임 남원 부사를 처단하고 말았다.[94]

김개남은 전주성에서 여러 날 머물면서 김학진 감사를 통해 일본군과 중앙정부의 동향을 살피는 한편 병력을 정비하고 군수물자를 보충하였다. 그리고 강경에 진출한 전봉준과도 연락을 취하며 보조를 맞추었다. 『오하기문』에는 "김개남이 전주에서 삼례로 향할 때 전봉준을 성원하는 한편 한 무리를 금산으로 보내 함락시키고, 현감 이용덕을 들어내 쫓아버렸다."[95]고 하였다. 일부 병력을 전봉준에게 보냈다 하였으나 사실 여부도 확실하지 않으며 병력의 규모도 알 길이 없다.

"한 무리를 금산으로 보냈다." 한 것으로 보아 아마도 10월 21일에 상당한 병력을 진산으로 출동시킨 것은 사실이다. 진산과 금산 접경인 소라니재에서 동학군과 금산 보수 세력 사이에 전투가 벌어진 날짜는 10월 22일부터 24일까지였다. 하루 전에 도착했을 것이므로 김개남이 삼례로 진출한 날짜는 21일로 보인다. 순천에서 전목을 실어 온 날짜가 20일이었으므로 21일에 삼례로 이동하였다고 여겨진다.

삼례에 머물러 있던 기간도 확실치 않다. 진잠읍에는 "김개남포 5천여 명이 금산 등지로부터 이달의 초10일 신시(오후 5시경)에 본읍으로 들어와 유진하였다"[96]고 하였다. 그리고 『금산피화록』에도 "10월 24일부터 11월 초9일까지 보름간…영동, 옥천, 무주 여러 고을의 적도가…그 나머지인 개남포, 연산포, 공주포, 강경포들이 들어왔다 나갔다."고 하였다. 김개남 동학군이 금산에 와서 머물다 진잠으로 진출한 것은 틀림이 없으나 언제 삼례를 떠나 금산으로 갔는지 명확하지 않다.

21일에 삼례로 이동할 때 일부 병력을 진산에 보냈다면 그 병력은 전투가 완전히 마무리된 26일까지 금산지역에 머물러 있었을 것이다. 아마도 본대는 10월 말경 금산으로 갔다가 11월 8일에 떠나 진잠으로 진출하였다고 여겨진다. 이 시기는 전봉준 동학군이 공주 공격이 치열했던 무렵이기도 하다.

김개남 동학군은 10일에 진잠을 점령하고, 11일에는 유성을 거쳐 회덕에 이르렀다. 12일에는 신탄으로 진출하였고 다시 청주에서 10리 지점까지 나갔다. 『주한일본공사관기록』에는 "12월 9일(음11.13)…6시 40분쯤에 1만5-6천 명의 동학도가 청주에서 1.5킬로미터 떨어진 곳까지 진출하였으며, 문의 방면에서 오던 동학도 1만여 명이 합세하였다."[97]고 한다. 그러나 『순무선봉진등록』은 동학군의 병력 수는 1만 명이었다고 하였다.[98] 진잠에 진출할 때 5천 명이었던 동학군은 3일이 지난 11월 13일에 1만6천여 명으로 늘어났다. 유성, 회덕, 신탄을 거치면서 1만여 명을 충원하였던 것이다.

김개남 동학군의 중군장은 용구동 접주 김중화였고, 낙안 접주 강사원과 안귀복, 그리고 보성의 이수희 3명이 선봉을 담당했던 것으로 보인다.[99] 태인 접주인 김연구도 중요한 직책을 맡았을 것이다.

11월 12일(양12.8) 청주성에 들른 일본군은 김개남 동학군이 온다는 정보를 듣고 방어에 가세했다. 처음에는 동학군의 수가 엄청나 청주성 안에서 맞아 싸우려 하였다. 인근 지역의 지형을 살피고 나서 무심천을 건너 남쪽 언덕에 진지를 구축하기로 작전을 바꾸었다. 이곳은 청주성에서 6백 미터 떨어진 곳이며 동학군이 남문까지 도달하면 배후에서 공격할 수 있는 지형이었다. 아마도 오늘날 충주시 모충동 서원대학교 일대라고 여겨진다. 일본군 대원수는 약 40명 정도였다.

11월 13일 아침 드디어 수만 명 동학군이 밀려들어갔다. 청남문에서 1천5백 미터 떨어진 지점까지 진출하였다. 남석교까지 나가 진을 쳤던 청주 병영군 50-60명은 동학군이 함성을 지르며 일제히 공격하여 오자 중과부적으로 밀려 성안으로 퇴각하고 말았다. 동학군은 뒤따라 밀고들어와 청남문을 중심으로 좌우로 에워쌌다.

이때 언덕에 매복해 있던 일본군은 뒤쪽(背面)에서 내려다보며 집중 사격을 가했다. 동학군은 뜻밖에 배후 공격을 받자 당황하였으며 불과 10여 분간의 교전에서 10여 명에 이르는 전사자가 생겨났다. 모랫벌 강변에는 은폐할 곳이 없어 동학군은 부득이 후퇴하지 않을 수 없었다. 신탄 방면으로 10리 가량 후퇴하여 남이면 양촌리에 이르렀다.

망일산(望日山, 230미터) 북동지역 산자락 일대까지 물러났던 동학군은 이곳에서 다시 저항하기로 하였다. 이곳에서 밤고개에 이르기까지 2킬로미터 사이의 산언덕 위에 포진하였다. 『주한일본공사관기록』에는 다음과 같이 기록하고 있다.

오전 8시쯤 적이 또 청주에서 10리 가량 떨어진 신탄 방향의 산 위에 모여 사격함에 따라 1시간 가량이나 적을 맞아 싸웠다. 한때 (저항하는 전법이) 동학도라고 생각할 수 없을 정도(로 대단하)였다. 그래서 오른쪽 산 위로부터 공격하고, 다시 적의 뒤쪽으로 우회하여 퇴로를 차단하는 데 힘썼다. 적은 다시 지탱해 낼 수 없어 신탄 방향으로 무너져 달아났다. 다시 10리 가량 추격하였다. 적은 방어에 매우 힘썼으나 끝내 감당하지 못하고 달아났다. 이때가 10시 40분이었다.[100]

동학군은 50미터 정도의 사정거리에 지나지 않는 화승총으로 대항하였으니 싸움이 되지 않았다. 일본군과 청주 병영군은 제대로 공격하지 못하고 우측 120미터 고지에 올라가 맞은편에서 사격하였다. 뜻대로 되지 않자 얼마 후 일부 병력을 우회시켜 퇴로를 차단하려 하였다. 1시간에 걸친 격전에서 일본군 소위 상원桒原은 동학군의 총탄에 맞아 경상을 입었다.[101] 점점 퇴로가 막히게 되자 동학군은 다시 신탄을 거쳐 파군坡軍까지 후퇴하였다.[102]

『시문기時聞記』[103]에는 "11월 17일에 전주에서 김개남, 서일해(徐一海, 璋玉), 손화중 무리가 수천 인을 이끌고 가서 (싸우다) 남석교南石橋에서 대패하고 진잠에 퇴각하였다가 다시 무수한 사상자를 내고 패했다."고 하였다. 서일해는 동학혁명 기간 중 어느 곳에 있었는지 기록이 없다. 손화중은 광주와 무등산에 있었으며 이 전투에 참가하지 않았다.[104]

또한 그 이후의 전투 상황에 대해 "대전 유성 파군리 온전溫田에서 동학도와 청주 관군이 싸웠다. 관군은 공격하지 않고 동학도의 동정을 살피다가 불과 73명에 지나지 않음을 알고 청주병은 남김 없이 도륙하였다."[105]고 하였다. 『순무선봉진등록』에는 "들으니 비류들은 신탄과 박운(泊雲, 破軍?)으로 도망갔다 하므로…15일에 행군하여 곧장 박운에 이르러 보니 적도는 이미 달아나고 없었다. 16일에 진잠에서 자고 17일에 연산에 이르러···3일간 체류했으나 비도의 종적은 없었다.”고 하였다.

청주성 공격 때 전사한 동학군은 비교적 적은 편이었다. 『순무선봉진등록』에는 “청주 병영군을 출동시켜 일본군과 더불어 무찔러 깨뜨리고(討破) 추격하여 체포해서 근 100여 명을 살상하였다.”[106]고 하였다. 그러나 『주한일본공사관기록』에는 동학군의 전사자는 20명이었고 구식 대포 2문을 빼앗았다고 하였다.

7. 운봉 민보군의 남원 점령

동학군의 대군이 북상하자 예상대로 운봉의 민보군은 반격을 시도하였다. 남원에 살던 운봉의 전 군수였던 양한규는 10월 20일에 사인士人 장안택, 정태주와 공모하여 운봉 박봉양을 부추겨 남원을 공격하자고 하였다. 24일에 민보군 2천 명을 동원하니 남원성은 거의 비어 있어 싸우지 않고 점령할 수 있었다. 『박봉양경력서』에는 다음과 같이 기록하고 있다.

10월 20일에 남원에 사는 전 군수 양한규, 사인 장안택, 정태주가 와서 이르기를 남원부성은 적괴 개남이 차지하고 있었으나 지금 그들은 전주로 떠나갔다. 이때에 운봉읍 의사를 분대分隊하여 남원성에 와서 수비하도록 하여 새 부사의 도임을 맞는 것이 좋겠다. 이웃과 접해 있으니 서로 도와주는 의리로 허락하고 약조하니 24일로 시기를 정하였다. 창포군鎗砲軍 2천 명을 뽑아 이끌고 남원부의 성중에 당도하니 과연 김개남의 병력은 이미 철수하여 돌아갔고 성에 남아 있던 적도들은 얼마나 되었는지 모르나 소문을 듣고 도망쳐 흩어졌다.[107]

그런데 무혈 입성했던 운봉 민보군은 3일 만인 10월 27일에 스스로 물러 갔다. "유진留鎭 3일간에 동학군 약간명을 체포하여 다스렸으며 동학군의 양 곡은 토민土民과 관리들에게 맡기고…돌아왔다."[108]고 하였다. 동학군 대병 력이 몰려온다는 소식을 들은 박봉양은 스스로 물러난 것이다. 『박봉양경력 서』는 "유복만, 김경률, 남응삼, 김홍기, 김우칙, 이춘종, 김원석 등이 동학군 수천 명을 이끌고 성중에 돌아왔다."[109]고 하였다.

담양의 남응삼은 전량관의 소임을 다하기 위해 9월 30일에 병력을 이끌고 남원을 떠나 10월 1일에 담양에 이르러 식량을 비롯한 군수물자를 조달하기 에 바빴다. 10월 14일에 김개남의 대군이 남원을 떠나자 담양에 있던 남응삼 은 10월 24일에 남원으로 돌아오게 되었다. 정석모의『갑오약력』에는 다음 과 같이 기록하고 있다.

> 9월 그믐날 오후에 남응삼을 따라 담양으로 떠났다.…순창 적성강赤城江 에 이르러 날이 저물자 적성촌에서 자고…이튿날 일찍 적성을 떠나 담양에 이르렀다. 온 고을의 동학도 수천 명과 이졸들이 모두 나와 맞으니 그 위용 이 대단하였다.…남씨는 비록 식견이 없으나 본심이 독하지 않아…민정은 조趙 담양 부사에게 일임하고 조금도 간섭하지 않았다.…10월에 김개남이 기병하여 서울로 올라갈 때 무리를 이끌고 오라는 명령이 있었으나 남응삼 은 병을 핑계로 가지 않았다.…남응삼은 남원으로 가서 성을 지켜 대접주 가 개선하여 돌아오는 것을 기다리려 하였다.…24일에 남응삼은 남원으로 떠났다.[110]

담양의 남응삼은 운봉 박봉양군이 남원성을 점령했다는 급보를 받자 10월 24일에 수백 명의 동학군을 이끌고 남원으로 출동한 것으로 보인다. 그는 남원으로 직행하지 않고 병력을 증강하기 위해 태인 오공리 김삼묵에게 들러 수천 명의 병력을 합류시켰다. 다음날인 25일에는 임실로 내려와 다시 증원한 다음 남원 동학군과 합세하여 27일에 남원성을 빼앗은 것이다.

동학군과 운봉 민보군이 대대적으로 전투를 벌인 것은 11월 14일이었다. 이날은 전봉준 동학군과 김개남 동학군이 공주에서 대패한 후였다. 『박봉양 경력서』에는 11월 13일(양12.9)에 관음치를 지키던 방수장防守將인 전 주부主 簿 정두회가 와서 이르기를 "고개 아래 남원의 산동방 부동 마을 앞에 남원에서 나온 적들이 많이 모여 운봉을 침범하려 한다."고 전하였다. 『영상일기』 11월 조에는 "15일, 날씨는 맑았는데 적도들은 운봉을 넘어가고자 관음치 아래에 수만의 무리를 주둔시켰다."고 하였다.

이때 운봉 수성군은 경상도로부터 300정의 무기를 지원 받아 전투력을 강화시킨 후였다. 당시 함양, 안의, 산청군의 보수 세력들은 동학군이 경상도로 침입하는 것을 막기 위해 운봉 수성군을 적극 지원하였다. 운봉 수성군은 14일 축시(새벽 2시)에 2천 명의 병력을 관음치 일대에 배치하였다. 담양의 남응삼, 남원 관노 김원석과 남원 접주 김홍기, 임실 접주 최승우 등은 군악을 울리며 수천 명의 병력을 산상으로 진격시켰다. 『박봉양경력서』에는 다음과 같은 요지로 기록하고 있다.

병력의 절반을 이끌고 산밑으로 내려가 선제공격하여 접전할 기세를 보였다. 그러다 도망치는 척 후퇴하여 산상으로 올라가며 적을 유인하였다. (동학군은 계략에 말려들어) 운봉 경계까지 따라 올라가자 (운봉 수성군은) 급히 돌아서서 포환을 쏘아댔다. 한편 뒤에 포진해 있던 지원 병력은 남북의 정상에서 일제히 활을 쏘고 돌을 굴려댔다. 뒤따라 좌우에 (쌓아 두었던) 나무 더미를 굴리고 대포도 발사하자 많은 무리들이 쓰러지게 되었다. 그러나 (동학군은) 더욱 기세를 올렸다. …(전투는) 14일 인시寅時로부터 15일 진시辰時까지 벌어졌다. …함께 싸우는 사졸들과 하늘에 서약하고 죽기로 전진하여 거괴 이용석, 박중래, 고한상, 조한승, 황경문 등 5한을 베어 버리자 적의 기세는 드디어 꺾였다.[111]

『오하기문』에는 "봉양이 군사들에게 망동하지 말도록 경계하고 적이 산상에 이르기를 기다렸다가 천보총을 일제히 발사케 하여 골짜기를 진동시켰다. 북을 두드려 쫓아내자 (동학군이 공격에 이용하기 위해 몰고 올라왔던) 소들이 놀라 뒤돌아 달리며 미친 듯이 울부짖고 난폭하게 날뛰며 뿔로 찌르고 발길질을 하니 밟히고 찔려 죽은 자가 헤아릴 수 없었다. 멀리서 동앗줄 끊어지는 소리가 들리자 하늘과 큰 돌산이 갈라지고 절벽이 무너져 내렸다. 적들이 깔리고 쓰러져 머리도 터지고 허리도 끊어져 죽으니 산골짜기를 가득 메웠다."[112]고 하였다.

가마골(釜洞)에서 운봉으로 넘어가는 길은 세 곳이며 깎아지른 듯이 가파르다. 맨몸으로 오르기 어려운데 소 떼를 앞세워 공격했다는 것은 설화에 가깝다. 『박봉양경력서』대로 이 전투는 14일 새벽(寅時, 오전 3시-5시)부터 15일 오전(辰時, 오전 7시-9시)까지 꼬박 2일간 계속되었다. 동학군이 일방적으로 당하지는 않았으나 패배한 것은 사실이다. 이 방아재 전투에서 타격을 받은 동학군의 사기는 땅에 떨어졌다.

남원 동학군의 최후는 11월 28일에 찾아왔다. 11월 24일에 송내松內의 김원집과 양상렬이 운봉으로 달려가 적의 병력은 3천에 지나지 않으니 공격하자고 부추겼다. "지금 성중에는 이사명, 유복만, 김경률, 김홍기, 김우칙, 이춘종, 이춘흥, 권일선, 김원석, 최진악과 이름을 알 수 없는 자칭 대장이라는 승려가 지키고 있다. 그중 유복만은…3백 명의 무리를 이끌고 곡성에 가 있

으며, 그 밖의 천여 명은 약탈하려고 흩어져 성안에는 3천 명이 못된다."[113]고
하였다.

박봉양은 이튿날(10.25) 아침 운봉 군수와 같이 병력을 출동시켰다. 불선치
佛仙峙를 넘어 이백면 남평촌에서 유진하였을 때 전 진주 만호 윤순백이 2백
명의 원병을 끌고 왔다. 그런데 오후에 유치柳峙를 지키던 오재언이 달려와
황내문이 장수 동학군을 이끌고 상동면 번암리에 모여 운봉을 침범하려 한
다고 하였다. 운봉 군수는 즉시 돌아가 수성하였고, 박봉양은 황내문이 있는
번암으로 갔다. 날이 저물자 번암에서 운봉으로 넘어가는 초입인 원촌院村
에서 유숙하게 되었다.

장수 접주 황내문은 운봉 수성군이 남원으로 떠나자 고을이 비어 있는 틈
을 타서 공격하고자 수백 명을 이끌고 번암까지 진격하였다. 뜻밖에도 박봉
양이 저녁때 되돌아오자 동학군은 26일 새벽에 원촌을 기습하여 타격을 가
했다. 그러나 날이 밝자 반격을 받게 된 동학군은 당해 내지 못하고 장수 방
면으로 철수하고 말았다.

박봉양은 일단 운봉으로 돌아가서 병력을 재정비한 다음 10월 28일에 재
차 남원으로 출동하였다. 주천면 솔치를 넘어 남원 동문 밖 5리 지점인 용
담 앞들에 당도하여 요천蓼川 산림 속에 숨어들었다. 산상에서 동학군의 움
직임을 살펴보고 포군 백여 명을 쑥고개(쑥峙, 남쪽 3km 지점)에 보내 동학군의
소집단을 공격하고 나서 남원성을 포위해 들어갔다.

남원성의 동학군은 화산당[114] 접주 이문경, 오수 접주 김홍기, 임실 접주 최
승우가 성문을 굳게 닫고 지키고 있었다.[115] 성 위에서 완강하게 방어하자 운
봉 수성군들은 접근하기가 어려웠다. 『오하기문』에는 민보군의 병력은 4천
여 명이요, 동학군은 8백여 명이라 하였는데 이 수가 정확하다고 본다. 그리
고 동학군은 "성 위에서 방포하며 돌을 던져 아무도 감히 접근할 수 없게 하

였다."[116]고 하였다.

운봉 수성군은 신시申時경에 성문 아래 민가에 불을 지르고 남·서 두 문에 나뭇단을 쌓고 기름을 부어 불을 질렀다. 『오하기문』에는 "대나무로 문짝같이 짜서 나무단에 묶어 짊어지게 하여 구부린 채 뒷걸음질로 성문에 날라다 쌓아 불을 질렀다."[117]고 하였다. 동학군은 서문과 남문이 불 타 버리자 밀려드는 민보군을 막을 길이 없어 중과부적으로 북문으로 빠져나갔다.

『박봉양경력서』에는 동학군 사살자는 30여 명이고 생포자는 백여 명이라고 하였다. 포살된 사람 중에는 표자경表子景, 최진철崔鎭哲, 고량신高良信 등 8명의 접주가 끼어 있었다. 민보군도 사살자 5명, 부상자 84명이라 하였다. 성안으로 들어간 박봉양군은 닥치는 대로 약탈하였다. 『주한일본공사관기록』에는 "남원에 이르니 동비는 이미 보성, 옥과현으로 도주한 뒤였다.…모두 불에 타서 들어가 잘 집이 한 채도 없었다.…운봉 민병들이 가옥을 불태웠기 때문이다.…(박봉양은) 민병을 이끌고 남원에 들어와서 된장, 남비, 솥, 기타 일체의 주민 재산을 빼앗아 갔다.…이곳에는 관미官米와 동학군의 군량미가 많았는데 박봉양이 민병을 시켜 모두 빼앗아 갔다."[118]고 하였다.

박봉양은 12월 3일에 일본군과 경병이 전주에 왔다는 소식을 듣고 남쪽 산동방 상동원으로 갔다. 『박봉양경력서』에는 "일병이 전주에 도착하자 소인배들의 헐뜯는 말을 듣고 자신을 용납하지 않으리라는 기미를 알아차리고…곧 부남 40리에 있는 산동원으로 이동하였다." 한다. 그러나 박봉양은 자신이 저지른 죄상에 대한 처벌이 두려워 미리 겁을 먹고 도망간 것이다.

박봉양은 산동에 이르러 또다시 민가를 약탈하였다. 이 지역의 동학 접주 김형진은 저항해 보았으나 힘이 부쳐 흩어지게 되었다. 김형진은 간신히 피신하였다가 1895년 5월부터 참빗장수로 가장하여 황해도 청계동 안태훈(安泰勳·안중근의 부친)의 집에 찾아갔다가 때마침 그곳에 의탁 중인 해주 팔봉

접주 김구(金昌洙 · 金九)를 만나게 되었다. 중국 병력을 끌어들여 왜병을 물리치자는 데 뜻을 같이 한 두 사람은 1895년 6월에 압록강을 넘어 심양까지 가서 마대인馬大人을 만났다.

구두 승낙을 받은 두 접주는 일단 해주로 돌아왔다가 9월에 다시 중국으로 향했다. 김구는 안주에서 발길을 돌려 민중전의 살해자에 대한 보복을 결심하였다. 혼자 마대인을 면담한 김형진은 약속을 받아내고 해주로 돌아와 항일투쟁을 벌이게 되었다.[119] 『동학란기록』 '중범공초重犯拱草'에는 다음과 같이 기록되어 있다.

> 백낙희白樂喜 초사招辭에 "작년(1895) 12월 12일에 해주 검단방 손이고개 김창수(=金九) 집을 위토委討하야 창수와 한가지로 묵방墨坊의 청룡사에 유有하난 김형진을 방견訪見하온즉 형진의 말씀이 작년(1895) 6월, 9월 양차를 청나라에 가서 심양에 둔주屯住하는 마대인과 심양 자리刺吏 연왕燕王 이대인께 진동鎭東 창의倡義 인신印信과 직첩을 수출受出한 후 곧 황성에 들어와 상소하고 환래하였난대 마대인이 머지않아 솔병하고 출래할 터이니 우리 측에서 평안 · 전라 · 황해 삼도 도통영都統營이 되고 여측은 장연長淵 선봉장이 되어 각기 군병을 취취取聚하난대 네가 장연 산포山包를 기동하야 먼저 군기를 탈취한 후에 관장과 관속을 도륙하고 솔병하여 내게 오면 검단방 유학선柳學先과 안악 대덕방大德坊 최창조崔昌祚와 문화군 서장동遮墻洞 명부지名不知 이가李哥로 합력하야 해주부를 소탕하면 어언간 청병이 나오게 될 터이니 그때에 합세하여 경성으로 직향하야….

그러나 이런 움직임은 사전에 관에 발각되어 많은 해주 지역 동학도가 체포되었다. 그 후 김형진은 피신하여 전라도 금구 원평으로 숨어들어 역시 동학 재건에 힘을 기울였다. 1897년에 해월신사로부터 대접주의 임첩까지 받아 항일운동을 계속하다가 1898년 1월에 체포되어 전주 주재 일본 헌병대에 끌려가 심한 고문을 받고 풀려나 장독으로 순국순도하였다.[120]

일본군은 박봉양의 잔학한 약탈 행위를 확인하고 운봉 현감에게 그의 소재를 물으니 "동학군을 치러 갔다."고 거짓말을 하였다. 나주로 가서 그의 소재를 확인한 일본군은 12월 5일에 "군무를 상의하려 하니 나주에 출두하라."는 명령을 내렸다. 박봉양이 11일에 나주에 당도하자 체포하여 서울로 압송하였다. 그러나 1895년 3월에 열린 재판에서 무죄로 석방되었다.

8. 좌도 동학군의 최후

청주에서 패전하여 태인 산외면 너듸(四升)로 내려와 매부 서영기 집에 숨어 있었던 김개남은 임병찬(林炳讚, 1914년에 의병 활동, 거문도로 유배, 1916년에 별세)의 꼬임으로 종송리 산상 마을에 있는 송두용의 집에 있다가 임병찬의 고변으로 심영 대관 황헌주에게 12월 1일 체포되고 말았다.[121] 향토사학자 최현식은 그 경위를 다음과 같이 기록하고 있다.

이웃 종송리 임병찬이 김종섭을 시켜 송두용의 집으로 유인했다. 종송리는 너듸마을보다 험하고 높은 곳에 위치하여 있으니 더욱 안전한 곳이므로 와 있으라는 것이었다. 임병찬은 김개남을 유인해 놓고 김송현金松鉉, 임병욱林炳昱, 송도용宋道鏞을 시켜 전라도 관찰사 이도재에게 고발하였고 이도재는 황헌주에게 강화병 80명을 거느리고 종송리로 가서 (체포하도록 하니) 12월 1일 새벽에 김개남을 잡게 되었다.

김개남의 손자인 김환옥의 증언에서도 "임낙안(임병찬)의 꼬임에 빠져 종 송리에 가 있다가 12월 1일 새벽에 뒷간에서 나오다 개남장 할아버지는 강화 병에 잡혔다."고 증언한다.

전주로 압송된 김개남은 이도재 감사에 의해 풍남문 밖 서교장西教場인 초록바위에서 처형되고 말았다. 41세의 짧은 나이로 생애를 마친 그의 수급은 서울로 보내져 서소문 밖에 3일간 효수되었다가 지방으로 돌렸다 한다.[122] 일본군은 김개남의 행적을 조사하지 못한 것을 아쉽게 생각하여 조선 정부가 서둘러 처형한 데 대해 항의하였다.

『일성록』12월 조에는 "적괴 김개남을 생포하였으면 응당 경사京師로 보내 조사해서 법에 따라 처리해야 하는데, 조정의 명령을 기다리지 않고 경솔히 효수하였다. 비록 중도에서 찬탈당할 염려가 있다 하여(처단한 것이라 해)도 제멋대로 처단한 것은 놀라운 일이다. 전라감사 이도재의 봉급을 이등으로 강등할 것을 청하였다."[123] 한다. 임병찬은 논공행상으로 1895년에 임실군수로 임명되었으나 고사하자 황헌주를 임명하였다.

남원성을 빼앗긴 동학군들은 구심점이었던 김개남마저 체포되어 전주에서 처형되자 제각기 흩어지고 말았다. 일부 임실 동학군은 손병희 동학군을 따라 북상하며 항쟁하였으며, 일부는 남쪽으로 내려가 순천 또는 장흥지역에서 항쟁하였다. 그리고 담양 동학군과 흥양 동학군은 그 지역에서 항쟁하였다. 처참한 종말을 보면 다음과 같다.

(1) 임실 동학군

11월 25일 원평에서 일본군과 경군의 공격을 받고 전봉준 동학군과 같이 싸우던 손병희 동학군은 태인까지 후퇴하는 동안 싸움을 거듭하다가, 태인에서 전봉준과 헤어진 다음 내장산 갈재를 넘어 순창 복흥을 거쳐 28일에 임실 갈담으로 왔다. 청운면 새목터 허선許蕃의 집에 있던 해월신사를 모시고 장수, 무주를 거쳐 북상하였다. 이때 임실 동학군 일부는 손병희 동학군을 따라 12월 11일에 용산장터龍山場垈까지 북상하였다.

그중 일부는 보은 북실까지 따라갔다가 일본군・민보군과의 치열한 전투를 치르고 돌아왔다. 임실에 남아 있던 지도자들은 순창 회문산 등으로 은신하여 큰 피해를 면할 수 있었다. 현감 민충식이 동학에 가담하였고, 전주 이씨 문중의 사람도 입도하여 보수 세력과 별다른 마찰이 없었다. 일본군과 관군이 들어온 후에도 동학도를 색출하는 불상사는 거의 없었다.[124]

『주한일본공사관기록』에는 "임실은 모두가 동학도이고 오수역(당시 남원군)도 또한 인민 모두가 동학당에 가담하였다. 오수역에 들어가 동학당 5명을 붙잡았다.(이 중 접주 1명은 도주하였다)…인민들이 나아갈 바를 모르고 있었으므로 우선 인심을 바로잡기 위해 접주 5명을 처단하자 이들은 동학에 가담하는 것이 잘못이라고 깨닫게 된 것 같다."[125]고 하였다.

(2) 담양 동학군

담양에서 보수 세력이 태동한 것은 11월 30일경부터이다. 동학군과 부사 및 보수 세력은 그동안 서로 도와 가며 타지 동학군들이 들어와 민폐를 끼치지 못하도록 막는 데 협력하였다. 특히 남응삼 대접주는 민폐를 피하기 위하여 대도소에서 할당한 양곡과 부과금을 관이 갖고 있던 금전으로 충당하여 민폐가 없었다.

그런데 11월 28일에 남원성이 점령되고 대접주인 남응삼도 자취를 감추자 사정은 달라졌다. 일본군과 관군이 내려온다는 소식을 들은 보수세력들은 점점 날뛰기 시작하였다. 구상순義兵將과 박동진, 국치열, 국의열 등은 드디어 장정들을 모아 5백여 명의 수성군을 조직하였다. 각 면으로 출동하여 수색에 나서 거물급인 김중화 접주를 위시하여 이장태 접주를 체포하였다. 그리고 국문보와 김희완도 체포하였다.

선봉장 이규태의『선봉진각읍료발관급감결』이나『순무선봉진등록』에 의하면 "금월 초3일에 대진大陣이 본부에 들어온 다음[126] 순창 소모 중군 신기환과 군관 임민학이 1백50명의 병졸을 이끌고 왔으며, 옥과에서도 부의군 1백 명을 이끌고 왔다."고 하였다. 그리고 "이에 앞서 먼저 온(순창, 옥과 민보군이 들어오기 전) 별군관 황범수・이지효・이선과 같이 본부 의병장 구상순, 수성군 통령 박동진・국치열, 작대作隊 별장 국의열 등이 힘을 모아 본부 수성군 중 3백 명을 출동시켜 별정 부교府校의 지휘로 비류의 체포에 나서 거괴 이장태를 포착하였다."[127]고 하였다.

『동학란기록』에는 "담양의 적괴 22명을 12월 4일에 잡았다."고 하였다. "그중 이문수・채대로미・장대진・임송도는 포살하고 국문보・김희완은 경군소京軍所로 압송하고 접주 이장태는 일본군에 넘겨저 포살砲殺되었고[128] 나머지 15명은 담양옥에 가두었다가 경중을 가려 처벌했다."[129]고 하였다. 이때 노획한 조총 10정도 담양과 순창 수성군이 5정씩 나누어 가졌다 한다.

이들은 무고한 농민들을 동학군으로 몰아 재물을 약탈하고 집에 불을 지르는 만행을 예사롭게 하였다. 선봉장인 이규태가 오죽하였으면 "불지르고 토색하는 폐단이 없도록 하라."고 금령을 내렸겠는가.[130] 읍내에 동학군이 군량미로 비축해 두었던 조 26석과 용귀동 대곡에 비축해 두었던 군량미 80석도 몰수하여 담양과 순창 수성군이 나누어 먹었다.[131]

김중화는 용귀동 출신으로 김개남과 같이 청주까지 진격했다가 담양으로 돌아온 후 체포되어 담양옥에 수감되었으나 용하게 탈옥하였다.『동학사초고』에는 "관병에게 사로잡혀 담양옥에 갇히어 사형선고를 받고 있다가 옥문을 부수고 도망하였다."고 하였다. 남응삼과 김중화는 충청도 한산과 전라도

임피에 피신하여 목숨을 부지하였다. 1903년부터 이들은 동학 조직의 재건에 앞장섰다.[132]

일본군이 담양에 들어온 날짜는 12월 7일 오후였으며 하루 주둔했다 8일에 광주로 갔다.[133] 일본군과 경군이 떠난 다음 구상순 의병장은 용귀산 산상에 동학군이 진을 치고 인근에 출몰한다는 보고를 받고 토벌에 나섰다. 용귀동 접주인 김형순과 김문화를 위시한 수십 명의 동학군은 산상에 소규모의 돌성을 쌓고 이곳에 근거지를 만들고 인근 지역 보수 세력을 괴롭혔다.[134] 산이 높고 깊어서 골짜기가 많으며 나무도 울창하여 관군이 공격하기가 힘든 곳이었다.

"연일 둘러싸고 얽어 잡으려 하였다."는 것으로 보아 며칠간 치열한 공방전이 있었음을 알 수 있다. 김형순과 김문화는 12월의 혹독한 추위와 굶주림을 이기지 못하고 이곳을 빠져나가 자취를 감추었다. 수성군은 이들을 놓쳐 버리자 무고한 농민만 잡다 동학군으로 몰아 악형을 가했다. 『순무선봉진등록』은 다음과 같이 기록하였다.

> 용귀동의 괴수인 김형순과 김문화 등이 도당을 이끌고 창평 용귀산에 웅거하여 있다 하여 담양부 수성군이 출동하여 연일 둘러싸고 얽어 잡으려 하였다. 이 산은 본래 큰산이라 골짜기가 깊고 많으며, 나무도 빽빽하여 번쩍하는 사이에 달아나 숨으니 한동안 체포하지 못하였다. 이들 무리 중 혹시 백양으로 달아나면 포착하려고 추격하였으나 몇 명을 잡아 지금 취조 중이다.[135]

담양 향토사학자 이해섭李海燮은 동학군이 근거지로 삼았던 용귀산 정상에는 작은 돌성(石城)이 아직 남아 있다 하며 조정기, 국채우, 국정현 세 분이

들려준 당시의 이야기를 『단양의병운동사』에 다음과 같이 수록하였다.

　　1932년 무정면, 담양면 면장을 역임했던 고 조정기曹正淇 씨, 그리고 국채
우鞠埰宇, 국정현鞠定鉉 씨 세분께서 들려주기를…어느 날 용흥암에 숨었던
동학농민군 1백여 명은 쪼재골을 넘어 용귀산에 포진하고 있다가 병력 증
강과 식량 공급을 위해 한밤중에 용구동 마을로 내려와 허기를 채우고…아
침 10시까지 잠에 빠졌다.…관군과 일본군이 주평리(용귀동) 일대를 포위하
고 기습하여 왔다. 동학군은 두 사람의 희생자를 내고 용귀산으로 돌아갔
다.…수많은 농민들은 관군에게 체포되어 심한 폭행과 고문을 받았다.…이
날 전투에서 동학군 10여 명이 사살되었다.

　여기서 용귀동 공격에 일본군이 출동했다 한 것은 와전된 것 같다. 1895년
5월 13일(양)자로 후비보병 독립제19대대장 미나미 고시로(南小四郞)가 이노
우에 특명전권공사에게 보고한 내용을 보면 담양 전투에 일본군이 참여한
흔적이 없다. 담양군에 일본군이 들어온 것은 12월 7일이었다.[136] 이곳에 들
른 일본군은 하루를 묵고 광주로 떠나갔다.[137] 용귀동으로 출동한 병력은 12
월 3일에 담양으로 온 통위영 대관 신창희와 오창성이 이끄는 관군이었다.
이들은 동학군 토벌에 나섰으나 용귀산 공격에는 참여하지 않았다. 용귀산
공격은 일본군과 관군이 떠난 후에 수성군이 단독으로 공격하였다고 추측된
다. 이들이 살해한 동학군의 수는 전후 약 40명 정도라고 여겨진다.[138]
　김형순은 1895년 1월 21일에 불행하게도 전라도 정읍에서 밀고되어 수의
(繡衣, 암행어사)에게 체포되었다. 그는 담양으로 이송되어 8월에 국홍묵의 아
들들이 휘두른 칼에 찔려 살해당했다. 『동학관련판결문집』에 경위가 기록
되어 있다.

우 피고 국재봉과 국재준은 그의 부친 국홍묵이 갑오년 8월 3일에 용귀동 비괴 김형순, 김문화 등에게 피살되었는데 이들이 도피하여 복수하지 못하였다. 본년(1895) 1월 21일에 전라도 수의繡衣가 정읍에서 비괴 김형순을 체포하여 담양군으로 압송하였다.…김형순에게 피고의 부친을 살해한 이유를 물은즉…국홍묵이 동학의 집강을 도득圖得하여 읍포邑包를 설하고 용귀동접을 도륙한다 하기로 통문을 발송하여 1백여 명의 무리를 모아 8월 3일에 사정射亭에서 포살하였다 한다.…1월 24일에 광주부에서 담양으로 김형순을 보내오자…피고 국재봉과 국재준은 여러 사람이 보는 앞에서 한 가지 물어볼 말이 있다 하여 허락하였다. 불월루拂月樓 아래서 만나게 하자 김형순이 그들의 질문에 대답하고 나서 관원에 끌려 홍전문紅箭門 앞에 이르자 피고들은 달려들어 김형순을 칼로 찔렀다. 국재봉은 김형순의 배를, 국재준은 목을 찔러 죽게 하였다.…1898년(광무2년) 12월에 재판부는 국재봉에게 태 1백 대와 종신형을, 국재준에게 태 1백 대와 징역 15년을 선고하였다.

(3) 순창, 곡성, 구례, 옥과, 창평 지역

『주한일본공사관기록』에 의하면 일본군 장교는, 순창군 민병이 동학군들이라고 믿고 군수에게 물었다. 군수는 "따져보면 동학도였던 자도 있으나 나의 명령을 받지 않고 행동하는 사람은 한 사람도 없다."[139]고 하였다. 순창군의 민보군은 동학군이었던 사람들이 민보군으로 편입된 것이다. 그래서 순창군에서는 동학군 토벌이 별로 없었다.

곡성, 구례, 옥과, 창평 지역에서도 동학군과 보수 세력 사이에는 마찰이 없었다. 다른 지역 동학군이 들어와 약탈하지 못하도록 서로 협력하여 막으면서 어려운 시기를 넘겼다. 12월에 관군과 일본군이 들어오고 민보군이 조직되었으나 동학군의 희생자는 극히 적었다.

곡성 현감의 보고에 의하면 도망친 동학도는 몇 명이 있었으나 장위영군이 지나가자 동학군의 소요는 없어졌다고 하였다. 그리고 경병과 일병이 지나갈 때 괴수 몇 명을 잡아다 장살하는 데 그쳤다고 하였다.[140] 곡성군에서는 5월경부터 김명국을 비롯한 일부 보수 세력들이 동학군에 반기를 들었다. 그러나 김학진 감사의 결단으로 6월 중순부터 집강소가 설치되면서 보수 세력들은 수그러들었다. 한편 김개남이 직접 찾아가 설득한 보람도 없지 않았다. 이들 보수 세력들은 동학군으로부터 민보民堡로 지목되어 숨어 살았다.

「곡성군수장보」에 의하면 동학군이 무너지기 시작한 11월 말부터 이들 보수 세력들은 일어나기 시작하여 동학군을 위협하였다. 12월 1일경에 김명국은 민보군을 조직하였고 동학군을 체포하러 나섰다. 12월 5일에 경군과 일본군이 들어오자 그간에 체포한 동학군 몇 사람을 일본군에 넘겨 살해하도록 하였다.

그런데 12월 20일이 지나서 소모소에서 김명국을 잡아들이라는 명령이 내려졌다. 아마도 공형公兄들이 소모소에 김명국의 비리를 고하여 이런 조치가 내려진 것 같다. 향중 인사들은 공형들을 개체改遞하고 김명국을 수성군 중군으로 삼아야 한다고 청원하였다. 즉 신정렬을 호장으로, 정일훈을 이방으로, 김명국을 중군으로 삼아 동민들을 작통作統하여 밑바닥까지 동학도들을 초멸해야 한다고 하였다. 그러나 순영문의 명에 따라(廿筋) 김명국은 순창군에 이수移囚되고 말았다.[141]

혁명 기간 중 곡성군 동학군들은 모난 활동을 하지 않았기 때문에 민원이 심하지 않았다. 남원에 있는 전라좌도 대도소에서 출동하여 군량미를 거두어들이거나 부민 또는 구실아치들의 재산을 탈취한 일은 있으나 지방 동학군이 나서지 않았다. 그리고 11월 대세가 기울어지자 주요 접주들은 일찍 자취를 감추어 남아 있는 동학군은 대부분 협종자들이었다. 그래서 12월 하순부터 곡성지역은 평온을 되찾았다. 공형들과 김명국 사이에 알력이 생겨 시끄러웠을 뿐이다.

구례현 역시 동학군과 보수세력 간에 분쟁이 없었던 곳이므로 대량 학살은 없었다. 구례현에는 전 현감과 재직 현감이 동학군에 가담하여 동학을 지원했기 때문에 혁명 기간 중 보수 세력들은 움츠리고 있었다. 『오하기문』에는 전 구례 현감 남궁표와 당시 현감 조규하는 동학에 입도, 포덕하는 데 앞장섰다 하였다. 현감은 임정연으로부터 입도하여 현민들에게 입도를 권유하였으므로 동학군은 급속히 늘어났을 것이다.[142] 그러나 초기에 기포한 접은 임봉춘[143]을 비롯한 7명이었을 뿐이다.[144]

동학 세력이 무너진 후 12월 9일에는 장위영 부영관인 이두황이 경군 8백 명을 이끌고 들어와 2일간 체류하였다. 이때 살펴본 결과 구례현은 매우 안정되어 있었다. 『선봉진정보첩』에 의하면 이두황은 "일본군 미나미 고시로와 같이…12월 5일에 순창에 이르러 2일간 체류하다가…7일에 순창을 떠나 곡성을 거쳐 9일에 구례현에 이르러 유숙하였다. 입성하여 보니 본현 유학생 이기가 수백 명의 민병을 조직하여 성을 지키고 있었다. 읍내는 빈집이 없었으며 모두가 안업安業하고 있었다."[145]고 하였다. 결국 구례현의 상황은 접주 임정연과 접사 양주신을 체포하여 포살한 이후 별다른 일이 없었다.[146]

담양 인근 창평현에서는 상당한 희생자가 났다. 12월 6일부터 동학군 토벌에 나선 민보군은 접주 한충상과 이름 있는 동학군 11명을 체포하였다. 즉 백처사, 조공서, 장영옥, 하재원, 김봉철, 백준수, 한성옥, 원만석, 이용석, 강판석, 정영운 등인데 어떻게 처분했는지 알 수 없다.[147] 일찍부터 동학의 접주로 활동하던 백학과 유형로 접주는 다행히 피신하여 화를 면할 수 있었다.

옥과현에서는 수명의 동학군이 일본군에 넘겨져 타살되었다. 남원에서 패한 동학군 상당수가 구례와 옥과 지역으로 넘어왔다 하여 일본군 1백50명은 고와하라(桑原榮次郎) 대위의 인솔로 옥과현에 들어왔다.『순무선봉진등록』에 의하면 중요 동학 접주들은 이미 피신하고 전재석, 김낙유, 황찬묵 등은 12월 초에 체포되었으며 7일 들어온 일본군에 넘겨져 처참하게 타살되었다.[148]

(4) 낙안군과 흥양

낙안군 동학군들은 다른 지역과 같이 초기 혁명운동에 참여하였을 뿐만 아니라 5월 이후 전주화약이 이루어지자 낙안으로 돌아와 활동하였다. 강력한 보수 세력이 없었던 관계로 커다란 방해를 받지 않고 활동할 수 있었다. 6월 이후 집강소가 정착되면서 이곳 동학군들은 순천 김인배 동학군이나 남원 김개남 동학군과 합류하여 많은 활동을 하였다.

강사원 등은 많은 휘하 동학군을 이끌고 남원에 올라갔다가 청주 공격에 참가한 바 있었다. 한편 일부 동학군들은 순천 김인배 동학군과 합류하여 하동, 진주를 공격하는 데 참가한 바 있었다. 낙안군에서 핵심적인 역할을 한 인물은 접주 강사원과 이수희(李秀希, 喜)였다. 그중 동면의 이수희는 처음에는 흥양현 유봉만 대접주와 손잡고 남원에서 활동하였으나 10월 이후에는 순천으로 내려와 김인배 동학군에 참여하여 활동하였다.[149]

그리고 보성 접주인 안귀복도 낙안지역에서 활동한 것으로 보인다.『순무선봉진등록』에 의하면 "동학 거괴인 안규복은 혹은 돈녕, 혹은 호남좌도 접주, 혹은 집강이라 하는데 많은 동학군을 거느리고 근읍에서 크게 화를 지은 자이다. 본읍 수성군과 서면 사람들이 12월 22일 유시에 외서 돌이치에서 체포하여 당일 미시에 효수하였고 그 수급은 좌수영에 보냈다."고 하였다 한다.[150] 이들은 12월 하순에 체포되어 사살되고 말았다.[151]

흥양현(興陽縣, 高興郡)에는 쟁쟁한 동학접주들이 많아 혁명 초기부터 활동이 대단하였다. 『천도교서』에는 "유희도가 4천 군을 거느리고 홍양에서 일어났다"하였다. 그런데 유희도(柳希道, 劉奉萬)는 6월 하순부터 남원으로 올라가 교룡산성을 점거하고 활동하였다. 그러나 10월 14일 김개남이 청주로 북상할 때 남원에 남아 남원성을 지켰다.

『오하기문』에 의하면 "홍양접만은 기율이 있었으며 접주 유복만劉福滿은 무리를 잘 다스려 이름난 부자나 교활한 서리들을 찾아내어 고문하고 약탈하기에 이르렀으나 그 나머지 평민들은 일체 불문하였다."[152] 한다. 유복만은 11월 28일에 남원성이 박봉양에게 점령되자 홍양으로 내려와 1천여 명을 거느리고 12월 20일까지 활동하고 있었다. 유복만과 함량진은 당시 회룡총回龍銃과 모슬총毛瑟銃을 갖고 있었다[153]고 한 것으로 보아 동학군의 무장이 상당한 수준이었음을 짐작하게 한다.

12월 15일 장흥에서 동학군이 대패하자 사기는 떨어졌고 보수 세력들은 날뛰었다. 결국 12월 25일경에 민보군이 조직되어 대접주 유복만과 오준언을 비롯하여 27명이 체포되어 살해되었다. 일본군은 12월 28일에 홍양으로 들어와 3일간 있다가 1월 1일에 떠났으며, 이때 경병도 홍양으로 가다가 양강원에서 일본군을 만나 같이 유숙하고 2일에 홍양으로 들어왔다가 4일에 떠났다.[154] 일군과 관군이 연달아 들어오자 동학군은 타지역이나 섬으로 피신했다.

9. 결론

남원지역의 동학혁명도 다른 지역의 동학혁명운동처럼 초기에는 거칠 것 없이 탄탄대로를 달리는 듯하였다. 그러나 지배층의 망동으로 청국군을 불러들이자 일본군까지 들어오게 되어 동학혁명은 좌절되고 말았다. 근대화로 앞서갈 수 있었던 좋은 기회를 놓치고 36년간의 일제 식민지로 전락하여 고초를 겪어야 했으니 안타까운 일이었다.

동학군의 9월 기포는 주권을 사수하기 위한 반외세의 항일전이었다. 힘을 합쳐도 헤쳐나가기 어려운 국난을 당하여 일본군의 침략을 외면하고 그들을 물리치려는 동학군을 학살하는 데 여념이 없었던 집권층과, 성리학을 숭상하던 보수 세력들의 착각은 천추의 한을 남겼다. 1895년에 민중전이 살해되자 일부 유생들은 비로소 항일 의병 활동에 나섰으나 이미 때는 늦었다.

10월 이후 도처에서 항일전에 참가하였던 동학군은 끝내 무기의 열세로 비참하게 패하고 말았다. 수십만의 월등한 인원을 동원했던 동학군은 무기뿐만 아니라 식량 확보도, 엄동설한과 싸우는 것도 어려웠다. 굶주림과 추위에 시달린 동학군은 게릴라전도 펴 보지 못하고 일본군에 의해 대량 학살을 당하면서 혁명의 깃발을 내려야 했다.

1894년의 동학혁명운동은 실패한 혁명운동이었으나 그래도 이 나라의 근대화를 촉진하는 데 새로운 전기를 마련하였다고 확신한다. 당시의 역사적 현실은 조선왕조의 해체는 물론이요 중국의 왕조나 서양 문명도 병들어 해체기를 맞은 시기였다. 새로운 삶의 틀을 창조하기 위해 몸부림치면서 고귀한 피를 흘렸던 전라좌도 남원지역 동학군의 드높은 기개는 영원히 이어질 것이다. 〈출처: 교사교리연구 제2호(포덕140년 11월)〉

전라도 장흥지역 동학혁명운동

1894년 12월 7일에 동학군이 점령했던 강진읍성의 전경

1. 머리말

장흥, 벽사, 강진, 병영 등 4개 지역은 전라도 남단에 있는 요충지이다. 장흥은 부읍府邑으로서 중요한 위치에 있을 뿐만 아니라 고부 농민항쟁 때 동학도를 자극한 이용태 부사가 부임하여 있던 곳이요, 벽사는 벽사도碧沙道를 관장하는 찰방이 있는 역참이며, 강진은 보수 세력이 강한 곳이다. 또한 병영은 전라병마절제사가 있는 군사적 요충지이다.

이 지역에 동학이 자리 잡게 된 것은 1890년대부터이다. 1894년 4월(음)경에는 수천에 이르렀고 전봉준 장군이 처음 봉기했을 때에는 수백 명이 달려가 합류하였다. 황토재 전투를 비롯하여 황룡촌 전투, 전주성 점령에 참가하여 큰 몫을 하였다. 5월(음) 하순에 고향으로 돌아와 대접주 단위로 도소를 세우고 활동했으며 6월 중순부터는 장흥 · 강진읍과 병영에 집강소를 설치하고 폐정개혁에 들어갔다.

신임 장흥부사 박헌양이 7월 그믐에 부임하자 동학군과 보수 세력 사이에는 긴장감이 돌았으나 8월에는 별다른 마찰이 없었다. 그러나 9월 중순에 이르러 대원군이 효유문을 반포하는 한편, 김홍집 내각과 일본군이 동학군을 초멸할 정책을 세우자 양측의 대립은 점점 긴장을 더해 갔다.

결국 11월에 금구 동학군의 지원을 받아[1] 12월 4일에 벽사 역참을 불태우고 5일에는 장녕성을, 8일에는 강진성을, 10일에는 병영의 전라병영까지 불태워 버렸다. 그리고 12월 12일부터 일본군과 경병이 장흥에 들어오자 이를 물리치기 위해 3만여 동학군은 12월 15일에 일본군을 공격하다가 장흥 석대 벌로 후퇴하면서 엄청난 희생자를 내고 말았다. 12월 17일에는 관산 대내장 (竹川場) 전투를 끝으로 장흥 지역 동학혁명운동은 막을 내리게 되었다. 이 지역의 사례를 살펴보기로 한다.

2. 동학 조직과 집강소

장흥·강진 지역에 동학이 들어온 시기는 다른 지역에 비해 무척 오래 된다. 장흥군(현 보성군) 웅치면 강산리의 박병락朴炳樂 부부(부인 文方禮)는 1864년 7월 7일에 입도한 것으로 되어 있다.『장흥종리원천도교보』에 의하 면 박병락은 1852년 생이고, 문방례는 1860년 생이므로 13세와 5세에 입도 한 셈이다. 아마도 그들의 부친인 박재성朴在成과 문성기文成基가 대신사 당 시에 입도한 것으로 보인다.

다음으로 관산면 송촌리 527번지 이순홍李順洪은 1882년 10월 3일에, 남면 운주리 손관익孫寬益은 1884년 10월 10일에 입도하였다. 1935년에 작성된 교 보이므로 오래된 원로 도인들이 환원하여 기록에서 누락되었을 것으로 보 면, 1880년대 초에 상당수의 입도자가 있었을 것으로 추측된다. 그러나 지도 급 인사들이 집단적으로 입도한 시기는 1891년부터이다.『장흥군종리원연 혁』에 의하면 "포덕32년(1891) 신묘에 본군 이인환李仁煥, 이방언李邦彦, 문남 택文南澤 제씨가 교문에 입하다. 시시에 장흥, 보성, 강진, 완도 각 군에 포덕 이 대진하여 신도가 수만에 달하다."[2]라고 하였다.

강진에 동학이 들어온 시기는 정확히 알 수 없으나 강진군 대구면의 윤세 현이 입도한 시기가 1891년이며 장흥 대덕과 생활권이 하나이므로 아마도 장흥 지역을 거쳐 들어온 것으로 보인다. 물론 1890년 전에 입도자가 있었을 것이나 마량, 칠량, 군동, 작천, 병영 등지에 동학이 세력을 떨치게 된 섯은 역시 1892년 이후라고 여겨진다.

다른 지역과 마찬가지로 장흥, 강진 지역에 동학 세력이 늘어나기 시작한 시기는 교조신원운동과 척왜양창의운동이 일어났던 1892년부터 1893년 사이였다. 이 시기에 입도하여 대접주와 접주가 된 분이 많았다. 장흥 지역에는 대덕 대접주 이인환, 남면 대접주 이방언, 부산 대접주 이사경, 웅치 대접주 구교철, 유치 대접주 문남택, 관산 접주 김학삼, 남외 접주 박채현, 관산 농안 접주 손자삼, 부산 용반 접주 백인명, 안량 접주 고채화, 대덕 접주 홍순 · 강봉수 · 오동호[3]를 꼽을 수 있다. 그리고 강진 지역에는 대접주 김병태, 접주 남도균, 안병수, 윤세환, 윤시환, 장의운, 조병길, 강운백, 김옥일, 신오삼, 이세화, 김종태, 김관태 등을 꼽을 수 있다.

대접주와 접주의 수로 보아 1894년 6월경에 장흥 · 강진 동학 세력은 1만여 명은 넘었다고 추산된다. 대흥 접주 휘하에 천여 명이 있었으므로 고읍 · 남면 · 회천 · 웅치 · 유치 · 부산 지역을 합하면 7천 명은 넘었을 것이다. 강진도 칠량, 대구, 도암, 군동, 작천, 병영을 합하면 3천 명은 넘었을 것이다. 당시 1만 명은 엄청난 수라고 할 수 있다.

장흥 · 강진 동학도들은 1892년 11월에 열린 삼례 교조신원운동과 1893년 1월의 광화문전복소, 3-4월에 보은 장내리와 금구 원평에서 열린 척왜양창의운동에 모두 참가하였다. 그리고 정확한 참전 시기는 알 길이 없으나 4월 22일의 황룡천 전투에는 많은 인원이 참전한 것으로 보인다. 『동학사』에 "청죽靑竹으로써 얽어 닭의 장태와 같이 만든 것으로 밑에 차바퀴를 붙인 것이며 그 속에는 군사가 앉아 총질을 하게 된 것이니, 이 장태를 만든 사람이 장흥 접주 이방언이므로 그의 별호를 이장태라고 불렀다."고 하였다.

전주성을 점령하고 5월 초에 동학군과 정부군이 화약을 이루자 중순경에는 각기 자기 고을로 돌아가게 되었다. 그리하여 대접주가 있는 곳에 도소를 설치하였다. 장흥·강진 일대에서도 대접주가 있는 여러 곳에 도소를 설치해서 활동하였다. 그리고 귀천 타파를 실천하여 신분제를 무너뜨리는 일에 앞장섰다.

『장흥부사순절기』에는 다음과 같이 기록하고 있다.

갑오 7월 그믐에 성주 박후(朴侯, 府使)는 단기로 도임하였다. 이에 앞서 동학배들은 점점 번성(漸盛)하여 여러 읍에서 작패를 부렸다. 전주성 함락 후에는 더욱 강해졌다. 본읍에는 이방언이란 적의 두목이 있었으며 성품이 흉악하여 비류에 물들어 경내에 수천의 무뢰배를 모아 침탈 행위를 하여 시끄럽게 했다.[4]

당시 동학군은 보수 세력의 공격을 막기 위해 최소한의 병력을 유지하게 되었다. 그래서 부유층과 악질 구실아치들로부터 양곡과 돈을 거두게 되어 그들은 "무뢰배를 모아 침탈 행위를 한다."고 비난했던 것이다.

이방언 대접주는 6월 중순 이후에 읍내에다 도소를 만들고 때때로 수천 명의 동학도를 모아 위세를 과시하기도 하였다. 『일사』(박기현)[5]에는 "장흥군 부산면 자라번지(鱉番地)에서 장흥 동학도들이 대회를 열었다." 하였고, "병영(兵營)에도 도소가 설치되었다."[6]고 하였다. 그리고 대흥, 유치, 웅치에도 도소를 설치하고 활발하게 활동하였다. 초기에는 강진읍에도 도소가 설치되었으나 보수 세력이 강하여 그들에 밀려 9월 초에 한때 해체 당하기도 하였다. 그러나 9월 하순경에 인근 동학도들의 위세로 다시 설치하였다.[7] 『일성록』 갑오 9월조에 "무기를 빼앗긴 강진 전 현감 민창호를 파원압상派員押上"[8]하기를 청하는 기록이 있다. 6월 초경에 강진성이 동학군에 점령 당한 것을 문책

한 것이다. 이때 동학도소가 설치되었던 것이다.

그리고 『일사』에 "부친께서 수사당守思堂으로 피서 갔다 들으니 동학이라는 도인들이 오늘 장흥 자라번지에서 모임을 갖고 각처 죄인을 잡아다 다스린다 하며, 어제 저녁에는 산성 별장도 잡아갔다."[9]고 하였다. 전라감사와 동학군 사이에 집강소를 설치키로 결정한 것은 6월 초순이며 군·현에 집강을 임명한 것은 6월 중순이다. 관의 기능이 공백 상태였으므로 민원 처리와 죄인을 다스리고 관원의 잘못도 징치한 것은 도소가 설치되면서 자연스럽게 그 임무를 하게 되었던 것이다. 부산 대접주 이사경도 용반에 도소를 설치하고 수인산성 별장을 잡아다 그의 비리를 다스린 것 같다. 읍에 설치된 집강소와는 별도로 대접주 산하에 설치된 도소에서도 집강소와 같은 업무를 집행한 것 같다.

장흥 부사로 임명된 박헌양이 7월 그믐에 도임하면서 사정은 달라졌다. 그는 하룻밤을 자고 8월 1일에 곧 유림들을 초청하여 향교로 가서 8월 초하루 제례(朔香之禮)를 올렸다. 이 자리에서 동학에 관한 이야기가 나오자 척사위정을 강조하고 동학당을 제압할 방도를 논의하였다.[10] 민심을 돌리는 것을 우선해야 한다며 각 면에서 학문이 깊고 덕망이 높은 사람(碩德之人)을 뽑아 훈장으로 삼아 강의를 뒷받침해 주기로(捐廩資給) 하였다. 또한 무기를 수선하고 병사를 훈련시켜 적을 감당할 수 있는 계책을 마련하자고 하였다.

한편 9월초에는 대원군으로 하여금 동학당을 효유하는 글(曉諭文)을 반포하게 하였고, 때맞추어 박헌양은 장흥군 내 대접주들을 불러다 귀화하도록 권하기도 하였다. 이방언은 장흥군의 집강소 집강으로 입장이 곤란하여 동학 지도부와 협의하여 겉으로 따르는 척 하였다. 그러나 웅치의 구교철과 부산의 이사경(李仕敬, 仕京)과 대흥의 이인환은 단호히 거절하였다.

『장흥부사순절기』에는 "이방언을 불러 귀화하기를 바랐더니 방언은 이에 귀순하기로 아뢰었고, 고을에 머물러 있던 나머지 도당들도 사라졌다. 적괴 구교철과 이사경은 끝내 듣지 않고 혹은 이웃 군 경내로 도망치거나 혹은 날 뛰어 기포하기에 이르렀다."[11]고 하였다. 당시 전봉준과 김개남 등 동학 지도 부는 일본군을 몰아내기 위한 항일 전쟁 준비에 총력을 기울이고 있었다.

장흥 · 강진 · 영암동학군들도 신사의 기포령에 따라 10월 10일부터 기포 하기 시작하였다. 『일사』 10월 16일조에는 이때 "동학도들은 장흥 사창장터 (社倉市)에 천여 명이 모였으며, 영암 덕교와 강진 석전장(石廛市)에도 계속 모여들었다."고 하였다. 『장흥부사순절기』에는 "교철敎徹의 무리가 지금 웅 치에서 재산을 약탈하고 인명을 살해하고 있다." 했으며, 『유류재유고』에는 "웅치면에 적도들이 상주하며 약탈과 살상을 일삼는다." 하였다.[12] 아마도 장 흥 부사의 귀화 권유를 물리친 유치 · 부산 · 웅치 동학군들은 전주의 대도소 의 명령에 따라 기포하였던 것 같다.

박헌양은 동학군의 움직임이 심상치 않자 공격을 결심하고 우선 병영으로 직접 찾아가 병마절도사 서병무徐丙懋에게 힘을 합쳐 나서자고 요청하였다. 그러나 병사는 확답을 피하였으며 병력 지원도 불응하였다. 10월 15일이 되 자 웅치에 모인 동학군은 1천 명이 넘었다. 나주 목사 민종렬을 모방하려던 박헌양은 수성장 임창남에게 수백 명의 병졸을 이끌고 가서 초멸하라고 명 령하였다. 『장흥부사순절기』와 『유류재유고』에는 "구교철이 웅치면에서 백 성들의 재물을 약탈하고 인명을 살해한다는 말을 듣고 수성별장 임창남으로 하여금 관군을 끌고 가서 토벌케 하니 이겼다(得捷)."[13]고 하였다. 사살자 수 와 피해를 준 사항이 기록에 없는 것으로 보아 싸우지도 못하고 돌아왔던 것 같다.

10월 19일부터 벽사역 찰방 · 장흥부사 · 강진현감 · 전라병사들은 일제히 동학군을 잡아들이기 시작하였다. 물론 동학 세력 때문에 많은 인원을 잡아들이지는 못했으나 읍 소재지나 병영에 거주하던 적지 않은 동학군이 집을 헐리거나 곤욕을 당하는 일이 있었다. 한편 장흥과 강진 수성군은 총기를 수선하고 병정을 훈련시키는 데 여념이 없었으며, 특히 병영에서는 병력을 보강하고 병기를 수선하고 조련을 서둘렀다. 박기현의 『일사』 10월 18일조에는 "수성소로부터 여러 곳에서 민군 수천을 징발하여 왔으며, 이들을 병영 장대에서 조련하는 광경을 보았다."[14]고 하였다. 한편 병사는 순무영에 병력 지원을 요청하기도 하였다.[15]

동학군 측에서도 무기를 확보하고 군량미를 조달하며 대군을 출동시킬 준비에 나섰다. 그런데 웅치, 장동, 부산, 유치 동학군들이 모였으나 천여 명에 지나지 않았으며, 총기 또한 태부족이어서 관군과 대적이 안 되었다. 『일사』는 "10월 16일…저녁에 집에 내려와 들으니 동학군들이 장흥 사창장에 모인 자가 천여 명이라 하며, 그리고 영암 덕다리와 강진 석전장에도 각기 모여들고 있다."[16]고 하였다. 장흥 수성군과 벽사역의 역졸, 전라병사 휘하의 병영군까지 동원하면 무장 관군은 3천 명이나 되었다.

좀 더 많은 병력과 무기가 필요하게 된 장흥과 강진의 동학 지도부는 생각 끝에 멀리 금구 지역 동학군에게 지원을 요청하였다. 11월 초순경으로 여겨지는데 익산군 함열에서 기포한 김방서에게 사람을 보냈다. 『동학사』에는 "강진, 병영과 장흥부에서는 관리배들이 다시 발호하여 동학당을 침벌侵伐한다는 급보가 대본영에 들어왔다.…좌우로 더불어 의논할 즈음에 금구 대접주 김방서가 그것을 정복시키겠다고 일어섰다. 그래서 김방서는 3천 군을 거느리고 바로 남방으로 향하여 내려가니라."고 하였다.[17] 전봉준 동학군은 공주 전투에 사활을 걸고 있는 상황이었으므로 대본영 운운한 이 기록은 사실과 다르다. 장흥에서 보낸 특사는 11월 초순경에 직접 김방서 대접주를 찾아가 원병을 요청한 것이 틀림이 없다.

동학군이 바삐 움직이자 강진 현감은 이를 감지하고 불안하여 순무영에 병력을 요청하였다. 『순무선봉진등록』 11월 13일조에 "강진 현감이 지난달 (10월) 29일에 올린 보고가 11월 9일에 당도하였다. 문서의 요지는 본읍 비류(동학군)를 읍의 힘으로 감당하기 어려우니 병력을 파견(分兵) 토벌하여 달라."[18]는 것이었다. 장흥에는 벽사 역졸이 수백 명이나 되었고, 병영에는 천여 명의 영병이 있었다. 그러나 강진현에는 수성군이 기백 명 정도에 지나지 않아 불안했던 것이다.

　　별다른 충돌 없이 1개월이 지나자 동학군은 장흥 관아를 공격하기 위해 11월 하순부터 보성과 웅치로 모여들기 시작하였다. 그중 이인환 대흥 대접주는 천여 명을 이끌고 진격하였다.[19] 고읍을 거쳐 남면으로 진격하여 위세를 떨치고 다시 회령으로 진격하였다. 이인환 대흥 대접주가 강력한 동학군을 편성한 것은 스스로 무기를 제조할 수 있었기 때문이라고 여겨진다.[20] 박헌양 부사는 이 소식을 듣고 수성장을 급히 출동시켰다. 동학군을 대하고 보니 수적으로 월등할 뿐만 아니라 무기도 제대로 갖추고 있어 병졸들의 사기는 땅에 떨어졌다. 싸움이 시작됐으나 얼마 가지 못하여 수성군은 후퇴하여 돌아왔다.[21] 『천도교회월보』에는 이인환 대접주의 기포 광경을 다음과 같이 기록하고 있다.

　　　내가 일곱 살 먹던 그해(갑오)다. 봄부터 우리 마을에는 동학열이 심하여 집집마다 청수단淸水壇을 만들고 낮이나 밤이나 주문 소리가 흡사 글방에서 글 읽는 소리 같았다.…하루는 접주 이인환 씨가 거정리巨井里 들판에서 동학군 대모임을 한다고 한다. 어른은 물론이요 부인 아동까지도 구경을 간다고 한다. 아버지도 가시고 삼촌도 가시고 할머니도 가신다고 한다. 나도 가겠다고 선두에 나섰다.…얼마 후에 접주 이인환 씨가 기포령을 내렸다. 이 기포령이 한 번 발하자 어쩐 일인지 사람들이 물끓듯히 였었다.…대징기 아래 청수를 모시고 주문을 세 번 고성 대독하니 그 웅장한 소리는 저절로 강산 초목이 동하는 것 같았다. 식이 끝나자 나팔소리에 따라 대군은 동한다. 저 건너편 이인환 씨 본진에서 행군 나팔을 불고 서로 응성應聲하여 나간다.[22]

수성장으로부터 적의 세력이 너무 커서 실패했다는 보고를 받은 박헌양은 분노하다가 다시 수성군을 출동시켰다. 때마침 병영으로부터 수백 명 원병이 도착하여 이들과 같이 웅치로 갔다. 동학군은 웅치가 협착하여 잠시 보성으로 이동하고 있었다. 수성군과 병영병은 웅치에 이르자 동학군이 보성으로 이동한 것을 다행으로 여기고 돌아왔다.[23] 당시 보성 군수 유원규[24]는 동학 접주 박태로와 친밀한 사이로 서로 돕는 사이었다. 동학군은 안심하고 이곳에 머물면서 장흥부성을 공격할 준비를 할 수 있었다.[25] 이에 앞서 장흥 부사 박헌양과 병영의 서병무 병사, 그리고 벽사 찰방 김일원과 강진 현감 민창호도 동학군의 위세를 듣고 서둘러 대비책을 마련하였다.

『일사』에는 "장흥 부사가 '동학도 수천 명이 웅치에 집결, 장흥을 치려한다'며 별포 5백 명과 조총 2백 자루를 청해 왔다. 병사는 이를 모두 불허했다."[26] 한다. 그 뒤에 "장흥으로부터 급보가 있어 도통장 윤권중과 수성별장 방관숙으로 하여금 2백의 군졸을 이끌고 가서 구하라 했으며, 본읍군 2백도 같이 갔다."고 하였다. 그런데 23일조에 "도통장이 장흥으로부터 환군했다."고 하였다.[27]

한편 동학군 측은 모든 일이 계획대로 착착 진행되었다. 금구와 화순, 능주 등지에서 11월 말경에 5천여 명이 도착하였고, 장흥 동학군들도 5천여 명이나 모였다. 동학군은 드디어 관군을 무찌르기 위해 출동하니 12월 1일에는 북면 사창(社倉, 장평면 용강리 2구)으로 진출하였다. 『유륙재유고』에는 "12월 1일 적들은 보성 등지에 다시 모였다가 북면 사창으로 나왔다. 대접은 만여이고 소접은 6-7천이다. 모인 적도는 금구, 화순, 능주의 여러 적도들이다."[28]라고 하였다. 동학군의 수가 지나치게 과장되어 있으나 실지 병력 수는 1만 명 정도였다고 본다.

『장흥부사순절기』에는 좀 더 자세하게 기록되어 있다. "인근에서 널리 불러들인 여러 적들은 12월 1일에 보성에서 사창 땅으로 나와 주둔하였다. 대접은 만여이고, 소접은 2-3천이었고, 금구 거괴 김방서, 화순 괴수 김수근, 능주 거괴 조종순이 병력을 이끌고 왔다. 이때 이방언도 급히 병력을 일으켰다."[29] 하였다. 황현은 "이방언, 이사경, 이인환, 백인명, 구교철 등이 회령진에 모이니 그 무리는 수만이었다."[30]고 하여 역시 숫자를 과장하였다.

금구에서 수천 명이 보성까지 오자면 6일은 걸렸을 것이므로 금구에서 출발한 날짜는 11월 23일경이라고 여겨진다. 일단 화순에 와서 김수근 접주와 합류하였고 능주에서는 조종순 접주와 합류하였다. 1만 명이란 엄청난 병력을 확보한 동학군은 12월 1일부터 드디어 벽사역을 비롯하여 장흥 관아, 강진 관아, 병영을 공격할 계책을 세우고 일단 사창으로 진출하였다.

3. 벽사, 장흥, 강진, 병영 점령

12월 3일 아침 사창으로부터 벽사역 인근으로 진출한 동학군 1만여 명은 초막을 치고 야영에 들어갔다. 『장흥부사순절기』에는 당시의 상황을 다음과 같이 기록하고 있다. "이방언은 송정등松亭嶝(장흥 남쪽)에, 이인환과 구교철은 건산리 뒤 등성이에, 김방서는 벽사 뒷뜰에, 이사경은 행원리 앞벌에 진을 쳤다. 이 광경을 본 관군과 관리들은 마치 천둥 바람과 같은 세력에 밀려 무너져 달아날 바를 몰랐다.”[31]고 하였다. 놀란 벽사역 찬방 김일원도 저항해 볼 생각은 접어두고, 12월 3일 저녁에 가족들을 이끌고 장흥 부중으로 피신하였다. 이곳도 불안하자 청병을 빙자하여 병영으로 갔다가 다시 나주로 도망갔다.

12월 4일 새벽(8시경), 드디어 공격 명령이 떨어지자 동학군은 일제히 함성을 지르며 벽사역관으로 진격했다. 이미 역졸들은 도망가 버려 저항하는 세력이 없어 단숨에 점령하였다.[32] 『장흥부사순절기』에는 “4일에 벽사역 공해 公廨와 민가는 적들의 화포로 모두 불에 타 재가 되었고, 불길과 연기는 하늘을 덮고 들을 메우니 사람들은 넋을 잃었다.”[33]고 하였다. 벽사도 찰방역참은 성채가 아닌 평지에 있었기 때문에 어렵지 않게 점령할 수 있었다.

이날 저녁 장녕성 동문 문루에 올라가 벽사역이 불타는 광경을 바라보던 박헌양 부사와 관리들은 밤을 새우며 방어책을 강구하였다. 당시 장녕성을 지키던 수성군의 수는 1천여 명으로 추산된다. 박헌양은 성채가 견고하여 수성군이 분전하면 방어할 수 있다고 믿었다. 그러나 “성안 백성들은 넋을 잃지 않은 이가 없었다.”[34]고 했듯이 관민이 모두 사기가 떨어져 있었다.

박헌양은 동문루에 올라 장병들을 격려하며 방어에 임하였다. 12월 5일 새벽 동학군은 어둠 속을 헤치고 장녕성을 동서남북으로 에워쌌다. 동이 트자 한 방의 포성을 신호로 함성을 지르며 성벽에 달라붙었다. 제일 먼저 북문(連山里 소재)이 무너지자 사방에서 성을 타고 넘어갔다. 당황한 수성군은 달아나기에 바빴고 이 광경을 본 박헌양은 문루에서 내려와 동헌으로 들어갔다. 1시간 만에 장녕성은 동학군의 수중에 들어갔다.[35]

이튿날 새벽 박헌양은 다시 문루에 올라 적진을 살펴보았다. 방포하는 소리가 난 후 (일부 동학군이) 곧바로 북문을 넘어오자 나머지 적(=동학군)들도 사면에서 난입하여 온 성안이 불길에 휩싸였다.····부사는 관군의 도움을 받아 곧바로 동헌으로 내려갔다. 적들이 쫓아와 난동을 부리다가 소매자락을 잡아당기며 인부印符를 찾았다. 부사는 흔들림 없이 버티고 서서 성을 내며 꾸짖기를 "나는 왕명을 받아 (장관으로) 인부는 내가 간직하고 있다. 너희들이 어찌 탈취하려 하는가." 하며 꾸짖기를 그치지 않았다. 적은 (부사를) 억눌러서 동문 밖 장터로 끌고 가 무엄하게 창을 휘두르고 총포를 쏘며 위협하였다. 부사는 정색하고 바르게 앉아 조용히 최후를 마치니 12월 5일이었다.[36]

동학군의 공격을 막다가 희생된 수성군 장졸의 수는 96명이다. 전사자가 대부분이고, 붙잡혀 항거하다 살해당한 이도 있었다. 특히 기실(記室, 부사 측근에서 기록을 맡았던 벼슬) 박영수와 수성별장 임기남(任塇南, 昶南), 통장 주두옥, 호위장 주열우도 같이 희생되었다.[37] 부사의 시체는 동문 밖에 버려져 있다가 동촌東村의 어떤 청상과부가 거두어서 보이지 않는 곳에 묻어 주었다 한다.[38] 전사자 96명은 다음과 같다.

朴憲陽 朴永壽 任塇南 周斗玉 周烈佑 金昌祚 (이하 가나다 순) 金甲錄 金奎華 金基三 金德敏 金德孫 金明叔 金文祚 金民祚 金秉燁 金分實 金錫賢 金陽均 金連祚 金英萬 金有信 金益斗 金柱立 金柱五 金俊三 金天祺 金青吉 金青山 金七斗 金泰佑 金興斗 金喜鎭 朴在奎 朴八洪 徐官宗 徐允叔 孫玟敦 孫奉圭 孫奉植 孫誠模 孫汝根 孫昌國 宋洛鎭 宋承黙 宋在燮 宋在永 宋在完 申東信 申東采 申應淵 申應兒 申千同 申鉉立 申鉉燮 梁圭化 嚴喜敎 呂甲燮 呂東根 呂東允 呂武燮 呂亨鐸 吳萬吉 吳夫祚 吳春伴 吳必根 吳學仁 李俸柱 李成民 李永斤 李太文 李洪瑞 李化珉 任炳琡 任炳元 任益先 任正華 任泰玉 張洛道 張同石 張順三 鄭升文 趙金巖 趙福巖 趙奉國 趙漢吉 周夢吉 周福

鉉 周奉黙 周伊勳 周点順 周昌英 周栄坤 崔誠斗 崔應倫 崔定斗 河永巖.[39]

12월 6일 10시경에 동학군은 일단 벽사역 일대로 돌아와 점심을 마치고 하오 2시경에 강진으로 출발하였다. 선발대는 15리 지점인 군동면 금천에 유숙하였고, 후발대는 10리 지점인 사인점 앞뜰에 초막을 치고 유숙하였다. 새로 부임한 강진 현감 이규하는 장흥이 함락되었다는 보고를 받자 급한 나머지 6일 새벽에 병영으로 달려가 원병을 요청하였다. 서병무 병사가 난색을 표하자 나주 순무영으로 달려가 청병하였다. 역시 상부의 허가를 받아야 한다며 어렵다고 하였다.

강진현 관민들은 동학군이 밀려오자 우왕좌왕하며 혼란에 빠졌다. 이때 도통장 김순채와 김용현 그리고 보암 도통장 김한섭이 장졸들을 격려하며 방어에 나섰다. 이날 아침 안개가 자욱하여 지척을 분간할 수 없었다. 수적으로 우세한 동학군은 8시경에 안개를 이용하여 성밑까지 다가갔다. 얼마간 관군 측은 고함을 질렀으나 포성이 요란해지자 백성과 병졸들은 도망치기 시작하였다. 결국 동문과 남문이 무너지면서[40] 읍성은 손쉽게 동학군의 수중에 들어갔다.

7일 진시(8시경)에 적도들이…성밖 5리쯤 사면에 진을 쳤다. 장리와 별포別砲들은 군민을 단속하여 성을 등에 지고 싸우려 하였다. 어찌 읍운邑運이 불행함인가. 안개가 짙게 깔려…사방이 가리어 지척을 분간할 수 없게 되었다. 적진에서 포성이 울리자 순식간에 성은 포위되었고 그들은 "죄 없는 백성과 병졸들은 모두 성밖으로 나오라. 만일 (나오지 않으면) 이속과 별포와 뒤섞여 죽을지 모른다."고 외쳤다. 군중들이 흩어지기 시작하자, 이때에 적도들은 달려들어 성을 함락해 버렸다.[41]

전투는 1시간 만에 끝났고 별포 그리고 의병들이 전사했으며, 도총장 김한섭도 총탄에 맞아 전사하였다.[42] 『선봉진일기』에는 "7일 진시경에 동도 만여 명이 장흥에서 내려와 사면에서 돌입하여 성이 함락되자 민가는 불타 버려 남은 것이 없었다. 장리·별포·수성군과 성중 인민들은 포살·도륙 당하여 살아 남은 사람이 없었다"[43]고 하였다. 그러나 앞서 『선봉진정보첩』에서 본 바와 같이 동학군은 공격에 앞서 무고한 백성들이 피해를 입지 않게 하기 위하여 빠져 나오도록 조치하였다.

『오하기문』에는 "의병장 김한섭이 전사했으며 그 제자인 김형선을 비롯하여 사인士人 김용현, 좌수 윤종남, 현리 김봉헌, 황종헌도 같이 전사하였다."[44]고 하였다. "김한섭은 고산 임헌매의 문하로 호를 오남吾南이라 하였으며 헌매가 지어주었다 한다. 그는 본디 이방언과 동문수학한 사이로 방언이 적에 물들었다는 소식을 듣고 타이르는 글을 보냈으나 끝내 듣지 아니하자 절교한다는 글을 다시 보냈다 한다. 또한 동학을 경계하는 글을 지어 사람들을 효유하기도 하였다."[45] 한다.

동학군의 다음 목표는 병마절도사가 있는 병영이었다. 12월 10일로 정하고 9일부터 강진에서 병영 인근으로 이동하기 시작하였다. 『오하기문』에는 "9일에 적은 장흥, 강진, 보성 경계 지점에 나누어 주둔하고, 서로의 거리는 10리, 20리 정도였으며 각기 수천 명씩 거느렸고 포성을 서로 들을 수 있었다. 병영군은 감히 출전하지 못하고 성안에서 지키려 하였다. 성 둘레에는 목책을 단단히 설치하고 방비하였다. 이날 밤 적 이인환이 서쪽 10리에 있는 군자리에 진을 쳤다. 장흥 부리府吏 박창현이 수성도총으로 차임된 윤형은에게 포군 3백 명을 얻어 역습하려 했으나 들어주지 않았다."[46]고 한다.

병영 공격은 장흥과 강진처럼 간단한 일이 아니었다. 적어도 전라 병마절도사가 있는 곳이며 병력의 수로 보나 질로 보나 장흥·강진 수성군과는 달랐다. 다만 동학군에 유리했던 것은 영병들의 사기가 땅에 떨어져 싸울 의욕이 없었다는 점이다. 『일사』 12월 9일조에 "조반을 먹고 잠시 수성 상태를 돌아보니 수성군 거의가 겁에 질려 어찌할 줄 모르고 있었다. 수성장 방관숙과 도통장 윤권중은 교사하고 무능하여 제 살 길만 찾는 자들이었다. 군무에 무지 무능한 병사兵使도 이들에게 모든 것을 맡기고 뒷전에 물러나 있으니 수성할 대책이 없었다.…지금 적도들은 군자리에 결진해 있으며 내일 병영에 쳐들어갈 것이다."[47]라고 하였다.

또한 『오하기문』 12월 10일조에는 "우후 정규찬이 남관(南關=강진, 병영 사이에 있는 요지)이 지세가 험한 요충이니 그곳을 먼저 차지하면 수만의 적이라도 막을 수 있으니 정예 포병 3백 명을 차병하여 달라."고 하였다. 그러나 병사는 "병영도 방어하기 어려운데 남관을 어찌 알겠는가." 하며 도리어 역정을 내었다 한다.[48]

또한 부리 박창현이 도총 윤형은에게 "이인환이 군자리에 유진하고 있으니 포군 3백을 차출, 기습하자."고 하였으나 받아들이지 않았다 한다.[49] 결국 12월 10일 새벽에 수천의 동학군은 사방에서 진격하여 병영성 동쪽의 세 봉우리를 점령하였다. 그리고 포격을 하니 화약 냄새와 화염이 하늘을 덮었다.[50] 이때 피난민은 일제히 밀려나왔으며 이튼에 서병무 병사는 수성을 포기하고 피난민 속에 섞여 영암으로 빠져나가 원병을 요청하였다 한다.

『오하기문』은 "서병무가 크게 놀라 소매 좁은 두루마기 차림으로 해가리개를 쓰고 옥로(玉鷺, 갓 머리의 옥장식)는 떼어 감추었으며, 인부印符를 가슴에 품고 짚신 신발로 피난민과 섞여 성을 빠져나가 영암으로 달아났다."[51]고 하였다. 남은 장졸들은 사기가 떨어져 싸울 생각을 못하였다.[52]

우후 정규찬·감관 김두흡·전 도정 박창현·군교 백종진·수성도감 부리 윤형은 장병들을 격려하며 앞장섰다. 동학군은 10시경에 먼저 목책에 불을 질러 온통 불바다를 만들고 삼면에서 함성을 지르며 물밀듯이 공격해 들어갔다. 병사가 도망친 것을 알고 있는 영병들은 앞다투어 도망쳐 버렸다.[53] 우후 정규찬을 비롯하여 감관 김두흡, 군교 백종진, 전 도정 박창현 등이 분전하였으나 처절하게 전사하였다.[54]

『오하기문』에는 "사태를 수습할 길이 없자 규찬은 적진에 들어가 전사하였고, 창현은 검으로 수십 인을 참하고 나서 적탄에 맞아 쓰러졌다. 두흡은 군기고를 지키다 적이 화약을 탈취하러 오자 화로를 안고 화약더미로 들어가 폭사하니 적 9명도 같이 죽었다."[55]고 하였다.

『오하기문』에는 "사태를 수습할 길이 없자 규찬은 적진에 들어가 전사하였고, 창현은 검으로 수십 인을 참하다 적탄에 맞아 쓰러졌다 다시 일어나 발포자를 죽이고 절명하였다. 두흡은 군기고를 지키다 적이 화약을 탈취하러 오자 '화약이 없으면 적도 죽으리니 내가 죽는 것은 적을 죽이는 일이다.'며 화로를 안고 화약더미로 들어가 폭사하니 적 9명도 같이 죽었다."[56]고 하였다. 병영 전투는 정오에 동학군이 완전히 장악하자 막을 내렸다.

4. 석대벌의 최후 결전

병영을 점령한 동학군은 그 여세를 몰아 영암까지 진출하려 하였다. 그러나 일본군과 관군이 온다는 소식을 듣고 장흥으로 철수하였다. 벽사·장흥·강진·병영이 동학군 수중에 들어갔다는 급보로 후비보병 독립제19연대 대대장인 미나미 고시로(南小四郞)[57]는 즉각 병력을 파견하였다. 나주에 있는 대대본부에서 내린 명령의 요지는 다음과 같다.

① 적은 지금 영암·강진 등지에 있다. 내일 이시쿠로 미츠마사(石黑光正)

대위는 1개 소대와 2개 분대를 영솔하고 교도중대 2개 분대와 같이 오전 8시에 출발, 영암을 거쳐 강진의 적을 토벌하라.

② 제1중대에서 1개 소대를 차출하여 능주, 보성에 먼저 갔다가 장흥 부근을 거쳐 강진의 적을 공격하라.

③ 시라키(白木) 중위는 부하 병력과 교도대의 나머지 병력을 인솔, 오전 8시에 출발하여 원정을 거쳐 장흥 부근을 지나 강진의 적을 공격하라. 단 제2중대 및 제3중대와 맞추어 포위 공격하라.

④ 통위 대대장 선봉장은 부하 2백 명을 영솔하고 내일 아침 8시에 출발, 무안→목포→주룡포→남리→해남에 이르는 연로를 수색하여 적도들을 체포하라. 만일 거괴巨魁를 체포하거든 정토군 본부(나주)로 보내라. 엄히 당부할 일은 민재를 약탈하거나 보교를 타고 가는 두 가지 일은 절대 금해야 한다.

⑤ 통위영 30명과 사관 2명을 능주에 있는 제1중대에 증원토록 하라.[58]

나주에서 일본군과 경군은 세 갈래 길(三路)로 강진을 향해 내려오고 있었다. 영암을 거쳐 온 이시쿠로 대위와 교도대는 12월 12일에는 병영에 나타났다. 『일사』 12월 12일조에 "경군과 일본군 1백70-1백80명이 내려왔으며 동학군은 이미 도주하여 병영에는 없었다."[59]고 하였다. 경군은 교도중대로 2개 분대인 30여 명 정도였고 나머지 1백50-1백60명은 이시쿠로 미츠마사 대위가 이끈 일본군이었다. 이시쿠로 대위가 1개 소대와 2개 분대를 이끌고 왔다면 80명 정도에 지나지 않았을 것이다. 그러나 1백50-1백60명을 이끌고 왔으므로 병력 수가 맞지 않는다. 그는 제19대대 제3중대장이었으므로 1개 소대와 2개 분대만 이끌고 오지 않았을 것이다.

한편 12월 11일에 나주를 출발한 일본군 제1소대 50명과 통위영 교장 황수옥이 이끄는 30명의 경군은 능주에서 일박하고 12일 새벽에 장흥 땅을 밟았다. 황수옥은 "11월에 나주를 떠나 30명의 병사를 이끌고 능주에서 일박하고 12일 오경(五更, 새벽 5시경) 때 장흥에 도착, 일박하였다."[60]고 한다. 그런데 능주에서 통위영 병사 30명과 사관 2명을 증원 받은 것 같다.

그리고 시라키 중위가 이끄는 일본군 50명과 교도중대 30명은 원정元亭을 거쳐 15일에 장흥으로 들어왔다. 『동학당정토약기』에 "3개 지대 중 우측 지대는 강진에서 비도와 싸우느라 약간 늦어졌으며,…강진에서의 격전은 결국 장흥의 적 격퇴에 크게 이바지하였다."[61]고 하였다. 강진 어디에서 전투를 하였는지 기록이 없다. 장흥에 집결한 경군과 일본군은 경병이 약 1백20명, 일본군이 약 2백50명으로 모두 3백70명 정도였다.[62]

여기서 한 가지 언급할 것은 영암과 해남 동학군의 동태이다. 벽사와 장흥·강진이 함락되자 영암·해남 동학군들도 천여 명이 기포하여 관아를 공격하려 하였다. 『순무선봉진등록』에는 "7일에 강진을 연달아 함락하자 그 여세가 더욱 창궐, 본읍(영암)도 침범하리라 하니, 성중 이민吏民이 힘을 합쳐 주야로 방비에 힘을 기울이고 있으나 중과衆寡의 세가 커서 걱정이 많다."[63]고 하였다.

김재계의 『교회사』에는 병영을 공격할 때 이미 영암 동학군들도 참가한 것으로 되어 있다.[64] 그리고 『천도교회사초고』와 『천도교서』에는 "양빈·신란·최영기가 기포했다." 했으며, 『순무선봉진등록』에는 주성빈·강군오·김순범·정용달·김순천·김권서·박맹룡 등이 기포한 것으로 되어 있다. 이들은 1천여 명을 동원하여 장흥·강진 동학군과 합세하여 영암 군수 남기원과 수성장 하태명을 항복시키려 했으나 12일에 일본군이 오게 되어 실패하고 말았다 한다.

앞서 병영이 위태롭게 됐을 때 서병무 병사는 7-8차례나 영암에 파발을 보내 포군 징발을 명령하였다. 그때마다 영암 군수는 이에 응할 수가 없었다. 영암 동학도들이 이미 기포하여 쳐들어 올 태세를 갖추고 있었기 때문에 병력을 다른 곳에 돌릴 여유가 없었다. 일본군이 2일만 늦었어도 영암성은 동학군의 수중에 들어갔을 것이다.

해남 동학군들도 동학도들이 병영을 함락하자 크게 고무되어 12월 18일에 수천 명이 기포하였다. 장흥 전투에서 밀려난 동학군들이 몰려가 합세한 것 같다. 이들은 19일 새벽에 공격할 계획이었다. 그러나 일본군과 통위영병이 밤중에 나타나 공격해 오자 격전이 벌어져 8-9명이 전사하였다.[65] 해남도 일본군이 하루만 늦게 왔더라면 동학군의 수중에 들어갔을 것이다.

병영에서 철수한 동학군은 두 지역에 나뉘어 있었다. 주력를 이루는 이인환·이방언 동학군은 남면 어산촌에 주둔하였고, 나머지 소수 병력은 장흥 남문 밖 건산 모정등에 주둔하고 있었다. 『유류재유고』와 『장흥부사순절기』에는 12일 저녁에 "소모관 백낙중이 이끄는 경병이 보성으로부터 와서 먼저 모정등 동학군을 공격하고 13일 새벽에는 남문 밖 동학군을 격파하였다."[66]고 한다. 운봉 수성에 공로가 있어 호남 소모관으로 임명된 백낙중은 통위영 소속으로 30명의 병력을 이끌고 능주로 가서 일본군 제1중대에 합류하여 이곳으로 온 것이다.

황수옥에 의하면 12일에 장흥으로 와서 하루를 자고 13일 새벽에 일본군과 힘을 합쳐 몇 차례 공격하자 적들은 흩어졌다고 하였다. 그런데 백낙중이 단독으로 "13일 새벽에 남문 밖 동학군을 격파하였다."는 기사는 전후가 맞지 않는다. 『오하기문』에는 "나주에 있던 이규태가 병영의 급보를 받고 한 지대 병력을 먼저 출발시키고 백낙중과 더불어 병영으로 향하였다고 하였다. 도중에 김일원(벽사 찰방)을 만나 안내를 받아 병영에 갔으나 적은 이미 장흥 모정등으로 퇴각하였다. 13일에 남문 밖 동학군의 기세를 보니 대단했으나 관군이 10여 발의 대포를 쏘자 패주하였다고 하였다."[67] 이 기사도 역시 앞뒤가 맞지 않는다.

『동학당정토약기』에는 "좌측 지대(일본군 제1중대)에 소속되어 순회하던 소모관 백낙중이란 자는 일본군을 따라온 것으로 되어 있고, "이규태가 남해에 도착했을 때에 장흥·강진 전투는 이미 끝났다."고 하였다. 백낙중은 분명 능주에서 합류하여 황수옥과 같이 12일에 장흥으로 들어왔으며, 13일에 일본군과 함께 동학군과 싸운 것이 틀림이 없다.

동학혁명 중 규모를 갖춘 최후 전투라 할 수 있는 장흥 지역 전투는 13일에 막이 오른 것이다. 뒤이어 15일에는 석대벌 전투, 17일에는 옥산촌 전투로 이어지면서 일본군의 야만적 살인 행위가 시작되었다. 『순무선봉진등록』에는 "13일 새벽에 적세를 탐지하니 남문 밖에 수천 명이 집결해 있었다. 일본군과 본영 병정 30명이 합세 공격하니 수합數合이 못 되어 적은 사방으로 달아났다. 세차게 추격하여 20여 명을 포살하니 나머지는 죽을 힘을 다해 달아나 다시는 나타나지 않았다."[68]고 하였다. 화력이 약한 동학군은 제대로 싸워 보지도 못하고 남면 어산촌 본진으로 후퇴한 것이다.

어산촌에 집결해 있던 이인환·이방언 대접주와 동학 지도부는 여러 대책을 검토한 끝에 15일 새벽에 일본군을 공격하기로 하였다.[69] 『순무선봉진등록』 12월 21일자 이진호 교도대장 보고에 의하면 12월 15일에 동학군은 일본군과 관군을 포위하고 맹공을 퍼부었다. 그러나 시라키 중위가 일본군 지원부대를 끌고 오자 역습으로 바뀌면서 석대벌과 자울재에서 많은 동학군이 희생되었다고 하였다.

> 15일…장흥에 도착하여…부대를 주둔시키고 잠시 휴식하고 있었는데 뜻밖에 비류 3만 명이 봉우리 아래에서부터 북쪽 뒤 골짜기 주봉에 이르도

록 만산편야滿山遍野 수십 리에 걸쳐 봉우리마다 수목 사이에 깃발을 줄줄이 꽂고, 함성을 지르고 포를 쏘며 충살코자 날뛰는 기세가 대단하였다. 그러자 주민들은 허둥대며 어찌할 줄 몰라 분주하였다. 일본군 중위와 상의하여 통위병 30명(백낙중-필자 주)으로 주봉의 적을 물리치게 하고, 본대 병정은 일본군과 같이 성모퉁이에 있는 대나무숲에 잠복하였다. 그리고 먼저 민병 30명을 출동시켜 싸우게 하여 들판으로 유인해 낸 다음 충성을 떨치려는 병졸들을 두 갈래로 나누어 총을 쏘며 공격하자 잇달아 (동학군) 전열이 무너지므로 전진 또 전진하여 공격하니 포살자가 수백 명에 이르렀다. 노획물은 크고 작은 대포 4문과 회룡창 한 자루, 나머지는 활과 화살, 화약과 총탄 및 잡기들이었으며 모두 태워 버렸다. 20리 지점인 자울재까지 추격하자 해는 서산에 걸려 있고 북풍 찬바람이 불어오고 병졸들은 허기진 기색이었다. 또한 남쪽을 바라보니 골짜기가 깊고 비스듬하게 구불구불한데다 대숲이 빽빽하여 잘못될 염려가 있어 곧 본진으로 철수하였다.[70]

남면 어산촌에 집결해 있던 동학군 지도부는 병력을 보강하기 위해 보성과 해남, 영암 동학군에게 지원을 요청하였다. 장흥, 강진의 동학군과 합세하자 며칠 사이에 3만여 명으로 늘어났다. 북쪽에서 패전하여 밀려 내려온 많은 동학군들도 합류하였다고 본다.

15일 아침 선발대는 장녕성 북서쪽 산봉우리 일대를 차지할 수 있어 선제 공격에 나섰다. 후속 병력도 계속 줄을 이어 들판을 메웠다. 당시 일본군 2개 지대 약 2백 명과 경군 60여 명은 장녕성 안과 남문 옆 남산 봉명대에 진을 치고 있었다. 전투가 시작되자 강진으로부터 시라키 중위가 일본군 60명과 교도대 약 30명을 이끌고 나타났다.[71]

성암 김재계의 증언에 의하면 12월 15일에 어산촌에 본진을 둔 "이인환 ·

이방언은 보성, 장흥, 강진, 해남, 영암 각 군의 포包를 합하여…북상(나주)을 도모하던 때에 정부군과 일본군이 장흥에 내주來駐했다는 소식을 듣고…수십만 동학군을 지휘하여 장흥읍으로 직충直衝하다가 석대벌에서 결전을 벌였다."[72]고 하였다. 처음에는 자신만만했으나 일본군의 계략에 빠져 산림지대에서 평지로 나오게 되자 전세는 불리하게 되었다.

월등한 화력을 가진 일본군과 경병은 동학군이 접근할 수 없는 거리에서 사격하니 당해 낼 수가 없었다. 화승총과 창칼이 고작인 동학군의 무기는 상대가 되지 않았다. 2시간이 지나자 동학군의 전열은 흩어지기 시작하였고 끝내 무너지고 말았다. 싸움터는 석대벌에서 송정리로, 다시 자울재로 옮기면서 약 4시간에 걸쳐 혈전을 벌였지만 수백 명의 희생자를 낸 동학군은 패배하였다.

일본군과 경군은 날이 어둡자 추격을 포기하고 돌아갔다. 재기 불능에 빠진 이인환·김삼묵·윤세현 등 대흥·관산 그리고 강진의 칠량, 대구 접주들은 장흥에서 남쪽 40리 지점인 고읍 대내장(竹川場, 玉山)으로 후퇴하여 다시 전열을 가다듬었다. 이들은 엄동설한에도 불구하고 4-5천 명을 모아 최후의 결전을 벌이기로 하였다. 일본군과 경군은 17일 오후에 나타났으며 대내장에서 최후의 결전을 벌이게 되었다.

『순무선봉진등록』에 "17일에 출발하여 남면 40리 지점에 있는 대내장으로 향하였다. 남쪽을 바라보니 왼쪽에는 바다가 펼쳐 있고 산천은 험준한데 어찌된 일인지 비류 4-5천 명이 모였으며 옥산 일대에도 진을 치고 있었다. 때로는 함성을 지르고 때로는 포를 쏘며 여전히 날뛰니 해괴하고 통탄스러웠다. 대오를 정돈하여 일제히 공격하니 적의 무리는 크게 패하여 포살자가 1백여 명이요, 생포자가 20여 명이나 되었다. 그중 10여 명은 효유해서 방면하고 나머지는 포살하였다. 5리 남짓 쫓아갔으나 때마침 풍설이 대작하고 황혼이 깔리며 밤이 되어 곧 돌아왔다."[73]고 하였다.

관산읍에 사는 손동옥孫東玉의 증언에 따르면 "동학군과 일본군은 고읍천을 사이에 두고 3-4시간 싸우다가 동학군이 패했다. 총소리에 놀란 옥산 주민들은 뒷산으로 피신하여 온 산이 백산이 되었다. 일본군은 이들에게 총격을 퍼부어 무고한 주민들이 많이 사살되었다."[74]고 하였다. 여기서 패한 동학군은 해남과 진도 쪽으로 피신했으며 대흥 대접주 이인환을 비롯하여 강진군의 대구 · 칠량 두 곳 동학군 두목들은 천관산과 여러 산중으로 숨어들었다. 성암 김재계는 석대벌 최후 전투를 다음과 같이 증언하였다.

아버지는 내가 자고 있는 밤중에 돌아오셨다. 그 이튿날 아침에 아버지께서 할머니와 이웃 사람에게 이런 말씀이 있었다. "이번에 보성 · 장흥 · 강진 · 병영을 함성하고 도로 남면 어산 앞에 와서 유진하고 있는데 본읍으로 소식이 오기를 경군과 일병이 본읍 남산 봉명대에 유진하고 있다 한다. 이 소식을 들은 수십만 군중은 일시에 더욱 흥분되야 기세를 올리며 바로 석대평으로 남산을 직충할새 석대평을 거의 지나자 선군先軍이 퇴진을 해서 막았던 큰물이 일시에 터지는 것같이 사람의 물결은 말할 수가 없이 서로 남으로 동으로 흩어지기 시작한다. 십리 밖에까지 총알이 비오듯 전후 좌우로 참벌 우는 소리가 나며 사람은 앞뒤에서 턱턱 거꾸러진다. 어찌할 줄을 모르고 갈팡질팡 산을 넘어 산으로 산으로 해서 어젯밤 자정 후에 집에 돌아왔다."[75]

관산 대내장에서 패한 동학군은 뿔뿔이 흩어져 일반 동학군은 자기 집 근처로 돌아와 숨었으나 지도급 인사들은 산으로 바다 건너로 피신하였다. 일반 동학군은 체포되더라도 용서받을 수 있었지만 지도급 인사들은 체포되는 대로 살해되었다. 일본군과 관군뿐만 아니라 수구 세력들이 일어나 동학군을 수색하는 데 혈안이 되었으며 붙잡는 대로 학살하였다.

5. 일본군의 학살 행위

『동학당정토약기』에 의하면 장흥 전투를 계기로 일본군은 동학군을 무차별 학살하라는 엄명을 내렸다. 이것은 일선 일본군이 임의로 결정한 것이 아니라 일본 공사와 군 수뇌부가 결정한 살인 방침이었다. 즉 "장흥·강진 부근 전투 이후로 많은 비도를 죽이는 방침을 취하였다. 이는 소관 한 사람의 생각으로 한 것이 아니라, 훗날에 재기할 가능성을 제거하기 위하여 다소 살벌하다는 느낌을 살지라도 그렇게 하라는 공사公使와 사령관의 명령이 있었기 때문이다.…장흥 근처에서는 인민을 협박하여 동학도에 가담시켰기 때문에 그 수가 실로 수백 명에 달하였다. 그래서 진짜 동학당은 잡히는 대로 이를 죽여 버렸다."[76]고 하였다.

보고에 의하면 현지에서 처형한 인원은 해남 2백50명, 강진 3백20명, 장흥 3백명, 나주 2백30명이라고 하였다.[77] 이 지역 동학도들은 전라감사 이도재의 포악스러운 탄압으로 1896년 5월까지 학살이 계속되었다. 장흥 지역의 이인환 대접주를 비롯하여 이방언·이사경·김삼묵 등 지도자들과 많은 동학도들도 학살 당하였다. 이인환은 천관산 굴속에 숨어 추위에 떨다가 1월 21일 밀고로 체포되어[78] 나주 남문 밖에서 1895년 3월 27일(양4.21) 향년 56세를 일기로 생매장되었다.

이방언도 12월 25일에 체포되어 나주를 거쳐 서울까지 압송, 3월 21일에 재판을 받아 일단 풀려났으나, 1895년 4월 22일(양5.16) 이도재의 체포령으로 회천면에서 아들 이성호와 같이 체포되어 4월 25일 벽사역에서 57세를 일기로 부자가 함께 포살되었다.[79] 부산 대접주 이사경은 용반리 서쪽 기역산 베틀바위에 숨었다가 1895년 1월 13일(양2.17)에 체포되어 15일에 벽사역에서 포살되니 42세였다.

이 밖에 벽사역에서 사살된 동학 지도자 중에는 관산 접주 김학삼이 대내장 전투 후 12월 25일에 체포되어 27일에 42세로 순도하였고, 박치경 접주도 12월 26일 관산 지역에서 체포되어 28일에 순도하였으며, 또한 박채현 접주도 28일에 39세의 나이로 순도하였다.

『일사』에는 병영에서 "12월 27일에 유치로 병정을 보내 동학군을 많이 잡아다 참형하였다. 이때 도내 각 읍에서 동학군을 참형하지 않는 날이 없었다."고 하였다. 장흥 김재계는 「교사이문」에서 "이곳 저곳에서 사람들이 수군수군하며 인제는 다 죽는다고 야단들이다. '경군이 온다, 수성군이 온다, 민보군을 조직한다, 방수장이 났다, 수성막을 짓는다, 어느 곳에서는 한 동리가 함몰했다, 삼부자가 한 총에 죽었다'는 등 참으로 어수선하였다.···산으로 들로 다니며 을미년 늦은 봄까지 지냈다."고 하였다.

『천도교회월보』에는 강진 접주 절암 윤세현의 피신 경위를 다음 요지와 같이 기록하고 있다.

포덕35년(1894) 4월에 동지 수십 인과 같이 고부 전봉준 혁명에 참가하였다가 7월에 강진으로 내려왔다. 동년 11월에 장흥 이인환 접과 합세하여 일거에 보성, 장흥, 강진, 병영을 함락하였다.···장흥 남문 외 석대에서···12월에 관군에게 패배한 후 장총 하나를 들고 천개산, 백적산을 오가며 피신하였다. 어느 날 밤 하산하여 보니 삼간 집이 불타 버렸다. 담장에 은신하여 살펴보니 처 양세화梁世嬅가 유아(아들 尹桂行)를 업고 세 살 여아를 안고 한기에 떨고 있는 것을 보았다. 돌을 던지니 양세화는 마을을 가리키고 산을 가리키며 다시 산으로 올라가라 하였다.…절암장의 일가 70여 호는 화가 미치자 속히 포착되기를 바라고 있었다. 중형은 강진옥에 감금되고 처 양세화도 끌려가다 군리郡吏의 주선으로 풀려났다.…나중에는 산에 불을 지르고 민군으로 산을 뒤지었다. 도저히 있을 수가 없어 월여 만에 피신 중이던 처남 양해일梁海日과 다른 사람 5-6인과 같이 산을 떠나 배를 구해 타고 해남 방면으로 달아났다.…포덕38년(1897) 1월에야 고향으로 돌아와 장흥 대덕 연지리로 이사하여 동학 운동을 다시 재개하였다.[80]

6. 결론

장흥 · 강진 지역 동학도들은 4월부터 전봉준 장군이 이끄는 동학군과 합류하여 황룡천 전투를 비롯하여 전주성 함락전에 참여하였다. 그리고 6월부터 내려와 도소를 설치하고 활동하였다. 10월부터는 항일전을 위해 기포하여 북상하려 하였다. 그러나 장흥 부사 박헌양이 벽사, 강진, 병영의 병력을 동원하여 탄압하려 하자 지방 보수 세력과 싸우지 않을 수 없었다. 힘이 부족하자 금구 김방서 대접주에게 원군을 요청하여 12월 초부터는 벽사역 · 장흥부 · 강진군 · 병영 등을 모조리 공격하였다. 뒤이어 그 여세를 몰아 영암 · 해남도 점령하려 하였다. 그러나 일본군이 출동하여 모든 것이 수포로 돌아가 천추의 한을 남기게 되었다.

장흥군은 부사가 통치하는 곳이요, 벽사역참은 많은 역졸을 거느린 찰방이 있던 곳이다. 그리고 강진현은 성리학으로 세뇌된 보수 세력이 강했던 곳이며 병영은 전라도 병마절도사가 1천여 명의 병사를 거느리고 있던 곳이다. 이 밖에 회진에는 만호가 있었다.

조선왕조가 해체기를 맞은 극한 상황에 이르러 동학군이 잘못된 나라를 바로잡고 백성을 평안하게 한다는 혁명의 깃발을 올리자 억눌렸던 민중들은 자연스럽게 동학 산하에 모여들게 되었다. 일단 동학에 들어오면 양반 상놈이 없어지고 서로 존대하며 도와주고 모든 사람이 한울님처럼 대접받을 수 있는 새로운 삶의 틀을 만들어 가자는 미래 사회의 꿈을 제시하니 동학이야말로 민중들이 숭상해야 할 신념체계였다.

그런데 민중의 살길을 가로막는 일본군이 나타나 나라의 주권을 강점하고 민중의 꿈을 짓밟아 버리자, 항일전에 나서라는 동학 지도부의 명령에 따라 장흥·강진 동학군은 목숨을 내맡기고 서슴없이 궐기하였다. 동학군의 주력이던 북쪽 동학군이 모두 패하여 해산하였음에도 불구하고 장흥·강진 동학군들은 막강한 일본군을 물리치기 위해 힘겨운 공격에 나섰다.

11월 11일에 전봉준 휘하의 동학군 주력과 북접 통령 손병희 휘하의 동학군이 공주 전투에서 무너져 그 세력이 원평에서 막을 내렸으며, 김개남 휘하의 전라좌도 동학군도 11월 13일 청주 전투에서 패하여 해산하였고, 또한 나주를 포위했던 손화중 고창 동학군과 최경선 정읍 동학군이 12월 1일에 이미 해산하였다. 12월에 일본군과 싸운 곳은 전라도에서는 장흥·강진이고, 충청도에서는 해월신사와 손병희가 이끄는 북접군뿐이었다.

〈출처: 교사교리연구 제3호(포덕140년 12월)〉

경상도 남서부지역 동학혁명운동

고승당산 동학농민혁명군위령탑

1894년 10월 14일(양11월 11일)에 경상도 남서부지역 동학군 3천 명은 하동군 옥종면 북방리 고승당산에서
일본군 200명과 결전을 벌였다. 무기의 열세로 동학군은 300여 명이 전사하였다.
1994년 3월 20일 천도교 교인들의 뜻을 모아 이곳에 동학혁명군위령탑을 세웠다.

1. 머리말

경남 남서부 지역의 동학혁명운동도 4월(음)에 도소를 설치해서 시작하였다. 9월에는 전라도 동학도의 지원을 받아 하동 · 진주를 공격하였고, 일본군을 공격하다 고승당산 전투에서 패하여 엄청난 희생을 치렀다. 이 지역에서 동학혁명운동이 치열했던 곳은 하동 · 진주를 비롯하여 곤양 · 사천 · 고성 · 남해 · 단성 등지가 대표적이다.

이 지역의 혁명운동은 대체로 세 단계의 전개 과정을 보여주고 있다. 제일 먼저 일어난 곳은 덕산이며, 4월에 백도홍 대접주와 손은석이 기포했다. 그후 6월(음)경에 이르러 전라도 동학도의 기포에 자극받아 박재화 · 김창규 · 백주웅 · 우정진 · 박운기 · 박규일 · 전희순 접주 등이 일어났다. 그러나 이 시기에는 우병사 민준호와 타협하여 가급적 관과의 마찰을 피하며 동학 세력을 확장하는 데 주력했다.

두 번째는 9월에 순천 · 광양의 영호대접주 김인배의 지원으로 하동부 공격에 성공하자, 남해 · 곤양 · 고성 · 진주 등에서도 이들의 지원을 받아 기포하여 경남 남서부 지역을 장악하는 데 성공했다.

세 번째 10월에는 항일 투쟁에 들어가 일본군의 왕궁 침범에 분노해서 대규모로 봉기하였다. 그러나 안심리 · 고승당 · 하동 탕록치 나루 전투에서 일본군을 공격하던 동학군은 무기의 열세로 수많은 희생자를 내고 패배하면서 쓰라린 가운데 막을 내려야 했다. 함안에서도 이재형을 중심으로 독자적으로 기포했으나 관군의 역습으로 실패하고 말았다.

경남 남서부에서 갑오년에 기포한 지역은 이미 오래전에 동학이 자리 잡은 곳으로서 그 연원은 1862년에 고성에 사는 성한서가 대신사 수운 최제우로부터 직접 입도하여 한 접을 이루면서 비롯됐다.[1]

고성은 북쪽으로 진주와 함안군, 서쪽으로 사천군, 동쪽으로 창원군, 남쪽으로 통영군이 인접해 있다. 고성에서 점차 이곳으로 동학이 전파됐다고 보인다. 그 후 수운이 순도하자 도세가 약해지다가 1871년의 영해 교조신원운동을 계기로 완전히 자취를 감추고 말았다.

20년이 지난 1890년대 초에 동학이 다시 들어오기 시작했으며,[2] 1893년에는 지식인들도 많이 들어왔다. 이해 3월에 열린 보은집회에는 하동접에서 50명, 진주접에서 60명이 참가했다.[3] 『천도교서』나 『천도교창건사』와 여러 기록들을 종합해 보면 대접주급이 4-5명이요, 접주급이 40명에 이르렀다.

① 『천도교서』에는 진주의 손은석 · 박재화 · 김창규, 곤양에 김성룡, 하동에 여장협, 남해에 정용태 등이 접주로 활동했다고 나온다. ② 『하동군사』에는 사천의 윤치수, 단성에 임말룡, 마동에 우정진(후에 靑巖으로 이주) · 박재화 · 김창규 · 백주헌 등이 수뇌로 활동했다고 기록했다. ③ 『명치편년사』에는 진주의 동학당 수령을 김상경이라 했으며 『일본공사관기록』에는 백도홍이라 했다. ④ 최현식의 『갑오동학혁명사』에는 진주의 김용기 · 김상정을, 거창의 이익우, 함안의 이재형을 추가했다. ⑤ 이 밖에 진주의 박운기 · 박규일 · 전희순 · 김상규 · 김상경(金尙慶 · 金相鼎은 동일인물로 보인다.), 사천의 박치모, 고성의 최상관, 곤양의 김학두 · 이광 등이 접주로 활동했다.

2. 동학조직과 4월 기포

이 중에서 세력이 강한 곳은 진주 지역이었다. 당시 진주는 지금의 덕산까지 포함되어 넓은 편이었으며, 4월 하순에 최초로 기포한 곳도 진주 덕산이었다. 이 첫 번째 기포에 대해서 세 가지 기록이 있다. 『천도교창건사』에는 "백낙도가 신사의 명교를 승하여 각 군 대접주 수십 명으로 더불어 기포하였다가 관군에 피살된 뒤…"라 했으며 『천도교회사초고』에는 "손은석은 제 도인으로 교남 각 군에 기포케 하니 진주영장 박희방이 민포 3백 명을 모집하여 30여 도인을 참살하고…"라 했다.

그리고 1908년경에 진주교구에 근무했던 묵암 신용구는 『신인간』에서 다음과 같이 증언하고 있다.

임진년(1892)에 백낙도(삼장면 당산리 사람) 씨가 전북 장수군에 있는 유해룡劉海龍으로부터 도를 받고 돌아와 포덕에 종사, 진주를 중심으로 점차 퍼져 갔던 것이오. 갑오동학운동 당시 경남에서의 활동 상황을 3월 기포와 9월 기포로 나누어 말하겠소. 3월 기포는 전라도 고부기포의 소식을 듣고 백낙도白樂道 씨가 동학도인을 규합하여 기포를 준비 중 4월에 산에 숨었다가 진주영장 박희방朴熙房에게 체포되어 장날 장군들 앞에서 형을 받고 죽었소.[4]

『주한일본공사관기록』에는 "지난달 진주 지방에서도 인근 각지의 동학당이 봉기하여 불온한 상태였지만, 얼마 되지 않아 진정되어 거괴인 백도홍을 비롯한 30여 명의 난도가 포박되어 그 후 무사하게 되었다. 이곳 영장은 민병 천여 명을 모아 시끄러움에 대비하고, 동학도인 백도홍을 덕유(德裕, 智異

山 경계의 城)에서 붙잡아 즉시 효수하고, 나머지 도당 수십 명은 감옥에 가두었기 때문에 잠시 진정되었음."[5]이라 했다.

오횡묵의 『경상도고성부총쇄록』 갑오 4월 7일조에도 "진주 덕산이 소굴이라고 여러 곳에서 어지럽게 나돈다." 했으며 4월 21일조에는 "영장 박희방이 병졸을 끌고 덕산면으로 가서 동학괴수 백도홍과 종괴 2명을 잡아 처형하고 나머지 당류 수천 명은 효유하여 해산시켰다."[6]고 했다.

『동비토론』 4월 26일자 경상우병사 서목에 따르면 "백도홍을 협잡 죄인으로 몰아 이달(4월) 15일에 효수경중했다." 한다. 아마도 4월 13일경에 체포하여 15일에 처형한 것으로 보인다. 따라서 진주지역의 기포는 4월 10일경에 있었다고 볼 수 있다.

『백곡지』 갑오조에는 "진주인 백낙도는 본시 무뢰자로서 제우에게 학學하여 일조에 선사善士가 되어 도리를 지키고 도를 가르쳤다.…진주에는 그로 인해 학한 자가 수천에 이르며, 손웅구孫雄狗(수캐)[7]가 대표적으로 알려진 사람이다. 웅구의 제자로는 고만준·임정룡·임말룡이 으뜸이고 그 나머지도 헤아리기가 어렵다."[8]고 했다.

1894년 4월 현재 진주지역의 동학도가 천 명이 넘었음을 알 수 있다. 영장 박희방의 일갈에 1천여 동학도가 일시에 귀화했다고는 믿기지 않는다. 비록 대접주인 백낙도와 그의 종자 몇 사람이 희생당했다고 해도 그 밑에 손은석을 위시하여 고만준·임정룡·임말룡 등 쟁쟁한 제자 접주들이 고분고분 주저앉지는 않았을 것이다.

경상 감사의 4월 27일(양5.31)자 전보에는 "앞서 동학괴수 백홍석을 죽였는데 동학도 수만 명이 진주에 들어와 성중을 시끄럽게 했다 하니 민망스럽다."[9]고 했다. 백도홍의 처형으로 오히려 사태가 악화 확대되었음을 알 수 있다. 백도홍의 처형에 격분한 동학도들은 대접주 손은석[10] 등의 인솔로 진주에 쳐들어가 항의 소동을 벌였던 것이다.

이 항의 소동은 4월 26일경에 있었던 것으로 추측되는데 신변의 위험을 느낀 영장 박희방은 잽싸게 도망쳐 버렸다.[11] 수천 명의 동학도를 어찌 할 도리가 없자 우병사 민준호는 동학도와 타협, 위기를 넘긴 것으로 추측된다. 이때의 병사는 민준호로서 그는 후에도 동학을 도와주었을 뿐만 아니라 영호대접주 김인배가 진군할 때에도 성문에 나와 맞아들인 인물이다.

진주지역의 4월 기포는 백낙도 대접주의 희생으로 시작했으나 동학도 수천 명이 진주로 쳐들어가 항의하자 영장 박희방은 도주하고 우병사 민준호와의 타협으로 이후 별다른 충돌 없이 넘길 수 있었다. 이 4월 기포는 진주지역에 국한된 것으로 관의 묵인 아래 동학 활동은 계속되었다.

3. 영호대접주의 하동부 공격

진주지역 동학도들은 관과 큰 마찰 없이 활동할 수 있었으나 하동지역은 사정이 달랐다. 하동지역은 동학의 연원으로 볼 때 전라도 광양·순천 계통과 하나였다. 하동군과 인접한 광양군과 순천부의 동학 조직은 대접주 김인배와 수접주 유하덕이 관할하고 있었다.

때마침 6월에 김인배가 영호포 대접주로 내려와 순천에 대도소를 설치하고 활동하고 있었다.[12] 하동 동학도의 지원 요청을 받은 그는 대책을 숙의한 끝에 우선 같은 연원에 속하는 성부역星浮驛 접주 박정주로 하여금 1백 명의 장정을 선발하여 7월 7일(양8.8)에 하동 광평으로 건너가게 했다. 박정주는 하동 접주 여장협[13]과 협력하여 '영남의소嶺南義所'라는 간판을 내걸었으며 청년들을 모아 활동을 개시했다.

하동 부사 이채연은 크게 놀라 화개면에 있는 민포대장 김진옥을 불러 상의했다. 그는 전에 훈련원 주부와 오위장을 지낸 인물이라 동학도를 박살내야 한다고 우겼다. 그러나 보복을 두려워한 부사는 "살상하지 말고 광양으로 쫓아 버리라." 했다. 민포군은 곧 동학도와 그 가족들을 광양으로 추방하고 집에 불을 질렀다.[14]

8월이 되자 전 동학군은 항일 투쟁 준비를 위해 바삐 움직였으며, 순천·광양에서도 병력을 모아 부대를 편성했다. 이때 김인배 대접주와 유희덕 수접주는 경상도 서부지역 동학도들의 지원 요청을 받아들여 8월 25일경에 3천여 동학군을 섬진강과 접해 있는 다압면 도사리로 이동시켰다. 사전에 동학도의 움직임을 탐지한 이채연 부사는 몹시 당황하여 원병을 구하러 경상감사가 있는 대구로 가 버렸고, 민포대장 김진옥은 통영으로 달려가 지원을 요청, 12문의 대완포를 끌고 왔다. 그리고 악양·화개·적량·하동읍에서 수천 명의 민병을 차출,[15] 대부분의 병력과 대포는 뒷산 안장봉[16]에 배치하고 일부 병력은 해량 포구 일대에 포진시켰다. 8월 28일에 이르자 섬진강을 사이에 두고 동학군 대부대는 전라도 쪽에, 민포군 대부대는 경상도 쪽에 배치되어 북과 꿩과리와 포성이 진동했다.

동학군의 총공격은 9월 1일 새벽에 시작됐다. 주력부대는 하동읍 북서쪽 5리 지점인 섬진관蟾津館 나루터를 건너 '만지들'로 상륙시켰다. 이들은 곧 화심리와 두곡리 일대를 장악하고 나서 한 부대를 편성해 하동읍 바로 뒤에 있는 해량 포구를 공격하도록 했다. 그리고 한 부대는 광양 진월면 망덕에서 선단을 구성, 섬진강을 거슬러 올라와 하동읍 남쪽에 상륙, 여장협 동학군과 합류하여 공격해 들어오게 했다.[17]

짚둥우리(장태)를 굴리며 해량 쪽으로 공격해 내려오는 동학군을 보자 민포군은 얼마간 저항했으나 중과부적으로 철수해 버렸다. 한편 남쪽에서 공격해 오던 망덕과 하동 동학군들은 무난히 읍 주위를 장악했다. 화심리와 두곡리에 주둔하던 주력부대는 점심 후 안장봉을 공격하기 시작했다. 예상외로 산이 가팔라 중턱까지 올라갔을 때 날이 어두워져서 철수하고 말았다.

민포군은 기술 부족으로 대포를 제대로 발사하지 못해 안절부절했다. 발사가 더디고 포탄은 하늘로 날아가 버리니 잽싸게 피하는 동학군에게는 무용지물이 됐다.[18] 첫째 날의 전투는 동학군이 민포군을 완전히 고립시키고 읍 주변을 장악하는 데 성공했다.

9월 2일 동학군의 총공격은 새벽부터 시작하여 저녁때에 주봉을 점령, 날이 어두워진 다음 읍으로 들어갔다. 그러나 밤이라 관군을 추격하지 못하고 병력을 거두어 들였다. 『오하기문』에는 "2일 저녁때 적도들이 사방에서 함성을 지르며 육박해 올라왔다.…적도는 밤이 되자 추격이 불가능하여 병력을 철수, 이튿날 날이 밝자 읍내에 들어왔다."고 했다. 『하동군사』[19]에는 고로들의 증언을 토대로 다음과 같이 기록하고 있다.

9월 2일 동도 두목 박정주가 동학군 1만여 명을 이끌고 본격적인 도강작전을 개시했다. 이때 안봉鞍峯에는 김진옥金鎭玉 등 수천 명의 민병이 대완구大碗口 등 무기를 갖춘 관군과 함께 진을 치고 있었다. 전라도 동학군은 섬진관蟾津館에서 주력부대가 강을 건너 만지등晩池嶝에 진지를 구축하고, 일부는 섬진관에서 큰 짚동을 밀고 그 뒤에 숨어 강 모래사장으로 하여 해량解良 건너편까지 내려왔다. 만지등 일대의 동학군은 하동 동학대장 여장협余章協이 인솔하는 1천여 명의 동도와 합세하여 안봉으로 차츰차츰 다가왔다. 그런데 이때 안봉의 관군은 대완구를 쏠 수 있는 사람이 없었다. 관군들이 안절부절 하고 있을 때 한 청년 민병이 나와 자기가 대완구를 쏠 수 있다고 하며 막대기 끝에다 기름을 묻혀 대완구 구멍에 넣고 불을 붙이자 대포알이 섬진강 강물에 힘없이 나가 떨어졌다. 이것을 바라보고 있던 동학군은 대완구의 위력이 없음을 짐작하고 4일 총공격을 개시했다. 이날 상호간 치열한 싸움 끝에 민포군 대장 김진옥, 진사 김영수金塋秀, 수리 정찬주鄭燦枓 이하 수많은 병사들이 전사했고, 다음날 백의白衣 강륜수姜侖秀 등 남은 병사들이 장렬히 전사했다. 이리하여 안봉에 있던 민포군 및 관군이 거의 전멸되자 5일 오후 6시경에 읍내가 동학군의 수중에 들어가게 됐다. 읍내로 들어온 동학군은 관가와 민가에 방화하여 7백 호 이상이 불타 전 읍내가 잿더미로 변하고 말았다.[20]

『오하기문』에는 "이튿날 읍에 들어간 동학군은 민가 10여 채를 불태우고 나서 부중에 도소를 설치한 후 마을로 흩어져 약탈했다.…화개동에 올라가 민포의 수창자의 집에 불을 지르니 5백여 채나 됐으며…전후 10여 인을 살해했다."[21]고 했다. 악양과 적량에 가서도 민포군을 색출, 많은 집에 불을 질렀다.

『일성록』에는 이에 대해 "하동 전역이 소탕됐다."[22]고만 기록했다. 그리고 『하동군사』에는 "하동을 점령한 전라도 동학군은 민포의 발상지인 화개에 침입하여 탑리로부터 법하리 일대의 가옥을 모조리 불사르고 재산을 몰수하였으며, 이어서 악양과 적량에 들어가 민포군의 집을 낱낱이 찾아내어 불질러 버렸다."[23] 했다.

『하동군사』에서 하동읍에 들어가 민가 7백 호에 불질렀다 한 것은 과장된 기록이다. 『오하기문』에는 "부중에 들어가 민포군을 모두 죽이겠다고 성언하면서 민가 10여 채에 불질렀다."고 했다. 화개·악양·적량에 들어가 민포 수창자를 색출하여 그 집에 불 지른 것은 사실이겠으나 일반 민포군에게 보복했다는 것은 납득이 안 간다.

4. 진주 동학군의 기포

순천·광양 동학군이 하동에 출동할 8월 하순경에 진주지역 동학군들도 일본군을 몰아내기 위한 준비에 들어갔다. 이곳의 동학군 동원 방법은 특이하며 동학군 외에도 일반 민중들을 강제로 동원한 것 같다.

『일본공사관기록』에 의하면 9월 2일(음)에 73개의 이임里任에게 통문을 보내 지식인과 장정 13명씩을 동원하여 동학도소가 있는 평거 광탄진으로 모이라 했다. 마치 관에서 동원령을 내리듯 통문(榜)을 보냈는데 당시 경상우병사 민준호와 동학군의 관계를 짐작케 한다. 그 내용은 다음과 같다.

국가의 안위는 백성의 생사를 좌우하며 백성의 생사는 국가의 안위에 달렸으니 어찌 보국안민할 방도가 없어서야 되겠는가. 앞서 이런 뜻을 적어 73개 면리수面里首에게 통문을 돌려보게 했으나 없어지기도 하고 전해지기도 하여 이 점이 걱정된다. 우리 진주민들은 거개가 흩어져 있어 별로 진휼鎭恤해 나아갈 방도가 없으니 어떻게 지보支保할 대책을 세울 것인가. 이달 초8일 오전에 각 리에서는 13명씩 모두들 평거 광탄진두로 와서 회합을 갖고 의논 처결토록 하면 천만다행이겠다.

갑오 9월 초2일

1. 이장은 리별里別로 사리에 밝은 사람 2명과 과유군果遊軍[24] 10명씩을 대동하고 죽립을 쓰고 와 대기할 것.

1. 만일 불참한 면이 있으면 마땅히 조치한다.

1. 이에서는 아래와 같이 3일분의 식량은 제각기 갖고 와서 기다릴 것.

1. 시각을 어기지 말고 와서 대기할 것.[25]

9월 8일에 열린 광탄진대회에 얼마나 모였는지 모르나 보국안민의 기치를 들고 의병을 일으켜 일본군을 물리치자고 결의한 것은 확실하다. 그리하여 이튿날인 9월 10일에 다시 사통을 돌려 동리의 크고 작음에 따라 50명 이내 10명 이상의 인원을 배정하여 11일에 부흥 대우치로 모이라 했다.

마치 국가가 동원령을 내리듯 이임에게 병력의 차출을 통고한 것으로 다른 지역의 예에서는 찾아보기 어려운 일이다. 진주지역 동학도들의 대담한 행동은 민준호 병사와 무관하지 않다고 여겨진다. 더욱이 다음의「충경대도소동학도패방東學徒掛榜」과 관련시켜 살펴보면 동학도와 민준호 사이에는 어떤 긴밀한 관계가 있음이 분명하다. 먼저 사통의 전문은 다음과 같다.

사통

각 이임이나 동장은 사통이 도착하는 대로 펴 보고 차질이 없도록 하라. 대동은 50명, 중동은 30명, 소동은 20명, 소소동은 10명씩 내일 오전에 복흥 대우치로 모이게 하라. 만일 불참하거나 지체하면 이임과 동장의 집부터 소탕하고 동리도 이처럼 할 것임을 알리니 알아서 하라. 이 통문은 일리一里에서 곧 이리二里로 빨리 전하도록 하라. 아! 우리 중민들은 14-15년의 흉년을 겨우 지내왔으니 어떻게 살아갈 것이며, 또한 77일간의 대한大旱 중임에도 온갖 폐해가 겹쳐 일어났다. 아! 우리 중민은 어떻게 살 것인가.

갑오 9월 초10일[26]

복흥 대웃재(大牛峙)는 산청군 단성면 당상리의 시랑골 마을에서 진양군 수곡면 자매리 대우마을로 넘어가는 고개를 말한다.[27] 이 고개가 너무도 유명하여 자매리 일대를 대웃재라 한다. 기포 장소를 잣실 대웃재로 정한 것은 삼장, 덕산, 단성과 접해 있어 진주지역 동학군이 모이기 쉽도록 하기 위해

서이다. 그리고 동학도가 많은 동리이므로 숙식이 또한 편한 점이 있기 때문인 것 같다.[28]

이 지방은 오산접의 본거지이며 오산접은 바로 손은석 대접주의 휘하에 있는 접이다. 이 손은석 휘하의 진주지역 각 포에서는 총동원됐을 것이다. 『주한일본공사관기록』에도 "영남 각 읍의 동비들은 모두 덕산에서 나온 자들인데 덕산은 진주의 서쪽 지리산 밑에 있으며, 그 괴수는 언제나 덕산을 소굴로 삼았다."고 했다. 덕산은 바로 손은석의 본거지이며 진주지역 동학도소가 있는 곳이기도 하다.

이에 앞서 충경대도소 명의로 9월 10일자에 장문의 방을 만들어 돌렸다. 충경대도소라면 임규호 대접주의 충경포 도소를 말한다. 임규호는 청주군 옥산 사람으로서 충청도 일부와 전라도 일부, 그리고 경상도 일부에 포 조직을 갖고 있었다.[29] 「동학도괘방東學徒掛榜」의 전문은 다음과 같다.

영남우도嶺南右道 각읍각촌各邑各村 대소사민大小士民들에게

우리 조선은 비록 동방에 있는 작은 나라이나 옛부터 소중화라 칭해 왔다. 삼천리가 예의지국이요, 삼천리가 풍부한 강토이다. 근년에 이르자 국운이 부색하고 인도가 퇴폐하여 심지어 간신배가 왜놈과 오랑캐를 불러들여 이 나라를 침범케 하니, 북삼도는 오랑캐의 땅이 됐고 남쪽 오도는 왜놈이 가득하다. 그들은 마음대로 궁중에서 병기를 휘두르니 우리의 병기보다 많다. 아! 우리 동토의 의사들이여! 어찌 피끓는 분발심이 없으랴. 옛날 기유년에 일어났던 삼포의 난과 임진년에 일어났던 팔로의 변란 때 칼에 맞아 돌아가신 조상이며, 총에 맞아 돌아가신 어버이가 없는가. 이때야말로 복수하여 나라에 보답할 기회이다. 하늘이 도인을 내리어 도로 가르쳐 억천만인의 생각을 한 사람의 마음이 되게 하였도다. 한 사람이 깃발을 올리면 만인이 호응하고 비록 도외道外의 농부나 시골 선비라도 어찌 분발심이 없겠는가. 후생인 우리 도인들은 멸왜와 초멸의 뜻으로 같이 죽기를 맹서하고 분발하여 진주에서 대회를 가졌도다. 이제 진주를 초멸코자 하는 것은 33읍의 대영문이며 삼남의 요충지이기 때문이다. 지금 우리의 병사 민공閔公은 사심이 없고 온화하고 깨끗한 분으로 전 병사에 비할 바 아니라, 응당 대임을 맡아야 할 분으로 영우의 사민들은 바라고 있다. 부임한 지 일년도 못 돼 왜놈에 약조하고 선임받은 신 병사가 머지않아 부임한다는 말이 들린다. 이제 멸왜 추멸하려는 동학도인은 어찌 그를 부임하게 하겠는가. 비록 지금의 병사가 민씨족이긴 하나 "동착董卓이 대역大逆으로 한漢을 도왔으나 동승董承이 종팽宗祊을 도운 것과 같고, 왕돈王敦이 찬탈을 꾀하며 진을 도왔으나 왕도수王道修가 강의 강우江右를 보존한 것과 같다." 그러므로 경륜 대재인 민공을 1년 만에 자리를 옮기고 떠나도록 하니, 왜놈을 끼고 농간하였음이니 어찌 꺼리고 두렵지 않으랴. 그런즉 구 병사는 임기를 마치도록 하기를 원하며 신 병사는 우리 지역에 못 들어 오도록 해야 한다. 그래서 통문을 띄워 진주에서 모임을 가지니 소민들은 경동하지 말고 종전처럼 하라. 만일 의로운 일을 멸시하는 자는 병력으로 도륙할 것이다. 비록 도외인이라도 의분과 기모를 가진 사람은 특별히 상을 줄 것이다. 이 점을 유념하여 알아서 하되 어긋나는 일로 죄짓지 않게 잘 지키도록 하라. 도소에서 발행한 준표도 없이 도인이라 칭하고 사사로이 토색질하는 자에 대해서도 소를 내어주기 바란다.[30]

동학군은 이 사통私通에서 경상 우병사 민준호의 유임을 주장한 반면 새 병사는 왜놈의 앞잡이이므로 진주지역에 들여 놓아서는 안 된다고 했다. 동학혁명 과정에서 병사를 옹호하기도 처음이요, 칭찬하기도 처음이다. 4월 기포 이후 민준호와 동학군과의 사이는 매우 각별했음을 말해 준다. 즉 민준호는 6월에 일본군이 경복궁을 침범하자 이에 항거하는 뜻에서 동학군을 지원해 준 것이 확실하다.

대우치에 모여 재기포한 동학군은 5-6일간이나 머물면서 군사 훈련도 하고 일본군과 싸울 태세와 준비도 마쳤다.

5. 각처에서 기포, 진주지역 장악

하동을 점령한 영호대접주 김인배는 9월 10일경부터 전라도의 일부 병력과 하동지역 동학군을 진주 쪽으로 이동시켰다.[31] 일부는 곤양을 거쳐 진주로, 일부는 사천 · 남해 · 고성 등지를 거쳐 이 지방 동학군을 지원하며 진주로 들어갔다. 진주성 남서부의 넓은 지역을 완전히 장악하기 위한 전략에 따라 행동했다. 규장각장서인 경상감사 조병호의 「장계」를 요약하면 다음과 같다.

> 경상감사장계慶尙監司狀啓
>
> …남해南海 현령縣令 이규풍李圭豊의 보고에 의하면 "이달 11일에 호남 동도 19명이 본현에 쳐들어와 앉아 관리를 협박 감옥에 가둔 비류 16명을 임의로 석방하고, 읍폐를 바르게 한다며 난류를 모아 마을로 보내니 작폐가 대단했다. 16일에 이르러 그들 2백 명은 진주에서 창의한다 하며 곤양 등지로 갔다."고 했다.
>
> 사천현泗川縣 삼공三公의 보고에 의하면 "이달 13일에 동도 수십 명이 조사한다 하며 이방을 잡아갔으며 수백 명의 무리는 남문에서 총을 쏘며 곧바로 동헌으로 들어오니 본관은 어쩔 줄을 모르고 있을 때 군기고를 부수고 무

기를 탈취했다. 본관이 여러 모로 타이르자 무기는 반납했으나 함부로 전재를 뒤져 내고 억지로 전표錢標를 받아갔다. 17일에 그들의 접소로부터 사천원님은 영호嶺湖에서 알아주는 양리良吏라 하며 받아갔던 전표지錢標紙를 돌려보냈다. 18일에는 다시 호남 동학도가 쳐들어와 작청에서 유숙하고 19일에 남해 쪽으로 떠나갔다. 20일에는 각처 동학도 8백여 명이 총칼을 갖고 읍내로 들어와 관리만 보면 칼을 뽑아들고 공갈 협박했다. 공해에서 유숙한 후 하리下吏인 황종우黃鍾羽 · 황태연黃台淵의 집에 불을 지르고 언간한 즙물汁物은 모두 가져갔으며 마을의 우마牛馬와 의복 산물産物들도 마음대로 탈취해 갔다. 22일에는 고성固城 쪽으로 갔다."고 했다.

곤양昆陽 군수 송휘로宋徽老의 보고에 의하면 "15일 하동의 동학도 수천 명이 본군 다솔사多率寺(昆明面 龍山里)에 모였다 하며, 광양 · 순천 동학도 수천 명도 깃발을 날리며 각 읍을 불고 총을 쏘고 함성을 지르며 성내로 들어와 혹은 유숙하고 혹은 저녁밥을 갖고 가면서 말하기를 '진주로 가던 차에 들렀다' 한다. 이들은 방금 합세하여 진주 접경 완사浣沙를 지나갔다 한다. 본군에서 장정들이 연습하던 조총 20자루도 협탈해 갔다."고 했다.

고성 부사固城府使 신경균申慶均의 보고에 의하면 "관장이 영문에 가서 자리를 비운 사이에 총칼을 가진 6백여 명의 동학도가 들어와 창고를 부수고 심영沁營에 보낼 쌀 수십 석을 가져다 근처 마을에서 밥을 지어 먹고 밤낮으로 총을 쏘며 부랑배를 유인하고 부유층을 잡아다 토색질을 하며 떠나지 않고 있다."고 했다.

진주 목사晋州牧使 류석柳襫의 보고에 의하면 "14일에 본주本州 대여촌代如村 민인民人들이 교폐矯弊하자는 내용이 담긴 통문을 각 면에 돌려 당을 모아 읍으로 들어왔다. 효유했으나 듣지 않고 장터에다 큰 장막을 쳤으며, 민가에 불을 지르고 동헌에 난입하여 갖은 말로 위협하며 옥문을 때려 부수고 죄수를 멋대로 방면했다. 천백의 무리들은 옥천사玉泉寺(固城郡 介川面 禮城里 소재)로 가서 불당과 승사僧舍에 불을 지르니 그들의 행동거지를 헤 아리기 어렵다." 했으며, "17일에는 하동으로부터 수천 명 동학도가 본주에 들어오자 병사와 목사는 성문 밖에 나가 일변 방어하며 일변 타일렀으나, 도당들은 승세를 몰아 난입하여 여러 공해에다 도소를 설치했다." 한다.[32]

이 기록에 의하면 하동을 점령했던 하동 동학군들은 일변 진주로 진출하 는 동시에 일부는 인근 군현으로 출동, 동학군의 봉기를 지원하면서 진주로 들어왔다. 다음은 진주 대여촌 동학도들도 자발적으로 기포하여 진주에 들 어가 시장에 장막을 치고 점거했다가 옥천사까지 출동해 위세를 떨쳤다. 결 국 진주성을 중심으로 북서쪽 지역은 그 지역 동학도들이 잣실에 집결하면 서 일대를 장악하고 있었으며, 진주성과 그 남서쪽 일대는 진주 동학도와 하 동지방 동학도들이 완전히 장악하기에 이르렀다.

진주지역을 장악한 동학군은 곧바로 동학군 편제 조직에 착수, 각지로 나 가서 악질 부호배와 향반 그리고 관리배들을 응징하는 활동에 들어갔다. 이 와 같은 활동은 병사 민준호의 묵인이 없었으면 불가능한 일이다. 일본군도 이 점을 통탄하고 민준호 병사를 지체 없이 몰아내기에 이른 것이다.[33]

당시 동학군의 병력은 도통령 정운승이 수백 명을 거느렸고, 중군장은 4-5 백 명을, 하동포는 7-8백 명을, 우선봉은 5-6백 명을 거느렸다. 후군장은 4-5 백 명을, 도통찰은 백여 명을, 이 밖에도 단성포, 남원포, 섭천포,[34] 상평포, 오산포, 구례포 등도 각각 수백 명씩 이끌고 참가했으니, 적어도 5천 명은 넘었다. 이때 가담했던 동학도들의 사회적 지위는 지배층에 시달리고 소외 당한 하층 민중들이었다. 『주한일본공사관기록』에 의하면 "모두 상인·천 인·사노·관속·그리고 패망한 반족 부랑자라."[35]고 했다.

9월 18일(양10.16)에는 영호대접주 김인배마저 천여 명을 이끌고 진주성에 들어오니 동학군의 기세는 더욱 충천했다. 이를 환영하기 위해 진주성 안에서는 동라와 북을 두들겼고, 포성은 우뢰처럼 산천을 진동시켰으며, 날카로운 창검은 즐비하게 번득거렸다. 그리고 붉은 대형 깃발을 진전陣前에 내걸으니 보국안민이란 네 글자가 뚜렷했다.[36]

동학군의 위세에 눌린 이 지역의 관아들은 모두 마비 상태에 빠졌고, 관속들은 일찍부터 도망쳐 공해는 텅텅 비어 있었다. 사법과 행정 기능이 정지된 것은 물론이요 누구 하나 동학군에 항거하려는 기색도 없었다. 위세로써 제압한 동학군은 숙식 문제와 민심을 고려하여 이튿날인 19일부터 연고지별로 분산 철수하기 시작했다. 주로 집결했던 곳은 덕산·삼장·시천·사월·백곡·청암·양보·남강 남쪽 일대였다. 대체로 24일이면 완전 철수하는데 이때 전라도 동학군은 광양·순천으로 철수한 것 같다. 그리고 진주 남강 남동쪽에 있는 소촌역과 대여촌(代如村, 晋陽郡 琴山面 龍牙里 일대), 용심동에는 중군장이 이끄는 동학군이 출동했다. 양곡을 확보하는 동시에 악질 향반과 관리배들을 찾아내 응징했으며, 민중으로 하여금 동학에 가담하도록 권유했다.

6. 관군과 일본군 출동

경상도 남서부 일대가 동학군에게 점거됐다는 보고를 받은 정부는 9월 25일자로 대구 판관 지석영을 토포사로 차하差下하여 현지로 파견했다.[37] 그는 26일(양10.24)에 대구를 출발, 28일 부산에 도착, 감리서監理署와 일본 영사를 만난 후 29일에 배편으로 통영에 상륙했다. 여기서 포군 1백 명과 군관 4명, 즉 1백4명을 조발調發한 다음 10월 1일에 고성으로 향했다. 여기서 일본군이 오기를 기다리고 있었다.[38]

한편 일본 부산영사관에서는 하동·진주지역의 실태를 파악하기 위해 감리서의 이 주사와 순사 4명으로 편성한 정찰대를 9월 14일(양10.12)에 현지로 보냈다.[39] 9월 24일(양10.22)에는 일본군 남부병참감에서 스즈키 대위가 지휘하는 1개 중대 약 2백 명을 급파했다. 이들은 10월 5일(양11.2)에 고성에 도착, 대기중인 토포사 지석영 군과 합류했다.

고성을 떠난 이들은 진주 구해창舊海倉[40]을 거쳐 7일에 곤양군으로 들어와 자리를 잡았다. 이곳에 정착한 것은 성관도 있고 하동·진주 그리고 사천과 덕산 등 동서남북으로 통하는 중심지이기 때문인 것 같다. 그들은 해창에서 포착해 온 동학군을 공개적으로 처형하는 학살 행위부터 시작했다. 8일 정오에 성내 북쪽 장터에 군중을 강제로 모이게 하고 동학군 접주 임석준을 효수했으며, 나머지 17명을 취조한 후에 처분했다.[41]

동학군과의 첫 번째 전투는 하동군 안심리 뒷산인 금오산 줄기에서 시작됐다. 9일에 동학군이 이곳에 집결해 있음을 탐문한 일본군은 10일(양11.6) 새벽부터 공격에 들어갔다. 하동 접주 여장협이 이끄는 동학군은 일본군의 하동 진출을 막기 위해 진다리에서 서쪽으로 4킬로미터 떨어져 있는 안심리와 고하리 일대에 수백 명의 동학군을 배치하고 있었다. 『주한일본공사관기록』에 의하면 이 전투에서 5명을 사살하고 28명을 생포했다 한다.[42]

「경상감사장계」에는 "9일 밤에 동도 기백 명이 하동 안심동 뒤 골짜기 금오산상에 둔취해 있다는 사실을 알았다. 밤중이라 공격하지 못하고 10일 아침에 군관 신철회·정인식이 이끄는 본군과 일본군이 같이 떠나 접전을 벌였다. 이 전투에서 동학군 8명이 전사했고 관군에게 21명이 붙잡혔다. 일병에게도 9명이나 체포당했다. 총에 맞고 도망치다 죽은 자는 이루 헤아리기 어렵다."고 했다.

지방민의 증언에 의하면 "동학군은 진교·양보·고전면 일대에 퍼져 있었으며 안심리 뒷산 시루봉에는 2백 명 정도가 진을 치고 있었다. 당시 안심리의 호수는 70여 호였으며 이곳 동학군도 참가했으나 주로 양보면 동학도가 많았다. 시루봉에는 돌로 성을 쌓았고 나팔과 징과 북을 울리며 깃발을 날리니 10리 밖에서도 듣고 볼 수 있는 장관을 이루었다. 그러나 동학군의 무기는 화승총과 활과 돌멩이로서 일본군과 상대가 안 됐다. 일본군은 산을 완전히 포위하고 신안·성평리, 그리고 시루봉 동쪽 등 세 곳에서 공격해 올라갔다. 반나절 만에 동학군은 무너져 고전면 배들이 쪽으로 도주했고, 여기서도 최후의 저항을 시도했으나 끝내 패주하고 말았다.[43]

두 번째 전투는 10월 10일 같은 날 진주 남강 쪽 상평에서 벌어졌다. 전투 규모와 결과는 자세히 알 수 없으나 『주한일본공사관기록』에 "지난 7일(음 10.10) 상평촌 공격 때 관군 10명을 인솔했는데 아병에게 오히려 방해가 됐다."[44]는 짤막한 기록이 보인다.

진주지역 동학군은 손은석 대접주를 위시한 여러 대접주들이 의논하여 일본군이 출동에 대비하기 위해 만반의 준비를 갖추고 있었다. 우선 시천·백곡·송촌·집현산·정정·원본정·수곡·상평 등 여러 지역에 포별로 동학군을 동원 집결시켰다.[45] 진주성을 중심으로 주력부대는 북서쪽에, 나머지는 동쪽과 서쪽에 각각 일 개 부대를 배치했다. 앞서 지원군으로 참가했던 전라도 동학군이 아직 철수하지 않고 참전하고 있었다.[46]

세 번째 전투는 10월 14일(양11.11) 하동 옥종면 고승당산 일대에서 벌어졌다. 이날의 전투는 동학군과 일본군의 최초의 전투이며 최후 결전이기도 했다. 『주한일본공사관기록』에 의하면 이날 새벽 진주를 출발한 일본군이 수곡에 도착한 오전 8시부터 공방전이 벌어져 11시까지 3시간에 걸쳐 전개됐다. 그러나 수천 명의 동학군은 화력의 열세로 1백80명[47] 정도에 불과한 일본군을 막아내지 못하고 처참하게 패하고 말았다.

전후관계의 경위는 「경상감사장계」 제82146호와 『주한일본공사관기록』
에 다음과 같이 자세하게 기록되어 있다.

『주한일본공사관기록駐韓日本公使館記錄』

어제 11일(음10.14) 오전 4시 진주를 출발하여 서쪽 30리 남짓한 곳에 있
는 수곡촌水谷村에 모여 있는 동학당을 공격하려고 그 마을에 갔더니, 동학
당이 산과 들에 가득 차서 대략 1천4-5백 명(그 지방 사람의 말로는 4-5천 명이
라 함)이 있었다. 8시 5분 그들이 사격해 오므로 응전했다.

점차 공진攻進하여 가는데, 그들의 절반은 산 북쪽으로 퇴거했다. 그래
서 먼저 산 위에 있는 적을 공격했으나, 산정山頂의 첩벽疊壁에 의지해서 완
강하게 방어했으며 또 북쪽으로 퇴거하였던 적도 다시 나와 우리의 우측을
공격했다. 10시 15분께 1개 소대를 가지고 산 위의 성벽으로 돌격하여 이를
점령했다. 이때 우리 측 부상자는 3명이었다. 다른 1개 소대는 계속 우측의
적을 공격해 들어갔다. 이보다 앞서 엔다(遠田) 중위로 하여금 1개 소대를
인솔, 좌측으로부터 적을 구축驅逐하고 그곳에 있는 적을 격파하고 드디어
적의 배후에 이르러 적군을 격멸 소탕했다.

오전 11시 대오를 수습했다. 적은 서북쪽 덕산德山(智異山 쪽)을 향해 퇴각
하므로 계속 이를 추적했으나 미치지 못했다.[48]

「경상감사장계慶尙監司狀啓」

진주목사의 보고에 의하면 동학도 기백 명이 방금 본주 시천矢川 수곡水
谷 양면에 모여 있다고 한다. 그러므로 12일(음) 새벽에 진주로 행군했다.
파송했던 장리將吏의 보고에 따르면 시천矢川의 동학도는 이미 해산했고,
진주에서 50리 떨어진 수곡면水谷面에 수천 동학도가 점점 모여들어 성을

함락시키는 것도 조모朝暮에 달렸다 한다. 본군本軍은 진주성을 지키고 있었고 일병은 진주에서 출동, 접전하고 있었다. 동학도의 포살자는 1백86명이요 부상 당하여 도망친 수는 헤아리기 어렵다.[49]

곤양에 주둔해 있던 일본군은 8일(음10.11)에 진주목사의 보고 받자 9일 새벽에 떠나 수곡촌으로 직행했다. 이곳에 도차하자 진주가 위태롭다는 토포사 지석영의 급보가 와서 진주로 들어갔다. 이튿날 10일(음10.13)에 스즈키(鈴木) 대위와 엔다(遠田) 대위는 동학도가 모여 있다는 송촌과 집현산 쪽으로 각각 출동했다. 그러나 이미 동학군은 단성 지방으로 철수했기 때문에 진주로 되돌아오고 말았다.

사실 전 동학군은 10월 13일(양11.13)에 진주성을 공격하기 위해 은밀히 수곡면으로 집결하고 있었다. 4-5천에 이르는 동학군은 지금의 하동군 옥종면 북방리의 들판과 고승당산 일대에 유진하고 있었다. 이 사실은 알게 된 일본군은 10월 14일(양11.11) 새벽 4시에 진주에서 수곡으로 출동했다. 상오 7시경에 덕천강 동쪽에 당도하여 강을 사이에 두고 동학군과 대치하였다.

8시경 일본군이 강을 건너오자 전방에 출동했던 동학군이 선제 공격의 포문을 열어 전투는 시작됐다. 대포 2문으로 일본군을 공격했으나 소리만 요란했을 뿐 쇠붙이에 지나지 않았다.[50] 얼마 후 전방에 있던 동학군은 일본군이 신식 무기로 맹렬히 반격해 오자 후퇴하기 시작, 주력부대가 있는 고승당산으로 합류했다. 고승당산은 해발 1백85미터의 야산이지반 삼면이 들판이고 서쪽만 낮은 능선과 연결되어 있다. 정상에는 자연 암석이 성곽처럼 둘려 쌓여 천연의 요새를 이루고 있었다.

동학군과 일본군은 이 정상을 놓고 2시간이나 치열한 공방전을 벌였다. 동학군은 "산꼭대기 첩벽疊壁에 의지해서 완강하게 방어했다."는 일본 기록과 같이 정상에 1백보 정도의 둘레에 돌성을 쌓아 은폐물을 만들어 놓고 올라오는 일본군을 저지했다. 동학군은 이 고지를 내주지 않기 위해 결사적으로 항전하였으며 여기서 많은 전사자를 내게 됐다.[51]

　이 전투에서 전사한 동학군은 수백 명에 이른다. 일본기록에는 185명이라 했으나『천도교회사초고』에는 3백여 명이라 했고,『오하기문』에는 "4백여 명을 참했다."고 했다. 그리고 지방 사람들은 수백 명이라 했으며『백곡지』에는 "죽은 자가 5-6백 인이라." 했다. 이곳에서 전사한 동학군의 명단은 밝혀지지 않고 있다.『천도교백년약사』에는 진주접주 전희순의 체험기와 전사자 명단을 다음과 같이 기록하고 있다.

　　　전희순 체험기全熙淳 體驗記
　　전희순은 온몸이 피투성이가 되어 폭포가 떨어지는 절벽 사이에 몸을 숨기고 있던 차에 소년 동학군 김용옥金龍玉의 구원을 받아 서홍무徐弘武의 집으로 갔다. 늙은 할머니 혼자만 있었는데 피묻은 옷을 바꿔입고 3일간 치료, 겨우 생명을 보전했다.[52]

　　　고승당高僧堂 전사자
　　泗川 首接主 金成龍, 大正 崔璣鉉, 中正 姜五元, 昆陽 大正 崔蒙元・金敬連・崔聖俊・韓明善・金命完・中正 姜夢生・金旦柱・趙性仁・執綱 崔鶴權・申寬俊, 書司 金華俊.[53]

　　　곤명지昆明誌 전사자
　　강재국(마곡리), 朴小金(작팔리), 金德永(力士).

고승당산 전투에서 패한 동학군은 일본군의 맹추격을 받으며 덕산 쪽으로 후퇴했다. 이때 오산접 동학군은 명석면 오산리에서 일본군과 한 차례 전투를 벌였다. 최삼근[54]의 증언에 의하면 "묵곡리 뒷산에 수백 명 동학군이 숨어 있다가 추격해 오는 일본군을 공격하여 치열한 전투를 벌였다. 동학군이 밀려 검무산(해발 280미터)으로 후퇴하자 뒤에서 총격을 가해 많은 전사자가 났다."고 한다.

일단 진주로 돌아온 일본군은 10월 16일(양11.13)에 다시 병력을 덕산 방면으로 출동시켜 동학군 토벌에 나섰다. 단계 김인섭은 『백곡지』에서 "나머지 무리들이 흩어지니 10월 10일이었으며, 2-3일 후에 왜병 4백 명이 동학도를 추격하기 위해 잣실 장터에 와서 유숙했다."[55]고 한다.

고승당산 전투에서 패한 동학군은 덕산 방면으로 후퇴했으나 곧 대부분이 해산했으며 나머지 일부는 전라도와 하동 쪽 동학군과 합류해 갔다.

일본군과 관군은 동학군을 추격하기 위해 10월 17일(양11.14)에 하동 쪽으로 제각기 출동했다. 지석영이 이끄는 관군은 황토치까지 갔다가 일본군을 만나지 못해 진주로 되돌아왔다.[56] 21일에 일본군이 하동 섬진나루에서 동학군의 공격을 받아 접전 중이라는 연락을 받고 출발, 곤양에서 하루를 자고 하동으로 출발했다. 22일인 이날 50리 지점인 하동 갈록치(渴鹿峙, 河東郡史에는 湯鹿峙·갈마재)에 이르러 일본군에 밀려 후퇴하는 동학군 기백 명과 만났다. 혹은 배로 섬진강을 건너가고 혹은 산곡으로 도주했다. 여기서 관군은 동학군을 추격하여 11명을 사살하고, 17명을 생포했으며 총검 등도 많이 노획했다.[57] 『오하기문』에도 "지석영은 하동 두치(豆峙, 河東郡史에는 豆置) 나루에서 동학군과 싸워 격파했다."[58]고 한다.

한편 일본군은 20일(양11.17)에 하동지역에 진출 섬진나루에서 동학군의 공격을 받고 전투를 벌였다.[59] 22일에도 갈마재에서 전투를 벌였다. 이날 동학군은 선제공격을 감행했으나 오히려 30명의 전사자만 내고 광양 쪽으로 멀리 후퇴하기에 이르렀다. 23일(양11.20)에는 흩어진 동학군을 토벌하기 위해 각 동을 탐색했으나 동학군의 행방을 알 수가 없었다. 나중에 동학군이 멀리 순천 쪽으로 철수한 것을 확인하고 24일에 곤양으로 철수했다.

하동 부사 홍택후는 지석영 토포사를 따라 내려와 부임했으므로 일군과 관군이 철수하자 언제 동학도가 재침할지 모르는 형편이라 군대의 상주를 요청했다.[60] 그래서 우병사 휘하 군교 박두각이 거느린 1백 명 관군을 잔류시키고 26일에 창원 마산포로 철수, 부산행 기선에 승선했다. 하동 부사 홍택후는 동학도를 너그럽게 대하는 정책으로 별다른 충돌 없이 지냈으며, 김인배로부터 칭송까지 받았다.[61] 한 달 후인 11월 28일에는 영우嶺右 13읍 조방장으로 임명됐다.

7. 결론

경상도 남서부 지역의 동학혁명운동은 진주를 중심으로 싹터 올랐으나 전라도 동학군의 절대적인 지원 아래 전개되었다. 6월 이후 일본군의 경복궁 침범에 자극되어 동학군의 봉기에 적극 호응했고, 더욱이 민씨 일족인 진주 병사 민준호도 은밀히 지원하였다. 몇 가지 특징을 살펴보면 다음과 같다.

첫째로, 진주지역은 전라도 동학도들의 봉기에 자극되어 덕산지역에서 1894년 4월부터 봉기하였으며, 진주 병사 민준호의 지원을 받아 관아 점거라는 극한 상황을 피하였다. 『주한일본공사관기록』에 보면 "전 진주 병사 민준호는 그들의 무리가 취합하는 것을 금하지 않았을 뿐만 아니라, 도리어 그들의 기세를 도와 오늘의 화근을 초래했다."고까지 힐란했다.

둘째로, 일본군이 경복궁을 침범하자 농민뿐만 아니라 양반 등도 참여하여 거대한 세력을 형성했다. 『주한일본공사관기록』에 "외촌의 동비들을 제압하려면 먼저 관인과 가까운 동비를 제거해야 하고, 상인과 천인의 동비들을 제거하려면 먼저 반종의 동비들을 제거해야 하며, 각 읍의 동비를 제거하려면 먼저 진주의 동비를 제거해야 한다."고 했다.

셋째로, 전라도 광양·순천 지역의 영호 대접주 김인배(당시 25세)가 하동을 점령하고 진주에 진출하는 한편, 남해·고성·곤양·사천 지역도 직접 지원함으로써 경남 남서부 지역의 혁명운동을 촉진하는 데 직접적인 힘이 되었다. 그리고 충경대접주 임규호와 전라도 익산·금구·태인·구례 등지 동학군의 지원도 이 지역 혁명운동에 이바지했다.

결론적으로 이 지역 동학혁명운동은 충경포를 배경으로 하는 진주의 손은석과 영호포를 배경으로 하는 하동의 여장협에 의해 주도되었고, 일본 침략자를 물리치기 위한 투쟁은 타 지역에 비해 조금도 뒤지지 않았다.

〈출처: 교사교리연구 제6호(포덕141년 5월)〉

손병희 통령과 동학혁명운동

공주 우금티 전경
손병희가 이끄는 호서동학군은 우금티 좌측 견준산 능선 일대를 공격해 올라갔다.

1. 머리말

1894년 3월에 시작된 동학혁명운동은 황해도를 제외한 여타 지역에서는 12월 중순에 이르면 자취를 감추게 된다. 전라도에서는 12월 17일에 장흥 죽전 전투를 끝으로 막을 내렸고, 충청도에서는 12월 24일 금왕 되자니 전투를 마지막으로 막을 내렸다. 의암 손병희가 이끄는 호서동학군의 사실상 최후 전투는 12월 18일에 벌어진 보은 북실 전투라 할 수 있다. 이 싸움에서 엄청난 타격을 입어 되자니 전투에서 일찍 무너졌다. 『주한일본공사관기록』을 비롯하여 『토비대략』, 『소모사실』, 『천도교회사초고』 등에 이곳 북실 전투 상황이 비교적 자세하게 기록되어 있다.

이 전투에 참가한 동학군은 충청북도 북부지역, 경기도 남부지역, 강원도 서남부 일부 지역 출신이 주류였고, 소수이기는 하지만 전라북도 일부 지역 교도들도 참가하였다. 이들은 1894년 9월 18일(양10.16)에 신사 해월 최시형이 기포령을 내리자 무장하고 일어섰었다.

처음 기포한 곳은 음성군 만승면 광혜원(廣惠院, 당시 鎭川郡)이었다. 얼마 후 음성 삼성면 황산黃山의 충의포 도소로 옮기면서 본격적인 혁명운동을 시작하였다. 10월 12일에 청산(靑山縣, 옥천군 청산면)으로 이동한 후 해월신사로부터 전봉준 장군과 합류하여 일본군을 물리치라는 명을 받게 된다. 대오를 편성하자 논산으로 떠나 10월 16일에는 전봉준 장군이 이끄는 호남 동학군과 합류한다.

그리하여 10월 23일부터 이인 전투에 출전하였고, 11월 8일부터는 우금티 전투에 출전하였다. 무기의 열세로 많은 희생자를 내고 11일부터는 밀리기 시작하여 논산까지 물러나야 했다. 여기서 다시 여산, 전주, 금구 원평으로 내려가 일본군과 관군의 공격을 받고 패하여 태인, 정읍을 거쳐 내장산 가을 재를 넘어 순창 복흥을 거쳐 임실 갈담葛潭에 이르렀다. 여기서 해월신사를 모시고 장수, 무주, 영동, 황간을 거쳐 보은 북실에 이른 것이다. 결국 북실 전투에서 결정적인 타격을 받고 12월 24일 되자니 전투를 마지막으로 호서 동학군은 해산하고 말았다. 9월 재기포 이후 호남 호서동학군이 힘을 합쳐 싸웠다는 사실은 세상에 그리 알려지지 않고 있다. 참으로 안타까운 일이다. 의암 손병희 성사가 이끈 동학군이 광혜원에서 기포한 시점에서부터 북실, 되자니 전투까지의 경위를 살펴보기로 한다.

2. 황산서 충의포 기포

해월신사가 기포령을 내린 날은 9월 18일(양10.17)이었다.[1] 이에 앞서 호남·호서 동학 지도자들은 전라도 삼례에서 9월 11일부터 12일까지 이틀간 일본군을 물리치기 위한 재기포 여부를 놓고 격론을 벌였다.[2] 여기서 재기포키로 하자 해월도 기포령을 내렸던 것이다. 『백범일지』에 의하면 "후보後報가 들어왔다. 어떤 고을 원이 도유道儒의 전 가족을 잡아 가두고 가산을 강탈하였다는 것이었다. 이 보고를 들으신 선생(海月)은 진노하는 낯빛을 띠고 순경상도 사투리로 '호랑이가 물러 들어오면 가만히 앉아 죽을까. 참나무 몽둥이라도 들고 나서서 싸워야지.' 하시니 선생의 이 말씀이 곧 동원령이었다. 각지에서 와 대령하고 있던 대접주들은 물 끓듯이 상기를 띠고 물러가기 시작하였다. 각각 제 지방에서 군사를 일으켜 싸우자는 것이었다."라고 하였다.

『천도교회사초고』에는 7월경까지만 해도 해월신사는 질서를 주로 하여 폭력을 사용하지 말라고 하여 왔다. "근일 교도가 혹 가탁 관리하고 탁명 수간하야 도처 사악肆惡에 경외하는 마음이 적지 아니하니 틈심해당闖甚駭瞠한지라. 성훈에 왈 인시천人是天이라 하고 우왈 타인打人이면 타천打天이라 하였으니 피아를 물론하고 똑같이 한울님을 모신 동포이니 설혹 허물이 있지라도 절대로 구타하지 말고 자관自官 재결함을 유지하라."[3]고 타일렀다는 것이다. 이러한 해월신사가 결단을 내린 것은 참는 데 한계가 있음을 보여준 것이다.

백범은 광혜원의 동학군 동태에 대해서도 다음과 같이 기록하였다. 즉 "선생께 하직하고 물러나와 속리산을 구경하고 고향으로 돌아오는 길이었다. 벌써 곳곳에 사람들이 떼를 지어 모이고 평복에 칼 찬 사람을 가끔 만나게 되었다. 광혜원 장거리에 오니 만 명이나 됨직한 동학군이 진을 치고 행인을 검사하고 있었다.[4] 가관인 것은 평시에 동학당을 학대하던 양반들을 잡아다가 앉히고 짚신을 삼게 하는 것이었다. 우리 일행은 증거를 보이고 무사히 통과하였다."[5]고 하였다.

김구 일행이 광혜원에 도착한 것은 22일쯤이라고 여겨진다. 아마도 동학군들은 9월 20일경에 모이기 시작한 것 같다. 이때 일부 관원과 유림 세력들은 동학도를 가혹하게 탄압하여 생존을 위협하고 있었다. 특히 9월초에 대원군이 동학군에게 효유문을 발표하자 도처에서 민보군을 조직하여 동학군을 괴롭혔다. 진천군의 허문숙과 조백희, 지평의 맹영재를 꼽을 수 있다. 맹영재는 8백 명의 토병을 모아 강원도 홍천·횡성·지평·원주 지역에서, 허문숙과 조백희는 토병 5백을 모아 진천·괴산지역에서 동학도들을 학살하였다.[6] 점점 여러 고을로 확대되어 가자 동학도는 살아남을 길이 없었다.

김홍집 내각은 동학군 토벌을 일본군에게 간청하여 약속 받고 9월 22일(양

10.20)에 신정희를 도순무사로 임명하고 순무영을 창설하게 하였다.[7] 한편 각 군현에는 민포군을 조직하여 동학군 초멸에 나서라고 지시하였다. 또한 이두황을 죽산부사로 임명하는 한편 장위영 영관으로 임명하였고 성하영을 안성군수와 경리청 영관으로 임명하여 출동시켰다. 그리고 일본군은 병참소를 이천에 설치하고 30여 명의 병력을 주둔시켰다. 동학군은 앉아서 죽임을 당할 수는 없었다.

기포한 동학군은 우선 무장을 갖추는 데 총력을 기울였다. 『양호우선봉일기』에 의하면 9월 25일에 음죽 관아를 공격하여 군기를 탈취하였으며[8] 29일에는 진천 관아를 공격하여 군기를 탈취하였다.[9] 진천 관아는 안성과 이천 동학도 수만 명이 가세하여 침탈했다고 하였다. 안성과 이천 관아 무기들은 벌써 동학군의 수중에 들어갔음을 알 수 있다. 특히 이천은 1893년 10월에 관원이 동학교도들의 재산을 약탈하고 잡아 가두자 천여 명이 몰려가 재산을 되돌려 받고 도인들을 석방시킨 일이 있었다.[10]

각 군·현에서 기포한 동학군들은 처음에는 3개소에 모여 있었다. 진천, 이천, 안성, 여주, 음죽 동학군들은 광혜원에 모여 있었고, 손병희 충의대접주 휘하 동학군과 강원도 일부 동학군들은 황산(黃山, 현 음성군 금왕읍 황새마을)에 모여 있었으며, 충주 신재련 접주 휘하의 동학군들은 보들(洑坪, 현 금왕읍 도청리, 신평리 일대)에 모여 있었다. 이들은 10월 초에 모두 황산에 있는 충의포대도소의 지휘를 받아 움직이게 되었다. 황산 충의포대도소는 1893년 10월에 이미 설치 운영되어 인근 동학도들의 왕래가 잦았었다.[11]

『천도교회사초고』에 의하면 황산에 모인 인물은 광주의 이종훈, 황산의 이용구, 충주의 홍재길과 신재연, 안성의 임명준, 정경수, 양지의 고재당, 여주의 홍병기, 신수집, 원주의 임학선, 이화경, 임순호, 이천의 김규석, 전잉진, 이근풍, 양근의 신재준, 지평의 김태열, 이재연, 광주의 영세환, 횡성의 윤면호, 홍천의 심상현, 오창섭 등이라고 하였다. 이 밖에 음죽의 박용구를 비롯하여 여러 명이 있었다. 이들이 이끌고 온 동학군은 수만 명이라 하였으나 약 1만 명은 되었다고 여겨진다.

3. 호남·호서동학군 논산서 합류

황산 충의포대도소에 수만 동학군이 집결해 있다는 정보를 입수한 선유사 정경원이 10월 4일경에 포군 5백 명을 이끌고 황산으로 출동하여 5리 밖인 사창社倉에 주둔하게 되었다. 경기도 편의장인 이종훈은 그를 직접 찾아가 싸우지 않고 서로 물러서자고 담판을 벌였다.[12] 정경원은 선유사의 직책에 있었으므로 평화적으로 해결하기 위해 이 요구를 받아들였다. 동학군 측은 보은으로 이동할 준비를 갖추고 있었으므로 해산을 약속했다. 허문숙과 맹영재도 출동했으나 동학군 세력이 엄청나자 스스로 물러가 버렸다.[13]

충의포 동학군은 10월 6일에 보은으로 가기 위해 황산에서 떠나 괴산으로 향하였다. 괴산읍 인근에 이르자 뜻밖에 수성군과 일본군이 총격을 가해 왔다. 동학군은 즉각 응전하여 몇 시간을 교전하였다. 『천도교회사초고』에는 "보은군 장내로 가고자 괴산으로 향할 때 괴산 고을의 원(倅)이 충주에 주둔한 일본군 수백 명을 요청하여 도인들을 시살厮殺하니 피차에 살상이 막심하였다. 일본군이 충주 병참으로 돌아가므로 도인들이 일제히 괴산읍에 들어가 하룻밤을 지내고 다음 날 보은 장내로 출발할 때 괴산 쉬가 그 군에 사는 서 모 접주를 붙잡아 군민으로 하여금 타살하게 하였으므로 그 13세된 아들이 아버지 원수를 갚기 위하여 읍내에 방화하니 관청과 민사 수백 호가 잿더미로 변하였더라."[14]고 하였다.

그러나 『주한일본공사관기록』에는 전혀 다르게 기록하고 있다. "지난(11

월) 3일(음10.6) 하라다 소위가 2개 분대를 인솔하고 충주에서 괴산지방까지 정찰하던 중 적군 약 2만 명을 만나 격전을 벌이다 겨우 다음날(4일) 오전 6시에 충주로 돌아왔고 하라다 소위 이하 4명이 부상, 사병 1명이 즉사했다고 가흥병참사령부로부터 전보가 있었다."[15]고 하였다. 이 전투는 저녁 때에 벌어진 것으로 추측되며, 일본군의 피해는 5명의 사상자에 지나지 않았으나 동학군 측도 심중甚衆한 사상자가 있었다.

『순무선봉진등록』에는 "10월 6일에 이르러 동학도 수만 명이 두 길로 나누어 빠르게 경내로 들어왔다. 이때 일본군 25명이 지나다가 북쪽에서 동학도가 오는 것을 보고 다가갔으며 남쪽으로 들어오는 적은 수성군이 맞았다. 동학도는 많고 수성군은 적어 버틸 수가 없어 남쪽 전투는 불리하게 되었고 북쪽에서도 역시 패하여 일본군 1명이 사망하였다. 수성군과 부민도 11명이나 죽었으며 창에 찔리거나 총에 맞아 중상을 입은 자도 30여 명이나 되었다. 그리고 읍하 5개 동의 민가도 5백여 호가 불타 버렸고 관아 건물들도 모두 부서졌으며 오직 객사만 남았다. 군기나 즙물, 문부는 불살라졌고 환곡 40석과 공전 8천여 금도 빼앗겼다."[16]고 하였다.

7일 아침 일본군이 철수하는 것을 보고 동학군은 괴산에 들어가 하루를 쉬고 8일에 보은 장내리로 갔다. 동학군은 어느새 2만여 명으로 늘어났으며 민가 2백 호와 인근 마을로 가서 하룻밤을 자고 다음날 옥녀봉 아래 천변 일대에 4백여 개소의 초막을 치고 유숙하였다. 다시 충경포(忠慶包, 보은 동학군)와 문청포(文淸包, 문의 및 청주) 동학군이 합류해 오자 11일에는 해월신사가 있는 청산으로 내려갔다.[17]

청산에는 영동과 옥천 동학군까지 출동하여 대기하고 있었다. 근 3만 명에 이르는 동학군은 사기가 충천하였다. 해월신사는 각 포 두령에게 "지금은 앉아서 죽음을 당하기보다 일어나 일체로 용진할 때라."고 하는 유시를 내리

고 손병희에게 각 포를 통솔하여 전봉준 동학군과 합류하여 일본군을 몰아내라고 명령하였다.[18]

11일에 청산으로 모인 호서동학군은 논산으로 가기 위해 식량을 비롯하여 만반의 준비를 마쳤다. 13일에는 전투 병력의 편제를 정하여 선봉은 전경수, 후진은 전규석, 좌익은 이종훈, 우익은 이용구, 중군은 손병희가 맡았다.[19] 뒤쫓아오던 이두황 관군은 15일 늦게 보은 장내에 도착하였다. 2백호의 민가는 거의 비어 있고 겨우 남아 있던 20여 명도 관군이 오자 산으로 도망쳤다. 관군은 400여 개의 초막에 불을 지르고 보은읍으로 돌아갔다가 16일에 회인으로 떠나 버렸다. 청주병사가 전라도 동학군이 북상하니 돌아오라 하여 돌아간 것이다.[20] 이두황이 이끄는 양호선봉진은 나중에 목천 세성산 동학군 공격에 참여하였다.

전봉준 장군은 10월 14일 삼례에서 출동하여 강경포와 논산, 노성 일대에 휘하 호남동학군을 진격시켜 공주성 공략을 위한 작전에 들어갔다. 『전봉준 공초』에 재기포한 날짜가 10월 12일(양11.9)이라 하였으므로 15일에 논산으로 출동한 것으로 보인다. 즉 손병희가 이끄는 호서동학군은 청산에서 14일에 논산으로 출발하였다.[21] 『기문록』에는 "14일 저녁때에 6-7만 대진이 청산으로부터 (본읍, 영동에) 왔다고 하는 말을 들었다."고 하였다.

손병희가 이끄는 호서동학군은 약 5천 명을 거느리고[22] 14일에 청산을 떠나 영동, 심천, 진산을 거쳐 16일에 논산에 당도하였다. 이미 전봉준 장군이 이끄는 호남동학군이 주둔하고 있었으며, 이들과 합류하였다. 한편 옥천에 모였던 황간과 영동 동학군 2만여 명 중 1만 명은 회덕 지명으로 가서 관군과 교전한 다음 공주군 장기면 대교(大橋, 한다리)로 가서 주둔하였다. 호남·호서동학군이 공주를 공격할 때를 기다렸다가 금강 북쪽에서 위협하도록 전략을 세웠던 것이다.

동학군이 공주를 주요 목표로 삼은 것은 북상하는데 지리적으로 중요한 지점일 뿐만 아니라 지형적으로 산이 성처럼 사방으로 둘러 있고, 북서쪽에는 금강이 감싸고 있어 방어하기에 뛰어난 곳이었기 때문이다. 전봉준 장군은 공초에서 "공주 감영은 산이 막히고 강이 둘러 있어 지리가 뛰어나 이곳을 차지하고 굳게 지킨다면 일본군도 쉽게 빼앗지 못할 것이므로 공주에 들어가 일본군에 격문을 보내 버텨보고자 했다."[23]고 하였다. 그러나 관군과 일본군이 먼저 차지하여 당초 계획은 빗나가 버렸고 많은 피를 흘려야 했다.

10월 16일 전봉준 장군은 손병희가 이끄는 호서동학군이 도착하자 양호창의영수 명의로 충청감사에게 동학도와 정부군이 힘을 합쳐 일본군을 같이 물리치자는 서한을 보냈다. 즉 "일본 원수가 트집을 잡아 틈을 내어 군대를 움직여 우리 군부를 핍박하고 우리 민중을 어지럽히고 근심케 하니 어찌 말하지 않으랴…각하는 맹성하고 의로써 같이 싸우자."[24]고 하였다. 손병희는 호서동학군을 이끌고 16일에 도착하여 바로 전봉준 장군과 작전을 협의했던 것으로 보인다. 양호동학군 외에 여산, 익산, 논산, 노성, 부여, 공주 동학군들도 모여들어 2만여 명으로 늘어 났고 20일부터는 노성 일대와 경천 일대로 진출하였다.

『전봉준공초』에 의하면 공주 공격을 시작한 날은 10월 23일이라[25] 하였다. 동학군은 병력을 두 갈래로 나누어 23일에 공격을 개시하였다. 공주로 들어가는 길은 동쪽은 효포를 거쳐 참새골, 남다리를 지나 금강을 끼고 장기대 나루로 가는 길이 있고, 효포(新基洞)에서 서쪽 산을 타고 곰티로 넘어가는 길이 있다. 그리고 동남쪽은 가마울을 거쳐 능선을 넘어 공주 금학동 큰골로 넘어가는 길과 남쪽 오실동 뒷산을 넘어 금학동 하성다리로 가는 길이 있다. 다음은 남쪽 우금티로 넘어가는 길이 있으며 우금티 서쪽 견준산과 공주 서쪽 봉황산 사이에 있는 새재를 넘어 봉황동으로 들어가는 길이 있으며,

서쪽 금강을 따라 저대와 한산을 거쳐 봉황동으로 들어가는 길이 있다.

1차 공격에 나선 동학군은 효포 쪽은 전봉준 장군이, 이인 쪽은 손병희 통령이 담당하였다. 그러나 호서동학군이 효포로, 호남동학군이 이인으로 뒤섞여 가기도 하였다.[26] 『시천교종역사』에는 "이인역에 이른 이용구는 옥녀봉에서 경병과 전투하였으며 경병은 패해 달아났다."고 하였다. 경리청 대관 백낙완白樂浣도 『남정록』에 손화중이 참전하였다고 하였는데 이는 손병희를 손화중으로 착각한 것으로 본다. 공방전이 벌어진 지점은 동쪽 효포(孝浦, 龍溪面 新基里)에서 공주로 넘어가는 길목인 웅치(熊峙, 곰티, 용계면과 공주시의 경계) 일대와 우금티 남쪽 이인 일대였다.[27]

호남 동학군은 23일에 널티(板峙)를 넘어 효포에 이르러 관군을 물리쳤다. 『남정록』에 의하면 22일에 동학군이 경천에 왔다고 하자 경군 2백80명은 효포를 파수하고, 2백80명은 부내에서 방수하도록 배치하였다. 그런데 23일에 동학군이 널티를 넘어 효포를 향해 올라가자 효포에 배치되었던 관군은 겁을 먹고 도망쳐 버렸다. 즉 "효포를 파수하던 장졸(280명)이…놀라 겁내어… 금강을 건너 도망쳤다."[28]고 하였다. 그래서 23일에는 전투가 없었던 것이다.

전봉준 장군은 24일 새벽에 4천 명의 정예병력을 투입하여 곰티 산줄기에 뻗어 있는 여러 갈래의 능선으로 기어오르게 하였다. 관군은 2개 부대로 나누어 곰티 아래와 위에 배치하고 급히 지원병을 요청하였다. 그리하여 홍운섭이 이끄는 관군과 모리오가 이끄는 일본군은 서둘러 24일 저녁에 도착하였다. 이들은 곧 금강진두錦江津頭와 봉수재月城山에 1개 소대씩 배치하고 방어에 들어갔다.

『순무선봉진등록』에 의하면 안성 군수 홍운섭과 대관 조병완은 1개 소대 병력으로 금강진두를 수비하였고, 참령관 구상조는 1개 소대 병력으로 봉수재를 방어하게 하였다. 25일에는 서산 군수 성하영은 계속 곰티를 방어케 하였고, 구상조와 일본군 30명은 남쪽에 있는 동학군의 좌측을 공격케 하였으며 홍운섭과 조병완은 동학군의 북쪽 우측을 담당하도록 하였다. 동원된 관군병력은 대략 8백10명이었고 공주 관영군은 약 4-5백 명 정도, 그리고 일본군은 1개 중대(1개 소대, 2개 분대가 빠진 140명 내외)였다고 추측된다.[29]

그런데 한다리에 진주하였던 동학군은 24일에 관군의 기습을 받고 힘없이 무너져 협공작전에 차질이 생겼다. 관군은 한다리로 바로 가지 않고 북쪽 25리 지점에 있는 수촌으로 돌아서 한다리 배후로 접근하였다. 한다리 뒷산 숲과 들에 포진하고 있었던 동학군은 서쪽과 남쪽만 경계하고 있었다. 뜻밖에 북쪽 산 숲속에서 관군의 기습을 받게 되자 당황한 나머지 한나절만에 패하고 말았다.

『순무사정보첩』에 의하면 "옥천포 동학도 수만 명이 동쪽 30리 지점에 있는 한다리에 모여 전봉준과 회합하려 한다.…(24일) 첫 닭이 울자 곧 출발하였다. 25리 정도 돌아서 수촌에 이르러 조반을 먹고 한다리 뒷길을 따라 20리를 전진하였다. 멀리 바라보니 마을 뒤 작은 골짜기 숲속에 수천 명이 모여 있었다. 들에는 깃발을 둘러 세우고 수만 무리가 모여 있었다. 몰래 배후로 접근하여 숲속의 적을 먼저 기습하였다. 조금 후에 산 아래에서 포를 쏘며 들에 있는 적들과 합류하였다. 숲이 있는 골짜기를 탈거奪據하자 서로 총을 쏘며 한나절 전투를 벌였다. 적 20여 명을 사살하였고 생포도 6명이나 하였다."[30]고 하였다.

동학군은 관군과 일본군이 배치되어 잇는 맞은편 계곡이나 능선에 올라 대치하고 있었다. 전봉준 장군은 곰티에서 직접 지휘하여 공격에 들어갔다. 『순무선봉진등록』에 의하면 "적세는 듣던 대로 산과 들에 가득 덮여 그 수를 헤아릴 수 없었다. 소위 우두머리인 전봉준은 휘장을 드린 가마에 타고 깃발을 흔들고 태평소를 불며 벌떼처럼 둘러싸고 공격해 왔다."[31]고 하였다. 곰티만 넘으면 공주이므로 전봉준 장군은 관군의 지원 병력이 늘어나기 전에 곰티를 넘으려고 서둘렀다. 그러나 지형이 험준하여 이틀 밤낮을 잠도 못 자고 공격해 보았으나 좀처럼 전진할 수 없었다. 식량과 탄약도 떨어져 가고 피로도 겹쳐 할 수 없이 30리 후방인 경천으로 철수시켰다. 『주한일본공사관기록』에는 다음과 같이 기록하고 있다.

22일(음10.25) 오전 6시 공주 동면 능치 고개, 월성산 등을 수비케 했던 경리영병으로부터 우세한 적군(대략 3백여 명)이 공주 동편을 향해 진격해 오고 있으며 3천여 명은 냉천 뒷산으로 진격해 오고 있다는 보고가 들어왔다.

이러한 상황하에 공주에 있는 적도(=동학군) 정토 부대의 편성은 다음과 같다. 일본군 제2중대(1소대와 2분대), 한국군 810명.

오전 8시 30분 중대가 능암산에 이르러 적의 정세를 정찰해 보았더니 적도 3천여 명이 능암산에서 약 1천 미터 전방에 있는 냉천 뒷산에 있으면서 능치산과 월성산 등의 한국군과 교전 중이었다. 그리고 적군 몇 명이 우리의 우익인 능암산 기슭으로 나와 이 산을 점령하려 하고 있는 것 같았다. 그래서 니시오까(西岡) 조장에게 2분대를 이끌고 가서 능암산을 점령하려는 적도를 격퇴하고 또 냉천 뒷산에 있는 적도의 인원수를 정찰케 하였다.

여기서 우리 부대를 월성산과 능암산과의 중간에 배치하여 적의 측면과 배후를 향해 몇 번의 일제사격을 시도했지만 탄착점이 보이지 않고 거리가 맞지 않아서 사격을 중단하였다. 이렇게 서로 대치한 상태에서 오후 1시가 되었다. 오후 1시부터 냉천 뒷산의 적이 뒷쪽 산 위로 퇴각하였다. 그래서 한국군으로 냉천 뒷산을 점령하고 경계하도록 맡기고 중대를 이끌고 공주로 철수하였다.

적은 일몰에 이르러 결국 퇴각하여 경천 지방에 집합한 듯하였다. 적정을 정찰토록 파견했던 니시오까 조장이 이끄는 분대의 병졸 스즈끼(鈴木善五郞)가 적의 유탄에 맞아 오른쪽 정강이에 부상을 입었다.[32]

『주한일본공사관기록』에 의하면 곰티를 공격하던 동학군 중에는 40명 정도의 청국군이 끼어 있었다고 하였다. 즉 "11월 27일(음11.1) 자 재 공주 모리오(森尾) 대위의 필기 보고에 의하면 11월 21일(음10.24)에 공주에 도달하여 동남에 있던 수만의 적도와 교전하여 이를 격퇴하였다. 다음날 22일(음10.25) 미명부터 적도는 재차 공격해 왔으나 우리 군대가 이를 막았고 오후 1시경 이들은 격퇴하였다.…일몰에 이르러 적도는 경천, 정산 방향으로 퇴각하였으며, 그중에는 청국군 40명 정도가 있었다."고 하였다. 아마도 동학군 중 일부가 양총으로 무장한 것을 보고 청국군으로 오인한 것 같다.

한편 손병희가 이끄는 호서동학군은 23일에 이인으로 진출하여 우금티로 진출하려 하였다. 관군은 성하영 휘하 경리청 대관 윤영성과 참모관 구완희가 이끄는 관군 약 3백50명과 스즈끼(鈴木) 군조가 이끄는 일본군 약 30명을 출동시켜 막고 있었다. 동학군은 지형이 유리한 산(翠屛山)으로 올라가 포진하고 반격에 나섰다. 『순무선봉진등록』에는 동학군이 회선포를 쏘아 관군의 공격을 저지하였다고 하였다. 동학군 일부는 신식 무기를 갖고 있었던 것으로 보인다. 한나절을 대항하던 관군과 일본군은 동학군에 밀려 우금티로 후퇴하고 말았다.[33] 일부 동학군이 이때 이인 뒷쪽으로 돌아 포위작전을 시도하므로 후퇴한 것 같다.

이후부터 관군과 일본군은 소수 병력으로 출전하는 것이 불리하다고 판단하여 공주를 방어하는 데 치중하였다. 이인에 진출했던 동학군도 역시 노성으로 철수하여 휴식을 취하고 있었다. 11월 3일에 이르러 관군은 널티와 이인에 경리청 소대를 파견하여 동학군의 동태를 살폈다. 동학군 측에서도 어떤 이유에선지 10여 일간이나 공격하지 않았는데, 그 이유를 알 수 없다. 아마도 증원병력의 보충과 식량 확보, 화약 비축 등 여러 준비가 필요했던 것으로 보인다. 특히 추운 날씨에 싸우자면 솜옷도 준비할 필요가 있었다.

4. 피의 우금티 공방전

2차 공격은 11월 8일부터 재개되었다. 2차 공격에는 약 3만 명 정도의 동학군을 동원한 것으로 보인다. 그 사이에 공주를 지키는 관군 병력도 늘어나 1천5백 명 정도였고 일본군은 1백40명 정도였다. 『순무선봉진등록』에 의하면 판치에 나가 있는 구상조로부터 "8일 오후에…동학도 몇만 명이 혹은 경천점에서 바로 올라오고, 혹은 노성 뒤쪽 봉을 넘어 포위하며 올라오고 있다. 포성이 진동하고 깃발이 어지럽고 고함을 지르며 일제히 진격하고 있다."고 하였다. 그리고 성하영도 "동학도 몇만 명이 논산에서 곧바로 고개를 넘어 밀려오고 있으며, 또한 몇만 명은 오실 산길을 따라 뒤를 끊고 에워싸고 있다. 적은 병력으로 막아내기 어려워 지형이 유리한 효포와 웅치 고봉 요새로 진지를 옮겨 파수하며 동태를 살피고 있다."[34]고 하였다.

이인에 나가 있던 관군은 밀려오는 동학군을 막지 못해 우금티로 후퇴하였다. 『남정록』에 의하면 이인 남쪽의 취병산에 있던 1백 40명의 관군은 동학군에 포위되어 간신히 빠져나와 우금티로 퇴각했다고 하였다. "11월 7일에 이인역 취병산에서 파수하고 있었는데 저녁때에 동학군이 대군을 몰아취병산을 둘러쌌다. 포성은 우뢰와 같고 탄환은 우박 내리듯 하여 움직일 수없었다. 어두워지기를 기다렸다가 밤중에 안개가 자욱히 산록을 뒤덮어 지척을 분간할 수 없게 되자 겨우 빠져 나와 공주로 달려왔다."[35]고 하였다.

관군과 일본군은 공주 산봉우리 요지를 지키는 데 힘을 기울였고 동학군은 험준한 산으로 공격해 올라가야만 했다. 『순무선봉진등록』에 의하면 "9일 날이 밝자 적의 진세를 살피니 각 진에서 서로 보이는 봉우리마다 온갖 깃발을 꽂고 있었다. 동쪽 널티 후봉에서 서쪽 봉황산 후록까지 30-40리에 연달아 산상에 진을 치고 마치 사람으로 병풍을 두른 듯이 기세가 대단하여 고립무원의 걱정도 없지 않았다."[36]고 하였다. 『주한일본공사관기록』 11월 8일조와 9일조의 전투 상항을 보면 다음과 같다.

1. 12월 4일(음11.8) 오후 4시 널티 지역을 맡고 있던 경리영병으로부터 오후 3시에 우세한 적의 공격을 받고 점차 공주로 퇴각했다는 보고를 받았다.

2. 그 당시 공주에 있던 관군은 다음과 같다. (일본군) 중대병력(1개 소대와 2개 분대가 빠졌음), 한국군 8백10명.

3. 위와 같은 보고서에 따라 한국군(통위영병) 2백50명에게는 월성산에 가서 요지를 점령하여 적을 막게 했으며 한국군(경리영병) 2백80명에게는 향봉 부근에서 월성산과 연락을 취하면서 적을 막게 하였다. 이인에 있던 경리영병 2백80명은 점차 우금티산으로 퇴각케 하였다. 2중대가 우금티산을 점령하였다. 오후 5시 20분 스즈끼 특무조장에게 그의 소대와 이인에서 퇴각해 온 한국군을 이끌고 우금티산과 이인가도를 수비케 하였다. 대위 모리오는 제3소대(2분대 빠짐)를 데리고 향봉 부근에 있었다.

4. 향봉에 이르러 적의 정세를 정찰하니 향봉산 위로부터 약 1천 4백 미터 떨어진 산위 일대에 적도가 무리로 모여 있었다(약 2만 명). 활활 불을 지피고 동남쪽을 포위하면서 계속 총과 포를 쏘아댔다. 이렇게 해서 다음 날 아침까지 서로 대치하고 있었다.

5. 5일(음11.9) 오전 10시 이인가도와 우금티산 사이 약 10리에 걸친 곳에 적도가 대략 1만여 명이 나타나 우리의 우익 서쪽을 향해 급진해 왔다. 그

기세가 맹렬하였다. 우금티산은 공주의 요지로서 이곳을 잃으면 다시 공주를 지킬 방도가 없다. 이와 동시에 삼화산三花山의 적(1만여 명)도 오실 뒷산을 향해 전진하였는데 그 정세가 매우 급하였다. 그리고 이곳 역시 공주의 요지로 천연의 험지이다. 그래서 나가노(中野) 군조에게 1개 분대와 한국군 1개 분대를 이끌고 오실 뒷산을 단단히 지키도록 하였다. 오전 10시 40분 우금티산에 이르러 적의 정세를 정찰하니, 적이 우금티산 전방 약 5백미터에 있는 산위로 전진해 왔다. 이때 스즈끼(鈴木) 특무조장은 다음과 같이 배치하였다; (1) 1개 분대를 견준산의 산허리, 또 1개 분대를 우금티산 산허리와 이인가도 오른쪽(전방 도로를 막을 수 있는 곳). (2) 한국군(경리영병) 280명을 봉황산(전면과 오른 쪽 방어를 말함). (3) 나머지 2개 분대는 우금티산.

여기서 제3소대를 우금티산에 증파하여 일제사격으로서 전방 산위 약 8백 미터가 되는 곳에 군집한 적을 대적케 했으며 경리영병은 가장 가까이에 있는 적을 향해 사격토록 하였다. 그러나 적은 교묘하게 지형물을 이용, 2백여 명이 우금티산 꼭대기에서 약 1백50미터 되는 산허리로 진격해 왔다. 그 선두의 5-6명은 몇 미터 앞 사각 지점에 육박했고 앞산 위에 있던 적은 더욱 더 전진해 왔다. 수 시간 동안 격전했는데 우리 부대가 가장 힘써 싸웠다.

6. 오후 1시 40분 경리영병의 일부(50명)를 우금티산 전방 산허리로 진격시켜 우금티산 산꼭대기에서 1백40-1백50미터의 산허리에 걸쳐 있는 적의 왼쪽을 사격케 하였다. 그래서 적은 전방 약 5백미터의 산꼭대기로 퇴각하였다. 오후 1시 20분 우금티산의 우리 부대를 그 전방 산허리로 진격시키고 경리영병에게 급사격을 시켰으며, 적이 동요하는 것을 보고 1개 소대와 1개 분대로써 적진에 돌입케 하였다. 이에 이르러 적이 퇴각했으므로 경리영병에게 추격을 맡기고 중대는 이인가도로 나가 적의 퇴로에 다가가려고 하였다.

7. 중대는 이인가도로 나가 급추격, 드디어 이인 부근에 이르러 그 일대의 산허리에 불을 지르고 몰래 퇴각하였다. 그러나 동남쪽의 적도가 여전히 퇴각하지 않으므로 한국군에게 우금티산, 오실 뒷산, 향봉, 월성산 등의 경계를 맡기고 기타 대원은 공주로 철수하였다. 이때가 오후 8시였다.[37]

당시의 병력 배치를 보면 통위영병 2백50명은 동쪽 월성산에, 경리영병 2백80명은 향봉 부근에 배치하여 월성산과 연락을 취하며 막게 하였다. 이인에 나가있던 경리영병 280명은 우금티산으로 철수시켜 배치하였다. 그리고 일본군 1백 명 정도는 우금티산 일대에 배치하였다. 나머지 40명은 향봉 부근에 배치하였다. 이에 비해 동학군은 3만 명에 이르러 봉우리마다 수백 명씩 배치되어 있었다. 수적으로 절대 우세하였으나 무기는 고작 유효사거리 30미터 정도인 화승총으로 무장하였으므로, 사거리 3백미터의 신식 무기를 당해 낼 재주가 없었다.

피아간의 전투는 11월 9일 12시경에 시작되었다. 『주한일본공사관기록』에 의하면 "(12월) 5일(음11.9) 오전 10시 우금티에서 약 10리 떨어진 이인가도에 적도 1만여 명이 나타나 우익 서방을 향하여 다가왔다."고 하였다. "이와 동시에 이화산의 적(약 1만명)은 오실 뒷산을 향하여 전진하고 있었다." 하며 10시 40분경에는 우금티에서 5백 미터 떨어진 산상까지 이미 전진하여 왔다고 하였다.

『순무선봉진등록』에는 동학군이 포위하고 있는 상황에 대해 "아, 저 비류 기만 명의 무리들이 40-50리에 걸쳐 둘러쌌으며, 길이 있으면 쟁탈하고 고봉이 있으면 점거하고, 동쪽을 치는 척하고 서쪽을 치고 좌측에서 번득이다가 어느새 우측에 나타나 기치를 흔들고 북을 치면 이에 따라 죽음을 무릅쓰고 산에 먼저 오르려 하니 그들의 의리는 어떤 것이며 그들의 담략은 어떤 것이라 설명하랴. 그 상황을 생각하면 등골이 떨리고 마음이 섬뜩해진다."[38]고 하였다.

12시경에 동학군 2백여 명은 교묘하게 생긴 지형을 이용하여 우금티 전방 1백50미터까지 접근하였다. 그중 50-60명은 몇 미터까지 다가왔다. 그러자 피아간의 공방전은 치열하게 벌어졌다.[39] 『갑오관보』에는 동학군의 공격 모습을 "산등에 늘어서서 일시에 방포하고 산 안쪽으로 몸을 숨겨 버렸다. 적이 봉우리를 넘으려 하면 (관군은) 다시 산등에 올라 총을 발사하기를 40-50차례나 하니 시체가 산에 가득히 쌓였다."[40]고 하였다.

수세에 몰렸던 일본군과 관군은 1시 40분경에 역공으로 나왔다. 경리병 50명을 전진시켜 1백40미터 내지 1백50미터 떨어져 있는 동학군의 좌측을 공격하도록 하였다. 동학군은 즉각 산상으로 후퇴하여 응전하자 이때 일본군도 엄청나게 집중공격을 퍼부었다. 소비탄약이 2천 발이라 하였으니 집중 공격의 정도를 짐작할 수 있다. 결국 동학군은 움츠러들었고 2시 20분경에 일본군은 정면으로 공격하여 왔다.

손병희가 이끄는 호서동학군은 이때 우금티 서쪽과 봉황산 일대에서 공격전을 벌였다. 『천도교서』에 의하면 이종훈, 홍병기, 이용구, 임학선, 이승우, 최영구 등이 측근에서 활동하였다 한다.[41] 『시천교종역사』에 의하면 "드디어 봉황산으로 진격하자 경병과 일병이 산을 따라 사격하여 왔으며, 교도들은 죽음을 무릅쓰고 전진하여 양군은 10여 차례나 교전을 벌였다. 이용구는 정강이에 총상을 입었으며 일본군이 압박하자 힘이 딸려 일시에 무너지고 말았다. 논산까지 물러가 다시 모이게 되었다."[42]고 하였다. 일본군과 경리영병은 동학군이 전열을 가다듬을 여유를 주지 않고 맹렬히 추격하여 왔다. 이인 쪽으로 10리 가량 후퇴하였을 때 그들은 추격을 포기하고 산에다 불을 지르고 몰래 돌아갔다.

그러나 곰티와 향봉 쪽 동학군은 여전히 버티고 있었다. 이곳에서는 11일 정오까지 피아간의 공방전을 계속하고 있었다. 『순무사정보첩』에 의하면 "적도 수천은 험준한 곳을 지키며 나오지 않아 격파할 계책이 없었다. 정오에 이르러 교장 이봉춘이 정병 10명을 군복을 벗겨 비류로 위장시킨 후 살며시 전진하였다. 적(동학군)들이 눈치채지 못하게 산으로 올라가 앞에 나타나 일제 사격을 하자 4·5명이 쓰러졌다. 무리들은 무기를 버리고 몸만 빼져 달아났다. 고군孤軍이 될 염려가 있어 추격하지 못하고 총만 연달아 쏘았다.…적의 동태를 탐지하니 흩어진 여당들은 곧 계룡산 등지로 갔다."[43]고 하였다. 수천 동학군이 10명의 관군으로부터 기습을 받고 도망쳤다는 것은 있을 수 없는 일이다. 이런 허황된 기록은 가끔씩 관군 기록에서 찾아볼 수 있다.

노성으로 물러난 호남·호서동학군은 12일에 창의소의 명의로 충청감사에게 척왜척화斥倭斥華를 위해 동심협력하자는 글을 보냈다. 요지는 "도는 다르나 조선사람끼리 척왜와 척화는 그 뜻이 같으니 두어 자 글로 의혹을 풀어 알게 하노니 각기 돌려보고 충군 우국지심이 있거든 곧 의리로 돌아와 상의하여 척왜척화하여 조선으로 왜국이 되지 않게 하고 동심합력하여 대사를 이루게 하자."[44]고 하였다. 글을 받아본 충청감사의 반응은 감감했다.

동학군은 노성에서 항전해 보려고 수습해 보았으나 사기가 떨어졌을 뿐만 아니라 식량과 탄환도 여의치 않아 논산으로 다시 후퇴하였다. 논산에 들어가 소토산(지금의 대건고등학교)에 일단 진지를 구축하였다가 여의치 않아 전주로 후퇴하고 말았다. 이때 최난선이 이끄는 여산과 논산·강경, 익산지역 동학군 3천여 명이 들어와 이곳에 진을 쳤다. 『여산종리원연혁』에는 "본군 대접주 박치경 외 최난선…등이 미륵리에 집강소를 설하다.…11월에 경병으로 더불어 공주, 논산 양처에서 교전하다."라고 하였다.

김의환은 『혁명투사 전봉준』에서 우금티 전투에서 패배한 동학이 후퇴하고 있을 때 강동(江東, 江景) 방면으로부터 1천여 명의 동학농민군을 이끌고 공주 전투를 후원하기 위해 달려오던 여산 접주 최난선은⋯은진 황화대로 모아 추격 해오는 관군과 최후의 혈전을 시도하였다."[45]고 하였다. 이 전투는 여산 접주 최난선 동학군의 패배로 막을 내렸다. 『선봉진일기』에는 포살자와 익사자가 3백 명이 넘을 것이라고 하였고, 『주한일본공사관기록』에는 전사자가 20명이라고 하였다. 이후의 전투 상황은 다음과 같다.

(우금티에서 패퇴하는 동학군들 뒤쫓아; 편집자 주) 오후 2시 논산에 도착할 즈음 적 3천여 명이 논산 남쪽 고지를 지키고 웅거해서 포격을 하였다. 그래서 우리 부대는 전진하여 8백 미터 떨어진 곳까지 진출하여 통위병으로 하여금 적의 우익을 공격케 하고 니시오까(西崗) 조장으로 하여금 우리 1소대를 이끌고 적의 전면과 좌익을 공격케 하였다. 오후 3시 니시오까 조장은 적에서 6백 미터 떨어진 곳까지 진출하여 몇 번 일제사격을 가해 통위영병의 진출을 엄호하고 다시 더 전진해서 적 앞 5백 미터 지점까지 진출하였다.

오후 3시 30분 적의 진영이 동요를 일으키자 이때에 니시오까 조장은 통위영병과 함께 적진으로 돌입하였다. 적군은 당황하여 물러나 논산 봉화대(논산에서 서남쪽으로 1천2백 미터 지점)에 웅거하였다. 그래서 이들을 공격하기 위해 다음과 같이 부서를 정하였다. (1) 우리 부대와 통위영병은 봉화대 동쪽 고지로부터 적을 맹격한다. (2) 장위영병 1소대는 봉화대 북쪽 산기슭으로부터 적의 퇴로로 다가간다. (3) 장위영병 나머지는 봉화대 동남쪽에서 공격한다.

오후 3시 50분 적은 아군 일제사격의 위력에 질려서 진형이 매우 흩어졌으므로 봉화대 동쪽에 있던 우리 군대를 전진시켜 장위영병과 함께 세 방향에서 공격하였다.

오후 4시 10분 적군이 아주 무너져 전주 방향으로 퇴각하였다. 그래서 장위영병에게 봉화대 부근 경계를 맡기고 오후 4시 50분 모든 부대는 논산에서 숙영하였다.

12월 12일(음11.16) 장위영병에게 노성, 통위영병에게는 경천의 경계를 맡기고 우리 부대(일본군)를 이끌고 이인가도를 경유하여 오후 9시 공주성으로 돌아왔다.[46]

한편 『순무선봉진등록』에는 이날의 논산 소토산 전투와 황화대 전투도 일본군 모리오 대위의 지휘로 이루어졌다고 다음과 같이 기록하고 있다.

일병과 통위영병은 이미 작은 토산의 적진을 탈취하였다. 그러나 (한편에선) 여전히 깃발을 흔들며 함성을 지르므로 본진의 병사들도 함성을 질렀다. 적은 아직도 흩어지지 않고 주둔하였다가 무리를 질서정연하게 은진 황화대로 유리한 곳에 물러가 진을 쳤다.…본진은 곧 앞쪽 언덕에 있는 적을 살펴보니 황화대를 지키고 있었다. 넓은 들에 우뚝 솟아 있어 네 골짜기는 서로 연결되어 있으며 중봉에서 평평히 흘러내렸다.…망원경으로 살펴보니 둘레는 매우 넓은데 적병들은 사방을 지키며 여러 종류의 총을 번갈아 쏘니 그 소리가 각기 달랐다. 천보총은 소리가 크고 멀리 쏠 수 있으며, 후문총後門銃은 소리는 적으나 빨리 쏠 수 있고, 화승총은 소리가 허하고 가까이만 쏠 수 있다.…용기를 분발시켜 적을 깔보도록 격려하고 대관 윤희영·김진풍, 별군관 윤지영·이겸래에게 2개 소대를 이끌고 황화대 서쪽 들판에서 서남쪽을 에워싸게 하고, 참령관 원세록元世祿은 소대 절반을 이끌고 뒤를 공격하는 것처럼 보이게 하였다. 대관 박영우·이규식, 별군관 김광수로 하여금 3개 소대를 끌고 가 황화대 동북의 작은 산자락에서 고

함을 지르며 올라가 적을 부수고 서쪽을 포위하게 하였다. 그러자 적들은 남쪽 기슭 출구를 향해 미친 듯이 달아났다.…그 뒤를 압박하며 총격하자 천여 명 적이 쓰러졌다. 마치 새벽하늘에 별이 드물어지듯이, 추풍에 잎 떨어지듯 하여 길에는 총창이 버려지고 길가와 밭두둑에는 시신이 눈에 띄고 발에 채이었다.[47]

1989년 봄에 이곳 등화 2리를 찾아가 손봉수(孫奉守, 1897생)를 만났더니 "전라도 동학군이 이곳 산성에 와서 일본군과 싸우다 많이 상했다."고 하였다. 그리고 1985년에 강산동薑山洞 댓골에 사는 김기홍(金基弘, 1916생)을 만나 들으니 "아버지(金允煥)로부터 해마다 귀가 따갑게 들었다. 지금의 논산 대건고등학교 터가 둥굴게 생긴 토산이었으며 거기서 싸우던 동학군이 이 산성(土城)으로 와서 전투를 벌였다. 그리고 일본군과 관군은 삼면에서 공격했는데 일본군은 맞은편(황화대 동쪽) 산에 올라가 토성의 동학군을 향해 사격하였다. 사격하는 사이에 일부는 산성 밑으로 기어올라 갔으며 동학군은 남동쪽으로 도망쳤다. 이 퇴로에 관군을 미리 배치했다가 동학군을 무참히 살해했다."고 했다.

황화대는 야산이며 백제 때 토성으로 보인다. 논산 쪽에 있는 주봉에 봉화대가 있으며 산줄기는 두 가닥으로 둥근 토성을 이루며 남쪽으로 완만하게 뻗어 내렸다. 중앙지대는 계곡이며 암자가 하나 있다. 길은 남쪽으로 나 있고 동학군은 이곳으로 탈출하다가 많은 인명을 상한 것이다. 수천 명이 추풍에 잎 떨어지듯 쓰러졌다 하나 지나친 과장이다. 이 전투를 총 지휘한 일본군은 20명을 사살했다고 한다.

한편 전봉준과 손병희가 이끄는 호남·호서동학군은 11월 15일에 논산을 떠나 18일경에 전주로 들어갔다. 견고한 성을 이용하여 저항해 보려 했으나 군량미 마련이 여의치 않아 22일에 다시 금구 원평으로 떠났다. 『주한일본공사관기록』의 요지를 보면 "전봉준이 성에 있으면서 주민을 선동하고 있다 하였다.…정면은 일본군이, 그 뒤는 교도대가, 그리고 장위영·통위영 관군은 사방에서 공격하기로 하였다. 그런데 본대가 10리쯤 전진했을 때 척후가 돌아와 말하기를 '적군은 전날밤(22일)에 성을 버리고 금구로 도주하여 한 사람도 없다.'고 하였다."는 것이다.

전봉준 장군과 손병희 통령이 금구 원평으로 간 것은 김덕명 대접주가 있으므로 군량미 조달과 화약을 확보하기가 수월했기 때문이다. 재기포 이후 용계장(龍溪丈, 金德明)은 동학군의 군수물자, 즉 양곡과 물자 그리고 돈을 모아 지원하는 일을 전담하였다. 「김덕명판결선고서」에도 "금구지방에서 취군성당聚群成黨하여 관고의 군물을 찬탈하고 민간의 전곡을 약탈했다."[48]고 하였다. 『순무선봉진등록』에도 "원평점에 대도소를 설치하고 공곡과 공전을 거두어 들이며 평민을 학대했다."[49]고 하였다. 바로 원평(大都所)에서 김덕명은 동학군 군수물자 조달을 책임지고 있었던 것이다.

23일부터 다시 대오를 정비하고 항쟁할 준비에 들어갔다. 한편 태인에도 만여 명의 동학군이 집결해 있어 두 곳에서 최후의 결전을 시도해 보기로 하였다. 『천도교회사초고』에는 "전주에 이르러 수일을 유하고 금구군 토성에 이르러 관군으로 더불어 교전하다가 원평역에 이르러 견패見敗하다."고 하였다. 『천도교서』에도 "관군으로 더불어 교전하다가 패하여 남으로 향할 때 논산, 여산, 익산, 전주, 금구, 태인, 정읍, 고부, 장성, 순창 등 제군을 거쳐 임실군 갈담시에 이르다."고 하였다.

손병희 통령이 이끄는 호서동학군도 원평에서 전봉준의 호남 동학군과 같이 전투를 하였다. 『천도교회사초고』에서 "관군으로 더불어 교전하다가 원평역에 이르러 견패하다."는 기록이 이를 입증해 주고 있다. 원평 전투는 11

월 25일 아침에 시작되었다. 일본군과 관군은 24일 아침에 전주에 입성했다가[50] 이날 오후에 다시 출발 금구로 내려왔다. 여기서 하루를 자고 25일 아침 일찍 원평으로 출동한 것이다. 『순무선봉진등록』에 의하면 오전 9시부터 최영학이 이끄는 교도대 일대(약 350명)와[51] 일본군 60명이 공격하면서 전투가 벌어졌다고 하였다.

교도중대장 보고에 의하면 이달 24일 미시에 대관 최영학이 교도병 1대와 일본병 1대를 파송하여 금구읍에 이르러 밤을 새고 25일 오전 6시경에 행군하여 원평에 도착하니 적도 수만이 나팔소리 한 번에 삼면으로 진을 벌려 품品 자형을 이루었다. 천보의 거리에서 서로가 포전하였다가 아침 9시경부터 저녁 5시까지(전투를 벌였다) 포 소리는 우뢰와 같았고 총알은 비오듯 하였다. 적은 산상에 있었고 우리는 들에 있었다. 사면 주위에서 지르는 함성은 천지를 흔들었고 포연이 자욱해서 원근을 분간하기 어려웠다. 대관 최영학은 칼을 뽑아들고 앞장서서 산에 오르며 호령 지휘하자 대오는 동서로 나뉘어 일시에 힘을 내어 다투어 올라갔다. 혹은 찌르고 혹은 참하며 37명의 적을 죽이니 나머지 무리들은 사방으로 흩어져 도망쳤다.… 모이면 동학인 줄 알겠으나 흩어지면 농민과 같아 뒤쫓아 죽이기가 불가능하였다. 탈취한 군물은 화룡총 10자루, 조총 60자루, 총알 7석, 화약 5궤, 자포 10좌, 도창 200자루, 쌀 500석, 돈 3천 냥…등이었으며 일본군에게 넘겼다.[52]

원평 전투에서 패한 동학군은 바로 태인으로 후퇴하여 이곳에 진을 치고 있던 동학군과 합류하였다. 그런데 손병희 통령은 태인으로 오지 않고 바로 임실로 향하였다. 태인 전투는 11월 27일 11시경부터 벌어졌다. 『양호우선봉일기』에 의하면 관군은 2백30명이었고 일본군은 60명이었으며 동학군은 5천 명 정도였다고 한다. 동학군은 성황산, 한가산, 도리산에 진을 치고 있었다. 관군과 일본군은 두 갈래로 나눠 한가산과 도리산을 목표로 공격하였다. 대관 윤희영이 이끄는 관군 90명과 일본군 30명은 서쪽 길로 공격하였고, 대관 이규식이 이끄는 관군 1백40명과 일본군 30명은 동쪽 길로 공격하였다.

몇 시간 만에 관군은 산상을 점령했으나 이미 동학군은 성황산으로 모두 옮겨 집결하여 맹렬히 저항하였다. 관군과 일본군은 하산하여 다시 두 갈래로 나누어 공격하였다. 몇 시간을 두고 교전하다가 유리한 지형을 확보한 관군과 일본군이 집중사격을 가하여 해질 무렵에 동학군은 패퇴하고 말았다. 이 전투에서 동학군은 30명이 쓰러졌고 40명이 생포되어 살해당했다. 생포자에게 물어 보니 거괴는 전봉준이며 그 밑에 김문행, 유공만, 문행민이 지휘하였다고 한다.

『천도교회사초고』에서 손병희 통령은 "태인, 정읍, 고부, 장성, 순창 등 여러 군을 거쳐 임실군 갈담시에 이르렀다."고 하였다. 그러나 정읍, 고부, 장성으로 돌아왔다는 것은 석연치 않다. 같은 기록 중에 "익일 태인, 정읍 등지에서 다시 취합하니 도중이 수십만이라. 장성군 노령(갈재)에 유진하고 다음 날에 순창군을 거쳐 임실 갈담시로 행진하니 도중이 피곤함을 이기지 못하더라."고 하였다. 아마도 정읍 내장산 가을재(秋嶺)를 넘어 순창 복흥을 거쳐 쌍치, 산내, 임실 갈담으로 가지 않았을까 싶다. 내장산 가을재를 갈재로 알고 장성 갈재로 갔다고 착각한 것은 아닌지 모르겠다.

임실 갈담시로 간 것은 청운면 새목터(鳥項)에 해월신사가 와 있었기 때문이다. 임실현 민충식 현감은 동학에 입도한 사람이므로 안전한 곳이었다. 『천도교서』와 『천도교회사초고』에는 다음과 같이 기록하고 있다.

10월 13일 신사 호남으로 행하실 새 임실군 이병춘 가에서 9일간을 유숙하다가 다시 동군 새목터(鳥項里) 조석걸 가에 이르러 머무르시더니 일일은 신사 '도인을 불러 갈담시葛潭市에 왕건하라.' 하시다. 이때에 손병희 과연 당도하거늘 영접하여 신사에 배알케 되니 이는 11월 19일이러라.

11월에 해월신사주…장수군 계남면 신전리薪田里 박일양 가에서 일야를 숙하시고 동면 동촌리東村里 김종학金鍾學 가에서 일야를 숙하시고 동군 산서면 동곶이(東串址)로, 남원을 경하시어 임실군 양경보梁景寶 가에서 수일을 유숙하시고 동면(靑雄面) 조항리 허선許善 가에서 수일을 유류하실새 일일은 봉서를 수하사 왈 '가단시柯團市를 가면 대군이 지할 것이니 차 서신을 전하라.' 하시고 인을 파송하셨더니 과연 대군을 가단시에서 봉한 바 그 대군을 통솔한 이는 손병희러라.

『천도교서』에 손병희 통령이 이끄는 동학군이 갈담시(柯團市)에 당도한 날짜를 11월 19일라 한 것은 잘못된 기록이다. 11월 27일에 태인을 떠났으므로 11월 29일이 될 것이다. 손병희는 새목터로 와서 신사를 모시고 12월 1일에 새목터 고개를 넘어 오수獒樹로 갔다. 여기서 다시 장수와 무주를 거쳐 12월 9일에 영동까지 진출하였다. 오는 도중 장수에서 "누차 관군과 교전하였다." 했으나 지방 민보군을 만나 소규모의 충돌이 있었던 것으로 보인다.

그리고 무주에서도 "이응백이란 자가 민보군을 거느리고 추격하거늘…도중이 대성 돌격하자 민보군이 크게 무너지다."라고 하였다. 이응백은 민보군이 아니라 무주 접주였으며 11월 9일에 용담현을 공격할 때 삼부자가 동학군 수천 명을 이끌고 성을 점령했던 동학 지도자이다.[53] 장수, 무주를 거치면서 인원 수는 늘어났으며 다시 영동에 이르러 더욱 늘어나 약 3천 명은 되었다고 짐작된다. 즉 장수와 무주에서 약 1천 명이 늘어났고 영동에 이르러 약 1천 명이 더 늘어났다고 추측된다. 『소모일기』에 보면 "영동지방의 비도는 1천 명에 지나지 않는다."[54]고 하였다.

인원이 늘어나자 무기와 식량이 필요하여 영동관아를 점령하는 한편 황간까지 진출하여 무기 등을 탈취하였다. 『토비대략』에 의하면 "무주로부터 어제(9일) 오후에 (동학군이) 나타나 영동과 황간을 점령하고 군기와 재물도 약탈해 갔다."[55]고 하였다. 이에 앞서 영동군수는 무주 설천과 영동 월전(月田, 철천에서 2킬로미터) 의병들이 동학군의 습격을 받고 접전했으나 대패하고 말았다고 알려 왔다.

이 소식을 듣고 사태가 위급해지자 밤을 새워 인근 고을과 관군 주둔지에 구원을 청하였다.[56] 그러나 원병이 오기 전에 영동은 동학군의 수중에 들어갔으며 군수는 어디론가 도망쳐 버렸다. 한편 이 소식을 들은 김산 군수는 동학군이 영남으로 들어오는 것을 막기 위해 정예포수 2백 명을 선발하여 추풍령에 배치하는 소동을 피웠다. 또한 김산군수는 상주 소모영에 "비류 4·5천 명이 무주에서 영남으로 방향을 돌려 이미 옥천 양산 등지에 이르렀으니…상주 소모영병 2백 명 정도를 파송하여 추풍령에서 힘을 합쳐 막도록 하자."[57]고 청원하였다. 상주의 모동, 모서 대소민들도 "비도 기천 명이 지금 청산 등지에 유진하고 있으니 상주로 넘어올 염려가 있으므로 방어 대책을 세워달라."[58]고 촉구하였다.

동학군은 일단 무장을 보충한 후 용산장으로 이동하였다. 영동에 모였던 일부 동학군은 옥천 양산으로 돌아가기도 하고 일부 동학군은 용산장으로 직행하기도 하였다. 그리고 수서원(水西院, 水松院)을 거쳐 황간으로 진출했던 동학군도 용산장으로 북상하였다. 그중 일부 동학군은 상주 모동까지 진출했던 것 같다.[59] 또한 용산장에 거의 와서 수석水石에 들러 이판서와 정반

鄭班 두 집을 불사르고 죽전竹田에 들러 40여 호를 불살랐다.

『기문록』에 의하면 죽전에서는 노치선 형제를 살해했으며 용산에서는 강용구를 살해했다고 하였다.[60] 호서동학군이 공주를 공격하러 갔을 때인 10월 14일 이후 11월 9일 사이에 보수 세력들은 지방 동학 지도자와 교도를 많이 잡아다 학살하였다. 아마도 이와 관련이 있는 자들에게 그 죄를 추궁한 것으로 보인다.

상주 소모영은 다급한 나머지 1백50명을 선발하여 모서 모동을 거쳐 용산장으로 급파하였다.[61] 이들은 밤에 길을 재촉하여 80리를 달려 10일에 모서 적도(的桃, 작두벌)에 이르렀다. 한편 북에서는 청주관병과 박정빈이 이끄는 옥천 민보군 4백50명이 출동하여 청산에 갔다가 용산장으로 넘어오고 있었다. 11일 아침에 출동한 상주 소모영군이 용산장 인근에 이르러 살펴보니 동학군들은 용산장 뒷산에 올라가 포진하고 있었다. 그 형세는 철통 같았으며 숫자도 엄청났다. 11일의 전투 상황에 대해 『토비대략』에는 다음과 같이 기록하고 있다.

> 병력을 3개 대로 나누어 전초 50명에게는 '용산 뒤 골짜기로 들어가면 사면이 산인데 그 속에 길이 있다. 반쯤 들어가면 적이 반드시 치러 나올 것이다. 너희들은 거짓으로 패하는 척하고 골짜기 입구로 끌어내도록 하라. 동북 모퉁이에서 총소리가 연달아 들려오면 몸을 돌려 발포토록 하라.'고 명을 내렸다. 중초와 후초에게는 '용산 골짜기 입구의 산머리가 높으니 너희들은 좌우산하에 매복해 있다가 동북에서 포 소리가 들리면 일제히 방포토록 하라. 나는 동북 모퉁이에서 지휘할 것이니 대기하라.'고 명령하였다. 전초는 명령대로 길을 따라 반쯤 들어가 적을 만나 총을 쏘며 교전하였다. (그런데) 적이 먼저 달아나자 적이 달아난다고 고함을 질렀다. 이 소리를 들

은 복병은 일제히 일어나 급히 달려갔다. 적은 드디어 산 위로 올라가 어지럽게 총을 쏘아대니 마치 비를 쏟아 붓는 것 같았다.…적이 달아난다는 소리만 듣고 용기가 생겨 다투어 추격하여 들어갔다.…이미 마간능에 이르러 골짜기 속에 갇히게 되었다. 적들은 산 위 사면에 둘러 있었다. 나는 달려가 소리쳐 전초를 구출하여 동북 모퉁이로 나와 추격하는 적을 쏘았다. 중초와 후초도 잠시 후에 돌아와 모이게 되어 대오를 갖추고 다시 싸웠다.…드디어 (후퇴를 거듭하여) 적도(작도벌)에 이르자 동민들이 노인을 부축하고 어린이를 끌고 길을 막았다. 말하기를 인근 동민들…공은 떠나지 말라고 하였다.…곧 동민을 시켜 숲 속 여러 곳에 연기를 피우게 하고 밤이 되자 살며시 군졸을 율계栗溪로 옮겨 목을 방비하였다.[62]

『토비대략』은 상주 소모영 유격장 김석중이 기록한 것으로 과장된 흔적이 너무나 많다. 『기문록』에 보면 "11일…상주 병정은 회고치灰古峙에서 싸우다 병정 2인이 죽었으며 패주했다."[63]고 하였다. 회고치가 어디인지 알 수 없으나 여기서 패했다고 하였다. 『소모사실』에 의하면 "11일 아침에 병졸을 인솔하고 용산 후곡에 이르러 곧 그 예봉을 막고 전투에 들어갔다. 드디어 적이 후퇴하자 의병들은 달려 산골짜기 속으로 따라 들어갔다. 적의 포군 수천은 산위 좌우에 둘러싸고 굽어보며 총을 쏘아대니 총알이 비오듯 하여 형세가 매우 위급하였다. 의병들은 올려다보며 공격하다가 얼마 후 한 발씩 물러서며 총을 쏘며 동편 맞은 산에 올라가 일제히 방포하니 포성은 천둥소리와 같았다. 적은 비록 약간 움츠러들었으나 지형이 불리한데다 적은 많아 대적하기 어려워 부득이 대오를 수습하여 서서히 퇴진하면서 평지로 유인해 보았다. 적은 역시 매복해 있는 것을 알고 끝내 하산하지 않았다. 서로 대치하다 저녁때가 되자 드디어 율계로 후퇴하여 유진했다."[64]고 하였다.

『천도교회사초고』에는 "이때 손병희가 대진을 솔하고 영동군 용산시장에 이르니 뒤에는 경군이 추격하고 앞에는 태산이 높은데 청주 관병과 보부상군과 민보군이 사방에서 포격하니 포연이 자욱하여 진퇴유곡이라. 이때에 해월신사께서 손병희와 함께 송전에 입하여 천사께 고하고 전행前行할 계획을 협의하여 말하기를 '여러분이 만일 한울님을 믿거든 관군이 앞에 있더라도 전진하라.' 하시니 수만 도중이 다 북쪽을 향하여 한울님께 고하고 한마음으로 궤위潰圍 전진하니 관군이 총검을 내던지고 사방으로 흩어져 도주하더라. 이때에 손병희는 두루마기에 탄흔이 다하고 강건회(姜健會, 관군)는 중환 혼절하였다가 곧 회생하니라."[65]고 하였다. 이 기록은 사실과 정반대로 기록하였다.

당시의 전투 상황은 자세히 알 수 없으나 처음 전투가 벌어진 곳은 용산장터 뒷산이 분명하다. 현재 용산장터는 구촌리에 있으나 1921년 이전에는 용산리에 있었다. "동학군들은 용산장 뒷산으로 모두 올라가 포진하고 있었다." 하였으므로 상용산리 서북쪽에서 용산리 동남쪽까지 약 3킬로미터에 걸쳐 길게 뻗은 야산 일대에 동학군이 포진하였던 것이다. 이 야산 줄기를 넘어가면 노루메기에서 수리壽里에 이르기까지 긴 계곡이 있다. 산세는 완만하며 능선을 따라 내려 오면서 동서로 여러 지맥이 뻗어 있다.

당시 동학군은 이 야산 앞인 상용산과 용산리, 구촌리, 그리고 뒤쪽인 노루메기, 수리, 그리고 율리 일대 민가에 머물고 있었다. 신항리新項里 2구 배정열(87) 부부는 "부친으로부터 들었는데 동학군이 마을마다 가득 찼었다."고 하였다. 배정열의 부인(90)은 "여자들도 돌을 날라다 주었다."고 하며, 타지에서 온 동학군도 많았지만 이 지방 동학군들도 많았다고 하였다.

전투는 11일 아침부터 김석중이 이끄는 상주 소모영군 1백50명의 선제공격으로 시작되었으나 동학군을 쫓아 깊숙이 따라 들어갔다가 포위되는 형세가 되어 퇴각하면서 계속 밀려났다. 『토비대략』에는 동학군의 추격을 받고 간신히 상주 모서면 작두벌(杓桃)까지 20리나 후퇴하였다고 했다. 그래도 안심이 안 되어 밤중에 다시 10리를 후퇴하여 율계로 갔다.

다음 날인 12일에는 청주병과 옥천 민보군 450명이 상용산리 동북쪽에서 공격해 오자 전투가 벌어졌다. 청산에서 동학군이 용산장에 있음을 알고 공격해 온 것이다. 동학군은 역시 산으로 올라가 유리한 지점을 점령하였다. 이날은 안개가 자욱하여 지척을 분간하기 어려웠다. 지리를 잘 모르는 청주병과 옥천 민보군은 골짜기로 깊이 들어갔다가 어느덧 포위 상태에 빠졌다. 결국 몇 시간 전투하다가 수명의 사상자를 내고 간신히 도망쳐 나왔다.

『토비대략』에서 김석중은 자신이 달려가서 구원한 것처럼 기록하고 있으나 앞뒤가 맞지 않는다. 40여 리나 떨어진 율계에서 오고가자면 7시간은 걸린다. 『소모사실』에는 상주 소모영군이 "사람을 보내 정탐하니 청주병정과 옥천의병이 적과 접전하고 있다 하므로 병사를 이끌고 40리를 달려가 앞뒤를 공격하려 했으나 이미 청주, 옥천 병정은 퇴각하고 없었다."[66]고 하였다. 그리고 청주병과 옥천 민보군은 "탄환이 떨어져 부득이 회군할 수밖에 없었다."고 변명하고 있다.[67]

관군과 민보군을 물리친 동학군은 13일에 청산으로 넘어가 15일까지 머물렀다. 『기문록』에는 "14일 청산에 머물렀는데 소사동(小蛇洞, 靑山面)에서 전투가 벌어져 다시 승리했다."[68]고 하였다. 아마도 청산 민보군의 공격을 받자 이를 물리친 것으로 보인다. 집으로 돌아온 많은 동학군은 휴식을 취하는 한편 신발과 식량과 겨울옷을 준비하였다. 일본군과 관군이 추격해 온다는 소식을 듣자 15일에 다시 떠나야 했다. 원암을 거쳐 일단 16일에 보은으로 들어가 하루를 묵고 17일에는 북실로 이동하였다. 이날 밤에 눈이 내렸다.

『주한일본공사관기록』에 의하면 일본군은 낙동에 있던 병참군 1개 분대와 대구에 있던 1개 분대, 그리고 금산지역에서 군로軍路 실측을 하고 있던 14명의 병력을 차출하여 동학군 토벌에 투입하였다. 황간 현감으로부터 "동학도 1만여 명을 최법헌(해월 최시형)이 이끌고 전라도 무주로부터 행진해와 이미 황간 부근 옛 근거지인 서수원에 머물고 바야흐로 황간을 습격하려 한다."는 통보를 받은 구와하라(桑原) 소위는 14명의 병력을 이끌고 12월 10일 (양1.5) 황간으로 처음 출동하였다.

황간에 도착해 보니 동학군은 이미 용산으로 떠난 뒤였으며, 13일에 뒤따라 갔으나 용산에도 없었다. 하루를 자고 14일에 상주 모서면 율계로 진출하여 상주 소모영군 2백 명을 위시하여 용궁현의 포수 20명, 함창 포수 19명과 합류하였다. 그리고 오후 11시쯤 낙동의 이세가와(伊勢川) 군조가 1개 분대(8명)를 이끌고 도착하였다. 동학군의 뒤를 따라 청산을 거쳐 원암으로 갔다. 대구의 미다꾸(三宅) 대위가 1개 분대(13명)를 이끌고 와서 합류하였다. 일본군과 민보군 2백70명은 보은 북실에 동학군이 주둔한 것을 확인하고 출발하였다. 귀인교(貴人橋, 求仁里의 긴다리)[69]에서 저녁을 먹고 야간공격을 하기로 결정한 후 밤 10시까지 기다렸다.

밤 10시 30분에 이곳을 출발한 일본군과 민보군은 종곡리 입구 인근에 접근하여 파수를 보던 동학군 4명을 붙잡아 동학군의 동태를 알게 되었다. 『소모사실』에 의하면 "오른쪽을 파수하고 있던 4명의 비도(=동학군)를 덮쳐 잡아 먼저 거괴들의 소재처와 적들의 정세를 물었다. 대답하기를 "거괴 최시형은 저녁 전까지 본촌 김소촌 가에 있었으나 그사이 어디로 갔는지 알 수 없다. 차괴 임국호, 정대춘, 이국빈, 손응구가 같이 그 집에 있었다. 방금 밥을 지어 먹으며 술과 떡을 먹으려 한다. 나머지 무리들도 집에 가득하며 이 마을 남녀들은 모두 다른 마을로 달아나 숨었다."고 하였다.[70] 일본군과 민보군은 누하리에 있는 김소촌 가를 덮쳐 동학 지도부를 잡으려고 사면을 포위한 후 일제사격을 했으나 일반 동학군 5명만 즉사하고 지도급은 한 사람도 잡을 수 없었다. 일본군- 관군은 불을 질러 동학군의 시신을 불에 태웠다. 인근의 동학군은 총성을 듣고 불길을 보자 곧 전투 태세를 갖추었다. 『소모사실』에는 "왼쪽편 산 위에서 포성이 들리더니 총알이 우박을 뿌리듯 하였다. 달빛 아래 둘러보니 그들은 산상에 널려 있고 우리 병사는 골짜기에 있었다. 급히 위로 공격하니 해시(10시-11시)부터 전투가 벌어졌다. 동이 틀 때까지 싸우다 보니 적들은 산을 덮고 계곡에 가득하였다."고 기록하였다.

종곡은 넓은 골짜기인데 그 한가운데 삼태기처럼 생긴 야산이 길이 1킬로미터 가량 들어앉아 있다. 이곳 사람들은 솥처럼 생겼다 하여 가마실(釜谷)이라 하며, 안쪽 지형은 높고 양쪽 날개는 양팔을 벌려 안은 형태로 밋밋하게 흘러내려 천연의 토성을 이루고 있다. 아마도 동학군은 이런 지형을 활용하려고 이곳에 왔던 것 같다. 지방민들도 처음 전투가 벌어진 곳은 이 가마실 입구였다고 한다. 전투가 계속되자 동학군은 밀리기 시작하여 1킬로미터 가량 후퇴하였다. 결국 가마실 골짜기를 벗어나 종곡 뒷산과 우측 다라니 뒷산 일대 등 광범위하게 산상 일대를 차지하였던 것 같다. 야간 전투는 이것으로 일단 마치고 1시간쯤 피차가 숨을 돌렸다.

얼마 후 동학군들은 함성을 지르며 공격해 들어 갔다. 엄청난 수가 밀려오자 민보군들은 모두가 두려움을 품게 되었다. 그러자 일본군은 병사들을 엄하게 단속하여 중앙으로 전진시키고 일본군은 좌우로 나뉘어 공격하였다. 전투는 치열하게 벌어졌으나 무기의 열세로 동학군은 물러나게 되었고 산상까지 점령 당하고 말았다. 결국 미시(未時, 1시-3시)에 이르러 동학군의 세력은 줄어들었고 대부분이 고갯길을 넘어 괴산 지역으로 흩어졌다. 『소모사실』에는 동학군 포살자는 3백95명이라고 하였다. 그런데 『주한일본공사관 기록』에는 이와는 다르게 다음과 같이 기록하고 있다.

…야습을 단행하기로 결정하고 오후 6시쯤 종곡에서 10리 남짓 떨어진 귀인교읍에 이르러 때가 오기를 기다렸다.…오후 10시 30분 이곳을 출발 미다꾸(三宅) 대위와 상주 한병 2백40명은 왼쪽 큰길로 행진하고 소관(桑原 少尉)은 부하 14명과 이세가와 군조의 1개 분대를 이끌고 오른쪽 산길을 행진하였다. 이날 밤은 눈이 많이 내려 추위가 뼈를 쑤셔 걷기에도 곤란하였다. 거의 5리 넘게 행진했을 때 전방에 불길이 오르고 있었다. 가까이 가서 지방민을 만나 물어보니 바로 동학도의 짓이라 하였다. 즉각 앞으로 전진하여 종곡 남쪽 고지(종곡에서 약 80미터 떨어진 곳)를 점령하였더니 동학도 약 1만 명이 모닥불을 피워 놓고 각기 몸을 녹이고 있었으며, 조금도 방비하고 있는 것 같지 않았다. 상황이 이러했으므로 이 부근 파랑부락(바람부리)으로부터 진군해 오는 미다꾸 대위에게 사자를 달려가게 하여 함께 공격하도록 통첩해 놓고 흩어져서 세 번 일제사격을 가해 그들의 정신을 교란케 한 다음 돌입하였다. 그들은 당황하여 마을 밖으로 달아났다. 약 1천 미터를 추격하여 요지를 택해 점령하였다. 이때가 오전 3시였다. 미다꾸 대위도 와서 회동했다. 잠시 후 그들은 또 몇 번 역습해 왔으므로 마침내 전투를 계속하면서 밤을 새웠다.

13일(음18) 오전 7시 다시 공격하기 위해 약 5백 미터를 전진하여 종곡 부근 고지를 점령하였다.…그들도 고지를 점령하여 내려다보면서 우리와 맞섰으며 그 기세가 매우 사나웠다. 싸움이 한창 벌어졌을 때 동학도가 우리의 양측으로 나와 포위하는 꼴이 되었을 뿐만 아니라 중앙으로 돌격해 와 오만하기가 그지없었다. 오전 8시 소관은 그들을 가까이 다가오게 하여 공격하려고 약 2백 미터 전진하여 잠시 동안 완만한 사격을 하다가 패주를 가장하여 본래 있던 고지로 돌아왔다. 그러자 그들은 함성을 지르며 돌격해 왔다. 가까운 자는 거의 80미터 거리 안에까지 왔다. 그래서 급사격을 가했더니 오전 9시쯤에 이르러 동학도의 제 1선이 조금 취약해졌다. 이 기회를 틈타 아군이 전선에서 돌격을 감행하였다. 동학도는 지탱하지 못하고 두 길로 나누어 동북쪽으로 무너져 달아났다. 약 2천 미터를 추격하여 모두 소탕하였다. 이때가 오전 10시였다.[71]

적도 전사자 3백여 명, 무기 수십 점 노획.[72]

『천도교회사초고』에는 "도중이 마침내 보은군 북실리에 이르렀을 때 청주병의 습격을 받아 사상이 심중하였다."고 하였다. 그리고 『토비대략』에는 "세 갈래로 진군하는데 대위는 본병(민보군) 50명과 일본군 22명을 이끌고 왼쪽 길로, 소위는 본병 50명과 일본군 16인을 이끌고 오른쪽 길로 들어갔다. 나는 나머지 별포 40명을 이끌고 중로로 들어갔다. 그리고 삼초장三哨長에게 50명을 나누어 먼저 가도록 하였다. 세 길이 합하는 데서 접응接應하기로 약속하였다."고 하였다.[73] 이 부분은 인원수에 약간의 차이가 있을 뿐 일본 기록과 크게 다르지 않다. 그러나 전투 상황은 전혀 다르게 기록하고 있다. 17일과 18일의 전투 상황을 『토비대략』은 다음과 같은 요지로 기록하였다.

이미 해시(밤 11시)에 드디어 일제히 방포하며 삼로에서 진공하였다.…적도들은…동분서주하다가…갑자기 포성이 들리자 하늘이 진동하고 함성이 들리자 땅이 흔들렸다. 마치 앉아 있던 사람 산이 서북 모퉁이에서 부출浮出하더니 왱왱 소리를 내며 머리와 어깨 위로 벌이 지나듯 하며 우박이 떨어지는 듯하였다. 모든 병사들을 급히 일자로 땅에 엎드리게 하고 포 한 방 쏘고 한 발 나가게 하였다. 전투는 인시(새벽 4시경)에 이르자 적의 포향이 약간 잦아들었다.[74]

18일…날이 밝아 보니 적도들은 산상에 늘어서서 겹겹이 둘러싼 형세를 이루고 있었다. 일본군 미다꾸(三宅)는 오른쪽 산 아래에 업디어 올려다보며 공격하고 구와하라(桑原)는 왼쪽 산 아래에서 올려다 보며 공격하고 있었다. 나는 비어 있는 중로를 조이며 공격하였다. 사시(巳時, 10시)경에 적의 공세는 점차 치열했으며 도륙한다고 소리쳤다. 적들은 우리 군사가 적은 것을 보고 밟아 버리고 삼켜 버리려고 내리 공격하여 40-50보에 이른 자가 수십 명이었다. 곧바로 50명씩 3개 대로 나누어 의병(疑兵)을 만들어 풍점, 장내, 장암 등 요충에 연기를 피우고 방포하여 돌아가는 길을 막도록 했으며 또한 10인이 적도 하나에게 몰아 쏘게 하니 적은 소리를 지르며 쓰러졌다. 그러나 적은 비록 시체를 밟고 고전하지만 연달아 포를 쏘고 있다. 이처럼 위급하자 일병은 짐을 챙겨 먼저 피하려 한다고 하자 곧 결박케 하고 말하기를 "너희들 30여 인 때문에 우리 병사 2백여 인이 죽으란 말인가."… 일본 장교는 이 말을 듣고 급히 정지하였다. 이때 적들은 대담하게도 거칠게 고함을 지르며 충돌해 오니 마치 바닷물이 용솟음치고 파도가 밀려오는 듯하였다. 아군은 밤부터 정오가 되도록 물 한 모금 먹지 못해 기력이 점점 떨어져 모두 겁을 먹고 있었다. 드디어 검을 빼어들고 크게 외치기를 "…한 발자국이라도 물러서는 자는 참하리라." 하자 모든 군졸들은 분발 전진하여 죽기로 직분을 다했다. 그러나 적의 포위가 점차 핍박하니 결국 물리칠 길이 없었다. 바로 일본 장교를 불러 말하기를 "공들은 많은 싸움에 종군했으니 좋은 계산이 있을 것이라. 이 상황은 힘으로써 격파할 수 없으니 계책이 필요하다. 이길 계책을 어떻게 마련할 수 있는가." 하니 일본 장교 말하기를 "나는 싸움터에 많이 종군했으나 이처럼 적이 끈질긴 것은 보지 못하였다. 공이 계책을 말하니 '병사를 각 15명씩 모을 수 있는가.' 하므로 승낙하였다. 그래서 또한 별포 15인씩을 분별하여 45인을 모아 몰래 언덕으로 내려가 군복을 벗고 흰옷을 입히고 총을 갖고 산자락을 돌아갔다. 적은 위에서 바라보고 흰옷을 입었으므로 자기 무리로 알았다. 산꼭대기 가까이에 이르러 45인의 포군은 일제히 산상의 적을 향해 총을 쏘아대니 소리를 내며 쓰러져 낭떨어지에 별 떨어지듯, 깎아지른 골짜기에 잎이 구르듯 하는 자가 수십 인이었다. 산 아래의 우리 병사들은 일제히 고함을 지르며 탄환을 무릅쓰고 치고 오르니 일병사도 역시 검을 휘두르며 위로 올라갔다. 적은 드디어 크게 패해…마구 쏜 총에 죽은 자가 2천2백여 인이요, 야간 전투에서 죽은 자도 3백93인이었고 우마 60여 두를 노획하였다.[75]

기록에 따라 조금씩 다른데 이를 종합해 보면 전투 의지와 전술 면에서 동학군은 조금도 뒤지지 않았다. 다만 무기 체계가 뒤떨어지고 훈련되지 않은 농민들이라는 점에서 수적으로 월등했지만 패하고 말았던 것이다. 그러나 무엇이 문제가 되어 힘없이 물러서야 했는가는 숙제로 남는다. 일본군은 38명이고 민보군은 230명에 지나지 않은 소수병력이다. 1만여 명의 동학군은 자신감을 가지고 18일 아침부터 거세게 포위 공격하였다. 그러자 일본군은 2백 미터나 후퇴하였으며 『토비대략』에 의하면 일본군은 철수할 기미까지 보였다고 한다. 좀 더 밀어붙였다면 승리를 거머쥘 전투를 포기했던 이유는 무엇일까. 아마도 화약과 총알이 떨어져 싸울 수 없게 된 것은 아닐까 싶다. 그렇지 않았다면 패색이 짙은 일본군과 민보군을 공격하지 않았을 이유가 없다. 12월 24일 금왕읍 되자니(道晴里)의 최후 전투에서도 몇 시간 싸우다 동학군이 패주한 것은 탄환이 떨어졌기 때문이라고 정조헌(鄭祖憲, 1907생, 典校)은 증언하였다.

여기서 전사한 동학군은 대략 일본 기록대로 3백 명 정도라고 여겨진다. 『소모사실』에는 3백95명으로 기록하였고, 『토비대략』에는 야간전투에서 3

백93명, 주간전투에서 2천2백 명이 사살되었다고 한다. 과장해도 너무 심했다는 생각이 든다. 3백 명의 전사자도 80미터까지 다가갔던 동학군이 탄약이 떨어져 등을 돌리고 후퇴하자 역공을 당하면서 후방 진영이 혼란해지자 많은 이가 전사한 것으로 보인다. 『소모사실』에 의한 노획 물품은 총 15자루, 환도 9자루, 활 1장, 창 42자루였다. 총 15자루는 공격하다가 또는 후퇴하다가 전사하여 버려진 것으로 보이며 대부분의 전사자들은 무장을 제대로 하지 못한 이들이라고 여겨진다.

패전한 동학군은 대부분 흩어졌고 일부만 해월신사와 손병희를 따라 괴산을 거쳐 음성군 금왕읍 되자니로 갔다. 이 되자니는 충의포 도소가 있던 황산에서 불과 20리 정도 동남쪽에 있다. 말하자면 이곳에서 기포하여 공주, 원평까지 가서 싸우다가 한 달 만에 제자리로 돌아온 셈이다. 『천도교서』에 의하면 "보은 북실에 지至하사 관군으로 더불어 교전하시고 청주 화양동에 지하시었다가 익일에 충주 외서촌 되자니에 지하사…."[76]라고 하여 2일 만인 20일에 왔음을 알 수 있다.

동학군은 이 되자니에서의 전투를 마지막으로 해산하고 말았다. 일부가 사창리까지 후퇴했으나 관군의 추격으로 그마저 완전히 해산하고 말았다. 1894년 12월 24일(양1895.1.30)은 동학혁명군 최후의 전투일이 되었다. 앞서 증언한 정조헌은 당시 동학군은 남쪽에서 올라와 3일간 체류하면서 식량과 의복을 조달했다 하며, 이곳 주민이 청주병영에 연락하자 관군과 일본군이 출동하여 무극 방면에서 협공해 왔다, 하며 지세가 불리한 동학군은 건너편 능선으로 이동하여 응전했다 한다. 한나절 전투가 벌어졌으나 동학군은 끝내 탄환이 떨어져 패주했다고 하였다. 호서동학군은 1894년 12월 24일, 이 되자니 전투를 마지막으로 해산하고 말았다.

<출처: 교사교리연구 제9호(포덕141년 12월)>

주석

경기지역 동학혁명운동

1 『侍天敎宗繹史』第二編 丙戌年條(『東學農民命叢書』29, 72쪽, 이하 '『叢書』'). "八月 風高氣爽 沴行漸息 於是忠清全羅慶尙京畿等地人士 聞師禳災祝釐 預驗之敎 爭來摳 衣者 指不勝屈也."

2 『侍天敎宗繹史』癸巳年十月條(『叢書』29, 102-103쪽). "先是京畿道利川郡南井洞居金鳳 奎 期欲戕害敎人 密告于皁司 羅織捕縛 搶奪財産 於是李容九 聚集敎徒數千人 于利川郡 因還覓其見奪之財産 解放被係之敎人 畿伯與利川知郡 縱人斡旋 始乃妥決散會."

3 『侍天敎宗繹史』第二編下(『叢書』29, 106쪽). "是時各處敎徒 聲言輔國安民 爭相揭竿而 起."

4 『水原郡宗理院沿革』(『天道敎會月報』 제191호, 1926.11. 29쪽).

5 『聚語』(『叢書』2, 54-57쪽). 二十七日探知卽發報 "二十六日戌時量 水原龍仁等地三百餘 人 追後來赴." 二十八日探知 二十九日發報 "水原接云者 外論曰數千名 實不滿六七百名 卽往距帳內 三馬場許壯才坪 堅旗設陣." 二十九日探知 三十日發報 "午時量 廣州人數百 名 馱錢四馱…入于帳內云."

6 『聚語』宣撫使狀再次狀啓條.(『叢書』2, 72-73쪽). "北面九岾將吏錄告內 自今初二日申時 至初三日巳時 黨民退歸者 京畿水原接八百四十餘名 龍仁接二百餘名 楊州驪州等地人 二百, 二百七十餘名 安山(按山)接一百五十餘名 松坡接 一百餘名 利川接 四百餘名 安城 接 三百餘名 竹山接 四百餘名…問路自院坪 向忠州去."

7 『時聞記』壬辰十月條.(『叢書』2, 175-176쪽). "壬辰十月二十六日 東學徒千餘名 聚於錦 營下 以行其道之意 敢爲呈訴 錦伯趙秉式氏."

8 『沔陽行遣日記』(『東學亂記錄』上, 246쪽). "初冬東學黨 齊會于錦營 無慮萬餘名 稱以訴 冤 會者皆衣冠擔鉢囊 充斥營城 狀頭八人 跪于布政司門外 月餘不退…雖聚衆閱月 別無 作弊進退皆遵 頭目之令 頗屬齊整云可怪乃愿也."

9 『李朝戰亂史』第六十九章 甲午東學亂.(『叢書』27, 354쪽)

10 『聚語』二十日探知 二十一日發報.(『叢書』2, 33쪽). "又有各旗號 大旗斥倭洋倡義 五色 旗各立五方 旗樣小中旗 忠義 善義尙功 淸義 水義 廣義 洪義 靑義 光義 慶義 竹慶 振義 沃義 茂慶 龍義 楊義…其餘旗小 小者不可計數."

11 『南征日記』六月十四日條.(『叢書』6, 230쪽). "日俺所領 兵隊一千 馬百騎 今已來到 葉 提督所領 兵隊一千五百 馬一百五十騎 明日下午當來 則又有兵隊二千五百 馬五百騎 委 後應不日繼."

12 『駐韓日本公使館記錄』4. 539쪽. 六. 歐文電報往復控 一. (113) 朝鮮內 日本軍의 주둔 상황보고.

13 『甲午實記』九月 二十二日條.(『叢書』6. 312쪽). "完伯金鶴鎭狀啓, 南原府聚會之匪徒 爲五六萬 各持兵器 日夜跳踉 全州金溝所聚之黨 旣化旋硬."

14 『甲午實記』九月 二十六日條.(『叢書』6. 312쪽) "近日匪徒滋蔓 是無前之變 抗拒君命 而 稱曰義兵."

15 『日省錄』高宗編 三十一, 甲午九月 二十二日條. "議政府啓言卽伏見 全羅監司金鶴鎭狀 本啓下者 則南原府聚會之匪徒 爲五六萬 而 各持兵器 日夜跳踉 金溝所聚之黨 旣化旋硬 云 而曾無一辭 及於剿捕之策 方面之責固如是乎 揆以事體 萬萬駭歎 道臣請姑先施而譴 罷之典 允之."

16 『甲午實記』八月二十七日條.(『叢書』6. 308쪽). "湖南魁匪 全琫準 金介男 與湖西匪魁 崔法憲 互相締結 僭圖不軌 叛形已具 湖南數十邑 盡奪軍器 收刷公納 湖西二十餘邑猖 獗."

17 『駐韓日本公使館記錄』1. 121쪽. 四, 東學黨에 關한 件. 附巡査派遣의 件 一. ③ 公信第 35號. (巡査)復命書.

18 『駐韓日本公使館記錄』1. 421쪽. 四, 東學黨에 關한 件. 附巡査派遣의 件 一. ③ 公信第 35號. (巡査)上申書.

19 『日省錄』高宗 編 三十一. 甲午九月初十日條. "議政府啓言 昨日議案 以近日匪徒 至犯 畿甸竹山安城兩邑 并令遞改 自政府另擇 有幹器人差出 帶兵前赴事 啓下矣 竹山府使 以 壯衛營領官 李斗璜差下 安山郡守 以經理廳領官 成夏永差下 各率所領兵丁 不日下送 請 以爲相機剿捕 允之."

20 『日省錄』高宗 編 三十一. 甲午九月初九日條. "軍國機務處進議案各條…議案一 近日匪 徒猖獗 至犯畿甸 此時地方之曠職 極爲可悶 令廟堂并催促下送 至於竹山安城兩邑 係是 匪徒 大股匪住處尤 不可暫曠 并令遞改 自政府另擇 有幹器人差出 使之帶兵前赴 務行剿 捕事."

21 『駐韓日本公使館記錄』1. 437쪽. 四,東學黨에 關한 件 附巡査派遣의 件 一. (27), 東匪 의 騷擾가 갈수록 熾烈하므로 京軍 2個小隊는 安城으로 내려갔고…."

22 固城府叢瑣錄』九月十四日條.(『叢書』4. 246쪽). "李斗璜新除竹山府使 東學剿討次 率 兵五百名下來 安城倅亦帶五百軍 水原路下來."

23 『駐韓日本公使館記錄』2. 〈二, 京城釜山仁川元山機密來信〉. 354~355쪽).

24 『駐韓日本公使館記錄』1. 429쪽. 四, 東學黨에 關한 件. 附巡査派遣의 件 一 水原留守 書翰에 대한 照會의뢰. "我兵在水原者二百名 貴兵七十名衆寡 太懸未敢前進…甲午九 月二十一日 金允植."

25 『李鳳庵先生事略』(『李容九小傳』13쪽). "十月十日・十一日(음, 九月 十二日・十三日) 兩日の, 參禮における「東學倡義大會」による, 東學黨再決起…."

26 金九, 『白凡逸志』 上卷 46쪽.(돌베개, 1997년)

27 具良根, 『甲午農民戰爭原因論』 413쪽. 再引用.(『東京朝日新聞』 明治28年3月5日字)

28 『全琫準供草』(『叢書』18. 20쪽)

29 『甲午實記』 十月二十四日條.(『叢書』6, 312쪽). "政府啓 兩湖匪類 近復蔓延 於嶺南關東 畿海等地云."

30 『天道敎書』.

31 金奎錫를 全奎錫으로 잘못 기록한 곳도 있다.

32 『天道敎會史草稿』 24쪽.

33 『東學道宗繹史』(『叢書』29. 324쪽).

34 손자 南宮晳이 할머니로부터 들었다는 증언에 의하면 다음 요지와 같다. 南宮鐵(또는 樓)은 1866년에 廣州 深谷里에서 5대째 深谷里 서당 훈장이었던 南宮潤의 장남으로 태어났다. 부친의 지도로 뛰어난 글재주를 지니게 되었다. 1893년에 28세 때 東學의 신념을 받아들여 入道했다. 광주 대접주(廉世煥)로부터 식견이 인정되어 包의 接司로 활동한 것 같다. 1893년 봄 보은 장내리에서 열린 모임(斥倭洋倡義運動)에 광주 도인들과 같이 참가했다. 1894년 9월(陰曆) 抗日戰을 위한 再起包 때 廣州출신 便義長 李鍾勳(33인의 한 분)과 廉世煥 廣州대접주 및 광주지역 동학도인들과 같이 京畿·湖西東學軍의 일원으로 공주 우금티(牛禁峙)전투에 참가했다. 초겨울(11월 11일)에 일본군의 월등한 화력에 밀려 패하자 전봉준 대장과 손병희 통령을 따라 전주를 거쳐 원평(金溝院坪)이란 곳까지 후퇴하였다. 여기서 다시(11월 25일) 관군과 일본군의 공격을 받고 패하였다. 가을재(井邑과 淳昌 사이에 있는 秋嶺)을 거쳐 任實로 넘어갔다. 여기서 海月신사를 모시고 永同까지 북상하였다. (龍山場에 이르러) 관군과 민보군을 물리치고 報恩 북실로 들어갔다. 1894년 초겨울 눈이 내리던 날(11월 17~18일)에 관군(尙州 召募營軍)과 일본군의 공격을 받고 맹렬한 전투를 벌였다. 이튿날(18일) 아침 일본군을 역공하다 부상을 당하였다. 廣州 출신 동료들의 부축으로 추위와 굶주림을 참아가며 고향에 돌아왔다. 深谷里 집은 관군에 의해 불타 버리고 말았다. 부모와 부인 그리고 어린 동생들은 龍仁郡 二東面 華山(보리뫼)에 있는 妻家집 마을로 피신하였다. 이곳에 가서 상처를 치료해 보았으나 아물지 않았다. 더욱 도져 8년간 고생하다 1902년 9월에 37세의 나이로 還元하였다. 손자 南宮晳이 임신년(1993년)에 세운 華山里 할머니 追慕墓碑에는 "할머님은 할아버님께서 동학에 가담 갑오년 全州城(公州城) 전투에 참가하신 죄로 관군에 의해 집안이 불태워지는 禍를 당하시다.…부모와 부인 그리고 어린 아들을 이끌고 용인땅 보리뫼로 피신하시다.…전투에서의 부상으로 할아버님마저 세상을 버리시니"라고 하였다.

35 『日省錄』 高宗 編三十一. 甲午九月三十日條. "京畿監司申獻求 狀本啓下者 則安城郡匪徒 奪去軍器及商貨 該郡守不卽赴任 馴致猖獗 其罪狀 廟堂稟處爲辭矣."

36 『日省錄』 高宗 編三十一. 甲午十月十一日條. "前安城郡守成夏永 向日論罷之後 連次剿

匪 頗有著效 特爲分揀 瑞山郡守差下."

37 『兩湖右先鋒日記』1. 九月二十七日條.(『叢書』15. 13쪽)."安城郡守成夏永送人 崔監察 來言 安倅二十四日到任."

38 『兩湖右先鋒日記』九月二十六日條.(『叢書』15. 13쪽)."自陰竹有移文來到云 昨日酉時 賊黨數千名 環匝官舍 奪去軍器云云."

39 『兩湖右先鋒日記』九月三十日條.(『叢書』15. 16~17쪽)."鎭川縣公兄文狀內 安城利川 東徒 數萬名 昨日已時 周圍邑底三四匝 先入東軒 結縛官司主 及公兄諸吏官屬 破碎軍庫 兵器一無遺漏 盡爲奪去."

40 『兩湖右先鋒日記』九月二十二日條.(『叢書』15. 7쪽)."鎭川縣監諜報內 許文叔稱以民堡 聚黨數三百 侵掠平民 卽爲剿捕 爲辭而兼有書札矣."

41 『兩湖右先鋒日記』九月二十二日條.(『叢書』15. 7쪽)."忠州米山居 大接主辛在蓮 揭榜 于本邑 日今此聚會 奚非他故 而只欲制防 許文叔云云."

42 『兩湖右先鋒日記』九月二十五日條.(『叢書』15. 11쪽)."畿內揭榜 各處布告…鎭川居許 文叔 稱以民堡 嘯聚徒黨 收拾兵器 燒人之家 奪人之財 殺戮人命 獨被其禍者 道人而已 是以忠州等地儒 向日齊會于黃山 然其於道法 不可相持殺戮也."

43 『天道敎會月報』通卷249號(1931년 9月號. 772쪽).〈海月神師의 隱道時代〉."홍천군 서 면 제일동(濟日洞, 諸谷里에 있는 마을)오창섭이 있었다."

44 『啓草存案』第一 九月二十六日條(『叢書』17. 44쪽)."京畿監司 申獻求狀啓謄報 則砥平 縣匪徒 數百名設接 于洪川地出沒 劫掠無所不至 本縣居前監役孟英在 爲副約長率官 私 砲軍百餘名 到洪川地擒其魁 高錫杜李熙一申昌熙 或斬或斃殺其黨五名 餘皆四散 所棄 槍五十八柄 收納軍庫 砲軍金伯先 爲彼徒所傷."

45 『駐韓日本公使館記錄』5. 321쪽.〈五. 機密諸方往 二〉. 安城·竹山方面의 東學徒 鎭壓 을 위한 援兵派遣 協議.

46 『先鋒陣日記』甲午九月二十一日條(『叢書』16. 79쪽)."政府草記 兩湖之間 匪類之猖獗 其爲憂慮 靡所止屆 扈衛副将申正熙 巡撫使差下 使之設營 節制諸軍 以爲勦撫之地 如何 允之."

47 『駐韓日本公使館記錄』1. 441쪽.(四,東學黨에 關한 件 附巡査派遣의 件 一. 竹山地方 東匪剿討와 日軍의 助剿隊士官 指揮飭遵要請에 關한 交信)."貴政府始而 調遣兵隊 原 在剿滅匪徒 而今該府使旣擁 此六百餘名之大兵 竟不敢進剿致 使該匪徒跳梁 肆逞 固 無足怪也 抑次此 派我兵助剿 則須彼此 同心協力 期奏膚功 自不待言 因飭令 明日調派 之 我白木陸軍步兵中尉 宮本陸軍步兵少尉 與前後所發 貴國行陣 各隊相會進剿應請… 不遵命令 或恬退逃避者 卽當軍法從事也…貴政府飭令…行陣各隊長關文 卽於本日夜間 無必送來 以便帶往交割."

48 『駐韓日本公使館記錄』4. 653쪽.(〈七. 歐文電報往復控 四〉. 174. 大院君派와 閔妃간의 갈등에 대한 문의 및 지시)

49 『駐韓日本公使館記錄』1. 434쪽.(四. 東學黨에 關한 件 附巡查派遣의 件 一).

50 『駐韓日本公使館記錄』1. 435쪽.(四. 東學黨에 關한 件 附巡查派遣의 件 一. 22)

51 『駐韓日本公使館記錄』5. 331쪽.(〈五. 機密諸方往 二〉13). "東學黨征討ノ爲メ派遣ノ
朝鮮兵使用ノ爲兼テ當國ヨリ押收セシモ--ゼル銃四百挺彈藥四萬發貸渡候."

52 『駐韓日本公使館記錄』1. 429쪽.(四. 東學黨에 關한 件 附巡查派遣의 件 一 (15). "水原
留守來函內開 匪徒自湖南 至公州等處 邐滿連絡 素砂屯賊亦數萬名 我兵在水原者二百
名 貴兵七十名 衆寡太懸 未敢前進."

53 『駐韓日本公使館記錄』1. 434쪽.(四. 東學黨에 關한 件 附巡查派遣의 件 一 (22).

54 『利川獨立運動史』73쪽.

55 『兩湖右先鋒日記』九月初六日條.(『叢書』15. 21쪽). "東徒去就 派送將吏 四處偵探 則忠
州無極場基 及鎭川九萬里場基 兩處集會者 不知幾萬名."

56 『白凡逸志』上卷 46쪽.

57 『兩湖右先鋒日記』十月初七日條.(『叢書』15. 24~25쪽). "小將等昨日奉令 率軍往廣惠院
則日勢昏暮 難以進兵 故因爲駐札該店 哨探東徒形便 則日前九萬里所在者 移去于 忠州
無極場市云."

58 『駐韓日本公使館記錄』1. 443쪽.

59 『巡撫先鋒陣謄錄』十一月十五日條.(『叢書』13. 306쪽). "十月初六日 東徒輩屢萬 分兩
路殺奔入境 而適有過去 日兵二十五人 北來之東徒 見日兵往賊 南來之東徒 邑屬出敵 衆
寡不同 敵抵不住 南戰不利 北距亦敗 日兵一人致死 邑屬及部民之死者 爲十一人 中鎗着
砲 重傷者爲三十餘人是乎乙遣 邑下五洞 民家被燒火 戶摠爲 五百餘戶是乎於 官衙各公
廨 盡爲破碎."

60 『兩湖右先鋒日記』十月十五日條.(『叢書』15. 45쪽). 點檢形止 則匪類所接 草窖四百餘
處 該洞戶數 百餘戶也 而一村亦已盡空 若干所居 二十餘漢 望此行陣 已爲登山走了."

61 『兩湖右先鋒日記』十月十五日條.(『叢書』15. 45쪽). "東徒已於今十一日 移會于靑山地
云."

62 『天道敎會史草稿』甲午十月條.(『東學思想資料集』壹. 466쪽).

63 『巡撫使呈報牒』其二十六.(『叢書』16. 312쪽). "沃川包東徒數萬名 屯聚於東距三十里大
橋 欲與全琫準會合."

64 『記聞錄』.(『叢書』11. 564쪽). "十月十四日僧夕時 聞大陣六七萬人 自靑山來云."

65 『記聞錄』.(『叢書』11. 564~566쪽).

66 『宣諭榜文並東徒上書所志謄書』.(『東學亂記錄』下. 383~384쪽). "兩湖倡義領袖全琫準
拜百拜上書 于湖西巡相閣下 覆載之間人有紀綱 稱以萬物之靈 其食言欺心者 不可以人
類論之 況玆國有艱憂 豈敢以外飭內誘 容息於天日下 一瞬之命哉 日寇之搆釁動兵 逼我
君父 擾我民黎 寗忍說乎 在昔壬辰之禍 夷凌寢焚闕廟 辱君親戮黎庶 臣民之共憤 而千古
未忘之恨也 在於草野匹 夫昧童 尙鬱悒不假 而況閣下 世祿忠勳 尤倍於平民小夫哉 目今

朝廷大臣 妄生苟全之心 上脅君父 下罔黎民 連腸於東夷 致怨於南民 妄動親兵 欲害先王
之赤子 誠何意哉 竟欲何爲 今生之所爲 固知其極難 然一片丹心 營死不易 掃除天下之爲
人臣 而懷二心者 以謝先王朝五百年 遺育之恩 伏願閣下猛省 同死以義 千萬幸甚 甲午十
月十六日 在論山謹呈."

67 『全琫準供草』開國五百四年二月初九日 初招問目條.(『叢書』18. 25쪽). "問, 再次起包時
招募則幾許名인고. 供, 四千餘名이다. 問, 公州의 至할씨는 幾許名인고. 供, 萬餘名이
니다."

68 『東學亂記錄』下. 各陣將卒成册 甲午十月親軍經理廳將卒成册 左一小隊 領官 具相祖
156名. 左二小隊 領官白樂浣 156名, 中二小隊 瑞山郡守 成夏永 150名, 右一小隊 洪運變
162名, 都己上 七百三員人名.…親軍壯衛營將卒實數成册 甲午 十月. 副領官 李斗璜…
第一隊 隊官 朴永祜 (181員人名). 第二隊 隊官 金振豊 (270員人名). 第三隊 隊官 尹喜永
(172員人名). 第四隊 隊官 李圭植 (180員人名) 都合八百五十員人名.

69 『巡撫先鋒陣謄錄』第二.(『叢書』13. 150쪽). "目下賊勢 已犯利仁 因巡營門指揮 本月(10
월)二十三日 與經理廳領官尹泳成 參謀官具完喜及日本兵 一百人合力往勦 大戰一場 乘
勝奪據利仁 而賊兵登山 放回旋砲彈下如雨 官軍日兵 亦登山屯結是白乎 乃但以兵小 仍
爲退守是乎."

70 『남정록』.(『叢書』17. 251~255쪽).

71 『侍天教宗繹史』(『叢書』29. 116쪽). "李容九遂進至鳳凰山 京兵與日兵 從山上放丸 教徒
冒死前進 兩軍肉薄 血戰十餘合 容九中丸脛穿 因以日迫力窮 一時潰散 更集於論山浦."

72 『駐韓日本公使館記錄』3. 741쪽.(八. 和文電報往復控 追加) (252). 모젤총 탄약을 조선
군대에게 대여하는 件. "龍山에 빼앗아놓은 모젤총의 탄약 3만발을 조선군대에 대여해
야 하므로 지급으로 在公州 森尾大尉에게 보내고 싶다.…탄약은 우리 군대로부터 조선
군대에 빌려주도록 명령해 주기 바란다."

73 『駐韓日本公使館記錄』1. 249쪽.

74 『巡撫先鋒陣謄錄』十一月二十六日條.(『叢書』14. 53쪽). "探聽賊情是乎 則二十三日午
後 賊徒數三千名 自全州城 逃回金溝院坪等地."

75 『巡撫先鋒陣謄錄』十一月 二十六日條.(『叢書』14. 46~47쪽). "教導中隊長爲謀報事…
二十五日卯時量 行軍進發 即到院坪 賊徒數萬 一聲叺列陣三面 已成品字 相距千步互相
砲戰 自異時以至申時 砲響如雷 飛丸似雨 賊在山上 我兵在野 四面周圍 喊聲動地 熖烟
成霧 遠近難辨 而隊官崔永學 拔劍向賊 先自山上 指揮一呼 東西分隊 一時用力 爭爲先
登 或刺或斬 殺賊三十七名 餘黨四散 各自逃命…所奪軍物 則回龍銃十柄 鳥銃六十柄 鉛
丸七石火藥五櫃 子砲十坐 刀鎗二百柄 米五百石 錢三十兩 木十同 牛二隻 馬十一匹 鍊
牛皮十張 虎皮一令."

76 19일이 아니라 29일이다.

77 『討匪大略』十二月十日條.(『叢書』11. 480~483쪽).

78 『記聞錄』十二月十一日條.(『叢書』11. 570쪽)."尙州兵丁 戰于灰古峙 殺兵丁二人 兵丁 敗走龍山 牛羊豚屠奪 十二日與淸州兵丁 戰于東門村前 兵丁敗走."

79 『召募事實』十二月二十一日條.(『叢書』11. 384쪽)."十一日昧爽引兵 遏其鋒轉戰 至龍 山後谷 則賊逶退步 義兵長驅 入山谷中 賊砲數千 圍住左右山上 俯視放丸 丸如雨下 勢 甚危急 義砲仰攻良久 退一步放一砲 逶登東邊 對山一齊放砲 砲聲如雷 賊雖小縮 然地形 不利 衆寡不敵 不得已引兵按隊 徐徐退陣 誘下平地 賊亦知有埋伏 終不山下 相距至申未 逶引兵留陣于栗溪 十二日聞砲聲 自龍山又起 響振凌谷 遣人偵探 則淸州兵丁 沃川義兵 與來賊接戰云 故逶領兵 馳往四十里 欲前掩擊 則淸州沃川兵丁 已爲退走 賊逶乘勝 入靑 山邑."

80 『召募事實』十二月十六日條.(『叢書』11. 385쪽)."十六日曉 逶與日兵 二十八人 追至靑 山邑 賊移已陣 于報恩元巖 水皮 薪里等地矣 同日夜半 日兵十五人又到."

81 『駐韓日本公使館記錄』6. 68~70쪽.(〈二. 各地東學黨 征討에 관한 諸報告 二〉. 4. 鍾谷 附近 戰鬪詳報)

충청도 서부지역 동학혁명운동

1 『新人間』通卷 第34號(1929년 4月號), 〈洪鍾植 口演: 春坡 記 東學亂 實話〉.

2 金允植의 『續陰淸史』甲午 4月 9日條. "昨日 東學徒百餘名 來泊元坪民家 今日向開心寺 朝起見之 東徒之赴開心寺者 相續不絶 詢知爲普賢洞李進士 素禁斥東學甚嚴 東徒怨之 將會議於開心寺 打破其家云. 內浦東學最少 今則所在彌滿 日熾月盛此亦時運 甚可歎."

3 〈大橋金氏家甲午年避亂錄〉에는 "昨年以後 其學漸盛 湖南京畿最盛…所謂東匪一自報 恩會之後 其熾盛之樣 月異而時不同 村村設接人人頌呪 勢如烈火之焚 滔如潮水之進"이 라 했다.

4 〈大橋金氏家甲午年避亂錄〉에는 "朴道一은 德山에, 朴德七은 禮山에, 李昌九는 沔川에, 安敎善은 牙山에 都所를 설치하고 起包했다." 했으며 "李昌九는 스스로 木包 首接主라 하고 月谷에다 敵窟을 設置했다."고 했다.

5 『新人間』通卷 第34號, 洪鍾植의 〈東學亂實話〉口演.

6 〈大橋金氏家甲午年避亂錄〉에는 "人一日來傳 全卜承驅葛山 豪悍之輩數百名 丁寧都會 于我家云." "松山李都正家 大小家皆爲擧家避亂 昨夕公林宅 亦已全家避亂 其男負女戴 目下分散之景."이라 했다. 그리고 자신도 "七月 二十三日"에 피란길에 나섰다고 했다.

7 金九의 『白凡逸志』중 『우리 집과 내 어릴 적』이란 제하에서 "우리 일행이 해월 선생 앞에 있을 때에 보고가 들어왔다. 전라도 고부에서 전봉준이가 벌써 군사를 일으켰다 는 것이었다. 뒤이어 또 후보가 들어왔다. 어떤 고을 원이 도유(道儒)의 전 가족을 잡아 가두고 자산을 강탈하였다는 것이었다. 이 보고를 들으신 선생은 진노하는 낯빛을 띠 고 순 경상도 사투리로, '호랑이가 몰려 들어오면 가만히 앉아 죽을까, 참나무 몽둥이라

도 들고 나서서 싸워야지.' 하시니, 선생의 이 말씀이 곧 동원령이었다. 각지에서 와서 대령하던 대접주들이 물끓듯 상기를 띠고 물러 가기 시작했다. 각각 제 지방에서 군사를 일으켜 싸우자는 것이었다."라고 기록하고 있다.

8 『新人間』通卷 第34號. 洪鍾植의 〈東學亂 實話〉.

9 『昌山后人 曺錫憲歷史』.

10 國史編纂委員會 刊, 『東學亂記錄』(上). 「巡撫先鋒陣騰錄 10月 25日 條」.

11 〈先鋒陣呈報牒〉 10月 18日 牙山縣監爲謀報에는 "今月初五日巳時量 稱以德山包 東徒 數千餘名 各持兵器擧火放砲 突入邑內 破碎公堂 驅迫官吏 打破軍庫 奪取兵器 仍爲劫奪 民産 一邑號哭 猝當失魂罔措之境 邑內居民 盡被殘破是乎所 匪徒翌曉旋住新昌地 地樓 洞屯聚是乎加尼 近聞大陣發行 散向唐津內浦等地如乎."라 했다.

12 『駐韓日本公使館記錄』 1卷에 "內浦李昌九 擁衆奪據 崇鶴山民堡 內浦列邑擧被其毒云. 查內浦生穀之地 委輸京都以濟 冬春者也. 今以此賊盤居 漕運不通."이라 했다.

13 『曺錫憲歷史』 10월 條.

14 『曺錫憲歷史』 10월 條.

15 『錫憲歷史』 10월 條.

16 『天道敎會史草稿』 第二編 「地統」에는 "…起包하여 海美郡 餘美坪에 齊會하니 陣勢大 振이라."했다.

17 『駐韓日本公使館記錄』 中 「東學黨征討關係에 關한 諸報告」의 '洪州賊徒擊退狀況報告' 에는 "賊은 野砲를 소지하고 있다."고 했으며 "소총은 …後裝銃인 것 같다."고 했다. 그 리고 이때 日本軍은 "餘美를 공격할 때 實彈을 쏘지 않고 空砲를 쏘았다."고 했다.

18 『天道敎會史草稿』에 記載된 名單이다.

19 『日省錄』 甲午 12月 3日 條. 「湖沿招討使 李勝宇 報告」에 나타나는 姓名들이다.

20 『駐韓日本公使館記錄』 '東學黨에 關한 건. 附 巡査派遣의 件 二'에 東學黨巨魁人名簿의 記錄에 의한 것이다. 車相讚은 〈開闢〉에서 "文天劍 李承範이 洪州서 起包했다."고 하나 確認이 어렵다.

21 『駐韓日本公使館記錄』 中 東學黨정토관계에 關한 諸報告.

22 『曺錫憲歷史』는 "卽去 沔川郡하야 留陣 宿所하고 25日에 行進하야 德山郡 九萬里坪에 서 留陣하고 26일에 예산군 今坪面 新禮院 后坪에서 留陣 留宿했다." 한다.

23 藍浦의 秋鏞聲과 金昌起 大接主가 新禮院에 參加한 것으로 記錄 했으나 藍浦 東學軍 은 韓山과 林川 東學軍과 連帶하여 싸웠다.

24 『兩湖右先鋒陣日記』 11月 5日 條에는 "到禮山倉村中火 又行十里 到禮山驛村駐宿 而該洞 後麓 留東徒會屯處 一連數里亂鋪草藁 遍放華火 形跡狼藉 故招聞土民 則去月二十六日 匪類萬名 來屯此地 與洪州官軍接戰 官軍致敗 被害者爲百餘人."이라 했다.

25 『曺錫憲歷史』 10月 25日條.

26 『巡撫先鋒陣騰錄』 10月 29日 條.

27 『曺錫憲歷史』에는 "狄黨 一等長頭 6~7名과 狄軍 7~8百名이 皆爲沒死 消滅했다." 하나 誇張된 記錄이다.

28 『駐韓日本公使館記錄』1894年 11月 24日字, 「東學黨征討關係에 關한 諸報告」.

29 『兩湖先鋒陣日記』十一月 初六日條에는 "卯時量離發 向德山邑 行軍十里 歷路酒店 擧 皆空虛 又多燒毀 所見愁慘 此是東徒之家 而自儒會所 燒火云矣 到德山境 挿橋大川邊 則連布藁草 散在空石 火堆之跡 做飯之痕 連絡數里."라 했다.

30 『文章俊歷史』와 『曺錫憲歷史』에는 "27日 發陣하여 全部 驛村 后坪에서 留陣하고 翌日 은 즉 大神師主 生辰祈禱日이라 德山郡 驛村 後峴에서 留陣 祈禱하고…"라 했다.

31 『駐韓日本公使館記錄』中「東學黨征討에 關한 諸報告」에는 "25日(음 10月 28日) 午後 2時 洪州城 北쪽에 있는 鷹峰의 嶺上에 이르러 바라보니, 敵이 前方 4km 地點에서 行進 해 오고 있었다."고 했다.

32 『駐韓日本公使館記錄』중「東學黨征討關係에 關한 諸報告」.

33 洪城鄉校 앞에 일제 때인 1935년에 세워진 〈七義碑〉가 있다. 살해된 선비들의 이름이 새겨져 있는데 吳景根·崔敏志·方世應·方錫奎·李準馥·徐宗得·崔學信 등 7명이 다.

34 『開闢』通卷 第46號. 車相瓚의 「甲午東學과 忠淸南都」.

35 『駐韓日本公使館記錄』중「東學黨征討關係에 關한 諸報告」에는 "賊徒(東學軍) 戰死者 는 200명"이라 했다. 그리고 "負傷者는 未詳"이라 했다.

36 『駐韓日本公使館記錄』중「東學黨征討關係에 關한 諸報告」.

37 『兩湖先鋒陣日記』11月 10日條에는 "卯時自洪州離發 引兵出東門 左右民家燒盡無餘 所見慘酷 問諸路人 去二十八日 東徒圍城接戰時 厥輩衝火此至云矣 行至百餘步 賊屍縱 橫道路傍 山積林藪."라 했다.

38 1491년에 築城, 높이는 4m 정도이고 둘레는 2km 정도로 그리 크지 않다.

39 『兩湖右先鋒陣日記』11月 6日條에는 "連探前路賊情 則賊徒四五萬 分屯於禮山驛村 及 德山驛村矣. 聞本陣追到 退去於海美城 而以今初六日."이라 했다.

40 『兩湖右先鋒陣日記』11月 7日條에는 "初七日晴 曉在日樂峙上 瞭望賊勢 浩浩洋洋 挿旗 放砲 優然一大賊敠 未明時營軍徒走 涉越危險 直抵城之北 計出不意 賊乃失圖 蒼黃奔走 矣. 駐後軍於校洞 卽使數十名 入城建旗 先挫賊氣 分兵四出 進止逐北 彈丸射殺者 四十 餘名 搜捕者爲百餘名."이라 했다.

41 『兩湖右先鋒陣日記』11月 7日條에는 "復聚於該邑西北麓 舊山城 …卽派二個小隊 …破 其城而逐其賊"이라 했고, 또 "又一種餘賊 四五百名 向城南十里許 猪城地 亦將欲據守 故又派1個小隊 …連射射散一陣."이라 했다.

42 『兩湖右先鋒陣日記』11月 8日 條에는 "一中隊兵 出瑞山地巡哨 逢着一大賊窟 卽瑞山梅 峴 峴高而圓中 亦自規以遠照鏡視 則旗挿于邊賊聚 于中炊飯 乘昏次暗地 入瑞山邑小歇 黃昏纔過炊人告飯 慮或漏機 留其飯而 直走于賊 出其不意發喊圍射 賊亦能拒 飛丸交集

大礮頻發 且休且攻 洽過一個時辰 奈意賊所持 火藥着火 轟然一聲 天飜地坼 賊衆數千 駢然瀉下 粟散樣走去 我兵喫一驚 小須臾定神 因追逐數白武之地 收拾散機 還邑饒飢後 …."라 했다.

43 海美縣監 代理는 日本軍에게 "東學軍 5~6千名이 泰安에 集結해 있다"고 報告했으나 追擊을 抛棄하고 돌아갔다 한다.

44 『駐韓日本公使館記錄』.

45 『駐韓日本公使館記錄』中「東學黨征討關係에 關한 諸報告」. 12日에도 齊藤 소위란 자가 48명을 총개머리로 때려죽였다 한다.

46 『曹錫憲歷史』.

47 『文章峻歷史』에는 "豫避保命함이 上策이라고 其 志人 金善汝·金成七·姜雲在·金明弼·金黃雲 등이며 家眷으로 하여금 帶同하고 乘船亡命之際에 後追 民堡軍이라 … 舒川 介州에 到着하여 6日을 留하다가 更渡 鏡島라가 …幸運으로 安眠島 中場驛에 渡하여 生涯를 計하다. 數日 留察칙 指目이 且出고로 …黃海道로 向할 새 過一朔이라."고 했다.

충청도 금산 동학도의 초기 기포

1 『錦山被禍炙像別具成册』.(『叢書』17. 478쪽). "本郡東徒之蘗 始自三月初 而袱商頭目 金致洪·任漢錫·士人丁斗燮 幷力防守 僅免慘酷之禍矣."

2 『錦山郡誌』204쪽. 第4章 朝鮮時代의 錦山, 7項 東學農民運動과 錦山.

3 『梧下記聞』首筆 3月條. "錦山郡報 今十二日 東徒數千人 持小伖着白巾 聚于郡底 燒毁吏家."

4 『錦山東徒作擾來歷』. "一 去月初七日 有東學儒生 發通聚會 于同邑所屬 濟原驛是如 故別定将吏 偵探其聚否 詳問所懷 則渠等之 外面說話者 有邑弊可矯 件十條云云."

5 濟原驛 驛舍는 濟原面 濟原里 濟原初等學校 자리라 한다.

6 『錦山東徒作擾來歷』. "翌日曉頭 以吾道 以德服人 呪誦所學之意 揭榜街頭 所謂令飭 十分截嚴矣 俄而自都中 有省察者 傳言曰 田稅大同軍錢戶斂(斂)等 各項文簿 無一遺漏 卽爲收納之意 萬分威脅 故同邑各該吏 忙告于官家 則官家分付內 汝矣等與公兄 偕往於郁輩之 所謂都所 與之對頭 查實則已矣 只以文簿入送事 切勿聽從也 邑簿所重 其果何如而任其所爲乎 執頉此文簿之不給 公兄二人 捉去結縛爲 乃解還仍奪文簿 而去矣 家座册各洞 已上 一一摘去 而外 他文簿 別無可查樣 卽爲退出 去邑內留宿 翌朝還去 于濟原驛耳."

7 『錦山東徒作擾來歷』. "翌朝卽十一日也 留連於濟原 渠之所謂議論者 或有官政得失 或言吏輩罪課紛紛."

8 『錦山東徒作擾來歷』. "掀腕邑之革存 如在手中 其瞻稍大 其意漸濶 一邊則發通 各里聚

會民人 一邊則捉去座首 決笞放送 一邊則請錢五百兩 憑藉調道做去."

9 『錦山東徒作擾來歷』. "勢頭漸漸不好 威脅也激怒也 許多不法 昭昭露出矣."

10 『錦山東徒作擾來歷』. "一, 十二日早朝 所謂省察者云者 有 所呈狀 而狀而 狀內辭緣 卽前日十條也 依所願頒給 之意 成出官題矣 官題來到之前 所謂東徒輩 幾百名 立一旗號 而來 曰旗號整齊也 追後村民幾千名 各書洞名 而爲旗當中立幟 則書以勿犯聲罪 一時攔入喝呼工吏 舖陳竝矚 於郡上溪邊 卽使了 畢後 卽到衙處撥方設陣 法令甚嚴 外人則 不可窺視矣 當夜初更自陣中 如有約束 而瞬睫之間 鵝吼之聲 萬口一出殆同霹靂矣 勿犯聲罪之旗 飄然越溪 卽向時戶長 父子家 仍卽打破 材木及飛盖 等物無遺拾來 放火經夜 而字下餘波未定 是加隱喩 卽使亂民送打 褓負商班首金致洪家舍 又捉褓商接長任漢錫 夫妻結縛 桔杻無數迫擊 而威炎熾盛 莫敢開口 亦自官家 從其所欲 順受其言期欲退斥耳"

11 『錦山郡誌』第4章 朝鮮時代의 錦山, 7項 東學農民運動과 錦山, 204等.

12 『日省錄』高宗 編三十一. 三月 二十三日條. "議政府啓書 卽見全羅監司金文鉉狀啓 則枚擧 錦山郡守閔泳肅牒呈 稱以東徒所發通 聚會者近千名 而旣有渠等所願 自該邑矯捄故 以昭詳曉諭 退送之意 另飭題送十條 成册一依邑報 修正上送 政府爲辭矣 凡民之謂有矯弊 聚黨作鬧 已極可駭 其令道伯 另定査官使之馳往 該邑凡係 民瘼者 一切釐正 曉諭衆民 各歸安業 東徒之發通 渠首刻期 詗捉 梟首警衆 邑吏金源宅 其有蠹害 於民而衆怨所歸可知矣 到底盤覈 加以當律 慰釋衆心 該道臣之 初不行査 只以民訴 成册上送者 責在方面 其將越視 列邑之事乎 揆以事體 不可無警請施 以越俸之典."

13 『錦山東徒作擾來歷』. "十三日朝後 招去吏房 而縣言 曰欲退會民 誠甚無味 買送大牛一隻 則宰喫衆民云矣 各其分喫之後東徒與會民 有何不協之端 狀若相擊矣 各立旗號紛紛相議者良久 而東徒如同 逐之在後 卽時散去矣."

14 『錦山東徒作擾來歷』. "一, 村民等卽折旗號 各其揚言 曰道人卽賊漢也 邑底某某家 討錢幾千兩 又討於官家條五百兩 幷無區屬 且其矯弊云云者 已無實效 方農曠役 誠爲可悶 況乎各洞 所費小不 下數十兩也 如是憤忿之際 褓商金致洪任漢錫 率手下商 幾十名 及邑下年少 數十名 卽爲討逐東徒後 卽向權全州家打破 轉向金正晩家打破 又向濟原 東學人家三戶爲如乎."

15 『錦山東徒作擾來歷』. "稱以東學 前後作俑 起鬧者九人 而姓名段 邑居權書房 卽故錦山明圭之孫沃 退吏金巡益 前座首沈憲植 時面任金正晩 外村民李奉石 白學先 沃川利原居李在春子 名不知先達 珍山前吏房陳已西 前校任鄭有述者也 已具罪目 登時修報 幷爲入啓 卽使譏訶 捉得之意 承營題云云耳."

16 『錦山東徒作擾來歷』. "卽聞東徒幾千名 方聚於珍山坊築里 奪得民家銃數十柄 又使冶匠造成 墨鐵三斗準備."

17 隨錄 營寄條. "四月三日 錦山公兄文狀內…東學人幾千名 方聚珍山防築里 及 忠淸道沃川西化面…卽而突入邑底 生靈屠戮之志 傳說浪藉."

18 『錦山東徒作擾來歷』. "褓商金致洪任漢錫 憐彼錦民之 無辜受戮 倡率商民邑民 三四百

名馳往 彼徒設陣之坊築店 而那時卽查官 龍潭縣令 行次在邑之時也.”

19 『兩湖右先鋒日記』(『叢書』15. 128~129쪽). “東學都執 前龍潭縣令 吳鼎善供狀 白等矣身
今三月分 以龍潭縣令 行査於錦山 東徒民擾時 以該郡裸負商 出義設陣 討滅東徒百餘人
於珍山郡 以其勞陞 移珍山郡 赴任三朔 以病由還.”

20 『隨錄』(『叢書』5. 184쪽). “四月初二日申時出 錦山郡行商 金致洪任漢錫等 倡卒行商 與
邑民千餘名 直向珍山防築里 東學徒聚黨處之 戮殺一百十四名.”

21 『天道敎百年略史』上卷.(畵報 任帖). 37쪽.

22 『東學史』(『叢書』1. 523쪽).

23 『日省錄』高宗 編三十一. 四三 十九日條. “教日珍山郡守 李承紀敦寧都正除授…吳鼎善
爲珍山郡守.”

24 『駐韓日本公使館記錄』1. 337쪽.〈全羅監司電報〉. “東學之徒 自錦山敗走時 不過千餘
名矣 意謂流散 一日二日之間 滋漫爲四五萬名 猝入扶安邑 殺吏校捉囚朴縣監 官穀沒數
(收) 運去于不知何處 官庫中軍器 盡爲奪去 屯聚於官府 其勢浩大云云.”

25 『錦山東徒作擾來歷』. “各陣中如有殊常之行色 及彼黨所聚之奇 則馳報于 都訓所之意
已定條約防守耳.”

26 『錦山東徒作擾來歷』. “裸商數百名 設陣於邑內溪上 邑內民人段每夜作統巡警 外村段每
一面 各書面號 而立旗 各出訓長一人 訓導一人 牌將一人 而訓長段 以面內望重 班民差
出 訓導段 以 曾經面任中 熟談者挥定 當面中要路 隘口立旗設陣 都訓將三員段 或曾經校
任座首中 齒德兼備人爲定.”

27 錦山郡守를 지낸 이 중에 李奎文은 없다. 아마도 李容德의 별명이 아닌가 싶다.

28 『日省錄』에는 當時 錦山郡守는 李奎文이 아니라 4月 5日에 任命된 趙命鎬로 되어 있
다.

29 『駐韓日本公使館記錄』6. 282~305쪽, 「東學黨征討略記」.

30 『錦山被禍灸像別具成册』(『叢書』17. 478쪽). “第於五月望間 東徒輩已盡歸化 不足防禦
事.”

31 『錦山被禍灸像別具成册』(『叢書』17. 478쪽). “以前參判令監鄭翻朝 立爲盟主冊立義旗
發通聚會 則人金致洪任漢錫丁斗爕 隨卽入來 同爲守城軍務 庶有節制 人心稍望賴安 首
尾五朔之間 農者農商者商.”

32 『錦山被禍灸像別具成册』(『叢書』17. 478쪽). “全埄準之在營 私通種種來到 鱗次有各邑
執綱.”

33 『錦山被禍灸像別具成册』(『叢書』17. 478쪽). “初次執綱 卽龍潭居金己祚 又差執綱 本邑
居趙東賢.”

34 『錦山被禍灸像別具成册』(『叢書』17. 478쪽). “人心稍望賴安 首尾五朔之間 農者農商者
商.”

35 『日省錄』高宗 編 三十一. 四月五日條. “改差錦山郡守李同和 以趙命鎬代之 口傳也.” 李

同和를 錦山郡守로 任命하였으나 赴任하지 않자 趙命鎬로 代替하였다. 趙命鎬는 7월 19日에 公州判官으로 任命되었다. 後任으로 李容德이 새 錦山郡守로 任命되었다.

충청도 금산지역 동학혁명운동

1 『東學農民戰爭資料叢書』1, 黃玹, 『梧下記聞』首筆, 42쪽. "於是慶州有崔濟愚者…往來 知禮金山及湖南珍錦山谷間."

2 總務處政府記錄保存所 刊, 『東學關聯判決文集』37쪽. 「徐璋玉判決宣言書」에 의하면 "戊子年(1888年)부터 東學을 專尙하더니 甲午年間에 衆民을 煽起하야 其勢가 全琫準 金介男 崔時亨과 莫相上下하얏고… ."라 하여 갑오년에 활동한 것으로 기록하였다. 그러나 徐璋玉이 활동한 기록은 어디에도 없다.

3 『東學農民戰爭資料叢書』28, 『天道敎書』229쪽. "十月에 神師 尙州別墅에 還하셨다가 孫秉熙, 李在璧(趙在璧)의 周旋에 依하사 家族을 率하시고 靑山郡(靑山縣) 文岩里 金聖 元家에 移寓하시다."

4 『海月先生文集』癸巳年條. "至七月晦間 還旺室本宅 率搬移于靑山文嚴里 金聖元家 卽 趙在璧之包中也."

5 『侍天敎歷史』〈第二世敎主海月大神師〉條.

6 『海月先生文集』丁酉年條. "至四月先生問趙在璧 孫天民, 金祖均(演局) 曰今天靈降臨 先生 何爲其然也 曰受其無往不復之理 此何意耶."『金洛鳳履歷』71쪽. "報恩郡 李元八 氏가 張敬化, 趙敬中(趙敬重)이 身死한 後로 兩人이 包中(趙在璧이 管轄하던 包中)을 運動하기 위하여 郭驥龍氏와 相約하고…高山郡으로 移接하야 各處에 秘密히 文字하다 事像이 現露되여 7인이 捕捉된 中에 元八은 全州府에서 杖毒으로 身死되고 六七人은 京城으로 移囚…."; 『侍天敎宗繹史』丙申年條. "正月 十八日…趙在璧號敬菴"이라 하여 1896년에 義龜松 三菴과 같이 道號를 받은 것으로 되어 있다. 『侍天敎歷史』甲午年條에 보면 趙在璧은 神師와 義菴이 이끄는 동학군이 任實 葛潭에서 떠나 長水, 茂朱, 永同을 거처 북상할 때 永同에서 합류, 報恩 北室戰鬪, 陰城 되자니(道全里 坎坪) 戰鬪를 마치고 道次主 姜士元과 같이 神師의 命에 따라 어디론가 退去하였다 한다.

7 『駐韓日本公使館記錄』2, 64쪽.

8 『天道敎會月報』通卷261號(1932年 11月號), 청암 갑오년이야기. "조재벽(趙在璧) 최사 문(崔士文)은 진산에서 일어나고, 박은철(朴銀哲)은 금산에서 일어나고…."

9 『金洛鳳履歷』71쪽. "適其時하야 報恩郡 李元八 씨가 張敬化(景化) 조경중(趙敬中·重) 身死한 後로 兩人의 包中을 運動하기 爲하여 郭驥龍씨와 相約하고…高山郡으로 移接 하야 各處에 秘密이 文字하다가 事像이 現露되야 七人이 捕捉된 中에 元八씨난 全州府 에서 杖毒으로 身死되고 六人은 京城으로 移囚되다."

10 『東學亂記錄』下 〈錦山被禍錄〉. 703쪽. "本郡東徒之蘖 始自三月初 而秛商頭目金致洪

· 任漢錫 · 士人丁斗燮 幷力防守 僅免慘酷之禍矣."

11 『錦山郡誌』第4章「朝鮮時代의 錦山」, 7項 東學農民運動과 錦山 204쪽.

12 『梧下記聞』首筆 3月條. "錦山郡報 今十二日 東徒數千人 持小伏着白巾 聚于郡底燒毁吏家."

13 濟原驛 驛舍는 지금의 錦山郡 濟原面 濟原里에 있는 濟原初等學校 자리이다.

14 『天道敎會史草稿』甲午年條. "진산(珍山) 조경중(趙敬重 · 在壁) · 최사문(崔士文) · 최공우(崔公雨) 접주가 기포했으며, 금산(錦山) 박능선(朴能善) 접주가 기포했다."

15 『東學亂記錄』上,「巡撫先鋒陣謄錄」乙未正月二十日條. "永同西齋접주 李判石, 接司金哲仲, 省察金太平, 砲手金古味, 三室村接司裵順安, 接主李寬奉, 省察朴秋浩, 沃川利原驛 省察李大哲, 張命用, 砲軍李五龍, 沃川梧井洞接主高德賢, 接司高遠行, 砲軍高敬一十三名 皆以錦山屠戮者."

16 『金洛鳳履歷』扶安 大接主인 金洛喆의 동생 金洛鳳의 手記. "徐章玉의 管下에서 珍山郡 坊築店에 會所를 設하고 全琫準과 上下 相應할 樣으로 數千名이 會同하다."

17 『日省錄』3月 19日條에 보면 閔泳蕭은 承旨로 任命되었다. 같은 날 李同和를 錦山郡守로 임명하였다. 그러나 李同和가 黃海道 金川에서 부임하지 않자 당분간 留任하면서 殘務를 처리한 것 같다.

18 『日省錄』高宗 三十一年 3月 二十三日條. "錦山郡守閔泳蕭牒呈 稱以東徒所發通 聚會者至近千名 而旣有渠等所願 自該邑矯捄 故以昭詳曉諭退送之意 另飭題送 十條一依 邑報修正上送…."

19 『東學亂記錄』下,「錦山被禍錄」, "三月初 而裸負商頭目 金致洪 任漢錫 士人丁斗燮 幷力防守 僅免慘酷之禍矣."

20 『東學農民戰爭資料叢書』10.〈行都巡撫營軍官 贈軍務衙門主事 鄭公殉義碑〉. "…甲午春東匪猖獗…賊初據于濟原驛 君糾合郡民 今金濟龍等 驅逐之."

21 茂朱官衙에서 1894年 3月에서 1897年까지 朝廷에서 下達되는 公文과 全羅監營의 甘結, 그리고 各 官衙에서 送達되는 公文書 등을 모은 것이다. 이 원본은 日本 京都大學 河合文庫로 保管되고 있다.

22 『隨錄』營寄條. "四月 二日申時出 錦山郡行商 金致洪 任漢錫 偲卒行商 與邑民千餘名 直向珍山防築里 東學徒聚黨處之 戮殺一百十四名."이라 하였다.

23 『梧下記聞』首筆.

24 『梧下記聞』에도 "錦山行商 接長 金致洪 任漢錫等 倡率商人與邑民千 擊珍山賊 斬餘一百十四名."이라 했다.

25 『續陰晴史』4月 12日條, "帶傳初五日 出家兒書第五度 聞錦山民 與裸商五六百名 攻擊東黨 殺傷百餘名."

26 『東學農民戰爭資料叢書』2,「時聞記」.

27 『時聞記』甲午條.(忠淸道儒生李丹石의 記錄) "四月錦山郡守 多殺東徒."

28 『金洛鳳履歷』"防築店에 다안즉 과연 五里 長廣에 省察이 左右로 羅立하고 威儀가 森嚴하거늘… 都所로 간즉 面知人이 二三人에 不過한지라… 速히 下去하라 하기로 감사하야 즉시 發行하였더니 翌朝에 錦山郡 砲軍에게 陷沒을 當하다."

29 李炳春은 全州 胎生이며 任實道人이다. 당시 接主였으며 道人을 動員, 支援次 珍山縣에 갔던 것이다.

30 『駐韓日本公使館記錄』3. 15쪽. 1894年 5月 10日. 全羅監司報告. "今月初三日 錦山郡民人 朴秉仲等 起義兵三千餘名 討破東學徒 而死者七十餘名 所傷命在時刻者 六七百名 東學餘黨 逃散無餘萬幸."

31 『東學亂記錄』「巡撫先鋒陣謄錄」11月條. "東學都執 前龍潭縣令吳鼎善供狀. 白等矣身 今三月分 以龍潭縣令 行査於錦山東徒民擾時 以該郡裸負商 出義設陣 討滅東徒百餘人 於珍山郡 以其勞陞移珍山郡 赴任三朔."

32 『駐韓日本公使館記錄』3. 15쪽. 1894年 5月 10日. 「全羅監司報告」. "又報, 日前錦山負商牌 有所呼冤事 會爲數千人 而聞適有有泰仁會挽 而自錦山欲爲 合勢往觇之 則泰仁卽 東學黨 而非平民負商也 於是錦山商黨 攻擊東黨而大勝之 至於東黨被殺爲數十人 生擒爲四百십人 而東黨皆散潰 是時監司聞此報 卽截其東黨之歸路 生擒爲百餘人 以此電報 昨日入來矣. 東學黨退住於金溝院坪云 議政府 以負商之逐戰 東學未嘗 非有功(切)然 負商亦無朝令 而自相聚黨作挽 此漸亦不可長也 此亦當有措處之方也."

33 隨錄 營寄條. "四月三日 錦山公兄文狀內…東學人幾千名 方聚珍山防築里 及 忠淸道沃川西化面…卽而突入邑底 生靈屠戮之志 傳說浪藉."

34 『全琫準供草』第1次審問과 陳述. "問 其時兩軍數 各幾何, 供 京軍七百 我軍則四千餘名."

35 『日省錄』高宗 三十一年 四月五日條. "改差錦山郡守李同和 以趙命鎬代之 口傳也"라 하여 李同和를 錦山郡守로 任命하였으나 金川郡守로 머물면서 殘務를 처리하느라 錦山郡守로 赴任하지 않았다. 정부는 錦山郡이 혼란스러워 미룰 수가 없어 趙命鎬로 代替하여 임명하였다. 趙命鎬는 3개월 후인 7月 19일자로 公州判官에 任命되었고 그 후임으로는 李容德이 새로운 錦山郡守로 임명되었다.

36 『東學亂記錄』下, 「錦山郡誌」. 그런데 『日省錄』에는 當時 錦山郡守는 李奎文이 아니라 4月 5日에 임명된 趙命鎬로 되어 있다.

37 『東學亂記錄』下, 「錦山避禍錄」.

38 『東學亂記錄』下, 「錦山避禍錄」. "初次執綱 卽龍潭居金己祚 又差執綱 本邑居趙東賢也."

39 『東學亂記錄』下「錦山避禍錄」. "其如氷炭之地 陷其所誘 同歸硬化之域乎. 由是而邑村之民 扶老携幼 渙散相望 一城空虛."

40 國史編纂委員會 刊, 「駐韓日本公使館記錄」6卷. 26쪽. 「東學黨征討略記」.

41 『東學亂記錄』下, 「錦山避禍錄」. "人心稍望賴安 首尾五朔之間 農者農商者商."

42 同學出版社 刊, 金龍德 金義煥 崔東熙 共著,『혁명투사 全琫準』, 246쪽. "9월 12일(陽 10 月 10日)에서 13일에 걸쳐 동학농민군은 재기에 관한 남·북의 삼례회의가 개최되었 다."고 하였다.

43 具良根 著,『甲午農民戰爭原因論』, 亞細亞文化社, 1998. 4. 농민전쟁의 전개 과정 3) 수 비대란에서 引用.

44 『承政院日記』 高宗 31年 9月 22日. "兩湖之間 有此匪類之猖獗 其爲憂慮 靡所此屆 扈衛 副將申正熙 都巡撫使差下 使之設營 節制諸軍 請以爲隨機勦撫之地."

45 『錦山郡誌』.

46 『錦山郡誌』.

47 『俛庵遺稿』 附錄 「遺事」. "府君與朴勝鎬 爲義會長 推前參判 鄭翻朝爲盟主 丁斗燮爲炮 隊長 鄭志煥爲武隊長 梁在鳳 辛龜錫爲參謀士…."

48 『梧下記聞』 10月條. "金開南 自全州向參禮 爲琫準聲援 一股錦山陷之 昇縣監李容德逐 之."

49 『東學亂記錄』 下,「錦山避禍錄」.

50 『東學亂記錄』 下,「錦山避禍錄」.

51 『東學亂記錄』 下,「錦山避禍錄」. "計其日子 則治爲一望 其果有餘滓乎. 珍山·高山段 原是陷城時 綢繆主張 則掠奪殺戮 先於諸賊 且設所犒饋也. 迎送進退 無非管領 而永同 ·沃川·茂朱等各邑賊徒 次第入來 然茂朱行盜次於諸賊 其餘 則曰開南包·連山包· 曰公州包·江景包 入而又去 去而復返."

52 『錦山郡誌』 "當時 郡守 李容德은 惶怯하여 도망치려 하였다. …鄭志煥이 달아나려는 郡守의 옷을 잡고 郡民을 渦中에 두고 逃亡치려 함은 卑怯하다고 호통을 쳤으나 …事 態가 危急하자 逃亡치고 말았다."

53 『東學亂記錄』 上,「巡撫先鋒陣謄錄」 11月條. "不意去月(11月) 初八日 鎭安高山珍山錦 山等地 東徒數萬餘名 自北殺入 對陣接戰 茂朱接主 李應伯三父子 率其黨數千餘名 自東 闖入劫攻我後 兩路賊勢俱爲浩大 抵戰末由 初九日午時量 竟至見敗"

54 國史編纂委員會 刊,『駐韓日本公使館記錄』 1. 246쪽.「梁山附近戰鬪」. "午後 10時 西쪽 (錦山縣 方向)으로부터 賊徒 千餘名이 마을 步哨線을 向해 襲擊해 왔다. 賊徒는 이 마 을로부터 200m 앞에 있는 民家에 불을 질러 賊徒들의 所在가 分明해졌다. 그래서 各 隊員에게 急射擊을 시켰다. 賊徒는 猛烈한 射擊을 겁내 11時 30分 모두 錦山縣 方向으 로 退却했다."

55 지금의 錦山邑 新垈里 附近으로 推定된다.

56 國史編纂委員會 刊,『駐韓日本公使館記錄』 1. 246쪽,「梁山附近戰鬪詳報」.

57 國史編纂委員會 刊,『駐韓日本公使館記錄』 1卷 7,「各地東學黨征討에 關한 諸報告」.

58 『日本公使館記錄』 6卷 二. 33쪽.『東學黨征討略記』 1894年 12月 28日 後備步兵獨立第 19大隊長 南小四郎 報告 別紙. "珍山郡守 申棨 위의 사람은 동학당 편에 들었던 자인 것

같으며, 모든 일이 매우 애매모호했다. 그러나 현관을 체포하는 것은 쉬운 일이 아니었고, 특히 그날은 어두운 밤인데다 전투준비로 여유가 없어 그대로 두었다."고 했다.

59 『駐韓日本公使館記錄』6 二.「東學黨征討記」.

60 圓光大學校,『대둔산 동학혁명 유적지 지표조사보고서』.

61 『義山遺稿』는 慶尙道 玄風人 文錫鳳(1851~1896)의 문집이다. 그는 1893年에 武科及第後 景福宮 五衛將과 鎭岑縣監을 거쳐 1894年 11月에 兩湖招募使로 任命되어 忠淸道 公州, 大田, 鎭岑, 連山, 珍山 一帶에서 東學軍을 討伐했다.

62 『義山遺稿』中 上巡營 條. "高山邑山後洞 有漢且山 其上峰卽摩天臺也. 懸崖絶壁難如天上 此所謂一夫當關 萬夫莫開者也 今者有名賊魁 嘯聚徒黨 入據窟宅 其附近之賊 往往有潛附者云 故使機密往探 則果有危慮之端."

63 1996年 1月 現在 李揆萬 씨는 大芚山 중턱 藥水터에서 休憩所를 經營하고 있었다.

64 『義山遺稿』卷之一 11張. 1月條 初十日 上巡營. "上有萬丈巖角之 峭峻左右 有數疊石屛之障蔽 其中嵡谺可容二間屋 而築以石壁 但露出簷角而已 東西北三面 凡然削立 自非身具羽翼 無路可入 只有前下一路 而亦三層棧道懸弔 而升 可謂一夫當關 萬夫莫開者也 又無對峙之峰巒 亦非砲石之 可施 其西南肩下 有一石峯可望 而不可及者也."

65 『駐韓日本公使館記錄』.

66 『東學農民戰爭資料叢書』9,「義山遺稿」卷之一. "道斷其汲糧之路 十日內必見 餒渴之鬼"

67 『東學農民戰爭資料叢書』9,「義山遺稿」卷之一 11面 後面, 1月條 上巡營.

68 『東學農民戰爭資料叢書』9,「義山遺稿」卷之一. "十七日酉時 大芚山賊徒 又肆猖獗 至殺珍山軍官河景奭 及錦山來守兵 又連山東面匪徒內應 厥黨將有時急禍色云."

69 『東學農民戰爭資料叢書』9,「義山遺稿」卷之一.〈討匪略記〉, "金致三 張文化等見之 汝等上山之日 丁寧與我約以 慘崔士文崔公雨三父子叔侄 首級來獻 將功贖罪 多誤期日 未得機會 姑未下手耶 抑爲變心耶 人誰無過 改之爲善 汝等若終始執迷 則當圍住 山前山後絶汝汲糧之道 不過半月 當見餒鬼 且汝等 家屬屠戮 乃己速速行計 不日斬崔賊 三父子叔侄 首級以來獻功 以爲贖罪也."

70 六任에는 都執은 있으나 都執行은 없다. 아마도 都執을 都執行이라 잘못 기록한 것 같다.

71 『義山遺稿』「討匪約記」, "崔士文, 崔公雨, 梁良玉, 朴仲執, 李洪基, 金致善 等 聞靑山賊之更起 嘯聚徒黨千餘名 爲相應之意 連山縣監 丁大緯以書告."

72 『義山遺稿』「討匪約記」, "不知賊之虛實 器械糧草之多小."

73 염정골에서 서쪽으로 6km 떨어진 사리골(柶洞)에 배고개(舟峙)가 있다. 이곳을 '배나무고개'라 했던 것 같다.

74 『義山遺稿』「討匪略記」, "乙未正月二十四日 匪類挻化者 崔士文 崔公雨 梁良玉 朴仲執 李洪基 金致善等聞 靑山賊之更起 嘯聚徒黨千餘名 爲相應之意 連山縣監丁大緯 以書告

急 且巡撫營 暗行參謀李明翔 急書要我還陣 同日申時自懷德 率兵丁二十將官二十三人
合四十三人 倍道往陣于 鑱岾南面增村地方 不知賊之虛實 器機糧草之多小 暫且留陣 送
負商二人 探聽裏許 右兩箇到梨樹嶺 機事不密 反爲嶺上匪徒 把守軍之所捉 趺爲肉泥 其
數日前 連山縣監亦探聽次 送到監矣 亦被所殺 到此地頭 兵微力寡 無計可施 正憂悶思
得一計 送機密將官于 廉貞洞出來 三面路口 捉得一箇避亂人 乃本洞居 權進士道賢也…
二十六日 天大雪喜 而心語 曰此天 使我成功也 …廉貞洞三十里 險之路也 當日 …戌時
量 到梨樹嶺二十里 襲擒山上把守幕中 七箇賊卒 并結縛囚于幕中 …所持炭火 呵暖手脚
熱刀柄銃頭 飛赴洞裏金洗馬家 此時權進士道賢 在前引路此家 墻垣高二尺 堅鎖大門…
以大雪故賊徒 放心着睡 不知我兵之出 其不意也…卽使人立於墻下 踏背上墻…先拔門
環 開門納士 輕蹬登趁房屋 …窺窓鏡視之 二間大房 爲匪徒大將幕也. 賊輩橫三橫四臥了
參差北壁角隅 聚團立數十柄銃子 …左手鐵鞭右手環刀 挺身搶入 踏賊之腹踏賊之頭 經
到立銃邊 掩翼而立 時外面四十四 敢死義士 大聲大叫…圍了三匝鐵桶相似 且大門中設
大砲 若有動彈者 趺爲肉泥諸黨 濟濟伏面 以待處分 殲厥巨魁 脅從宜赦也…夾谷砲聲 呐
喊聲如雷霆 時正子夜…匪徒驚起者 箇箇向立銃邊 低頭入來…趺斬了房內賊十六箇 餘
黨盡皆就縛 投降共四百餘人 盡去衣服囚了空室…時丑末寅初 又往土窟中 擒四十餘名
所得馬匹牛隻 米租幷分賑 洞中殘戶 斬魁五漢 餘衆歸化 是正月二十八日也."

전라도 남동지역 동학혁명운동

1 『高興郡教區歷史』1917年 7月 편찬.

2 『天道教會月報』通卷 第279號, 1935年 9월號. 36~38쪽. 彬菴 許南湖 〈故簫菴趙斗桓氏
를 追悼함〉.

3 『天道教會月報』通卷 第127號, 3月號. "丁永詢氏는 高興郡浦頭面上浦里人이라. 布德
三十一年에 入教하야 誠心修道…"

4 『聚語』癸巳年 四月初三日條.(『叢書』2. 宣撫使再次狀啓. 74쪽). "初三日自朝至暮 歸去
者…順天接五十餘名 嶺南河東接五十餘名."

5 『高興郡教區歷史』鄭昌道条. "癸巳에 與本郡道人 數十員으로 會于 金溝院坪 龜尾山
(龜尾巒) 下하야 連留十餘日에 合于報恩長安會라가 到珍山하야 遇宣撫使魚允中하야
下來하고…."

6 『兩湖電記』五月條.(『叢書』6. 148쪽). "淳昌去順天者 數不滿百."

7 『甲午略歷』六月條.(『叢書』5. 417쪽). "全琫準擁數千之衆 據金溝完(院)坪 行號令于右
道 金開南擁數萬之衆 據南原城 統轄左道 其餘金德明 孫和中 崔景善輩 各據一方."

8 『巡撫先鋒陣謄錄』乙未 正月條.(『叢書』14. 354~355쪽). "昨年六月以後 金溝賊魁 金仁
培黨 率各處匪徒 十萬爲黨 來據城中 仍設嶺湖都會所 攘奪軍器奪人錢財 敢稱軍需 排錢
斂穀 任自爲之 吏竆民散擧邑難支是乎乙加尼."

9 『侍天敎歷史』癸巳年十一月條. "多小敎徒 會定無所 故始定法所與都所."

10 『侍天敎宗繹史』甲午年條. (『叢書』29. 102쪽). "各自該郡 組織本包 另實都所."

11 『李朝戰亂史』第六十九章 甲午東學亂. (『東學農民史料叢書』27. 354쪽).

12 『梧下記聞』首筆. (『叢書』1. 108쪽). "賊於每邑 就治設接 謂之大都所."

13 『光陽郡誌』1983年 刊. 282쪽.

14 『巡撫先鋒陣謄錄』乙未正月初七日條. (『叢書』14. 325쪽). "本境渠魁 姜士元 安貴福 李
秀希三漢."

15 『巡撫先鋒陣謄錄』甲午十二月二十三日條. (『叢書』14. 243쪽). "樂安郡守爲諜報事 東學
巨魁 寶城安奎馥 或稱敦寧 或稱湖左都接主 或稱執綱 多率脅從 太作孽於近邑者 而本邑
守城軍 與西面民人 今二十二日酉時量 跟探捉得 於外西突伊峙 當日未時大會軍民 梟首
警衆."

16 『梧下記聞』三筆. (『東學農民史料叢書』1. 246쪽). "郡賊金士逸等 方以執綱."

17 『巡撫先鋒陣謄錄』. (『東學農民戰爭資料叢書』1. 327쪽). "樂安有名魁趙甫汝等."

18 『河東郡史』.

19 泗川邑 洙石一里의 文炳彩(1925生)는 어릴 때 외가가 있는 良浦面 朴達里에 자주 갔다
고 한다. 余章協은 박달리에 살았으며 南海郡 雪川面 眞木里에서 태어나 20代 전후에
朴達里로 移住하였다고 고로들의 말을 들었다고 하였다.

20 『河東郡史』.

21 『日省錄』高宗 編 31年, 6月 29日條. "李彩淵 爲河東府使."

22 『梧下記聞』二筆. (『叢書』1. 185쪽). "花開一洞 巖壑遮險 十年以來火賊窟 其中湖逐則嶺
嶺逐則湖 各營捕卒 因以擾之 民不堪 命乃倡卒 鄕社團束 保伍備 火鉋軍 號曰民砲 自是
火賊捕卒皆不敢入."

23 『梧下記聞』二筆. (『叢書』1. 185쪽). "光陽賊 誘脅市儈 設都所府中 四出劫掠會 新府使
李采淵…而密召花開 民砲逐之 民砲欲殺盡而 采淵固止之 但驅之渡江…從賊者 皆燒其
居 縶其妻子 諸儈渡江 在光陽者."

24 『東學農民戰爭資料叢書』20. 〈韓國東學黨蜂起一件〉146쪽. 〈公第235號〉. "河東管下岳
陽花開ノ兩面ニ三人ノ豪農アリ七八年前盜賊各地ニ横行シタル際右豪農等官ニ請ヒ自
費ヲ以テ砲手ヲ雇ヒ入レ民兵ノ如キモノヲ組織シ自衛ノ策ヲナシタル事アリテ其組織今
ニ存在セリ先頃全羅ノ東學黨人ヲ派シ該豪農ニ錢米ヲ出給セシ事ヲ要求ヤルニ豪農等
ハ其求メニ應セザルノミナラス右派遣者ヲ取押ヘ尙數百ノ民兵ヲ集合シテ八月初四日
本府ニ押上リ東徒ノ寄宿セル客店幷ニ東徒ノ住家七八戸ヲ破壞シ府使ト共ニ力ヲ合セ
テ東徒ヲ防塞スル事ニ盡力ス."

25 『南征日記』六月十四日條. (『叢書』6. 230쪽). "日俺所領 兵隊一千 馬百騎 今已來到 葉
提督所領 兵隊一千五百 馬一百五十騎 明日下午當來 則又有兵隊二千五百 馬五百騎 委
後應不日繼."

26 『駐韓日本公使館記錄』4. 539쪽.〈六 歐文電報往復控 一〉.(113) 朝鮮內 日本軍의 주둔
상황보고.

27 『梧下記聞』二筆.(『叢書』1. 179쪽)."聞京師亂 鶴鎭使軍官宋司馬 持書入南原 喻琭準
等 約以同赴國難 使率道人 共守全州."

28 『梧下記聞』二筆.(『叢書』1. 179쪽)."是月望間 琭準開南等 大會于南原."

29 『隨錄』(『叢書』5. 278~279쪽)."茂朱執綱所 方今外寇犯闕 君父見欲 吾儕當齊赴死義 而
彼寇方與淸兵交敵 其鋒甚銳 今若遽然爭抗 其禍不測似及於宗社 不如退潛 以觀時勢然
後 勵其氣 而就其計爲 萬全之策 望須發通 境內各接主 面面商議 各安其業 切禁境內 胥
動之類 無使橫行閭里 以致騷動 切望如是…甲午七月十七日 在營下 左右道都執綱."

30 『梧下記聞』二筆.(『叢書』1. 214쪽)."賊黨皆賤人奴隷 故最惡兩班士族 遇着髮冠者 輒詬
日汝亦兩班乎 奪而裂之 或自載之 橫行市里 以辱之 凡人家奴婢 從賊者勿論 雖不從賊
皆勾賊劫主 燒口券 勒使從良 或縛其主 而主宰棍笞之 於是有奴婢者 望風燒券 以紓其禍
其淳謹者 或願勿燒 然氣焰廣張 主益畏之 或士族而奴主 俱從賊者 互稱接長 以從其法
屠漢才人屬 亦與平民 士族抗禮 人尤切齒."

31 『東學史』(草稿本) 三.(『叢書』1. 476~478쪽)

32 『狀啓』〈全羅兵馬使徐炳懋〉.(『叢書』17. 198쪽)."去六月二十九日 彼徒五六百名 欄入城
中 軍器庫所在 如干汁物 藥丸等 打破庫門 沒數奪去 言念法意 尤極駭瞠."

33 河東邑 바로 뒷산이 안장봉이다. 말안장처럼 생겼다 하여 붙여진 이름이다. 높이 200m
내지 260m이다.

34 『梧下記聞』二筆.(『叢書』1. 218쪽)."九月初一日 金溝賊金仁培 合光陽順天諸賊 陷河東
時 河東賊贏光陽者 窮竄無所歸 忽限欲報 乃勾引仁培 僞令諸布(包) 以八月晦間約會
于河東 府使李彩淵 惧因事走大邱 於是衆推前主簿 金鑮玉 爲民砲大將 走統營 乞得大椀
砲十三座 遷埋江邊 爲死守計 仁倍與順天賊劉夏德 驅萬餘賊 臨江列陣 賊憚河東 嚴防欲
勿渡…爭先渡江兮 二枝一自蟾津 涉灘亂流 以濟陣于府北 一自望德前津 綴舟橋朔流 而
上陣于府南 府本無城郭 負山向江 爲固鄕民兵砲 陣于府後鞍峯."

35 『日本外務省資料』機密第七十五號 甲號.(『東學農民戰爭資料叢書』20, 92쪽)."河東ニ
屯聚セル東黨ハ今月二日ヲ以テ始メトス興陽順天昆陽等ノ地ニアル數万名ハ黃白手巾
ヲ着各砲銃刀劍ヲ持シ大將ノ騎馬シテ大旗ヲ立テ砲數百發ヲ放チ河東城外ニ到リ"

36 河東郡刊(余宰奎著),『河東郡史』第5章 第1節 東學亂 249쪽.

37 『梧下記聞』二筆.(『叢書』1. 218쪽)."自望德前津 綴舟橋 溯流而上 陣于府南."

38 『梧下記聞』二筆.(『叢書』1. 218쪽)."燃大椀砲 不諳燃法丸發遲 而皆向直去 賊偃仰閃避
不大創."

39 『梧下記聞』二筆.(『叢書』1. 218쪽)."夜深砲不能命中鑮玉以衆寡不敵 恐盡沒 遂揮鐵練
開一角 望西而走."

40 『梧下記聞』二筆 9月條.(『叢書』1. 218쪽)."燒民家十餘區 設都所于府中 諸賊散掠閭里

入花開洞 惡其首倡民砲 燃燒五百餘家…民砲被獲死者 前後十餘人."

41 花開面 塔里 住民들은 當時 東學軍들은 民砲軍의 집만 골라 불살랐다 한다.『하동군 사』에서 "하동읍에 들어가 민가 700호에 불 질렀다" 한 것은 과장된 기록이다.『오하기 문』에는 "부중에 들어가 민포군을 모두 죽이겠다고 하면서 민가 10여 채에 불을 질렀 다"고 했다. 화개·악양·적량에 들어가 민포 수창자를 색출하여 그 집에 불지른 것은 사실이나 일반 민포군에게 보복했다는 기록은 없다.

42 『日本外務省資料』韓國東學黨蜂起一件. 機密第七十五號 甲號.(『東學農民戰爭資料叢書』20卷. 94쪽).

43 『梧下記聞』二筆.(『叢書』1. 219쪽)."晋州泗川昆陽 等地舊道及姦民 一時俱起."

44 『狀啓』(『叢書』17. 193~195쪽).

45 『梧下記聞』二筆 9月條.(『叢書』1. 219쪽)."遣營將 迎候仁倍 謝殺道人罪 導賊入晋州."

46 『栢谷誌』當宁甲午.(『叢書』11. 632쪽)."湖南東學 金仁培邑方奎等 陷河東晋州 兵使閔 駿鎬 大畏之牛酒迎 于境上開門納之 其入州也."

47 『狀啓』.(『叢書』17. 195쪽)."討索酒飯 莫可堪當 官屬邑民 擧皆逃竄 故屢加曉諭 則邑底 之黨 十九日始爲退去 中軍將二十一日 率數百名 出往召村驛 網打一村 攫取産物 多民驚 散 一郵公虛 二十二日 轉向代如村龍嘻洞 盡奪財産 連燒三十戶 居民之槍劍 受傷者夥多 二十四日 城中之黨 幷爲退去 然餘黨出沒閭里 而營州官屬 擧皆逃散."

48 『大院君曉諭文』."…五百年間 民不見兵式至于今 夫何輓近以來 紀綱解弛 風俗漸頹 方 伯守令之貪虐 土豪强族之武斷 奸吏猾胥之侵削 日加月增 固有其極…號訴無路 遂之托 名 東學聚黨 自保以冀 一日之幸生…余本閉戶閒居 二十餘年 旣老且病 不聞世事 近因 國家多難 扶病入關 外望則四郊 多疊烟塵 滿目內顧 則宗國孤危 勢如綴旒 環視八路之中 所恃而爲國者 惟三南是已 惟此所恃之 三南太半爲訛誤 所染始緣呼冤 而起漸至勝勢 而 動到處滋騷 于紀犯分使…爾等試思之此果 出於義擧乎悖擧乎 汝等皆吾祖宗 休養之良 民 吾不能順其性 保其生而 使至於亂 又何忍以兵刃相擬哉 朝廷已派使 三道宣示德意 汝 等終不回聽 是與朝廷相距也 於是乎 亂民之目 不可得免 國家恩宥 不可常得…汝等若翻 然感悟 釋兵歸田 斷無一毫加罪之理 見今秋事已熟 與父母妻子 同亨飽樂 永作太平之民 其有才諝 而沈屈投入者 當自政府 隨才收俗…吾今年迫八旬 無他營求 斷斷一念 惟在於 宗社 生靈而已…近日朝廷之改革政治 汝等亦聞之乎 從前謬弊之 爲民病害者 一一矯正 修睦隣 誼益敦和平之福 此皆我聖上 爲國民之苦心…嗚呼今日是汝等 禍福之秋 人鬼之 關 余言止此 其各悉聽 毋致後悔."

49 『梧下記聞』三筆.(『叢書』1. 248쪽)."每結徵米七斗 每戶馬豆一升 靑大竹 草履 皮麻 骨 麻 袺稻 木版僞令四出…輪運山積."

50 『梧下記聞』三筆.(『叢書』1. 246쪽)."十八日順天賊 梁河一合金溝南原賊 入樂安郡 焚掠 千餘家 河一世豪順天 及作亂欲劫本府 其父死拒之 河一遂移兵 向樂安 郡守張敎駿 新 泣莫能禦 郡賊金士逸等 方以執綱 勾引寶城賊釁之 爲所敗郡民多死 賊縱兵焚掠 郡底一

空."

51 『狀啓』全羅道兵馬節度使.(『叢書』17. 199~200쪽). "樂安郡守張敎駿諜報內 九月十五日
戌時量 東學輩千餘名 自順天仙巖寺 各持銃槍 欄入本郡 吏校廳 砲聲震動 餘黨幾百名
散入吏民家 劫掠財産 逢人則欲砲欲刺 擧皆失魂 彼輩直向 軍器破碎庫門 銃槍藥丸等 緊
物一一搜取…翌日曉頭 自本邑義所 亦欲救城 聚會城外 數日相持矣 十八日未時量 彼輩
開門殺出 矢石如雨 喊聲震地 本邑義所 勢難抵敵 逃命各竄…本邑義所人金炯洙 執捉到
閉門 斬頭懸竿 吏民失色 一城統空 十九日申時量 放火軍器庫 通開西門 多衆還向仙巖寺
來路而去…仄聞或稱順天接 或稱高山接 或稱南原接 或稱泰仁接 或稱金溝接 變幻其號
聚散諸黨 肆行不義之大變…吏民家劫掠財産 衣服等服箱 牛馬者 爲五十餘駄 捉人勒擄
者 爲四十餘負 論以其價 則不知幾十萬 被死人爲三人 被燒家舍 爲一百四十九戶 見奪農
牛爲五十五雙 其外被傷垂死者 至爲數十名."

52 『梧下記聞』二筆.(『叢書』1. 160~161쪽). "是時左道羣賊 南原寶城 諸賊最凶 黠民間爲之
語曰上左道 南原接滅之 左下道 寶城接滅之 而惟興陽接 稍有紀律 接主劉福晚 善御衆所
至 揀得名富 猾胥拷掠之 其餘平民 一切勿問 故聞福晚 至皆安堵."

53 『全羅道兵馬節度使 狀啓』(『叢書』17. 198쪽). "南原府使公兄等 文狀馳告內 八月二十日
寅時量 本府邑軍器 與山城軍器 興陽寶城泰仁 本邑山東坊釜洞等地 東徒千餘名 破碎庫
門 盡爲奪取."

54 『梧下記聞』二筆.(『叢書』1. 210쪽). "先期數日劉 福晚入據 蛟龍山城 發庫兵輪于府內."

55 『東學史』草稿本.(『叢書』1. 459쪽).

56 『東學亂記錄』下,『朴鳳陽經歷書』514쪽.

57 『日省錄』高宗 編 三十一. 甲午九月十日條. "近日匪徒至犯畿甸 竹山安城兩邑并令遞改
…竹山府使 以壯衛營領官 李斗璜差下 安山(安城)郡守 以經理廳領官 成夏永差下 各率
所領兵丁 不日下送."

58 『駐韓日本公使館記錄』5. 321쪽.〈五. 機密諸方往 二〉. 安城·竹山方面의 東學徒 鎭壓
을 위한 援兵派遣 協議. "政府ハ非常ニ驚惶シ急ニ三百名ツツ安城竹山ノ 兩地ニ派遣
スル事トナリ."

59 『先鋒陣日記』甲午九月二十一日條(『叢書』16. 79쪽). "政府草記 兩湖之間 匪類之猖獗
其爲憂虞 靡所止屆 扈衛副将申正熙 巡撫使差下 使之設營 節制諸軍 以爲勦撫之地 如何
允之쪽"

60 『駐韓日本公使館記錄』1. 441쪽.(四.東學黨에 關한 件 附巡査派遣의 件 一. 竹山地方
東匪剿討와 日軍의 助剿隊士官 指揮筋遵要請에 關한 交信). "明日調派之 我白木陸軍步
兵中尉 宮本陸軍步兵少尉 與前後所發 貴國行陣 各隊相會進剿應請…我士官指揮 幷筋
貴士官兵丁等 遵悉 與有不遵命令 或怯退逃避者 卽當軍法從事也…貴政府筋令…行陣
各隊長關文 卽於本日夜間 無必送來 以便帶往交割."

61 『駐韓日本公使館記錄』1. 434쪽. (四.東學黨에 關한 件 附巡査派遣의 件 一).

62 『日省錄』高宗 31年, 甲午 9月 25日 條. "大邱判官池錫永 討捕使差下."

63 『慶尙監司狀啓』(『叢書』17. 203쪽). "初五日 因日兵合力之."

64 『大阪每日新聞』10月 28日字.(『叢書』23. 278쪽). "守備兵の內遠田慶中尉の二小隊, 藤阪尙少尉の一監小隊其を右暴徒鎭壓の爲め二十二日派遣せり.";『慶尙監司狀啓』甲午 11月 25日字.(『叢書』17. 203쪽). "十月十六日 本郡駐留日兵 一百七十餘人 發向晋州栢谷里矣."

65 『慶尙監司狀啓』十一月 二十九日 條.(『叢書』17. 204쪽). "初九日夜聞 東徒幾百名 屯聚於河東 安心洞後麓 金鰲山上之 事時値黑夜 有難進討 十日曉頭使領率軍官…與日兵幷發接戰 被徒中砲殺八名 自本郡擒捉 爲二十一名 日兵所捉九名 餘外中丸 逃走而 致死者 不可勝數.";『大阪朝日新聞』10月東12日 東學黨擊攘の詳報.(『叢書』23. 124쪽). "七, 十一月七日鈴木大尉は二個小隊を率い安心洞の南方金鰲山に進み同徒凡四百人集合し…."

66 『慶尙監司狀啓』(『叢書』17. 203쪽). "日軍進兵接戰 彼徒砲殺爲一百八十六名 帶傷逃走不知其數."

67 『慶尙監司狀啓』(『叢書』17. 203쪽). "十七日曉頭率兵早發 低到河東黃土峙 探問則日軍從何留陣 姑未入境 故日暮不得前進 回軍還入于晋州."

68 『慶尙監司狀啓』.(『叢書』17. 203쪽). "河東府使洪澤厚牒呈內 十月十八日 日兵百四十人入府 翌朝發向昆陽之際 望見東徒屯聚 於光陽龜嶝山上 仍向本邑八助面牧島村 乘船越津所殺者 爲七八名 還爲入府."

69 『慶尙監司狀啓』.(『叢書』17. 203쪽). "河東府使洪澤厚牒呈內…二十日越往 光陽等地 所殺東徒爲三十餘名 餘外被丸而逃者 不計其數 盡爲逐散後 入府留息 二十二日又往光陽蟾居驛 與東徒接戰 所殺爲七八名 餘皆逃散."

70 『慶尙監司狀啓』(『叢書』17. 203쪽). "彼徒一隊千餘名 自光陽沙平村 乘船下陸 於本邑馬田面新芳村 當日已時量 攔入府中 而右兵營砲軍 一百名適時來到 與府中所住日兵 六人合力拒戰 彼徒抵敵 不住盡爲逃散."

71 「大阪每日新聞」12月 12日字.(『叢書』23. 293쪽). "(十二) 此日別に…."

72 『慶尙監司狀啓』(『叢書』17. 203쪽). "二十二日發向 河東之路 到五十里渴鹿峙 則東徒幾百名 爲日軍所逐 或乘船而向往光陽等地 或散亡而走入山谷之際 驀地相逢與之拍戰 彼徒中砲殺 爲十一名 生擒爲十七名 奪得器機."

73 「大阪每日新聞」12月 12日字.(『叢書』23. 293~294쪽). "討捕使大邱府判官池錫永通報…."

74 『梧下記聞』三筆 10月 22日 條.(『叢書』1. 256쪽). "河東新府使洪澤厚 隨池錫永到任."

75 『梧下記聞』三筆 10月 22日 條.(『叢書』1. 256쪽). "惟列邑土兵 天寒衣薄苦邏戍爭 欲渡江追賊 意在淹掠 澤厚嚴飭 津渡不放 一卒登岸 由是光陽民德 澤厚交頌之 賊竄伏者及仁培等 亦稱澤厚長者 不殺道人 故無再猘之意."

76 青木書店 刊, 『歷史學研究』(2002. 5. 26쪽). 姜孝淑,〈第2次 東學農民戰爭と日淸戰爭 〉 再引用.

77 『駐韓日本公使館記錄』1. 444~445쪽. "① 東學黨鎭壓ノ爲メ派遣隊長ニ與フル訓令."

78 『駐韓日本公使館記錄』1. 249쪽,〈淸州附近戰鬪詳報〉4. "同午前六時四十分頃又斥候 ノ報告アリ新灘方向ヨリ一萬五六千ノ東徒ハ淸州ヲ距ル千五六百米突ノ處ニ進行シ來 リ尙文義方面ノ東徒ハ約一萬餘ノ悉ク新灘方面ノ東徒ト合シ右方 ニ迂回ノ形勢アリ ト."

79 『巡撫先鋒陣登錄』11月條.(『叢書』13. 301쪽). "淸州牧使報 以去月十三日曉頭 湖南賊類 萬餘名 列陣來犯于城外三里許 自兵營出送兵丁 與日人討破追捕 而殺傷者 至近百餘名 云云."

80 「先鋒陣呈報牒」乙未正月初二日條.(『叢書』16. 254쪽) "出陣參謀官別軍官爲本牒報事境 …巨魁姜士元 安貴福 李秀希三漢 則介南賊 往犯淸州時 稱以先鋒陣 率黨首倡 前往作擾 之漢也."

81 『駐韓日本公使館記錄』1, 523쪽. "(5) 淸州附近戰鬪詳報 6. "午前八時頃又淸州淸州ヲ距 ル一里許リノ新灘方面ノ山上ニ集合シ射擊ヲ行ヒ一時間許リモ防戰シ一時ハ東徒ノ處 業トハ思ハレサリキ依テ右方ノ山上ヨリ急激シ尙敵ノ後方ニ迂回シ 敵ノ退却路ヲ遮 斷スル事ヲカム敵又支フレ能ハス新灘方面ニ潰走ス尙一里許リ追擊セシカ敵又防戰甚 合カムト雖トモ支フル能ハス奔鼠セリ時ニ午前十一時四十分ナリ."

82 「巡撫先鋒陣膽錄」13. 299쪽). "琴岑縣公兄文狀…此輩回還之路 先頭幾百名 今十三日 亦爲乘夜突入邑底 故六房官屬 與邑內四洞 一齊共起 以石相戰 彼輩之如干 銃三十一柄 及馬四匹奪取 則渠輩限死逃走 向往于連山等地."

83 『日省錄』高宗 31年 7月 3日條. "金徹圭爲全羅左水使."

84 黃玹, 『梧下記聞』7月條. "以徹圭爲全羅左水使 徹圭赴任南下 路遇賊黨被掠 使人通捧 準 得其標信 借省察四人護行 乃得抵營."

85 『大阪朝日新聞』明治28年 1月 8日字. 全羅道의 東學黨. 左水營攻擊의 理由.(『叢書』23. 142쪽)

86 『東學農民戰爭資料叢書』14卷 276쪽. 『巡撫先鋒陣膽錄』. "本郡(樂安郡)東面李守喜段 亦以巨魁 爲金仁培脅從 屯聚順天府 犯左水營 厥罪罔赦者."

87 『日省錄』高宗 31年 10月 28日條. "全羅左水使金徹圭狀本 則匪徒鴟張期圖討滅 而營穀 無儲 軍餉難辦 附近邑某樣 米限千石劃下爲辭矣 該營處在 要隘防堵 不可一日疏忽 光陽 舊屯穀中 量宜取用以補軍需 後報來事請分付 允之."

88 『梧下記聞』(『叢書』1. 268쪽). "初十日…至是發數萬人 長驅至德陽驛 遇水營偵卒敗之 進據鍾殼山 俯瞰城中 時寒甚賊 散掠村落 脅民炊飯運餉 民盡散食不繼 飯至者氷冷不堪 喫 城中守備固 未易猝下賊遂散歸."

89 『駐韓日本公使館記錄』1. 231쪽.〈順天附近 民亂報告〉.

90 『駐韓日本公使館記錄』1. 508쪽. 六, 東學黨征討關係ニ關水スル諸報告. (31) 左水營へ
　　來襲の東徒擊退件.

91 『大阪朝日新聞』1月 8日字. 全羅道の東學黨.(『東學農民戰爭史料叢書』23. 142~143쪽).

92 『大阪朝日新聞』1月 8日字. 全羅道の東學黨.(『東學農民戰爭史料叢書』23. 141쪽).

93 『先鋒陣呈報牒』甲午十二月條.(『叢書』16. 247쪽)."本府城底各處 東徒數千名 屯聚作擾
　　是乎加尼 今月初六日 吏民同聲齊發 東徒首魁 及隨從者 一百五十餘名 幷爲捉得 一一砲
　　殺之由 右先鋒使道行次時 詳燭事實敎是乎遣 伊日以後另飭民軍嚴加防守 姑無東徒更
　　肆之弊是乎等以."

94 『兩湖右先鋒日記』三.(『東學農民戰爭資料叢書』15. 209쪽). "順天府兼任樂安郡守報內
　　各處東徒數千 成羣設所 于同府各公廨 錢米排斂也 傷人奪産也 諸般作梗 無所不至…郡
　　守兼任卽時 東徒巨魁捕獲次 領率本郡 民砲五十名 馳往同府是乎 則昨日申時量 同府三
　　班下屬 齋發城底民人 嶺湖都執綱 爲名鄭虞炯 接主爲名漢 名不知文哥 錢米都摠 爲名
　　漢梁喆敎 先鋒爲名漢 晋州梁哥 及隨從一百五十餘漢 已爲砲捕."

95 『巡撫先鋒陣謄錄』6. 12月條.(『叢書』14. 297~198쪽). "光陽縣公兄文狀卽到付…各處之
　　今東徒千餘名 屯聚於 本邑城內 其所作擾無常是在於中 今月初七日 吏民一時幷力 所謂
　　嶺湖大接主 金溝金仁培 及 嶺湖首接主 順天劉夏德 兩漢幷爲捉得 梟首警衆 餘外徒黨
　　九十餘名砲殺之由 右先鋒使道主… 行次時 洞燭敎是乎旀 伊日以後 另飭民軍 又捉百餘
　　名 卽爲砲殺 而吏民間 嚴加防守 姑無東徒更肆之獘."

96 『郵便報知新聞』明治28年 1月 13日字.

97 『駐韓日本公使館記錄』6.〈一. 東學黨에 관한 件 附巡査派遣의 件 二〉, 272~273쪽.

98 『兩湖先鋒陣日記』甲午十二月條.(『叢書』15. 205쪽). "光陽邑駐宿 而左水營民兵 六百
　　餘名 日兵二百餘名 十一日來宿城內 左水營兵燒火 該城南門 比屋多燒 又燒選武廳及吏
　　房家 砲殺順天持者 所經作梗駭悖."

99 『巡撫先鋒陣謄錄』乙未正月十三日條.(『叢書』14. 355쪽). "十二月初十日 左水營率兵
　　入邑及其 十二日座首公兄幷爲捉去 乃於十八日 以至炮殺."

100 『駐韓日本公使館記錄』6.〈一. 東學黨에 관한 件 附巡査派遣의 件 二〉. 273~274쪽.

101 『二六新報』1895年 1月 25日字."當府(순천부)에 모여 있던 東學徒와 光陽의 동학도는
　　同日(음 12월 12일)에 해산하였으며 그 대부분은 長興 및 興陽지방으로 퇴각하였다."

102 『東學亂記錄』下, 710쪽,『全羅道各邑所獲東徒數爻 及將領姓名並錄成冊』.

103 『兩湖右先鋒日記』三, 12月 12日字.(『東學農民戰爭資料叢書』15. 205쪽). "河東民兵
　　又犯光陽界云 故一邊傳令申飭 捉致河東民砲 中軍朴齊敏 決棍十度 懲勵放送."

104 『東學亂記錄』下,〈先鋒陣呈報牒〉261쪽."本境巨魁姜士元 安貴福 李秀希三漢 則介南
　　賊 往犯淸州時 稱以先鋒陣 率黨首倡前往 作擾之漢也 亦爲操縱另捉梟警."

105 『巡撫先鋒陣登錄』.(『叢書』14. 277쪽). "樂安郡守爲諜報事 本邑東面東學漢李守喜 今
　　十月日 自順天越來 欲爲作梗 故使 本邑民 砲殺計料是乎乙加尼 李漢先機 逃往于順天

更爲 金仁培脅從 東賊更犯左水營時 以 中軍隨去者 而今二十五日戌時量 捉得于 南正
双田前路 當日辰時 大會軍民 梟首警衆後 首級賞納 左水營."

106 『巡撫先鋒陣登錄』.(『叢書』14. 277~278쪽). "樂安郡守爲諜報事 東徒巨魁寶城安奎馥
或稱敦寧 或稱湖左都接主 或稱執綱 多率脅從 大作孼於近邑者 而本邑 守城軍與西面民
人 今二十二日酉時量 跟探捉得於外西突伊峙 當日未時 大會軍民 梟首警衆後 首級賚送
于左水營."

107 『巡撫先鋒陣謄錄』第七. 326~328쪽.

108 『東學亂記錄』上, 『巡撫先鋒陣登錄』. "本邑累朔 曠官連値匪類之擾…始於八月日 公兄
倡卒同志 糾合官兵 閉門守城 稍免匪類之搶攘 今月(12月)初 匪類劉奉萬 率黨千餘名 分
據城外東北二山 故自守城所卒領將士 直抵山下 期欲剿捕之際 渠等知機奔竄『逗遛撓』
於油芚等地 仍爲解散."

109 『巡撫先鋒陣謄錄』第七. 315쪽.

110 『東學亂記錄』下, 〈先鋒陣呈報牒〉243쪽. "自寶城派去 日少尉藤板松太郎 率其兵六十
名 去十二月二十八日 入興陽邑三日留宿 方爲回軍駐於此處云…從後發向四十里 至興
陽邑 則本縣監到任之前 吏民幾人設計守城 捉殺劉卜萬 吳俊彦 等二十七名."

전라도 서남부지역 동학혁명운동

1 『天道敎會月報』通卷 第261號(1932年 11月號), 〈珍島宗理院沿革〉.

2 『東學亂記錄』上, 125쪽. 『聚語』"初三日 自朝至暮歸去者…靈巖接四十餘名, 羅州接
七十餘名, 務安接八十餘名."

3 『天道敎會月報』通卷 第261號(1932年 11月號), 〈珍島宗理院沿革〉. "布德34年 癸巳二
月에 報恩帳內集會에 羅致炫, 羅奉益, 梁順達, 李文奎, 許曉才 諸氏가 參席하였으며…."

4 日本 釜山總領事館 室田義文 作成 〈東學黨彙報〉4月 15日字 招討使電報.(『東學農民戰
爭資料叢書』25卷 7쪽). "彼徒半留靈光 半向咸平 務安等地."

5 『東學農民戰爭資料叢書』25卷. 13쪽. 『東學黨ニ關スル彙報』4月 21日字 全羅道監司
電報. "…又接務安所報 則本縣三內里 而東徒七八千名 半騎半步 身被甲冑 各執長愴大
刀 十八日留駐一夜後 往向羅州云." 務安郡內에는 三內面이 없었다. 아마도 三鄕面을
발음대로 三向面이라 기록한 것을 다시 筆寫하면서 向자를 內자로 잘못 써서 三內面으
로 記錄한 것이 아닌가 싶다.

6 『東學農民戰爭資料叢書』25卷 12쪽. 〈全羅道出征軍へ慰勞ノ爲メ內帑錢下賜メ件〉.
"東徒分三股 一駐靈光 一駐務安 一駐咸平 相互 犄角聲援."

7 黃玹著 『梧下記聞』一筆 四月十五日條. "全羅兵使 李文榮 徵兵列邑 左右道沿海一帶 延
及山郡…砲軍則 求禮五十, 光陽 樂安 谷城 興陽 各一百, 順天一百五十, 昌平 同福亦各
五十 以二十日送 二百人助務安城守 餘留本營."

8 『巡撫先鋒陣謄錄』第六.『叢書』266쪽.

9 『承政院日記』高宗 31年 4月 15日條.

10 『日省錄』高宗 31年 16日條, 23日條.

11 『蘭坡遺稿』〈甲午討平日記〉. "是夜移陣于咸平津山場 翌日抵向 長城月坪." 津山場은 우리말로 "나루메장"이며 咸平郡 羅山面 三丑里 羅山 장터를 말한다.

12 國史編纂委員會 刊, 『東學亂記錄』上, 171쪽. 〈兩湖招討謄錄〉甲午四月條. "二十一日 到靈光郡 仍爲止宿是白乎所 二十二日卯時到付 咸平縣監權豊植牒呈內 彼徒自該縣 方 向長城羅州等地."

13 『日省錄』高宗 31年 23日條. 『全琫準供草』에는 700명이라 하였다.

14 『全琫準供招』初招問目 "我軍聚食時 京軍以大砲射擊 故我軍死者四五十名 我軍一齊追 逐 京軍敗走 取來大砲二座 如干彈丸矣."

15 月坪里 거주 邊突基(1905)는 "당시 불시에 황룡강 건너 쪽에서 이학승 관군이 대포로 공격하자 놀란 동학군들은 동쪽 뒷산으로 올라갔다. 바라보니 관군은 수백 명에 지나 지 않았다. 황룡강 배나들이로 건너가 닭장태를 굴리며 역습하였다"고 증언하였다.

16 『東學亂記錄』上. 171~172쪽. 〈兩湖招討謄錄〉4月條. "二十二日卯時 到付咸平縣監 權 豊植牒呈內 彼徒自該縣 方向長城 羅州等地 而彼徒之所謂願情書 亦爲投來…又令隊官 李學承 元世祿 吳健永 領率兵丁三百名 出往長城等地 第觀彼徒之情形如何…同日晡後 出陣兵丁等慌忙來告 而我軍纔到於長城月坪 彼徒適到於黃龍村 稍稍相接 一場厮殺 而 克虜伯一放 彼徒之中丸致斃者 約可爲數百名 則彼徒萬餘名 肆役燊燊 忘生冒死 奔突趕 前 追逐三十餘里 而彼衆我寡之致 我軍困疲顚倒 蒼黃還陣."

17 『蘭坡遺稿』〈甲午討平日記〉條. "洪招討在煕 在靈光 遣一枝軍 硯賊與賊相遇 隊官李道 承殉節 官軍敗衄 是四月二十二日也."

18 『東學亂記錄』上, 〈甲午略歷〉(鄭碩謨記錄). "來駐參禮驛 未得入城 遂使于官軍及東學 處 以朝廷命和解之 於是東徒闓北門而出 觀察使及官軍入城 五月八日."

19 國史編纂委員會 刊 『駐韓日本公使館記錄』1卷. 307~308쪽. (18) 機密 第135號 本 78. (日本軍撤收와 內政改革에 관한 러시아 공사의 談話).

20 1991年 8月 3日 『2000년 9월 14일 アジア民衆運動史研究會議報告書』(明治27年 5月24 日 時事).

21 『草亭集』4卷 7. "…爾等各就其土 擇謹愼有義者爲執綱 隨現隨捕 以交該邑堪處 如或執 綱難擅이거든 指名報官 以爲設法 捕捉이되 無或任非其人 袪弊生弊하며…惟爾有衆 明 聽此言 共慶維新 各歸其土 各復舊業 副此至切之望焉."

22 『東學亂記錄』上, 『甲午略歷』, "六月 觀察使請邀 全琫準等于監營 是時 守城軍卒 各持 銃鎗 整列左右 全琫準以裘冠麻衣 昂然而入 少無忌憚 觀察使相議官民相和之策 許置執 綱于各郡."

23 『梧下記聞』二筆 6月條. "淳昌郡守李聖烈 欲城守拒賊 而賊已據列郡 京軍又次第北還

聲援不接 金鶴鎭連關管下 勿壞撫局 聖烈孤立 毋以爲計乃聽 吏民託入道 設都所置執綱 管束境內 禁他賊之肆掠者."

24 『東學亂記錄』〈谷城郡守報狀〉. "本縣去年六月 先有金開南之 白晝入寇 累日不去 閭里 傾蕩."

25 『全琫準供草』第4次 訊問.

26 『天道教會史草稿』에는 金炳泰를 康津 사람이라 하였으나 海南 사람이 분명하다.

27 『東學亂記錄』下, 366~367쪽.〈先鋒陣各邑己發關及甘結〉. "故所謂巨魁等 後錄另飭爲 去乎 令到卽刻 四散跟探 無或遺漏 一幷捉納…後, 金春斗, 金道日, 朴昌會, 姜準浩, 金東 說, 鄭采鎬, 姜瑞玉, 姜点岩, 成臣仁, 南處成, 白長安."

28 『珍島宗理院沿革』『天道教會月報』通卷 第261號, 132년 11月號.

29 『巡撫先鋒陣謄錄』第六.

30 『巡撫先鋒陣謄錄』第六.『叢書』266쪽.

31 『巡撫先鋒陣謄錄) 第五, "謀士全由禧, 南里驛大接主 金信榮 二名爲先拘留於該邑."

32 『天道教會史草稿』에는 "海南에 金道一, 金春斗"가 기포한 것으로 기록하고 있다. 吳知 泳 『東學史』에는 "金炳泰가 3천명을 이끌고 起包하였다"고 하였다. 그러나 官에서는 金春斗를 海南의 巨魁로 취급하고 있다.

33 務安大接主 裵奎仁의 傍系 後孫인 裵錫祿(1945), 裵相喆(1928)은 현재 清溪面 清川里에 산다. 윗대로부터 들은 이야기에 의하면 "革命 後 다른 지역 동학군이 錢穀을 빼앗으러 무안군에 오면 裵奎仁 어른이 나서서 해결하여 주어 약탈당하는 일이 없어 칭송이 높 았다"고 하였다.

34 務安郡 刊,『務安郡史』1994년 6월 發行.

35 『東學農民戰爭資料叢書』14卷, 216쪽.『巡撫先鋒陣謄錄』. "木浦萬戶爲諜報事.…去六 月日 前萬戶在鎭時 東學輩數千名 突入本鎭流來 軍器沒數奪去."

36 『務安郡史』. 1994년 6월 刊行. 清川里에 사는 裵錫祿과 裵相喆(1928년)의 증언에 의하 면 "清川里 안쪽에 위치한 齋室(書堂)에 東學執綱所가 설치되었다고 전해진다" 하였 다.

37 『日省錄』高宗 31年 8月 25日條. "命務安縣監李重益派員押上 義禁司啓言 公納失守之 務安縣監李重益 請令該道臣派員押上 允之."

38 『東學農民戰爭資料叢書』8卷. 557~558쪽.〈道人經過來歷〉"今六月十二日 東學二十人 十七日 二千餘人 二十三日三十餘人 二十九日六十餘人 七月初三日二百四十餘人 初八 日二百餘人 十六日二千二百餘人 前後過去 爲四千七百餘人 入來之日 各執槍銃劒 放砲 入城 其勢危懍."

39 『東學農民戰爭資料叢書』8卷. 557~558쪽.〈道人經過來歷〉"鳥銃二十五柄 及千步銃六 柄 環刀三柄 火藥五斗 鉛丸一千介 威脅奪去."

40 『東學農民戰爭資料叢書』8卷. 557~558쪽.〈道人經過來歷〉. "配所尹兵使宅 所捧錢

四千三百兩內 一千一百十兩 派給民間 五百兩派給奴令及各廳漢婢子鼓人等處."

41 『東學農民戰爭資料叢書』8卷. 557~558쪽.〈道人經過來歷〉"供饌浮費條 爲六千餘兩內 一千兩官當 餘數自執綱所 排定於各面饒戶處."

42 『巡撫先鋒陣謄錄』甲午十二月 二十日條, "行珍島都護府使爲諜報事…今七月日 本府鳥 島面 賊魁朴仲辰 嘯黨於靈光茂長等地 乘船來侵 攻城殺掠 搶奪軍器 繼住村閭 衝火破産 劫掠民物."

43 『天道教會月報』通卷 第205號(1928년 1月號). 62쪽. 靈巖의 金義泰는 "布德35年 5月日 東學革命亂의 指導者가 되어 靈巖, 海南, 康津, 珍島의 各處 道衆으로 하여금 수차 官軍 과 砲火를 接하다."

44 『珍島郡誌』(1976년 2月 25日 刊).

45 『巡撫先鋒陣謄錄』甲午十二月 二十日條, "全羅道珍島監牧官爲諜報事…本牧 素以彈丸 小局 荐被尤甚之歉荒 飢饉十居八九 牧官之到任 在九月十八日 而顧今事勢 官不官吏不 吏 非但荐歉 專由於東徒之猖獗."

46 金洛喆記錄『龍菴誠道師歷史』22쪽. "甲午年에 濟州 凶年으로 境內 幾万名 人民이 幾 至 餓死之境이러니 幸被扶安金某兄弟 愛恤之德으로 幾万名 人命이 保存하였난대…."

47 晚吉에 거주하는 文弼善(1918년)의 證言에 의하면 어른들로부터 晚吉과 竈頭에 羅州 羅氏와 濟州 梁氏가 集姓村을 이루고 부자로 살았다는 말을 들었으며 甲午年에 온 마 을 사람들이 어디론가 떠나가 버렸다는 것이다.

48 『巡撫先鋒陣謄錄』甲午十二月 二十日條. "行珍島都護府使爲諜報事 …古郡內面 內洞 里孫行權 今七月日 因擾劫逃於海南地是如可 纔已還堵是乎乙遣 同面石峴里金秀宗段 染邪於孫行權 自窩諜呪."

49 『東學亂記錄』上『甲午實記』九月 二十二日, 二十六日條. "完伯金鶴鎭狀啓, 南原府聚會 之匪徒 爲五六萬 各持兵器 日夜跳踉 全州金溝所聚之黨 旣化旋硬." "近日匪徒滋蔓 是無 前之變 抗拒君命 而稱曰義兵 是可忍也."

50 『日省錄』高宗 編 甲午 九月條. "二十二日 命全羅監司金鶴鎭施以譴罷之典.…二十三日 命全羅監司李勝宇…除朝辭赴任."

51 『日省錄』高宗 編 甲午 十月初六日條. "命洪州牧使李勝宇仍任 全羅監司代之 工務協辦 李道宰差下 使之除朝辭赴任."

52 『日省錄』高宗 編 甲午 十月二十八日條. "命羅州牧使閔種烈 湖南招討使差下."

53 『錦城正義錄』甲編, "以聽廊廟之盛算 王師之奏凱."

54 『巡撫先鋒陣謄錄』甲午十二月 二十日條. "行珍島都護府使爲諜報事…牧官之到任 在九 月十八日 而顧今事勢 官不官吏不吏 非但荐歉 專由於東徒之猖獗 自十月初十日 聚合邑 村民丁 則數爲一千三百二十二名 而與水營 幷力捍禦 南北一直 務安界沙島津也 二直轄 門隘口 防守之役是乎矣."

55 『錦城正義錄』甲編11月 17日條. "西面偵探急告 賊衆屯據 務安界古幕浦等地 號五六萬

云. 劫奪 西五面 侵迫至長嶝站 聲言入羅州 攻奪城濠勢甚區測."

56 『蘭坡遺稿』〈甲午討平日記〉."西警告急 城中空虛 回軍之令截嚴 營將李源佑 應接次來往中路."

57 國史編纂委員會 刊, 『日本公使館記錄』 第5卷 「東學黨征討略記」 51쪽.

58 『蘭波遺稿』〈甲午討平日記〉."翌朝(18日)包列三百砲軍 及大砲軍 先放大砲 賊徒領軍下山 四面衝火 漲天砲聲震地."

59 『蘭波遺稿』〈甲午討平日記〉."官軍與民兵 合三千餘矣 與賊對陣於水多長嶝 卽爲放砲則山上賊徒解散 次次漸進 則賊大隊彌滿 長嶝上下 旗幟森列 其多如林 勢若決水 急令大砲軍先放 千步鳥銃隨之 都統與副統身先士卒 不避矢石 賈勇督戰 中軍掩擊 賊陣之左 砲丸所到 賊黨斃倒."

60 『錦城正義錄』과 『蘭坡遺稿』.

61 『錦城正義錄』 甲編."古幕餘黨更聚 咸務諸邑匪類 急報踏至 以爲 盡發西倉稅穀云."

62 『錦城正義錄』 甲編."古幕餘黨更聚 咸務諸邑匪類 急報踏至 以爲盡發 西倉稅穀云 二十一日急飭 行軍鄭錫珍 孫商文 率砲軍三百名 與民兵統領曺孟均合勢."

63 『蘭坡遺稿』〈甲午討平日記〉."賊在山放砲 故稍稍休兵 先後合勢 迫以以陣 軍容始陣 而日已曛黑 難以相持 故移駐虎壯山 終日戰鬪之士 未得一酌之水 使軍官金一云 分遣各村 村民供餐酒食 稍得解飢."

64 『蘭波遺稿』〈甲午討平日記〉."急令軍卒 一齊放砲 吶喊以示 進擊之勢 賊徒摧挫 有逃散之勢 使中軍金聲振 領軍先行 都統將鄭錫珍 都衛將孫商文 率砲軍四十名式 埋伏虎壯山凹處 計其先行之遠行 卽爲倍道以來 則前軍留陣於芝峴 以待後軍 故乃釋慮 當夜還軍."

65 『天道敎會月報』 通卷 261號, 1932년 11月號 〈珍島宗理院沿革〉"甲午에 東學起包로 金光允 羅致炫 羅奉益 梁順達 許暎才諸氏가 古幕院에 參集하였다가 때 利롭지 못하여 羅致炫氏는 羅州에서 官軍에게 虐殺을 當하고 其外 諸氏는 無數한 苦楚를 겪으시고 본군에 돌아 왔다."

66 『東學亂記錄』上, 576쪽. 『巡撫先鋒陣謄錄』甲午12月 8日條."行碧沙道察訪爲諜報事…至於今月初四日辰時量 直入本驛 公廨與閭家 倂爲衝火."

67 『長興府使殉節記』."四日賊放火燒碧沙公廨 民舍俱入 灰塵炯焰漲天 萬城人民莫不落魂."

68 『長興府使殉節記』."碧沙公廨民舍 俱入灰塵炯焰漲天 萬城人民莫不落魄."

69 『東學亂記錄』上, 578쪽. 『巡撫先鋒陣謄錄』12月 6日條."兵馬節度使爲相考事 卽到貴移內…匪類萬餘名…初五日曉頭 陷入長興府 執捉府使 亂打頭傷 未辦生死 砲殺公兄 焚蕩家戶 觸殺男女 血淚成渠 呼哭之聲 奔竄之狀 不可形言."

70 『梧下記聞』三筆 12月 7日條."小頃東南門先 城中無人."

71 『朴冀鉉日史』12月 9日條."朝後余暫往 觀光守城軍卒 擧皆失色皇皇 而守城房管叔 都聽尹權中 狡詐無能 又皆自爲身之謀之徒 兵使已爲無能 而不知軍務退在 後面專委 於此

無能二校 所謂守城 萬萬無爲矣…現今賊徒結陣 於君子里等處 則明日應寇營中."

72 『梧下記聞』三筆. "丙懍大懼 穿窄袖周衣戴蔽陽 于割玉鷺藏之 懷印符綰帥韜 雜避亂人
出城 望靈巖而走."

73 『東學亂記錄』上, 588쪽. 『巡撫先鋒陣謄錄』12月 10日 條. "初七日繼陷康津 勢甚猖獗 聲
言將犯本邑 故一城吏民 同心戮力 晝宵防守 衆寡之勢縣殊."

74 三鄕面 大月里는 현 木浦市 大洋洞이며 배규인이 태어나 자란 곳이다. 그리고 이곳에
서 동학운동을 펼쳤으며 혁명의 깃발을 올렸다.

75 『巡撫先鋒陣謄錄』第五. 216쪽. "今月(12月) 初八日 務安境內 東學輩 數千名 屯聚於該
縣對(大)月里前 聞京軍下來 稍解散云."

76 『日本公使館記錄』.

77 『駐韓日本公使館記錄』6卷. 52쪽.

78 『東學亂記錄』上, 601쪽. 『巡撫先鋒陣謄錄』 "大隊長南小四郎知委 三路調兵 大尉石黑
光正 領其部下 一小隊及二分隊 與教導中隊 二分隊 進靈巖地 第一中隊及統衛兵三十名
進綾州地 白木中尉領其兵 及教導餘兵 進長興地."

79 『東學亂記錄』上, 624쪽. 『巡撫先鋒陣謄錄』12月 條. "十三日未明前 探知賊形是乎 則本
府南門外 賊徒數千名結屯云 故日兵與本營兵丁三十名 合力進去未及數合 賊徒四散奔
走 乘勝追擊砲殺者 爲二十餘名 餘黨冒死奔走 終無顯蹟."

80 『天道教會月報』通卷 第271號(1934年 8月號) 聲菴 金在桂 〈교사이문〉.

81 『東學亂記錄』上, 622~623쪽. 『巡撫先鋒陣謄錄』12月 21日 條. "今月十五日 趁倒長興
邑 調探邑情…駐鎭脚小休之際 不意匪類數三萬名 自高峰之下 北至後麓主峰 滿山遍野
彌亘數十里 列揷旗熾于峰峰 樹木之間 呼喊應聲 放砲衝殺 跳跟猖獗 勢甚難當 而如于居
民 蒼黃奔走 莫知所之 故與日中尉商議後 統衛兵丁三十名 以拒後麓主峰之賊 本隊兵丁
則與日兵 隱處于城隅 竹林之下 先出民兵 數三十名 携引平原後 土卒莫不奮忠抽銃 兩路
分進 鱗次擺列 且進且戰 砲殺數百名 所獲軍物段 獲得大小砲四坐 與回龍鎗一柄 其餘弓
矢 藥丸與雜器 趕逐到二十里 自吾峴 則于時西日掛山 北風吹寒 士有飢色 又況望南 深
谷透迤 竹林簇立 恐有疎虞之慮 故卽回駐本陣之時…."

82 『天道教會月報』通卷 第280號. 金在桂 〈교회사〉.

83 『東學亂記錄』上, 622쪽. 『巡撫先鋒陣謄錄』12月 條. "十七日進發 向抵南面四十里竹川
市 則南望大海橫流 山川險峻 夫何匪類四五千 又自玉山里屯據 有時吶喊 有時放砲 則究
厥所爲 尚此跳跟 不勝痛駭 薰飭士卒 一齊衝擊 大破賊衆 砲死者百餘名 生擒者二十餘名
內十餘名曉諭放送 其餘砲殺 逐到五里餘 時値風雪大作 又因黃昏近夜 卽回謁陣角."

84 孫東玉(1917) 씨는 冠山邑 玉堂里에 居住하며 1991년 10월에 면담하였다.

85 國史編纂委員會 刊, 『駐韓日本公使館記錄』6卷. 『東學黨征討略記』. 52쪽. "東學徒는
南面, 大興面, 湖幽面 산속으로 흩어지고 또 그 일부는 海南, 珍島 방면을 향해 도주하
였다."

86 國史編纂委員會 刊,『駐韓日本公使館記錄』6卷. 53~54쪽.『東學黨征討略記』.

87 『駐韓日本公使館記錄』6卷.『東學黨征討策戰 實施報告』. 63쪽.

88 『東學亂記錄』下, 328쪽.『先鋒陣各邑了發關及甘結』12月 12日.“甘結務安縣…本邑僻在沿隅 猶有化德之未及處 際此東學輩 猖獗之時 被勒者謂之僥倖 樂從者此時可乘 駁駁然渾歸搶攘之域 平民不染者 幾乎希矣.”

89 『東學亂記錄』下, 70쪽.〈巡撫使呈報牒〉(甲午12月 14日).“十一日酉時量 抵務安邑…該縣亦以匪類之巢窟 多有巨魁 而設施守城軍 協同各面民丁 捉囚接主爲七十餘名 而其外亦多漏網 自本官從民願 結果爲三十餘名 而在囚者爲四十人名矣 其中裵相玉 裵奎贊兄弟 非徒該邑之巨魁 下道沿海邑之 素稱魁首者 不下於金全孫崔等賊也 相玉則在逃漏網 奎贊則就捕捉囚 故大會軍民梟首 次魁九漢 並時砲殺 而在囚諸漢 甘飭本縣 使之分輕重酌處報來.”

90 『東學亂記錄』下, 708쪽.〈全羅道所捉所獲東徒成冊〉.“務安接魁裵正圭 朴順西 十二月初八日捉得 臨捉砲殺 同黨徐汝七等六名 使之分輕重酌處 賊黨十八名 初九日捉得內 巨魁金應文 金子文 鄭汝三 金汝正 張用辰 趙德根 經訊後發警 同黨十二名 使之輕重酌處.”

91 『東學亂記錄』下, 431쪽.〈日本士官函謄〉. 又二十五日.“本月二十一日 貴報 二十三日領受 海南作梗之匪類連逃 方跟捕 而務安巨魁裵奎仁 昨日捉來 果是巨魁 與松本相議 從民願 當日砲殺 尙有一二漢未捉也.”

92 『東學亂記錄』下, 329쪽.〈先鋒陣各邑了發關及甘結〉.“甘結務安縣…昨日行陣之路 歷見羅州三鄉民兵 稱以捕捉匪類 十百爲羣 沿路編滿 故招致嚴飭其橫鬧之弊矣.”

93 『東學亂記錄』下, 701쪽.〈各陣將卒成冊(罪人錄)〉.“白長安 欲犯右水營次 十六日起包來到南利驛.”

94 『東學亂記錄』下, 429~430쪽.〈日本士官函謄〉.“…本月十七日 抵右水營之由 已爲書告…自夏秋以來 匪徒三四次出沒…而海南務安等地之匪徒 以屠陷之意 方在危迫 敵陣適到此時…水營與海南 雖無現屯之賊 所謂巨魁 俱已連逃 各邑漏網之賊徒 避匿於沿海各島中.”

95 『天道教會月報』通卷 第70號(1916年 5月號)〈故教訓金炳泰氏略歷〉布德三十五年 其徒數百人 被囚于水營 出世無期 水使李奎桓 動於氏之誠義 旋卽解放…仝十二月以指嫌家屋被燒 老少離散…容身無地 不得已 拏舟 而夜逃濟州島 舟至絶烟之島…而不期會者十數人 卽夜舟渡 泊于珍島之枸子島 金某家終歲.”

96 『東學亂記錄』上, 618쪽.『巡撫先鋒陣謄錄』12月條.“統衛營中右參領官爲謀報事 仝月十八日 當夜丑時量 行軍到海南縣近境 探問賊形是乎則 匪徒數千名 屯聚城外云 故兩小隊分二路進兵 則被類數三次放砲 我兵一齊應砲進去矣 賊徒四散奔走 而中丸者爲八九名.”

97 『東學亂記錄』上, 628~629쪽.『巡撫先鋒陣謄錄』12月 22日.“統衛營中右參領官爲謀報事 三寸面接主尹周憲 金信榮 教首(授)金洞 朴仁生四漢 捉來查問根由後 尹周憲 金信榮

二漢 拘留本縣 金洞 朴仁生二漢 砲殺."

98 『東學亂記錄』上, 640쪽. 『巡撫先鋒陣謄錄』. "二十五日 本邑作梗之匪魁金春斗兄弟 又
　　自花一面金萬國 朴憲徹等捉納 故押送日陣."

99 『東學亂記錄』上, 640쪽. 『巡撫先鋒陣謄錄』. "金春斗段 自日陣移送于羅州 留駐日本大
　　隊陣…春斗弟金春仁段 亦囚日陣指揮 牢囚縣獄."

100 『東學亂記錄』上, 648쪽. 『巡撫先鋒陣謄錄』乙未正月. "加里浦僉使爲馳報事…今月
　　二十五日夜半 該邑祿山面守城軍等 本陣拂目里境內 先爲捉得丁寧押去." 『전남동학농
　　민혁명사』477쪽. 포대 박찬승 증언채록 재인용.

101 『東學亂記錄』上, 667쪽. 『巡撫先鋒陣謄錄』 "珍島府使爲諜報事 本縣境內 匪類孫行權
　　金秀宗兩漢 捉囚之由 向已馳報 伏承自邑結處之題 另加跟探追捕李方鉉 金允善 朱永白
　　金大旭 徐奇宅등 幷姑嚴囚 詳查報處計料 今月二十六日 京軍領官 率兵入境 止宿於碧
　　波津站 翌二十七日辰時量 低到邑站 本府守城軍民 幷卽罷(派)送 在囚罪人 次第取招後
　　孫行權 金允善 金大旭 徐奇宅段 對衆酌處 餘皆飭放 各歸其業."

전라도 나주지역 동학혁명운동

1 崔敬善은 현 井邑市 台谷里 월천에서 태어났으며 元來의 이름은 永昌이고 後에 京先이
　　라 고쳤다. 태인 舟山으로 이주한 후 1890년경에 金溝 大接主 金德明에게 입도하여 舟
　　山接主가 되었다.

2 『錦城正義錄』은 羅州儒生 謙山 李炳壽(1855~1941)의 文集 『謙山遺稿』 卷19·20에 있
　　다. 甲·乙·丙 三編 中, 甲·乙編에 東學革命 關聯記事가 있다.

3 『蘭坡遺稿』는 蘭坡 鄭錫珍(1851~1895)의 文集이다. 東學革命運動 當時 羅州城 守城軍
　　都統長으로 活躍한 內容이 記錄되어 있다.

4 『鳳南日記』는 長城儒生 邊萬基(1858~1924)가 남긴 日記이다. 그 中 長城地域을 中心으
　　로 하는 東學革命 關聯記事가 있다.

5 1932年에 天道教中央宗理院이 刊行한 教人名簿. 新舊派 중 新派側 教人만 收錄됐으며
　　一定한 誠金을 내야했으므로 많은 教人이 빠졌다.

6 羅州地域 東學徒들은 1907年에 一進會 李容九를 따라간 분이 많아 天道教記錄에는 一
　　部만 보인다. 또한 天道教가 新舊派로 나뉘면서 舊派에 속했던 분들의 명단은 찾아볼
　　길이 없다.

7 『天道教會史草稿』에는 羅州에서 "全有昌·吳仲文이" 起包했다 한다. 그리고 『天道教
　　創建史』에는 全天玉이 起包했다 한다. 또한 『天道教百年略史』에는 姜大說이 기포한
　　것으로 되어 있다.

8 『梧下記聞』首筆. "吾僑今日之義 上保國家下安泰民 所經列邑 貪官懲之廉吏褒之 吏獎
　　民瘼矯之革之 轉運獎瘼 永永革祛…本意止此而已 奈何汝之官司 不念國勢民情 動兵各

邑以攻擊爲主 殺戮爲務 是誠何心 究厥所爲 宜乎相接 無罪吏民俱焚可矜…此義直告于
官司 各邑募軍 一倂放送歸農 在囚道人卽爲解散 則吾不入境矣 以一王之民 豈有攻擊之
意哉 可否間卽速馳回."

9　羅州牧鄕土文化硏究會, 1991年 刊,『錦城正義錄』甲編. 17쪽. "其在咸平也 令人伐竹爲
　　堞幾許介 大可十圍長十餘丈 繼而欲入羅州 見閔公書十六字 失箸喪魄還遁 北上之時 舁
　　運其堞 而長城月坪站."

10　『蘭坡遺稿』「甲午討平日記」. "是夜移陣于咸平津山場 翌日抵向 長城月坪." 津山場은
　　우리말로 "나루메장"이며 咸平郡 羅山面 三丑里 羅山 장터를 말한다.

11　國史編纂委員會 刊,『東學亂記錄』上, 171쪽. 〈兩湖招討謄錄〉甲午四月條. "二十一日
　　到靈光郡 仍爲止宿是白乎所 二十二日卯時到付 咸平縣監權豊植牒呈內 彼徒自該縣 方
　　向長城羅州等地."(二十二日 卯時는 二十三日 卯時의 誤記로 보인다).

12　『全琫準供草』에는 700명이라 하였다.

13　『全琫準供招』初招問目 "我軍聚食時 京軍以大砲射擊 故我軍死者四五十名 我軍一齊追
　　逐 京軍敗走 取來大砲二座 如干彈丸矣."

14　月坪里 거주 邊突基(1905)는 "당시 불시에 황룡강 건너 쪽에서 이학승 관군이 대포로
　　공격하자 놀란 동학군들은 동쪽 뒷산으로 올라갔다. 바라보니 관군은 수백 명에 지나
　　지 않았다. 황룡강 배나드리로 건너가 닭장태를 굴리며 역습하였다"고 한다.

15　『蘭坡遺稿』〈甲午討平日記〉條. "洪招討在熙 在靈光 遣一枝軍 硯賊與賊相遇 隊官李道
　　承殉節 官軍敗衄 是四月二十二日也."

16　『東學亂記錄』上. 171~172쪽. 〈兩湖招討謄錄〉4月條. "二十二日卯時 到付咸平縣監 權
　　豊植牒呈內 彼徒自該縣 方向長城 羅州等地 而彼徒之所謂願情書 亦爲投來…又令隊官
　　李學承 元世祿 吳健永 領率兵丁三百名 出往長城等地 第觀彼徒之情形如何…同日晡後
　　出陣兵丁等慌忙來告 而我軍纔到於長城月坪 彼徒適到於黃龍村 稍稍相接 一場厮殺 而
　　克虜伯一放 彼徒之中丸致斃者 約可爲數百名 則彼徒萬餘名 肆役焱燧 忘生冒死 奔突趕
　　前 追逐三十餘里 而彼衆我寡之致 我軍困疲顚倒 蒼黃還陣."

17　『梧下記聞』一筆. "全羅兵使李文榮 徵兵列邑左右道…康津·海南·靈巖·長興·寶城
　　五邑 初發各五十名 以十二日送 二百名于羅州."

18　『錦城正義錄』甲編. "右鎭營 在南門外 營將李公源佑 同心協義 辦理機務…鄭台完(鄭錫
　　珍)爲都統將 金在煥爲副統將 部分隊伍次第揀定 孫商文爲都衛將 金聲振(金成眞)爲中
　　軍 金蒼均爲統察 朴根郁別將掌西門 文洛三別將掌北門 朴允七別將掌東門 文寬厚 朴京
　　郁別將掌南門 其餘別將別哨參謀書記偵探訓導千摠把摠 各隨材任能 凡六十八人(姓名
　　具載 討平碑)."

19　『錦城正義錄』甲編. "別抄膂力勇健者 爲砲軍 村閭閒丁 亦皆募入 分作十六哨結軍 幕于
　　城上 一邊修繕毁堞一邊支給粮餉 晝則放砲練習 夜則爇火延曙 蒺藜密舖城壕以防不慮
　　指揮節制皆屬于都統將."이라 했다.

20 『全琫準供草』 四次問目. "問, 崔之光羅行 是汝所使乎 供, 不是矣身所使 而只緣渠之於 光羅 會多親知易於起包也."

21 吳潤述蒙典請願. 이 글은 崔敬先을 체포하는 데 공을 세운 吳潤述에게도 特典을 베풀어 달라고 乙未年에 청원한 내용이 들어 있다.

22 『錦城正義錄』 甲編. "五六兩朔之交日 復日益益猖獗 州北四十里 擧在荊棘中 其行軍也 吹鑼放砲 建大旗乘善馬 來往于平林 新市及北倉等地."

23 『錦城正義錄』 甲編. "七月初朔 賊魁崔京先(景善) 率黨數千 蹂躪長驅 直擣本州 吳權善 (勸善)爲俍鬼率其衆 合陣于金安洞 侵掠數三日."

24 『東學亂記錄』 上,「巡撫先鋒陣謄錄」 甲午十二月 七日條, 573쪽. "咸平縣監爲諜報事 本 縣東學魁首 李化辰砲…昨已馳報 同日至所謂 接主金京五 李春益 李在冕 李坤辰 金成必 金仁五 金成西 盧德輝等八名 亦爲捉得砲殺."

25 『錦城正義錄』 甲編. "七月初朔 賊魁崔京先 率黨數千 蹂躪長驅 直擣本州 吳勸善爲俍鬼 率其衆合陣于金安洞 侵掠三數日 蟻附錦城山 初五日昏黑 自山巓一齊滾下 直薄西城門 閔公愈下令 曰寇來在吾西門 對敵吾當 自任惟爾北東南三門 別將各謹防守 勿驚擾勿遷 離 以備不虞 安知此賊 不有擊西而聲東 圖南而意北者乎 益加戒嚴 無爲凶賊見欺也 終當 臨門賞汝 遂按劍西城樓坐定 都統將在右 西門別將朴根郁在左 指麾節制 至嚴至密 制勝 之策 已定從容 若無事之時…賊遙見城門若空虛 只有燈燭炫煌而已 遂悉衆至城下 鼓譟 吶喊之聲 耳不堪聞 而城門已閉 自有萬夫莫開之勢 賊一邊欲撞破城門 一邊欲鱗次登城 其會如林 官軍聽令 訖卽以大碗砲 將臺砲連放之 火焰通紅 聲撼山岳 城上各哨 齊聲大喝 曰爾京先勸善兩賊魁 休走獻首級 正是病體樵夫 難聞虎豹之吼 黃口稚子怎聽 雷霆之聲 賊徒魂飛魄散 走竄西北 自相踐踏 而死者傷者 不計其數."

26 『蘭波遺稿』「甲午討平日記」. "七月初五日夜 賊魁崔景善率黨數千 自金安洞緣崖 而上 錦山巓 一齊滾下 來逼西城門 聲勢甚急 困枉坑心 閔侯招錫珍 決定謀議 嚴束隊伍 大 開城門 偃旗息鼓 寂若不動 賊直濤門樓 官軍一呼 壯士先登 大砲齊發 千步鳥銃 雷鼓大 震 賊措手不及 一時潰散 四下逃竄."

27 『錦城正義錄』 乙編 〈招討使報軍功別紙〉. "七月初五日 賊徒數萬名 直西門 聲勢甚危."

28 『梧下記聞』 二筆. "敬善憤然率萬餘人 未至城十里而陣 相持十餘日 源佑使人詐降 曰羅 州民困於守城 日望道人之來 今夜當開東門矣 願毋有失 敬善大喜從之 三更入東門 數十 步前者 大呼陷坑 賊知中計 據退城外 兩側伏兵皆起 大丸砲十座 一時俱燃 敬善大敗而走 死者千餘人."

29 『鳳南日記』 11月條. "日前於池島 得大丸砲十柄 又得千步砲四十九柄 於軍器庫底."

30 『梧下記聞』 二筆. "完伯金鶴鎭啓請 羅州牧使閔種烈 營將李源佑皆罷職."

31 『日省錄』 高宗 編 甲午七月十九日條. "朴世秉爲羅州牧使."

32 『梧下記聞』 二筆, 39쪽. "以朴世秉 爲羅州牧使 閔種烈見羅 吏民遮留不得去 且賊甘心種 烈 故種烈不能作行計 李源佑奮 曰此非朝廷意 乃賊臣受嗾也 牧使欲去自去 我不可去 遂

益繕守備 世秉以道梗 亦不能赴任."

33 『錦城正義錄』 甲編. "是時嚴承旨世永 以王命南下 遍行撫論東學 欲其歸化 使復商者商
農者農 各安生業 勿擾平民 勿干王法之意 這這曉飭 以示朝家 好生曠絶之澤 一馬一僮
遍行州郡 到羅州入 見閔公與 語大悅及 見都統將."

34 『錦城正義錄』 甲編. "擧·一省諸縣 在渠掌握中 而惟羅州屹然 若金城鐵關."

35 吳知泳 著, 『東學史』 第2章.

36 『錦城正義錄』 甲編. "八月十三日 巨魁全琒準 率徒黨十數人 手不提尺之兵 而諧本州西
城門外 仰請守門別將 而曰吾ж巡營門文牒 與幕裨私通 而來願開門 要見閔太守 致謝而
去 別將入閔公 砲殺此賊如何 閔公彼旣 單率而來者 眞有上營 指揮然歟抑…爾其勿疑招
來也 琒準入見施禮畢因謝 曰小生等 不幸近世 頗爲貪吏所虐 不敢聊生 流離顚連之境 聚
首骿足 深欲叫寃而捄瘼矣 至於按覈不公招討 行軍遂令潢池赤子 愚弄兵器實是厭死 逃
生苟延朝夕之縷而已 非有他意 伏願明公特加衿憫焉 閔公曰…若等本以挾左道 而詊惑
已是 亂常之類 況敢謀害守土之官 迫逐巡相 抗戰王師 上貽九重宵昨之憂 下遺萬姓魚肉
之慘…琒準氣塞 不敢復言 良久復曰…曰有藩籬乎 有畜犬乎 曰然 藩籬畜犬 將欲何爲相
得 畜犬所以吠盜也 藩籬所以防賊也…琒準膽落口襟抱頭鼠竄 而出宿于逆旅 翌日將發
行."

37 『日省錄』 甲午 高宗 31年 8月 17日條. "議政府啓言卽見 全羅監司金鶴鎭啓本 則羅州前
牧使 閔種烈特爲仍任事 請令廟堂稟處矣."

38 亞細亞文化社 1998년간 具良根 著, 『甲午農民戰爭原因論』4, 농민전쟁의 전개 과정 3)
수비대란서 引用.

39 『承政院日記』 高宗 31年 9月 22日. "兩湖之間 有此匪類之猖獗 其爲憂慮 靡所此屈 扈衛
副將申正熙 都巡撫使差下 使之設營 節制諸軍 請以爲隨機勦撫之地."

40 『錦城正義錄』 甲編. "九月日守城將領 請曰 現今賊勢益益猖獗 浸迫隣境 此而不討將有
剝床切近之災 願一出戰燒蕩 其巢穴以警賊徒…閔公吾亦有此心久矣 顧念農功未畢 稻
粱棲畝 此時行軍 功他踐踏致有 百姓愁恨之聲 姑竢堅壁淸野之日 第往出討."

41 『日省錄』 甲午 九月二十九日條. "命羅州牧使閔種烈 等召募使差下."

42 邊萬基, 『鳳南日記』 "守城軍五千名 修築城堞 結幕於疊 埋砲於堞 以爲固守許 日前於池
島 大椀砲十柄 又得千步砲四十九柄."

43 『錦城正義錄』 10月條. "副統將金在煥 以大椀砲將臺砲 重厚難便 乃造砲車 制度極精巧
左右回旋 惟意所適."

44 『東學農民戰爭資料叢書』14. 『巡撫先鋒陣謄錄』92쪽. "東學徒黨 去月望後 稱伐羅州守
城軍 一幷聚往 尙未回還."

45 『東學農民戰爭資料叢書』15. 『兩湖右先鋒日記』 275~278쪽. "興德縣監謀報內…本縣二
東面隱洞徐相玉 一西面眞木亭鄭武京…且起軍往羅州.", "二東面橋洞 高泰國卽東賊 徒
黨之 所謂興德大接主也…十月十八日堪稱 羅州陷城 率其黨數百名 向往光州之矣" "二

東面內玉里高成天 井邑西南村姜允彦 古阜下五里金太云 茂長沙器店秋允文等四漢 俱
是渠徒所謂私接主…且於十月率軍 往羅州堪稱先鋒.″

46 砧山은 光州直轄市 光山區 下山里이며 羅州에서 松亭里 쪽으로 10km 지점에 있다.

47 『蘭坡遺稿』〈甲午討平日記〉. ″十月二十日 閔侯出坐將臺 命金蒼均爲先鋒 鄭錫珍爲後
軍金聲振爲中軍 各率砲軍二百名 嚴正隊伍出陣 於邑距五里石峴里 金蒼均年老日寒寒
戰 猝發衆情危懼 鄭錫珍請於先鋒 日先後陣 雖有將令病情如是我先君意 豈非臨記制變
之一道耶 遂換先後 二十日一辰時 卽爲行軍 連接哨探 則賊徒七百餘名 列陣于光州砧山
勢甚鴟張吹螺催軍 放砲吶喊 相距一帳之地 一字擺開 先使突擊砲手姜春三 放砲大椀砲
一次砲摶村家火光沖發 連發千步鳥銃 一齊厮殺 賊抵敵不住 棄砲抛槍 一時散亡.″

48 『蘭坡遺稿』「甲午討平日記」. ″于時接應將 孫商文朴在九具有述金鶴述錢學權等 慮官軍
有失 砲軍一百名 大張旗幟簇擁而來 威聲益振 犒軍訖遙望 光州仙巖等地 賊徒數萬列陣
江邊 建旗放砲誇張聲勢.″

49 『蘭坡遺稿』「甲午討平日記」. ″朴在九遂揮軍先進 日落後者依軍律.″

50 『錦城正義錄』甲編. ″訖遙望光州仙巖等地 賊徒數萬列陣 江邊建旗 放砲誇張聲勢 都統
將 日 賊在不遠 若遲留觀望 使賊長驅非計之得 今困吾得勝之軍 風鞫雷擊 則勢如拉朽
仍令進戰 諸將皆日 賊勢彌滿 衆寡相縣 勝敗難測 不如班師 而還以圖後擧 都統將 日不
然…況彼么麼 匪類新敗之餘 必然衆心 疑懼 我師得捷 勇氣百倍 且賊衆雖多 盡是烏合之
卒 官軍雖寡 摠是犹狁之姿.″

51 『蘭坡遺稿』「甲午討平日記」. ″官軍乘勝追之 而慮有孤軍深入 揮旗招軍 呼名點閱 則一
無所傷 遂入敵窟掃蕩巢穴.″

52 『鳳南日記』十月 二十八日條. ″高敵接來到本府 自本村 點心四百床 負送支供 鳳淵 宋雅
聖爲來言 以軍需錢 討索之事 避來云 各面里 所謂糧米與軍需錢 任意出令 以私慊侵奪之
弊 人怨 澉澉 夕陽高敵接千餘名 移陣于黃龍市梧亭.″

53 『嶺上日記』″賊徒本道大同木 亦收民間公錢 田稅米每結十斗 先是賊收各坊白米 大坊百
石小坊八九十石 本邑四十八坊之米 不知幾百石也.″

54 『日省錄』高宗 編 甲午 九月條. ″二十二日 命全羅監司金鶴鎭施以譴罷之典…二十三日
命全羅監司李勝宇 除朝辭赴任.″

55 『日省錄』高宗 編 甲午 十月初六日條. ″命洪州牧使李勝宇仍任 全羅監司代之 工務協辦
李道宰差下 使之除朝辭赴任.″

56 『日省錄』高宗 編 甲午 十月二十八日條. ″命羅州牧使閔種烈 湖南招討使差下.″

57 『錦城正義錄』甲編. ″以聽廊廟之盛算 王師之奏凱.″

58 『錦城正義錄』甲編. ″但恨旅旅 嗚呼已晩矣 方今望上赫怒 命將出師 指日剿擊 則不近於
貪天之功 已爲力乎 不若邅養時 晦蓄銳伺發.″

59 『鳳南日記』11月 初6日條. ″本道伯李道宰 兼宣撫使關文 是日來接于羅州牧 京軍五千名
已接本道 則羅州亦當 發兵剿滅云.″

60 『東學史』에서 咸平 東學指導者를 누락시키게 되자 그 이후의 모든 記錄에 咸平 東學指
導者가 누락되게 되었다. 이 명단은 『東學亂記錄』下 〈全羅道所捉 所獲東徒成冊〉, 708
쪽에 실려 있는 명단이다.

61 『天道教會史草稿』甲午年條.

62 『錦城正義錄』甲編. 十一月條. "初十日耀兵回軍 當夜北面 偵探報告內 吳權先更聚 各
邑匪類 掠奪財産 居民莫可支保 且稱朝暮 入羅州占奪城堡 聲勢甚惡 閔公召都統將 曰痛
彼權先不改 豕虺之凶性 尙有蜂蠆之餘毒 梗化念甚 卽宜率兵討賊 以濟我百姓溝壑之命."

63 『錦城正義錄』甲編. "十一日午時行軍止宿 朱葉亭 十二日進四十里 至北倉站 賊方屯據
光州斗洞等地 衆號數萬 俄而五面執綱…各率民兵數百來會 後應將孫商文 崔成純 金蒼
均 亦領軍來到 雨久不霽 日漸向昏 廣野留陣 勢甚難梗 移陣于竹山 前坪附近 村民爭饋
酒食以迎 曰守城將來 何暮于嗟乎."

64 『錦城正義錄』甲編. "…翌朝探報 賊移陣於聳珍山上 遂使中軍金聲振 大張旗幟 而備應
賊之策 都副統將及鄕導官林周鎬 柳宜根 突擊將姜春三 千步隊長 錢公西等 三十三人 含
枚倍道 暗覘賊勢 猝遇數千賊徒 於聳珍中峰 賊亂砲放下 卽令姜春三 試放大碗砲 千步銃
隨而連發 兩陣砲聲 掀天遍地 衆寡相縣 接應亦難 麾旗招軍 急令中軍 分作兩隊 一枝陣
於左邊山上 一枝屬之本陣 適後應將孫商文 領軍來接軍容稍振 而賊據山上 官軍據下 地
形失便 方憂慮之頃 接應將朴根郁 朴在九 崔允用 具有述引兵來屯 右邊山頂使彼 三面受
賊 又民兵分屯左右 衆皆勇躍 林汝賢等 放火山左 以絶糧道 金聲振 放火山右 斷其走路
酣戰至夜半 賊陣砲聲漸衰 姜春三依身岩石暗察 則賊果抵敵不住 攀木緣崖 盡向北路奔
竄矣 一齊上山 收拾器械 全師大捷 而還宰牛犒軍."

65 『錦城正義錄』甲編 11月 17日條에는 "西面偵探急告 賊衆屯據 務安界古幕浦等地 號
五六萬云. 劫奪 西五面 侵迫至長嶝站 聲言入羅州 攻奪城濠勢 甚區測 都統將 副統將 中
軍將領 率砲軍三百 出去二十里 紫芝峴."이라 했다.

66 『蘭坡遺稿』「甲午討平日記」. "西警告急 城中空虛 回軍之令截嚴 營將李源佑 應接次來
往中路."

67 國史編纂委員會 刊, 『日本公使館記錄』第5卷「東學黨征討略記」, 51쪽.

68 『蘭坡遺稿』「甲午討平日記」. "十七日 都統將鄭錫珍 副統將金在煥 中軍金聲振 領率砲
軍三百 出距二十里紫芝峴 賊在務安古幕浦 衆五六萬云 而日已向昏矣 因謂副統將 曰賊
多我寡 相距于一峴之間 則防守有餘 而進擊誠難 吾領一百砲軍及姜春三錢公西等 往屯
于草洞市 以爲掎角之勢 衆曰可矣 當夜布陣於草洞市 野闊軍少 無可爲勢 適田旺 知良
上谷三面義擧 統領朴薰陽 林魯圭 羅 土集 率民兵數千來待 指揮使列陣于 官軍之後 遙
作聲勢戒勿輕動 且令副統將移陣合勢.",『錦城正義錄』甲編. "十七日…賊衆屯據 務安
界古幕浦等地 衆號五六萬云 劫掠西五面 侵迫長嶝站 聲言入羅州城攻奪城濠 勢甚回測
都統將 副統將 中軍將領 率砲軍三百 出距二十里紫芝峴 日已向昏矣 留陣于草洞市 三面
義擧 統領朴薰陽 羅史集 林魯圭 率民兵數千 列陣于官軍之後."

69 『蘭波遺稿』「甲午討平日記」. "翌朝(18日) 包列三百砲軍 及大砲軍 先放大砲 賊徒領軍 下山 四面衝火 漲天砲聲震地."

70 『蘭波遺稿』「甲午討平日記」. "官軍與民兵 合三千餘矣 與賊對陣於水多長嶝 卽爲放砲 則山上賊徒解散 次次漸進 則賊大隊彌滿 長嶝上下 旗幟森列 其多如林 勢若決水 急令大 砲軍先放 千步鳥銃隨之 都統與副統身先士卒 不避矢石 賈勇督戰 中軍掩擊 賊陣之左 砲 丸所到 賊黨驚倒 官軍踴躍 無不一當百 屍橫遍野 追殺十餘里 迫到古幕橋 人多橋窄 潮 水漲溢 落水使者 不計其數 賊遂計窮."

71 『錦城正義錄』과 『蘭坡遺稿』.

72 『錦城正義錄』 甲編. "古幕餘黨更聚 咸務諸邑匪類 急報踏至 以爲 盡發西倉稅穀云."

73 『錦城正義錄』 甲編. "古幕餘黨更聚 咸務諸邑匪類 急報踏至 以爲盡發 西倉稅穀云 二十一日急飭 行軍鄭錫珍 孫商文 率砲軍三百名 與民兵統領曺孟均合勢."

74 『蘭坡遺稿』「甲午討平日記」. "賊在山放砲 故稍稍休兵 先後合勢 迫山以陣 軍容始陣 而 日已曛黑 難以相持 故移駐虎壯山 終日戰鬪之士 未得一酌之水 使軍官金一云 分遣各村 村民供餐酒食 稍得解飢."

75 『蘭坡遺稿』「甲午討平日記」. "急令軍卒 一齊放砲 吶喊以示 進擊之勢 賊徒摧挫 有逃散 之勢 使中軍金聲振 領軍先行 都統將鄭錫珍 都衛將孫商文 率砲軍四十名式 埋伏虎壯山 凹處 計其先軍之遠行 卽爲倍道以來 則前軍留陣於芝峴 以待後軍 故乃釋慮 當夜還軍."

76 『天道敎會月報』通卷 261號 1932년 11月號,「珍島宗理院沿革」"甲午에 東學起包로 金 光允 羅致炫 羅奉益 梁順達 許暎才 諸氏가 古幕院에 參集하였다가 때 利롭지 못하여 羅 致炫氏는 羅州에서 官軍에게 虐殺을 當하고 其外 諸氏는 無數한 苦楚를 겪으시고 본군 에 돌아왔다."

77 『錦城正義錄』 甲編 11月條. "北面匪魁吳勸善 更聚五六邑徒黨 戕民劫財 人烟將絶 警報 式至 二十三日 賊衆數萬 進屯於金安面南山村 太平亭等地 距邑十里."

78 錦城正義錄 甲編 11月 23日條. "閔公與營將李源佑 登北門瓮城幕 撫循吏卒 是夜甚寒 錦 山義幕 吹火點軍 忽焉風起 延蓺幕所 爆竹聲急 如大砲連放 且東門外 鬼火星列 閃爍如 火繩狀 賊疑 官軍在山 巓烽擧砲發 東門外伏兵 且至 遂驚遁退屯 南山村附近地"라 했다.

79 『梧下記聞』三筆 12月 24日條. "李源佑等 嚴兵待之 賊不敢直抵城下 時又甚寒 不能野宿 千百爲群 掠閭里借宿民家 官軍覺之 潛師夜襲 浮斬無算良民多死."

80 『錦城正義錄』 甲編 12月條. "二十四日 都統將鄭錫珍 整軍出征 閔公…門外事惟都統將 制之 愼勿輕適 乃心力俾克有功 又命都衛將孫商文 率砲軍千步隊 前進對敵 哨官朴成 老 率砲軍一百 從山路遮截其左 別將錢鶴權 率砲軍一百 攔截其右 所謂三路寄兵也 先軍 鄭錫珍 孫商文 領軍直低 南山前有叢 薄掩翳暗觇 賊旗蔽空 賊幕遍山 方殺牛飽餉 金奇 玉率千步隊 一齊放砲 諸將領 奮不顧身 亂砲直前 賊亦應砲大喊 兩陣砲響 山岳迸裂烟 焰障空 賊遂大潰 奔竄橫尸 滿野流血成渠 權先僅以身免 乘隻驃遠遁 千步隊躡南山 進趕 至下村後 不知權先生乎死乎."

81 龍山洞 2구에 거주하는 金鈞永(1939)도 같은 내용으로 증언하였다.

82 『東學亂記錄』下,〈先鋒陣呈報牒〉, 206쪽. "光州牧使爲諜報事 本州去月二十七日 東徒
數萬名 突入城中 或處公廨 或據民家 今月初一日巳時量 魁首孫化仲 散徒而去 崔敬宣以
歸化之意 揭榜而去."

83 『東學農民戰爭資料叢書』15卷, 377~378쪽. 『兩湖右先鋒日記』四. "十一日 與士兵並力
捕捉孫化中 於古阜郡扶安古面 壽江山山堂."

84 『東學亂記錄』上, 56쪽.〈甲午實記〉12月 18日條. "完伯電報 今月十一日 高敞士民李鳳
宇 捉納孫和仲 方囚縣刑獄事."

85 『錦城正義錄』甲編 12月條. "南平首吏丁南洪告急 曰賊魁崔京先 直陷本郡官家 見奪符
金肩胛 中丸死生關頭 特乞發軍討賊 仍命都統將鄭錫珍 都衛將孫商文 副統將金在煥 中
軍金聲振 參謀朴在九 率精砲三百軍義擧 統領朴薰陽 率民兵合勢 初四日到南平界本
郡."

86 『東學亂記錄』下〈全羅道所捉所獲東徒成冊〉, 707쪽. "同福賊徒二百二十名 十二月初三
日捉得內 一百五十七名 臨戰砲殺 生擒六十三名內 崔敬善日軍捉去 李亨伯徑斃 張雲鶴
朴健洋 金仲玄 金炳赫 經訊後徑斃 同黨五十九名 牢囚該縣獄 使之分輕重酌處 巨魁崔子
仲 盧益浩 全敬先 初八日捉得 使之押上 中路徑斃."

87 『吳潤述蒙典請願』. "湖南東學巨魁 崔敬先 李亨伯等 率黨數百名 自羅州界 甲午十二月
初三日 欄入於同福外南面 碧松沙坪兩村 殘虐生民 故前五衛將吳潤述 領率吏校等 及民
兵三百餘名 當夜卽發 初四日開東時 低到賊屯處 奮擊賊徒 而一百五十七名 爲當場砲殺
就中 巨魁崔敬先 李亨伯 次魁張雲學 朴建良 金中會 金丙赫等 及隨黨六十二名 登時俘
獲 巨魁崔敬先 押付日陣 自日陣押領上京 李亨伯押上 羅州招討營 張雲學等 及隨黨六
十二名 依巡營題飭 自邑酌處 而大抵 湖南東匪 巨魁四賊中 全琫準 金介男 孫化仲三賊
捕捉之人 昨春俱蒙 除授郡縣之典 而惟獨四賊中 最魁崔敬先 捉納人吳潤述 尙未蒙一施
之典事."

88 國史編纂委員會 刊, 『駐韓日本公使館記錄』6卷, 26쪽.〈東學黨征討記〉.

89 『東學農民戰爭資料叢書』7卷,〈金洛喆歷史〉.

90 國史編纂委員會 刊, 『駐韓日本公使館記錄』6卷, 26쪽.〈東學黨征討記〉.

전라도 남원지역 동학혁명운동

1 開南은 金箕範의 號이며 南原으로 내려와서 지었다 한다.

2 『南原郡東學史』.

3 『天道敎會月報』167號(1924年 8月號),「天道敎全州宗理院」.

4 『東學農民戰爭資料叢書』1, 黃玹,「梧下記聞」首筆, 42쪽. "哲宗末壯金 益肆其虐民 皆嗟
怨 於是慶州有崔濟愚者 自言天神降亂 撰文書造謠言施符呪 其學亦尊天主 而欲自別於

西學 改稱東學 往來知禮金山及湖南珍錦山谷間 騙瞞良民 祭天受戒 宣言李氏將亡 鄭氏將興."

5 『天道教會月報書』通卷第167號 (1924年 8月號) 玄坡(朴來弘)의 〈全羅行〉. 梁亨淑은 당시 77세였으므로 1848년생이 된다. 그리고 "16세 때에 용담에 갔다"하였으므로 1863년(癸亥)에 해당되므로 이 해 3월에 간 셈이다.

6 『南原郡宗理院史』.

7 『天道教書』는 1920년 4월에 天道教青年講師講習所 教材로 간행되었다.

8 『天道教書』第二編 海月神師 編, 171쪽.

9 『天道教任實教史』에 의하면 崔鳳成의 入道는 신사가 장수 도인 金信鍾을 대동하고 1873년 3월에 새목터(青雄面 立石里) 許善의 집에 왔을 때라고 하였다. 그러나 신사가 김신종을 대동하고 새목터에 온 시기는 1894년 동학혁명이 일어난 10월이었다.

10 『東學史』.

11 『東學史』.

12 『東學史』.

13 『南原郡東學史』.

14 『天道教會月報』284號 3月號. 남원 德果面 德村里의 吉菴 金昌吉(1862)은 1890년 10월 23일에 입도하였으며 『天道教會月報』110號 6月號에는 屯德面 門巖里 河永錫도 1890년에 입도하였다. 또한 『天道教會月報』82號 5月號에는 寶節面 侍洞里 張炯淇는 溱菴 張南善으로부터 1892년 3월에 입도한 것으로 되어 있다.

15 『東學農民戰爭資料叢書』1卷 254쪽. 『梧下記聞』三筆 10月條, "使花山堂接主李文卿 代守南原."

16 『天道教任實教區史』.

17 『天道教任實教區史』.

18 『天道教會月報』167號, 8月號, 玄坡 〈全羅行〉.

19 『天道教會月報』132號, 8月號.

20 『天道教會月報』90號, 1月號.

21 『天道教會月報』103號, 3月號.

22 『東學亂記錄』上, 『聚語』125쪽. "初二日退歸者 全羅道咸平 南原 淳昌 茂山 泰仁 靈光 等地人二百餘名"

23 『天道教書』는 1920年 4月에 天道教中央總部가 教史 兼 經典과 法說을 收錄한 프린트本이다.

24 『天道教會史草稿』와 『東學史』에도 同一하게 記錄되어 있다.

25 『巡撫先鋒陣謄錄』12月 11日條. "本縣以福小之局 初無巨魁 所謂脅從 全在錫 金洛有 黃贊黙三漢 捉致嚴囚矣."

26 『南原郡宗理院史』附錄 "求禮教區史".

27 『天道教會月報』170號, 11月號.

28 『天道教會月報』通卷 第275號.

29 『東學史』에는 林春奉이라 기록하였다.

30 『梧下記聞』二筆, 八月條. "求禮前縣監南宮杓 仍居縣底 首從縣賊林定然入道 稱弟子 勸
縣民入道."

31 『梧下記聞』二筆 八月條. "圭夏在縣 每他邑賊至設宴款洽…使其從侄泛開南入道 自稱舊
道人."

32 『天道教會月報』通卷 第108號, 6月號.

33 『天道教會月報』通卷 第108號, 6月號.

34 『天道教會月報』通卷 第102號, 1月號.

35 『天道教會月報』通卷 第105號, 1919年 3月號.

36 『天道教會月報』通卷 第140號, 1922년 4月號, 還元一束. "故金重華氏는 譚陽郡 龍龜洞
生으로 金溝 草處面沙井里에 현주한 人이라. 포덕30년 庚寅에 입교하야 甲午의 戰亂,
甲辰의 風雨에 累轉累起하며 或獄或竄하며 或隱或避하야 肉身의 苦를 重受하였다.…
教訓의 原職과 教區長의 住職에서 다년간 근무하다."

37 南應三은 원래 昌平 태생이라 하나 龍龜山 아래에서 태어났다 하여 龍龜洞 출신으로
본다.

38 『巡撫先鋒陣謄錄』12월 11日條. "魁首光州龍歸(龜)洞 金亨順金文化等."

39 『天道教書』, 『天道教會史草稿』.

40 『東學亂記錄』下, 「先鋒陣呈報牒」乙未正月. "捕捉匪類者幾百名 而或施當律 或使歸化
近頗安堵是乎於 本境巨魁姜士元 安貴福 李秀希三漢 則開南賊 往犯淸州時 稱以先鋒陣
率黨首倡 前往作擾之漢也."

41 『天道教會史草稿』.

42 任實郡 雲岩面 雙岩里의 崔東安과 雲岩面 仙居里 金正甲의 證言.

43 南原郡教區 『殉教略歷』姜允會欄에 보면 "布德 35年(1894) 4月 2日 崔誠明, 李炳春으로
더불어 3人이 同行하여 珍山郡에 갔다가 民砲에 所捉되어 씨와 崔誠明은 砲殺 當하고
李炳春만 獨히 生還하였다."고 되어 있다.

44 『梧下記聞』二筆, "南原多舊道 五月以後 奸民附之 日至數千人."

45 『梧下記聞』二筆. 「六月三日下者 金鶴鎭 曉諭文」 "雖昨日梗化 若今日歸化 則是赤子也
爾等之自完散去也 宜謂釋兵 歸農 各復薦業矣 今聞幾處 猶復不釋兵器 所在屯結 此何故
也, 綸音屢下 德意墾惻 可以孚豚魚感木石 到界之日 翻闊各邑 使之揭付坊曲 曉諭爾等
尙或未之見乎 見之而猶復如此 則眞豚魚木石之不若 尙未及見 則是道臣不能宣體 我聖
上若保之至意 致使爾等終有疑懼之情也 思之及此洞在已 玆遣軍官李容仁 更暴眞心實
情 爾等明聽此言 毋相持疑 毋相據怯 各歸鄕里 畋甫田宅 復爲平民 則有全安業之樂 無
陷刑抵辟之患 豈非大幸乎 爾等亦列聖朝五百年 化育中物耳 旣具彝性 寧有終始執迷 冥

禎悟之理乎 爰將後錄幾條 與爾等約 使豈誆爾 若誆爾 則非徒陷赤子於死地 寔口負我聖
上委畀之重 爾等一一知悉 尙或無疑 一 弊政之爲害於民者 已有所面承聖敎者 一切矯革
固不待 爾等之言 而小者自營革罷 大者方啓聞請革事. 一 朝廷旣許爾等歸化 營門亦然則
爾等還歸之日 卽平民而已 若隣里以舊怨指目 官吏以去來侵索 則非徒爾等蹤跡之詭脆
安有 朝廷許爾之本意乎 營門當另飭納禁 期使爾等安堵乃已 爾等所居面里置執綱 如有
爾等怨鬱之可言者 該執綱具有訴營以待公決事. 一 兵器還納之外 凡係財穀等件 雖有欲
推之民訴 今日以前 付之元平赦前 以永永勿論之意 自營門 玆發關各邑事. 一 爾等旣失
農 又蕩産 今雖歸家 無以資活 今年戶役與各項公納 一一蠲除事. 一 使爾等歸化之日 使
之安業樂生 責在於使 諸般急務 次第施措 而今不可一一枚擧事."

46 『草亭集』4卷 7. "… 爾等各就其土 擇謹愼有義者爲執綱 隨現隨捕 以交該邑堪處 如或執
綱難擅이거든 指名報官 以爲設法 捕捉이되 無或任非其人 祛弊生弊하며…惟爾有衆 明
聽此言 共慶維新 各歸其土 各復舊業 副此至切之望焉."

47 『東學亂記錄』上,「甲午略歷」, "六月 觀察使請邀 全琫準等于監營 是時 守城軍卒 各持銃
鎗 整列左右 全琫準以弊冠麻衣 昻然而入 少無忌憚 觀察使相議官民相和之策 許置執綱
于各郡."

48 『梧下記聞』二筆 6月條. "淳昌郡守李聖烈 欲城守拒賊 而賊已據列郡 京軍又次第北還 聲
援不接 金鶴鎭連關管下 勿慮撫局 聖烈孤立 毋以爲計 乃聽 吏民託入道 設都所置執綱 管
束境內 禁他賊之肆掠者."

49 『東學亂記錄』〈谷城郡守報狀〉. "本縣去年六月 先有金開南之 白晝入寇 累日不去 閭里
傾蕩."

50 『全琫準供草』第4次 訊問.

51 『天道敎書』. "布德 6年 10月 28日 迎日郡 神光面 馬北洞 劒谷에 說法하다."

52 『梧下記聞』二筆. "凡人家奴婢 從賊者勿論 雖不從賊 皆勾賊劫主 燒口券勒使從良 或縛
其主 而周牢棍笞之 於是有奴婢者 望風燒券 以預其禍…或士族 而奴主俱從賊者 互稱接
長以從其法 屠漢才人之屬 亦與平民士族抗禮 人尤切齒."

53 『嶺上日記』7月條. "七月初二日 田賊彔頭 入南原."

54 『駐韓日本公使館記錄』1卷 機密 第136號 本79. 大鳥特命全權公使가 7月 25日에 外務大
臣 陸奧宗光에게 報告한 가운데 "大島旅團長과도 협의한 끝에, 다음 날 23日 午前 4時
에 龍山으로부터 1천명의 兵力을 입경시켜 왕성을 둘러싸기 위해 王宮 쪽으로 進軍시
켰는데, 그 쪽에서 發砲해 왔으므로 우리 軍隊가 이에 맞서 싸워, 드디어 그를 물리치고
성문을 열어제치고 闕內로 진입하여 성의 사문의 방비를 단단히 하였습니다."고 하였
다. 출동한 日本軍은 第21聯隊이며 지휘자는 武田秀山 中佐였다.

55 翰林大學校出版部 刊, 『淸日戰爭의 再照明』日本 獨協大學 敎授 森山茂德〈淸日戰爭中
日本軍部의 對韓戰略〉引用. 7月 18일(음 6月 16일)에 參謀總長 이름으로 混成旅團의
大島義昌 少將에게 보내진 訓令에서 '우리의 目的은 주로 朝鮮內政을 改良하는데 있는

데 淸國이 만약 이 目的을 妨害할 때에는 할 수 없이 戰爭을 시작하는 것도 굳이 피하지 않을 것'으로 명기하고 있다

56 『東學農民戰爭資料叢書』5卷 275쪽. 甘結 茂朱. "以無賴雜類 禁戢事 因全琫準等稟辭 去月十五日甘飭 不啼申複 而連見幾邑所報 與公兄等文狀 則此輩之討索錢穀 恣行劫掠 編滿列邑 弊益甚焉 而各邑則如之何 幷髦營飭 初不禁遏 砲聲一出 官吏奔走 恬然晏然 任他跳踉 甚至於殺人堀塚 官不與問 遂使眞東學人 被者(在)所累 至有定執綱設法 禁斷 手擧 而守土者 反爲袖手興言 及此寧不寒心 今初六日 全琫準與其學徒 來會營門 實心悉 除後 又定牢約 于列邑執綱 著成通文云 而第取其通文見之 則言由實心 事皆停當 懇切周 詳 靡不庸極 故擧其槪 錄于左 玆更發甘 卽到眞諺飜騰 揭付坊曲 俾大小民人 警惕擧行 爲於 從玆以往 若或有此輩之 如前作孼者雖眞東學 隨現發 不待關飭 自其洞中 幷力捉納 于官 不容一毫疎慮 以爲照律堪處爲於 亦卽通及執綱所 以爲齊心禁究是矣 無論某邑 如 其一向放過 認作姑息 則是該倅之故 縱悖類 不念民害者也 視被全琫準等 實心辦事 能不 有愧乎 按事之地 不可仍置 斷當啓聞論罷 除尋常惕言 甘到形止先卽馳報宜當者 甲午七 月初八日 都巡使〈後〉各邑執綱 有全琫準通文 元幅略曰 今我此擧 專是爲民除害 而雖 彼巧詐浮浪之輩 跳踉放肆 侵虐平民 殘傷閭里 微嫌小過 動輒必報 此邑反德 害善之類也 使各邑執綱 明察禁斷云云 後錄約曰 已收之砲槍劍馬 已屬公納 輪通各接主 砲鎗銃馬 數 爻所持者 姓名居住昭詳住錄 成册兩件 粧納于巡營門 成貼後 一件留上巡營 一件還置各 執綱所 以爲後考是齊驛馬商馬 各歸本主是齊 從今以後 收砲索馬 一切禁斷 討索錢財者 指名報營 依施軍律是齊 堀塚捧私債 勿論是非勿施行 而若此科犯者 報營施律是齊."

57 『梧下記聞』二筆. "是月望間 琫準開南等 大會于南原 衆數萬人."

58 『梧下記聞』二筆 7月條. "及聞京師亂 鶴鎭使軍官宋司馬 持書入南原 喩琫準等 約以同赴 國難 使率道人 共守全州 蓋琫準…持書猶豫已而…遂整衆作行計 開南不應 率所部間道 逃歸 琫準入全州…只與親信 四五十人 謁鶴鎭于宣化堂…以示不疑 營下軍政 皆屬之已 而…於是挾鶴鎭作奇貨 專制一道…民謂之道人監司."

59 『梧下記聞』二筆. "金開南入長水 爲民砲所拒 散遣諸布于傍邑 自率精騎百餘 入任實山 中避署上輿菴."

60 『梧下記聞』二筆. "川源久涸 五日不雨 輒龜坼至 七八兩月 天無點雲 熱旱如焚 苗盡枯白 揚風塵飛."

61 전설에 의하면 上耳庵은 高麗 王建이 登極하기 전에 道詵의 안내로 100일 기도를 드렸던 곳이며, 李成桂 太祖도 登極하기 전에 無學의 안내로 100일 기도를 드렸던 곳이다. 개성으로 돌아온 이성계는 어느 날 聖壽萬歲라는 소리가 귀에 들려왔다. 등극한 이성계는 八公山이라 하던 산 이름을 聖壽山으로, 道詵菴이라 하던 암자 이름을 上耳庵으로 바꾸게 하였다. 金開南이 上耳庵으로 들어가자 이런 전설 때문에 王이 되려 했다는 流言도 있었다 한다.

62 『東學農民戰爭資料叢書』5卷. 「隨錄」278쪽. "茂朱執綱所 方今外寇犯闕 君父見奪 吾儕

當齊赴死義 而被寇方與淸兵受敵 其鋒甚銳 今若遽然抗爭 其禍不測似及於宗社 不如退
潛 以觀時勢然後 勵其氣而就其計 爲萬全之策 望須發通 境內各接主 面面商議."

63 『梧下記聞』二筆에 실린 이 記事는 東學軍이 羅州城을 攻擊하다 失敗한 7월 5日의 記事
다음에 실려 있어 여러 情況으로 보아 8월 初頃으로 推論하였다.

64 『梧下記聞』二筆, "南原賊犯安義 縣監趙元植… 至賊醉飽昏倦 無暇措手 丸倒斫翻 三百
人盡死 得脫者十餘輩…咸陽民…八良峙爲保障計."

65 『梧下記聞』二筆. "雲峰前注書朴文達…南原賊 黃接主者入道 蓋畏家財之見掠也 習符呪
月餘不靈見 入道者又皆見掠 乃作書絶之."

66 『嶺上日記』"賊黨求索日甚 難以錢穀制禦 暗附于長水賊黃乃文 以避其禍."

67 넘을 수 있는 곳은 女院峙, 笠望峙, 長水의 磻岩, 柳峙 그리고 釜節里와 통하는 方娥峙
가 있다.

68 『東學亂記錄』下, 〈朴鳳陽履歷書〉 511쪽. "故始成草創之形勢 遍告于境內士民 不數日
樂赴者 合爲一千二百人 故於是乎分發 固守於南原界 要衝之女院峙 立望峙 柳峙三條路
矣 繼以添附者 都算爲五千十一人 而環境百里峽路 賊徒窺覘之處 合爲三十七處 故量度
地形之緊歇 調發民丁之多少 均備防守器具之際 本郡守李義綱."

69 『嶺上日記』"八月十九日 本府釜洞賊姜監役劉學圭 率他邑賊數千人 本府軍器弓砲火藥
馱去于釜洞."

70 『梧下記聞』二筆, "先期數日 劉福晩入據 蛟龍山城 發庫兵輸于府內 火藥散鋪于道厚寸
許 弓箭燒之代薪 鐵蒺藜數十石 委棄狼藉."

71 『梧下記聞』二筆, "二十五日 金開南自任實入南原 時府使尹秉觀 逃走已月餘 左道諸賊
皆會于府中 凡七萬餘人."

72 『梧下記聞』二筆, "旗幟鉦鼓 八十里不絶 東方土寇之熾所未有也."

73 『梧下記聞』二筆, "開南至 諸賊戎服出迎."

74 『嶺上日記』"城中空虛 賊黨且聚 據蛟龍山城者數萬 據府中者數萬."

75 『嶺上日記』"賊魁開南 設全羅道東學都會于本府 設五營前營將南應三 後營將金洪基 右
營將金大爰 左營將金龍關 中營都統賊將 金開南 金佑勒爲之謀主 各營所率五六千餘人
其他所謂賊魁者 不可勝數."

76 『南原郡東學史』.

77 『東學亂記錄』上,「甲午略歷」. "設執綱所于公廨 置書記省察執事童蒙之名色 宛成一官
廳."

78 『駐韓日本公使館記錄』6卷「東學黨征討略記」46쪽. "任實縣 縣監은 閔忠植으로…오래
전부터 東學에 가담했음을 알고 있지만, 여기서 사실이라는 것을 알았다. 즉시 이 자를
逮捕하였다."고 하였다.

79 『東學亂記錄』上,「甲午略歷」. "漏聞其情報 則開南姑無起兵 赴京之意 以待時期云."

80 『梧下記聞』二筆 "琫準聞開南 將據南原 自全州赴之 謂開南曰 觀今時勢 倭淸連兵一處

勝 則必移兵先我 吾口雖衆 烏合易奔 終不可以此得志 不如托歸化散之諸縣 徐觀其變 開
南以大衆一散 難合可復不聽."

81 『東學亂記錄』上,「甲午實記」九月 二十二日, 二十六日條. "完伯金鶴鎭狀啓, 南原府聚
會之匪徒 爲五六萬 各持兵器 日夜跳跟 全州金溝所聚之黨 旣化旋硬.""近日匪徒滋蔓 是
無前之變 抗拒君命 而稱曰義兵 是可忍也."

82 『東學亂記錄』上,「甲午略歷」. "開南坐於正廳 威儀甚盛 相見禮畢 宣曉諭文 且以國太公
之意口宣焉 開南覽畢 曰公等之來意 吾已知之 請且少退安歇 以待從後商議 使省察輩 各
管一人 分定旅次 於是三人不得相見 察其動靜 雖日定館 似有監禁之意 余之所館 卽寶城
人安接主之處所也 安氏 曰近日新造 五方旗幟 七八千本 以本日行旗祭于將臺 祭旗之時
必有惡風波云…日將晡 軍卒三十餘名 蜂擁而來 謂安氏 曰今大接主座定將臺 方行旗祭
而自京下來鄭某 有捉待之命云 余隨軍卒行到將臺 人衆如海 號令如霜 見金高兩人及 營
校宋氏 幷着枷在階下 遂跪余于階下…開南厲聲 曰汝年方幼少宜在家看書 言則是也 何
妄意功名 趨勢于開化黨 誘弄國太公 得此曉諭文而來 豈可曰國太公之本意乎."

83 1905年에 『甲午略歷』을 쓸 때 "밀지가 김개남에게 전해졌다"는 말을 듣고 수록한 것으
로 보인다.

84 『梧下記聞』二筆. "方伯守令之貪虐 土豪强族之武斷 奸吏猾胥之侵削 日加月增…號訴
無路 至托名東學 聚黨自保 以冀一日之幸生 始緣呼冤而起 漸至乘勢而動 到處滋擾 干紀
犯分 使官不得施政 朝不得行令…此果出義擧乎 悖擧乎 今至稱東徒 皆曰亂民…朝廷已
派使三道 宣示德意 汝等終不回聽 是與朝廷相距也…汝等若飜然感悟 釋兵歸田 斷毋一
毫加罪之理…天日在上必不相欺 今日是汝等 禍福之秋 人鬼之關 各審聽 毋致後悔 切此
特諭云."

85 『全琫準供草』三招問目. "問 大院君之 有涉於東學事 世所共知 且大院君 今無威權 則汝
罪之輕重 只在此場 不在大院君 而汝之終不直招 有似乎深望 大院君之暗護者 是果何意"
"供 大院君有涉 他東學雖曰百十輩 而至於矣身 則初無所涉""問 大院君之 與東學相關
初無一事之所聞者乎""供 然矣 而在我者猶不諱 況他人乎."

86 『歷史學報』第17 · 18合輯(1962年 6月 30日 歷史學會 刊), 李相佰 〈東學黨과 大院君〉.

87 教文社 刊(1979년), 金九自敍傳, 『白凡逸志』37쪽.

88 『嶺上日記』18面. "九月南賊劉學圭 乘夜踰春嶺 燒雲村秸穀 殘虐尤甚 朴住書聞之 朝後
率守城軍 迎擊大破 賊黨皆逃云 自是雲民 以死守備."

89 花山堂은 남원시에서 서쪽 교룡산의 남쪽 줄기 밑에 있다. 접주는 李文卿이다. 그런데
李春卿과 동일인으로 보이나 확인할 길은 없다.

90 『梧下記聞』三筆. "開南入任實 縣監閔忠植迎降 忠植閔泳駿族侄也 與開南結兄弟 從而
義入道"

91 國史編纂委員會 刊, 『駐韓日本公使館記錄』6, 2쪽.

92 『梧下記聞』三筆. "順天府使李秀弘 古阜郡守梁性煥仍囚之 性煥創死 秀弘納錢三千兩見

釋."

93 『東學農民戰爭資料叢書』17, 201쪽,「全羅道兵馬節度使 狀啓」. "今月十六日亥時 全州站陪行 隨陪私通內使主 同日低到于新院站 南原大接主適到此站 而使主與下人等 俱爲被捉結縛 前站僅到全州 使主受棍三十度 弊任受棍十度 大接主言內 順天所排軍需錢 十萬兩白木一百同 限五日內輪納之意 拘囚陣中 錢木間趁限上送 然後乃可生 出自邑極力周辦 罔夜夜上送 以爲死中求生 鱗次到付二十日."

94 『駐韓日本公使館記錄』6, 46쪽, "… 김개남이 천거한 지방관리가 부사를 영접하기 위해 경성에 올라갔으며, 부사는 그 관리와 함께 부임하려 내려 왔다. (전주에) 도착한지 2, 3일이 지나서 이 지방관리는 적(동학군)을 인도하여 부사를 (체포하였다) 한다."

95 『梧下記聞』三筆. "金開南自全州向參禮 爲琫準聲援 一股錦山陷之 昇縣監李容德逐之."

96 『東學亂記錄』上,「巡撫先鋒陣登錄」十一月條. "鎭岑縣公兄文狀內…全羅道金開南包 五千餘名 自錦山等地 今初十日申時 來留本邑."

97 『駐韓日本公使館記錄』1. 249쪽.

98 『東學亂記錄』上,『巡撫先鋒陣登錄』11月條. "淸州牧使報以 去月十三日曉頭 湖南賊類萬餘名 列陣來犯 于城外三里許 自兵營出送兵丁 與日人討破追捕 而殺傷者 至近百餘名云云."

99 『東學亂記錄』下,「先鋒陣呈報牒」乙未正月. "本境巨魁姜士元 安貴福 李秀希三漢 則開南賊 往犯淸州時 稱以先鋒陣 率黨首倡 前作擾之漢也."

100 『國史編纂委員會』刊,「駐韓日本公使館記錄」1卷, 250쪽.

101 『駐韓日本公使館記錄』6,「功勞者 論功建議」.

102 『東學農民戰爭資料叢書』2卷,「時聞記」;『東學亂記錄』上,「巡撫先鋒陣謄錄」506쪽. "琴岑縣公兄文狀 此輩回還之路 先頭幾百名 今十三日 亦爲乘夜突入邑底 故六房官屬 與邑內四洞 一齊共起 以石相戰 彼輩之如干銃三十 銃柄及馬四匹奪取 則渠輩限死逃走 向往于連山等地."

103 忠淸道儒生 李丹石의 記錄.

104 『時聞記』11月條, "十七日 全州金介男 徐一海 孫化仲輩 率數千人大敗於淸州南石橋 退遁至鎭岑 又爲見敗 死者無數."

105 『時聞記』11月條, "以後大田儒城破軍里溫田 東徒與淸州官軍戰于大田 而官軍非爲攻擊 而爲探東徒之動靜者 故不過七十三名 盡滅無餘自淸州兵營 率軍來攻屠 大田破軍里."

106 『巡撫先鋒陣登錄』甲午11月條. "淸州牧使報以 去月十三日曉頭 湖南匪類萬餘名 列陣來犯于城外三里許 自兵營出送兵丁 與日人討破追捕 而殺傷至近百餘名云云."

107 『東學亂記錄』下,「朴鳳陽經歷書」. "十月念間南原居 前郡守梁漢奎, 士人張安澤, 鄭泰柱等來言 曰我府城中 爲賊魁介南之據住矣 彼漢今旣發往于全州 則際此時 使貴邑義士分隊來守於城中 以待新倅之到任 幸甚幸甚云 故其在接粼 相救之誼 不忍括視 許以依約定期於二十四日 而抄率鎗砲軍二千名 往到該府城中 則介南大隊 果已撤歸 其留城之徒

未知多少 而聞風逃散."

108 『東學亂記錄』下,「朴鳳陽經歷書」. "留鎭三日 捕治若干土匪 照數賊徒攫留之穀 委之於本府 土民與官屬 毋慮守城之意 到稱曉諭 而領軍還來矣."

109 『東學亂記錄』下,「朴鳳陽經歷書」. "其後未幾日 賊魁劉福滿,金京律,南應三,金洪基,金禹則,李春宗,金元錫等 率其賊黨還入城中."

110 『甲午略歷』 "卽九月晦日也 卽日午後 隨南氏發向譚陽…淳昌赤城江日已昏黑…入赤城村定館…翌日早發赤城 到譚陽郡 全郡之東徒數千及郡屬吏卒 幷皆出迎 威儀甚盛 定館于守城廳…十月旬頃 開南起兵赴京 有率衆來會之命 南氏稱病不赴…則金開南同月望間 率爲萬之衆入全州…而吾將往南原守城 以待大接主之凱旋 君須隨至南原相別如何…同月 二十四日 隨南氏將赴南原…."

111 『東學亂記錄』下,「朴鳳陽經歷書」, 513쪽.

112 『梧下記聞』三筆. "鳳陽戊軍士勿妄動 度其至巓 千砲齊發 聲震嵒谷 鼓以逐之 牛駭還奔 狂吼亂躍 觸刺踶踏 死於踶角者 不知其數 遙聞斷絙隙 天巨石山 裂崖崩賊 偃仆枕藉 惱破腰斷 山谷皆滿 鳳陽以夜深不能追殺."

113 『東學亂記錄』下,「朴鳳陽經歷書」, 514쪽.

114 南原 西쪽 3km 地點에 新正洞이 있으며 여기에 花山堂이라는 마을이 있다. 南原에서 제일 强한 접이라 한다.

115 任實 雲岩面 白石里에 있는 崔東完의 證言에 의하면, 任實 崔承雨는 南原 金洪基와는 妻男妹夫 間으로 혁명 초기부터 南原에서 活動하였다 한다.

116 『梧下記聞』三筆. "賊自城上 放丸投石 人莫敢近."

117 『梧下記聞』三筆. "編竹扉 縛薪束 于以扉障背 而負之 傴僂倒行 屬于城門."

118 『駐韓日本公使館記錄』6,「東學黨征討略記」, 48쪽.

119 『東學農民戰爭資料叢書』16,「路程略記」.

120 教文社 刊(1979), 金九自敍傳『白凡逸志』115쪽. "금구 원평에 있는 그의 집으로 갔다. 조그마한 농가였다. 그가 그 어머니와 형수에게 내가 왔다는 말을 고하니, 집안에서는 곡성이 진동하였다. 김형진이 죽은 지 열아흐레째 되는 날이었다." 김형진의 아들 김맹문이 전하는 바에 의하면 "헌병대에 끌려가 모진 매를 맞고 풀려나 얼마 지나지 않아 장독으로 돌아갔다." 한다.

121 『東學亂記錄』上,『甲午實記』十二月條. "初六日 完伯電報 今月初二日 沁營兵 生擒賊魁金介男 于泰仁地."

122 『東學亂記錄』上,『甲午實記』十二月條. 二十五日 巡撫營草記 "金介男査斌 西小門外懸街三日後 介男首級 令畿營傳示 於作擾地方事."

123 『日省錄』甲午年 十二月十六日條. "議政府啓言 賊魁金介男擒獲後 當檻致京師 究覈正法 而自該道 不待朝令 輕先梟首 雖慮中路之搶奪 據爾擅斷 極爲該然 全羅監司李道宰 請施以越捧 二等之典 允之."

124 任實郡 雲岩面 仙居里에 있는 金正甲의 證言에 따르면 甲午年에 入道했던 全州 李氏들은 지금도 天道敎를 하고 있다 한다.

125 『駐韓日本公使館記錄』6, 46쪽.

126 國史編纂委員會 刊, 『東學亂記錄』下, 「先鋒陣傳令各陣」 12月 3日 條에 "潭陽留駐 統衛隊官 申正熙 吳昌成"이라 하였다.

127 『東學亂記錄』上, 「巡撫先鋒陣謄錄」 12月 11日 條, 591쪽. "今月初三日 大陣入府時 淳昌召募中軍 申基煥及軍官林敏鶴 率該兵一百五十名 玉果赴義軍一百名 前期先到 別軍官黃凡秀 李志孝 李璇 及本府義兵將具相淳 守城軍統領朴東眞 鞠致烈 作隊別將鞠義烈等 合謀幷力 故調發本府守城軍中三百名 此軍別定府校統領 而逐捕匪類"『東學亂記錄』上, 「先鋒陣書目」, 372쪽. "到付潭陽府使趙重九牒呈據 別軍官黃凡秀 李志孝 李璇 及本府義兵將具相淳等 跟捕巨魁李長泰 鞠文甫 金喜完 押送日陣緣由事."

128 『東學亂記錄』上, 「巡撫先鋒陣謄錄」 12月 11日 條, 591쪽. "而逐捕匪類 巨魁李長泰就捉…昨日大日本大隊入府 離發時押去."

129 『東學亂記錄』下, 「全羅道所捉 所獲東徒成冊」.

130 『東學亂記錄』下, 「先鋒陣各邑了發關及甘結」 12月 4日 條 "衝火民間 討索之弊 一切嚴禁."

131 『巡撫先鋒陣謄錄』 12月 19日 "湖南召募官爲謀報事, 潭陽龍九洞 大谷兩處 匪類所儲租八十石 潭陽淳昌兩邑 分半軍用."

132 『鄭琕根全集』癸卯年(1903)條. "金溝…又逢金重華,…八月逢金得千, 南周松, 姜宗實, 十月二十五日 使諸員更入道 致誠完定規模同參 金得千, 金禹淵, 南周松, 姜宗實, 金重華, 朴鳳儀, 金永祿 同心結義.";甲辰年(1904)條 "三月指目大起 忽於金國炫氏 被捉于完兵丁 卽入新營 無數惡刑 不可形言…余則與金重華, 朴鳳儀 隱避于臨陂倉柑桃花村 尹教人相鎭家 數日連留矣 其間南周松氏 率余之妻子 來于尹相鎭家也 又爲指目露出 而避身于忠淸道韓山 南周松家連留…四月 二十九日 臨陂李主事 守城軍五六人이 到着 起鬧無數 驚㤼避身之際 薦主丈及夫人子女 又率余妻子 且與南周松 및 尹相鎭妻子 合爲轉至林川八忠店連留 又指目露出 尹相鎭及妻子 勸送 永同等地 又轉至 驛村買家入居矣."

133 『東學亂記錄』上, 「巡撫先鋒陣謄錄」 12月 11日 條. "行潭陽都護府使爲謀報事 今月初七日未時量 日本大隊陣及壯衛營兵丁 自淳昌府入來 一夜經宿後 當日辰時量發向光州 而本邑捉囚東學罪人 李長泰押去 自淳昌等地 押來罪人二名 一則斬殺一則砲殺."

134 潭陽鄕土史學者 李海燮의 論文, 「潭陽地方의 東學農民革命의 實相」.

135 『東學亂記錄』上, 『巡撫先鋒陣謄錄』 12月 11日 條. "行潭陽都護府使爲謀報事 漏網東學罪人中 魁首光州龍歸洞 金亨順金文化等 率徒隱據 于昌平龍龜山云 故調發本府守城軍 連日圍繞 設機跟捉 此山本以泰山 衆堅深邃 樹木森密 竄隱閃忽 姑未捉得 若或走逸 則轉向白羊等處 期圖捕捉而隨從 幾漢先已捉得 方張取招."

136 『巡撫先鋒陣謄錄』 12月 條. 593쪽. "行潭陽都護府使爲謀報事 今月初七日未時量 日本大

隊陣 及壯衛營兵丁 自淳昌郡入來 一夜經宿後 當日辰時量發向光州." 637쪽. "12月 23日 行譚陽都護府使爲諜報事 今日巳時量 日本人二十六人 京兵十六名 自淳昌地入來 卽向羅州."

137 『駐韓日本公使館記錄』6卷,「東學軍征討記」의 별표에는 1895년 1월 2일(음 12월 7일)에 西路 제2중대가 譚陽에서 1박한 것으로 되어 있다.

138 國史編纂委員會刊, 『駐韓日本公使館記錄』6卷, 62쪽.「東學軍征討記」〈別紙〉東學征討策戰 實施報告. "咸平縣·務安縣·靈光縣·光州府·綾州府·譚陽縣·淳昌縣·雲峰縣·長城縣·靈光·茂長 각지에서 30명 내지 50명 정도씩 잔적을 처형하였다."

139 『駐韓日本公使館記錄』6,「東學黨征討略記」.

140 『東學亂記錄』上, 655쪽. 『巡撫先鋒陣謄錄』乙未正月初三日條. "谷城縣監爲諜報事 本邑段壯衛陣過去後 更無匪擾 向於京兵日兵過去時 捉得魁首幾名 仍爲杖殺其間在逃幾名."

141 『東學亂記錄』上, 99~100쪽.「谷城郡守報狀」. "幸逢京日軍之入境…身爲先導出力捕匪 納于京日軍 至見讚賞의 十二月念後 自召募所 有金明局押上之令于公兄…辭任不已 而際有一鄕士人之公會 聯稟請改遞公兄 以以金明局 仍爲守城中軍…繼又作民統於 金明局則今因巡營門甘飭 移囚於淳昌郡 而又伏承截嚴之甘敎 戶長及首吏鄕 首刑吏 固當押上之不暇."

142 『梧下記聞』二筆, 八月條. "求禮前縣監南宮杓 仍居縣底 首從縣賊林定然入道 稱弟子勸縣民入道."

143 『東學史』에는 林春奉으로 기록되어 있으나 『梧下記聞』에는 林定然으로 기록되어 있다.

144 『東學亂記錄』下,「先鋒陣呈報牒」, 252쪽. "本縣境內 所謂東徒作梗之尤甚七漢."

145 『東學亂記錄』下,「先鋒陣呈報牒」, 225쪽. "出陣壯衛營副領官兼竹山鎭討捕使爲諜報事 初五日同行六十里 淳昌邑駐宿 而初六日卽日本元日仍留一日 卽見求禮縣公兄文狀內 本縣民人等 以儒生李沂 推薦盟主 以爲征守之計 願從軍後 而順天光陽等地賊徒 常有齟齬之意 故不得空城而去云云…日士官見此文狀 使本陣向往該縣等地 當日自淳昌離發 行四十里谷城縣駐宿 初八日行三十里 谷城地鴨綠院駐宿 初九日行三十里 求禮縣駐宿 而入城觀之 則本縣儒生李沂 領率數百民兵守城 邑無空家 民皆安業."

146 『東學亂記錄』上,「巡撫先鋒陣登錄」乙未正月初三日條. 求禮縣監爲諜報事 "壯衛營副領官 率京軍八百員人名 今月初九日入縣 仍留一日 十一日本縣東徒接主 林定然 接司梁柱臣 砲殺于陣前 發行于順天府北倉院."

147 『東學亂記錄』下, 707쪽.「全羅道所捉 所獲東徒成册」. "昌平巨魁韓忠相, 十二月初六日 捉得結果 同黨白處士 曹公瑞 張永日 河在元 金奉哲 白俊水 韓成玉 元萬石 李石用 姜判石 鄭永云 牢囚該縣獄 使之分輕重酌處."

148 『東學亂記錄』上, 631쪽.「巡撫先鋒陣謄錄」12月 11日條. "玉果縣監爲諜報事 本縣以 編

小之局 初無巨魁 所謂脅從全在錫 金洛有 黃贊黙 三漢捉致嚴囚矣 今月初七日 兩湖召募官 與日本陸軍步兵大尉 率領日人一百五十餘名 而入縣當場打殺."

149 『東學亂記錄』下, 「先鋒陣呈報牒」249쪽. "本郡東面李秀喜 亦以巨魁 爲金仁培脅從 屯聚順天再犯左水營."

150 『東學亂記錄』下, 「先鋒陣呈報牒」261쪽. "本境巨魁姜士元 安貴福 李秀希三漢 則介南賊 往犯淸州時 稱以先鋒陣 率黨首倡前往 作擾之漢也 亦爲操縱 另捉梟警."

151 『東學亂記錄』上, 「巡撫先鋒陣登錄」645쪽. "樂安郡守爲諜報事 東徒巨魁寶城安奎馥 或稱敦寧 或稱湖左道接主 或稱執綱 多率脅從 大作孼於近邑者 而本邑 守城軍與西面民人 今二十二日酉時量 跟探捉得於外西突伊峙 當日未時 大會軍民 梟首警衆後 首級賚送于左水營."

152 『梧下記聞』二筆. "民間爲之語 曰 左上道 南原接滅之 左下道 寶城接滅之 而惟 興陽接稍有紀律 接主劉福晩善御衆 所至搜得者富猾胥 拷掠之 其餘平民 一切勿問."

153 『東學亂記錄』上, 「巡撫先鋒陣登錄」689쪽. 乙未正月二十一日. "興陽縣監爲諜報事 …而其軍砲軍鄭在洪 捉得匪魁劉奉滿時 搜納回龍銃一柄 砲軍金連三捉得 匪魁咸良振時 搜納毛瑟銃一柄."

154 『東學亂記錄』下, 「先鋒陣呈報牒」243쪽. 乙未正月十三日 "出陣參謀別軍官爲諜報事 初二日樂安邑離發 行陣五十里 至興陽地楊江院 則自寶城派去 日少尉藤板松太郎 率其兵六十名 去十二月二十八日 入興陽邑三日留宿 方爲回軍駐於此院云 故卽往見…翌日平明 日陣向往樂安邑 從後發向四十里 至興陽邑 則本縣監到茌之前 吏民幾人設計守城 捉殺劉卜萬 吳俊彦等二十七名."

전라도 장흥지역 동학혁명운동

1 『長興府使殉節記』. 長興府使가 殉節할 때까지의 경위를 기록한 文件, 이 문건은 寶城郡 會泉面 聆川里에 있는 寶城鄕校 敎典 文在國이 所藏하고 있다. 그래서 一名 文在國文件이라고도 한다.

2 『天道敎會月報』通卷 第163號(1924年 4月號) 附錄, 「天道敎長興宗理院」.

3 『天道敎叢書』, 『天道敎創建史』, 『東學史』.

4 『長興府使殉節記』. "先時 東學輩漸盛作梗列邑 自全州陷敗後氣勢稍强 本邑賊魁李邦彦 賊性兇悖染賊匪類 招誘境內 無賴之類聚徒數千 侵掠於閭境內騷擾."

5 康津 鵲川面 儒生 朴冀鉉(1864~1913)이 남긴 剛齋遺稿 中에 있는 『日史』.

6 『朴冀鉉日史』10月 1日條. "營中罷都所 而創立守城所."

7 『朴冀鉉日史』. "9月 현재 道內 各邑에 모두 東學接所가 설치되었으나 유독 羅州와 康津 兩邑에는 설치하지 못했다."고 하였다. 그러나 7月 3日條에는 "黃昏堂姪禮基急來傳音 曰渠兄市門回路 爲東學執捉 受困辱無數 而方在結縛中云 聞甚驚駭 兄主急請鄭善五 使

欲往本邑 詳探此事之都所知否 善五肯諾焉 時東學自長興都會于本邑 而鄭善玉則有知
面人 於都所故也."라 하여 本邑(康津)에 도소가 있었음을 알 수 있다.

8 『日省錄』甲午 9月 22日條. "義禁司啓言 全羅監司金鶴鎭 狀啓內 軍器見失之…康津前縣
監閔昌鎬…並令攸司稟處事啓下矣 請令該道臣派員押上 允之."

9 『朴冀鉉日史』6月 20日條. "父主避署上守思堂聽得 東學稱道人 今日共會 于長興驚番地
捉治各處有罪人 而昨夕山城別將 亦捉去云."

10 『長興府使殉節記』. "朴候莅政之日 先行鄕校朔香之禮 與儒林語及時事 抑陰扶陽 斥邪
衛正 倦倦陳戒."

11 『長興府使殉節記』. "招致方彦期欲歸化 方彦呈此歸順 留在邑中餘徒枯熄 賊魁具敎澈
李仕京終不聽順 或逃避隣境 或猖獗起包."

12 『長興府使殉節記』에는 "聞敎徹之徒 方在熊峙面 殺掠人民命."이라 하였고 『有六齋遺
稿』에는 "賊尙屯熊峙面 殺掠爲事."라 하였다.

13 『長興府使殉節記』, "聞敎徹之徒 方在熊峙面 殺掠人民命 守城將任昶南 率官軍討之 得
大捷." 『有六齋遺稿』〈朴侯義蹟〉. "賊常屯熊峙面 殺掠爲事 卽命守城別將 任昶南往討得
捷."

14 『朴冀鉉日史』10月 18日條. "自守城所 徵發四面民軍數千 調練於將臺 余往觀光焉."

15 『東學亂記錄』上, 501쪽. 『巡撫先鋒陣謄錄』甲午11月 13日條.

16 『朴冀鉉日史』十月十六日條. "夕余下家聽得 東學會于長興社倉市者 已千餘名 而又於靈
岩德橋 康津石廛市 各聚會接續云矣." 『朴冀鉉日史』十一月七日條에는 "聞之人說 則東
徒自去月晦日間 發光州南平寶城長興金溝綾州等邑 厥類跳躑綾州 而今散來 其意欲寇
長興云 然未可的知 東徒之入綾州也."라 하였다.

17 『東學史』145쪽.

18 『東學亂記錄』上, 501쪽. 『巡撫先鋒陣謄錄』甲午十一月 十三日條. "康津縣監報 以今月
(去月)二十九日出 今月初九日午時到付 關內節該本邑境內匪類 如以邑勢力難勘定 卽爲
馳報 分兵往討."

19 『長興府使殉節記』. "大興李仁煥 驅賊徒千餘 直向古邑勒脅 諸軍又擣南面等地 日以聚
徒賊勢大振 自南面直向會寧."

20 冠山邑 玉堂里 孫東玉(1916)은 "蓮池 防築에서 東學軍이 총을 비롯한 무기를 만들었
다."는 말이 전해진다고 하였다.

21 『長興府使殉節記』 "大興賊李仁煥 驅賊徒千餘 直向古邑勒脅 諸軍又擣南面等地 日以聚
徒賊勢大振 自南面直向會寧 又命守城將出擊 彼衆我寡 失利而歸."

22 『天道敎會月報』通卷 第271號 27쪽. 聲菴의 〈교사이문〉.

23 『長興府使殉節記』. "朴候不勝憤忿 大起官軍 時兵營援兵 數百適至 與官軍幷力 追擊于
熊峙亦地 賊徒 遁入寶城 官軍及營兵 俱還."

24 『日省錄』高宗 編 甲午 9月 17日條. "命寶城郡守 柳遠奎와 羅州營將 李源佑를 特爲仍

任했다."고 되어 있다. 柳遠奎는 경기도 安城 사람으로서 당시 45세에 군수로 취임하여 東學軍을 적극 지원하여 주었다. 후일 全羅監司에 의해 체포되어 재판에 회부되었다가 1895년3월 10일에 판결을 받아 무죄 석방되었다.

25 『龍菴金洛喆歷史』에 "柳源奎 寶城郡守와 朴泰潞 寶城 大接主는 李邦彦 語山 大接主와 같이 逮捕되어 서울에서 裁判을 받고 無罪로 釋放, 같이 내려왔다. 柳源奎는 郡守로 있으면서 東學軍에게 便宜를 提供했다." 한다.

26 『朴冀鉉日史』11月 21日條 "…長興官 而東徒數千 會于熊峙 將侵長興之意 報狀于兵營 而且請別砲五百 鳥銃二百柄 兵營俱皆不許."

27 「朴冀鉉日史」11月 23日條. "夕都摠將 自長興還軍." 30日條. "寶城信息 則民軍數百 但持竹禦賊矣 望見賊徒而皆退還云."

28 『有六齋遺稿』"十一月日也 當此時我軍稍振 賊徒挫縮 前此富平面 賊魁陰懷奇禍 暗通 各處賊邊有指 期入城之擧…十二月一日賊自寶城等地 復屯聚于北面社倉之地 大者萬餘 小者六七千 金溝 和順 綾州諸賊四面 蹙境而來."

29 『長興府使殉節記』. "廣招近境 諸賊以十二月初一日 賊徒自寶城來屯 于社倉地 大接萬餘人 小接二三千 金溝巨魁金邦瑞 和順魁首金秀根 綾州巨魁趙鍾純 俱領軍來到 是時方彦急速起軍."

30 『梧下記聞』三筆 11月 26日條. "長興郡 李方彦 李士京 李仁煥 白寅明 具教徹等 據會寧 鎮 其衆數萬."

31 『長興府使殉節記』. "初三日 群賊直至城外 邦彦屯于平化松亭嶝 仁煥及具教徹 屯于巾 山後嶝 邦瑞亦屯碧沙後坪 士敬亦屯于杏園前坪 勢若風霆所向奔潰…."

32 『東學亂記錄』上, 576쪽. 「巡撫先鋒陣謄錄」甲午12月 8日條. "行碧沙道察訪爲諜報事… 至於今月初四日辰時量 直入本驛 公廨與閭家 倂爲衝火."

33 『長興府使殉節記』. "四日賊防火燒碧沙公廨 民舍俱入 灰塵烔焰漲天 萬城人民莫不落 魂."

34 『長興府使殉節記』. "碧沙公廨民舍 俱入灰塵烔焰漲天 萬城人民莫不落魄"

35 『東學亂記錄』上, 578쪽. 「巡撫先鋒陣謄錄」12月 6日條. "兵馬節度使爲相考事 卽到貴移 內…匪類萬餘名…初五日曉頭 陷入長興府 執捉府使 亂打頭傷 未辨生死 砲殺公兄 焚蕩 家戶 觸殺男女 血淚成渠 呼哭之聲 奔竄之狀 不可形言."

36 『有六齋遺稿』. "翌曉頭候復上門樓 眂視賊陣 一聲砲後 直越北門 餘賊四面欄入 一城沒 入火中…官軍扶候 直向東軒 賊追後作亂 至於把袖 宰裾探索印符 候植立不傷 厲聲大叱 曰我受王命 印符在我 爾等焉敢 奪取罵不絶口 賊脅至東門外市場邊 舞搶弄砲 威脅無嚴 候正色危坐 從容取義 卽十二月五日也."

37 『永懷碑』. "同時被害 記室朴永壽 守城別將 前司果任璠南 統將 前通德郎周斗玉 護衛將 前守門將周烈佑 其他部曲將卒九十餘人 不可盡命."

38 『東學亂記錄』上, 622쪽. 「巡撫先鋒陣謄錄」12月 22日條. "砲殺本倅于東門外 人所不及

之中 有一東村孀婦 收尸掩殯 其心可惕."

39 『永懷堂史輯』「守城將兵殉節錄」에서 轉載.

40 『梧下記聞』三筆 12月 7日條. "小頃東南門先 城中無人破."

41 『東學亂記錄』下, 264쪽. 『先鋒陣呈報牒』. "其翌初七日辰時量 兇彼留陣之賊 次□□□□
面屯集 於城外五里許 于斯時也 將吏 砲 則期欲背城而戰 團束民軍 準備厮殺 是在如中
□□□□不幸 疊霧重霞際朝日 而四塞咫尺難辨矣 □□□□ 砲聲一出 霎時圍城大聲呼
唱 曰無罪民軍幷卽□□ 無或與吏屬別砲等 混雜被殺云云 則民軍隨而瓦解 □□乘時陷
城 逢人殺戮 逃生者無幾 衝火人家 無一□存是乎 則陷邑之若是殘酷 亘古罕有 而縣監請
兵 下來之路 未及五十里 而聞此凶報 惶恐之極."

42 『朴冀鉉日史』12月 7日條. "寶岩面都摠長金漢燮氏 中丸死之 其餘吏校守城軍死者."

43 『東學亂記錄』上, 『先鋒陣日記』甲午12月初7日條. "今月初七日辰時量 東徒數餘名 自長
興府下來 四面突入仍爲陷城 燒火人家無一餘存 將吏別砲守城軍 與滿城人民 砲殺屠戮
逃生者無幾."

44 『梧下記聞』三筆. "初七日…是日長興賊陷康津 義兵將金漢燮死之 弟子金亨善同死 士人
金龍鉉 坐員尹鍾南 縣吏金鳳憲 黃鍾憲幷中死."

45 『梧下記聞』三筆 12月 初7日條. "漢燮 任鼓山鼓梅門人也 號吾南憲梅所命云 素與方彦同
受業 及聞方彦染賊 作書喩之 終不聽 復作書絶交 又作警東學文 以曉縣人."

46 『梧下記聞』三筆. "賊以九日 分屯長興 康津 寶城界 相距十里二十里 各屯各數千 砲聲相
聞 兵營軍敢不出戰 只爲守城計 環城四面結木柵以爲固 是夜仁煥陣于 城西十里君子村
朴昌鉉見府吏 差守城都摠尹衡殷 願得砲軍三百逆擊之 衡殷不從."

47 『朴冀鉉日史』12月 9日條. "朝後余暫往 觀光守城軍卒 擧皆失色皇皇 而守城房管叔 都聽
尹權中 狡詐無能 又皆自爲身之謀之徒 兵使已爲無能 而不知軍務退在 後面專委 於此無
能二校 所謂守城 萬萬無爲矣…現今賊徒結陣 於君子里等處 則明日應寇營中."

48 『梧下記聞』三筆. "逵贊謂丙懋 曰南關地險 若不據之 賊雖數萬 不能過也 願借精砲三百
丙懋戰慄良久 日令公勿妄言 營中難保誰知南關 逵贊曰無南關 是無兵營 使道何怯也 丙
懋堅不聽 逵贊拊膺 曰若截關隘縱 不能克捷 相持數日 援兵四集 此方萬全之策也 主將如
此心憒憒 吾其死矣."

49 『梧下記聞』三筆. "朴昌鉉見府吏 差守城都摠尹衡殷 願得砲軍三百 逆擊之 衡殷不從."

50 『巡撫先鋒陣謄錄』甲午 12月條"匪類昨日… 丑時量 移屯各處 方欲三路犯營… 初十日…
今此匪類數千名 先軍已城下"『梧下記聞』三筆. "翌曉四路幷進 先據對案三峰 万砲齊發
藥焰蔽天."

51 『梧下記聞』三筆. "丙懋大惧 穿窄袖周衣戴蔽陽 于割玉鷺藏之 懷印符縮艸鞵 雜避亂人
出城 望靈巖而走."

52 『梧下記聞』三筆. 12月條 "在昨日申時 兵使只從人數名 步往靈巖之鏡"城中兵不過千餘
聞兵使已逃 莫有鬪志已而."

53 『梧下記聞』三筆. "賊燒木柵 喊登城 官軍首尾不相顧 一時大潰"『朴冀鉉日史』. "十日 朝後賊陷本營放火 官舍民舍 烔光接天矣."이라 했다.

54 黃玹 著, 『梧下記聞』三筆과 『東學亂筆記錄』下, 「先鋒陣上巡撫使書」289쪽에는 "竟於 初九日 康營亦見脫陷 再昨日申時 兵使只從人數名 步往靈巖之境"이라 하여 東學軍이 兵營을 攻擊하기 이전에 벌써 도망쳤다고 했다.

55 『梧下記聞』三筆初十日條.

56 『梧下記聞』三筆初十日條.

57 『日本公使館記錄』이다.

58 國史編纂委員會刊, 『東學亂記錄』下, 419쪽. 「日本士官函牒」, 國史編纂委員會刊, 『駐韓日本公使館記錄』6卷. 「東學黨征討記」에는 "1月 5日 羅州城에 들어가자 그날 밤 즉시 左右 兩側 枝隊 및 中隊의 3個 枝隊를 編成하여 長興縣을 向해 追擊케 했다."고 하였다. 그 연유인즉 "우리 군대가 羅州에 들어가자, 많은 報告가 잇달아 들어왔는데, 그중 영암 현감은 그곳의 함락이 조석에 임박했으니 빨리 와서 구원해 달라 하였고, 능주 현령은 비도가 도주할 염려가 있으니 빨리 1個 중대의 선발 지대를 보내라고 청하였으며, 장흥 현령이 지금 막 동학도에게 참살 당하려 하고 있다고 하였기 때문이라" 하였다.

59 『朴冀鉉日史』12月 12日條. "十二日 甲寅 京軍與日人 共一百七八十人下來⋯則東學輩 已皆逃走 不在而營中."

60 『東學亂記錄』上, 623쪽. 「巡撫先鋒陣謄錄」. "統衛營中右衆領官爲諜報事 今月十一日 自羅州派送 敎長黃水玉所告內 率兵丁三十名 到綾州駐宿 十二日五更量 卽到長興駐 宿."

61 『駐韓日本公使館記錄』6卷. 52쪽.

62 『東學亂記錄』上, 601쪽. 「巡撫先鋒陣謄錄」 "大隊長南小四郎知委 三路調兵 大尉石黑光 正 領其部下 一小隊와 二分隊 與敎導中隊 二分隊 進靈巖地 第一中隊及統衛兵三十名 進 綾州地 白木中尉領其兵 及敎導餘兵 進長興地."

63 『東學亂記錄』上, 588쪽. 「巡撫先鋒陣謄錄」12月 10日條. "初七日繼陷康津 勢甚猖獗 聲 言將犯本邑 故一城吏民 同心戮力 晝宵防守 衆寡之勢縣殊."

64 『天道敎會月報』通卷 第280號. 金在桂 〈교회사〉.

65 『巡撫先鋒陣謄錄』12月 20日條. "仝月 十八日 當夜丑時量 行軍到海南縣近境 探問賊形 是乎則 匪徒數千名 屯聚城外云 故兩小隊分二路進兵 則被類數三次放砲 我兵一齊應砲 進去矣 賊徒四散奔走 而中丸者爲八九名."

66 『有六齋遺稿』. "賊又陷康津及兵營 十二日復還屯 本府南門外 及巾山茅征嶝是日召募官 白樂中 率京軍自寶城來薄暮 直先破茅征嶝賊 翌曉頭又破 南外賊.";『長興府使殉節記』 "賊徒陷康津兵營之 十二日還屯于本府 南門外及巾山後嶝 是日召募官白樂中 率京軍來 直破巾山賊 翌日曉頭又破 南外賊."

67 『梧下記聞』三筆. "圭泰在羅州 見兵營告急 先發一枝兵 與召募官白樂中向兵營 路逢金日

遠 前導兵營 賊退于長興茅征嶝 聲勢甚銳 官軍連放十餘砲 賊退走."

68 『東學亂記錄』上, 624쪽.「巡撫先鋒陣謄錄」12月條. "十三日未明前 探知賊形是乎 則本
府南門外 賊徒數千名結屯云 故日兵與本營兵丁三十名 合力進去未及數合 賊徒四散奔
走 乘勝追擊砲殺者 爲二十餘名 餘黨冒死奔走 終無顯蹟."

69 『天道教會月報』通卷 第271號(1934年 8月號) 聲菴 金在桂〈교사이문〉.

70 『東學亂記錄』上, 622~623쪽.「巡撫先鋒陣謄錄」12月 21日條 "今月十五日 趂倒長興邑
調探邑情…駐鎭脚小休之際 不意匪類數三萬名 自高峰之下 北至後麓主峰 滿山遍野 彌
亘數十里 列插旗熾于峰峰 樹木之間 呼喊應聲 放砲衝殺 跳跟猖獗 勢甚難當 而如于居民
蒼黃奔走 莫知所之 故與日中尉商議後 統衛兵丁三十名 以拒後麓主峰之賊 本隊兵丁則
與日兵 隱處于城隅 竹林之下 先出民兵 數三十名 携引平原後 土卒莫不奮忠抽銃 兩路分
進 鱗次擺列 且進且戰 砲殺數百名 所獲軍物段 獲得大小砲四坐 與回龍鎗一柄 其餘弓矢
藥丸與雜器 趕逐到二十里 自吾峴 則于時西日掛山 北風吹寒 士有飢色 又況望南 深谷透
迤 竹林簇立 恐有疎虞之慮 故卽回駐本陣之時…."

71 『東學亂記錄』上, 624쪽.「巡撫先鋒陣謄錄」"十五日午時量 賊徒數萬名更聚 四面合圍之
際 日兵與教導所軍 意外入來 合力進兵 砲殺二百餘名 餘黨勢窮力盡 永爲逃去."

72 『天道教會月報』通券 第280號 金在桂〈교회사〉.

73 『東學亂記錄』上, 622쪽.「巡撫先鋒陣謄錄」12月條. "十七日進發 向抵南面四十里竹川
市 則南望大海橫流 山川險峻 夫何匪類四五千 又自玉山里屯據 有時吶喊 有時放咆 則究
厥所爲 尙此跳跟 不勝痛駭 薫飭士卒 一齊衝擊 大破賊衆 砲死者百餘名 生擒者二十餘名
內十餘名曉諭放送 其餘砲殺 逐到五里餘 時値風雪大作 又因黃昏近夜 卽回謁陣角."

74 孫東玉(1917) 씨는 冠山邑 玉堂里에 居住하며 1991년 10월에 면담하였다.

75 『天道教會月報』通券 第271號 金在桂의〈교사이문〉.

76 國史編纂委員會 刊,『駐韓日本公使館記錄』6卷.「東學黨征討略記」.

77 『駐韓日本公使館記錄』,「東學黨征討約記」.

78 國史編纂委員會 刊,『東學亂記錄』下,「全羅道所捉·所獲東徒成册」. "巨魁 李仁煥 正月
二十一日捉因嚴 得情次 卽令押上";『天道教會史草稿』, "李仁煥은 長興 天冠山 石窟中
에 捕捉되어 羅州郡에서 坑殺되었다."

79 崔玄植 著,『甲午東學革命史』第7章 人物志 李邦彦 條.

80 『天道教會月報』通卷 第267卷(1933年 7月號) 43쪽.〈還元同德〉"故節菴尹世顯氏를 追
慕함" 金在桂.

경상도 남서부지역 동학혁명운동

1 『崔先生文集道源記書』를 비롯하여 初期 東學記錄에는 成漢瑞가 固城接主로 되어 있
다. 아직 面里의 거주지는 확인되지 않고 있다.

2 『天道教創建史』에는 崔允鎬가 1891년에 入道하여 中正·執綱을 역임한 것으로 되어 있다.

3 『聚語』에는 "嶺南 河東接 五十名 …晋州接 六十名."이 참가했다 한다.

4 『新人間』 通卷 第221號(1960年 5月號) "대담: 경남지방의 동학운동" …줄기찬 희생의 역사….

5 國史編纂委員會 刊,『駐韓日本公使館記錄』1卷中 354쪽.「東學黨近況探聞記」.

6 「慶尙道固城府叢鎖錄」에 "晋州德山窩窟之說 在在狼藉."하다 했다. 그리고 『日省錄』 甲午 十二月 初七日 條에 "晋州前營將 朴熙房 潛出曠職欲免逃難."이라 하였고 "10日에 杖一百의 處罰을 했다."고 되어 있다.

7 德山에서는 지금도 '손수캐'라 한다. 수캐는 首魁에서 비롯된 호칭이다. 그의 본명은 孫殷錫이다.

8 晋州牧의 面單位인 柏谷里에 거주한 韓若愚가 집필한 『栢谷誌』에는 "晋州人白樂道 本無賴者也. 學于濟愚一朝爲善士 暝目端座 如有所守其 所敎之.…晋州之學於樂道者 無慮數千 而孫雄狗最著 雄狗之徒 高萬俊 林正龍 林末龍最高 其餘不可悉數."라 했다.

9 國史編纂委員會 刊,『駐韓日本公使館記錄』354쪽. 四月二十七日(我五月三十一日) 慶尙監司電報에 "向殺東學魁首白弘錫矣 東學徒數萬名 入晋州大鬧城中云 可悶."이라 했다.

10 孫殷錫은 密陽孫氏文孝公派 後孫으로 1891年 경에 東學에 入道, 布德을 많이하여 大接主가 됐다. 그의 孫子 孫甲柱는 서울 驛三洞 1洞 시장 옆에 살고 있다. 矢川面 絲里(德山)에 사는 趙宗煥(1908)은 "甲午年에 그를 수캐(雄狗)라 불렀으며 德山에 都所를 세우고 대장 노릇을 했다."고 증언하고 있다.

11 韓若愚의 『栢谷誌』 當宁甲午條에는 "雄狗爲窩主處 處聚首煽動危言 言欲爲白樂道報讐 朴熙房逃之."라 했다.

12 『梧下記聞』二筆.

13 泗川邑 洙石一里에 거주하는 文炳彩(1925)는 良浦面 朴達里가 외가이기에 어릴 때 자주갔다. 古老들이 말하기를 "余章協은 박달리에 살았다."고 한다. 원래 南海郡 雪川面 眞木里에서 천석군의 집안에 태어나 靑年 時節을 지냈으며, 朴達里로 移住한 것은 20 전후로 본다.

14 『梧下記聞』二筆에는 "光陽賊誘脅市儈 設都所府中 …新府使李彩淵至 好言款賊 而密召花開民砲逐之 民砲欲殺盡 李彩淵固止之 但驅之渡江 於是定議 倣花開例募一境輪流 交戌儈之 從賊者 皆燒其居縶 其妻子諸儈渡江…."이라 했다.

15 1978年 11월 刊行한 『河東郡史』2編 5章 軍事史 "東學亂" 項目에는 民兵이 數千이라 했다. 즉 "營將 余建相이 民兵 7百名을 募集하고 民砲將 進士 金瀅秀·金鑽鉉, 座首 鄭在瑄, 首吏 鄭燦枓, 前 座首 姜崙秀, 前 司果 金泰龍 등이 數千名의 鄕兵을 모아들였다." 했다.

16 河東邑 뒷산인 안장봉은 말안장처럼 생겼다 하여 붙여진 이름이다. 높이는 200 내지 260m의 가파른 산이다.

17 『梧下記聞』二筆 9月 1日條에는 "渡江兮二枝 一自蟾津淺灘 亂流以濟 陣于府北 一自望德前津 綴舟橋溯流而上 陣于府南."이라 했다.

18 『梧下記聞』二筆 九月條에는 "賊連留五六日 或徑歸 其凶狼者 隨仁培向晋州."라 했다.

19 余宰奎의 著로 1978年 11月에 河東郡이 刊行한 『河東郡史』第5章 第1節 東學亂 249쪽.

20 河東郡 刊, 『河東郡史』. 4日에 總攻擊, 5日에 邑內를 占據했다 한다.

21 『梧下記聞』二筆 9月條에는 "入府聲言盡殺民砲 燒民家十餘區 設都所于府中 諸賊散掠閭里 入花開洞 惡其首倡民砲 燃燒五百餘家. …民砲被獲死者 前後十餘人."이라 했다.

22 『日省錄』甲午 10月 1日條에 "명 星州河東酷經匪擾 特下內帑錢一萬兩 以爲遺民事 廟堂措辭分付. 敎曰 今聞星州河東邑 酷經匪擾 星州則民家被燒爲六百餘戶 河東則全域燒蕩云…."이라 했다.

23 花開面 塔里 住民들은 當時 東學軍들은 民砲軍의 집만 골라 불살랐다 한다.

24 果遊軍은 果毅軍의 誤記인 것 같다. 果毅軍은 決斷性 있고 果斷性 있는 農軍을 말한다.

25 『駐韓日本公使館記錄』晋州初次掛榜의 內容은 다음과 같다. "國之安危在於民生之生死 民之生死在於國之安危 則豈可無輔國安民之道乎. 前以此意 轉通于七十三面里首 然憂其失其傳而此也. 嗟吾晋民 擧棄離散之境 無別段鎭恤之道 縱何以支保乎. 以今初八日午前 每里十三式齊來 會于平居廣灘津頭 完議後決處之地 千萬幸甚. 甲午 九月 初二日 1, 每里之首 與知事人二員 果遊軍十名式 着笠來待事. 1, 如或有不參面 則當有擧措事. 1, 自里中下記中 各持三日糧來待事. 1, 勿違時刻來待事."

26 『駐韓日本公使館記錄』四, 東學黨에 關한 件, 附巡査派遣의 件 南站發甲 第152號 再次私通에는 "所到各里各洞任掌 開坼私通爲抹弊事 大洞五十名中洞三十名小洞二十名小小洞十名式 明日未午前 卽會于復興大牛峙地 是會若不出與遲滯 則先蕩任掌家 奚及後洞是乎 則知此知複爲爲乎 事此 亦中通文段 一里卽卽馳傳于二里事 哀我衆民纔經 十四五之連凶 何以聊生 又七十七之大旱 然中百斃層生 哀我衆民何以聊生. 甲午九月初十日."이라 했다.

27 한글학회, 『韓國地名總覽』晉陽郡·山清郡編. 1894年 當時에는 잣실 즉 栢谷面이었다.

28 『慶尙道固城府總鎖錄』8月條 140쪽에는 "今自洛江以右 尙善星高宜咸河泗丹晋之間 彌滿道人也."라 하여 丹城과 晋州에 東學徒가 많았다고 했다.

29 『海月先生文集』에는 任奎鎬가 1893年 光化門伏疏 때 忠淸道 道儒 中 한 사람으로 參加했다 했고, 『天道敎書』·『天道敎會史草稿』·『侍天敎宗繹史』 등에는 忠慶大接主로 任命됐다 했다. 그리고 「權秉悳의 一生」에는 "任奎鎬는 嶺南으로 去하야 善山郡 斗山里에서 身病으로 辛吟하다가 五月 十六日에 永眠하였다."고 했다. 그러나 〈侍天敎宗繹史〉에는 11月頃에 因病自斃한 것으로 돼 있다. 그런데 「權秉悳의 一生」에는 10月경에 北接軍이 論山으로 갈 때 "淸菴이 後軍이 되야 金演局과 忠慶大接主 任奎鎬로 더불어 海

月神師를 倍하였다."는 기록도 있어 5月 死亡說은 잘못된 것이다.

30 「嶺右各邑各村大小士民等處」, "夫我朝鮮 雖是東方褊小之國 然古稱小中華 而三千里
禮義之邦也. 三千里豊富之疆也. 輓近以來 國運否塞 人道斁敗 甚至奸臣 招禍倭胡 犯我
境界 在北三道之 擧爲胡人之域 南丁五道 倭賊編滿 肆意干戈 動於宮紫 劒戟多於郊甸
哀我東土義士 豈無歷血奮發之心哉. 昔在己酉三浦之亂 壬辰八路變 雖無劒亡之祖 雖無
砲死之父哉. 時則報國復讐之秋也. 天降道人 敎之以道 想億千萬人 爲一人之心也. 則一
夫揭竿 萬夫相應也. 雖道外農民野士 豈無奮發之心哉. 後我道流中 誓以同死奮發 以滅
倭剿殘之意 大會于晉州 是在剿 晉州乃三十三邑 大節度營門 而三南咽喉之地也. 今我主
梱閣公 私公無私 溫良淸直 前兵無比 是當大營之任 而爲嶺右士民之望也. 苣未一年 聞
今新兵 出於倭約條中 縱近苣兵云 至於我道流 滅倭剿殘之日 豈可爲方面之任哉. 方令主
梱 則雖是閔族 然董卓大逆 相漢而董承 實祐宗枋王敦 纂謀相晋 而王道修保江右 則以閔
公經倫大才 一期之移權遽爲遞去 以新兵之挾après弄權 豈可畏憚也. 舊梱則願留苣期 而新
兵則不入我域之意 玆以發通 大會于晉州 則小民勿爲驚動 安堵如古是矣. 若或蔑義犯路
者 則必移兵屠戮矣. 雖是道外人 若有奮義寄謀者 別加賞之地 以此知悉愴念俾 無違越抵
罪之地 宜當者此亦中 稱以道人 無都所準標 而私相討索者 一併來訴事. 甲午 九月 初十
日 忠慶大都所."

31 『梧下記聞』 二筆 九月條에는 "賊連留五六日 或徑歸 其凶狼者 隨仁培向晋州."라 했다.

32 『慶尙道觀察使狀啓』 奎章閣 藏書 第80932號에는 다음과 같이 記錄돼 있다. "連接各邑
所報與文狀 則南海縣令李圭豊牒呈內 今月十一日 湖南東徒十九名突入 本縣設座于吏
廳脅勒 監獄刑鎖在囚 匪類十六名任意放出 稱以邑獘矯捄 聚會亂流 出沒村邑作弊非常
矣. 十六日厥徒 二百餘名 稱云倡道於晋州 出往昆陽等地是如是白遣. 泗川縣三公兄文
狀內 今月十三日 東徒數十名 稱有查問事 捉去戶長與吏房 厥徒數百名 放砲一聲 自南門
直入東軒 恐動本官止境 破碎軍庫 掠取軍物故本官多般曉諭 仍爲還推納庫 則厥徒濫索
錢財勒受 錢標以居矣. 十七日自其接所 稱以泗川倅 嶺湖共知之良吏 標紙還送于官矣.
十八日湖南東徒 百餘名又爲突入 留宿于作廳 十九日轉向南海次 盡爲散去 二十日各處
東徒 八百餘名 各持銃劍 欄入 邑低若見官屬 則拔劍恐赫 仍爲宿食于各公廨 後燒毀下吏
黃鍾羽黃台淵家舍如干什物 一一攫取 遍行村閭 牛馬衣服産物 惟意奪去. 二十二日轉向
固城次 倂爲退去是如是白遣. 昆陽郡守 宋徽老牒呈內 今十五日 河東東徒數千名 聚會于
本郡多率寺 光陽順天東徒數千名 建旗吹角放砲吶喊 直入城內 或爲留宿 或爲午飯 而去
謂以向往晋州次入來云矣. 方令合勢於晋州接界 浣沙等地而過去 本郡時邑丁之隷習 鳥
銃二十柄 威脅奪去是如是白遣. 固城府使 申疊均牒呈內 府使營門延 命回路聞邑隷來告
則東徒六百餘名 各持劍戟空官時 來到本邑破碎倉庫 沁營納砲糧米數十石 任意出去派
給近洞 吹飯分食 晝夜間砲聲不絶 浮浪雜流誘入其道 捉去饒民討索無常 方爲逗遛邑底
是如是白遣. 晋州牧使 柳禊牒呈內 今十四日 本州代如村民人等 謂以矯獘發文 各面聚黨
入邑 而曉諭不聽 大設帳幕於市場 燒毀人家 欄入東軒 語多威逼 撞打獄門擅放罪囚 千百

爲群向往玉泉寺 佛宇僧舍 一倂燒燼擧措測矣. 十七日東徒數千名 自河東來到本州 故兵使與牧使 同時出郭 一邊備禦一邊飭諭 則彩數徒黨 勝勢欄入 設所於各公廨…."

33 『駐韓日本公使館記錄』, 國史編纂委員會 刊, 1卷 458쪽에는 "前晋州兵使 閔駿鎬 非徒不察其聚黨也 反助厥黨之氣勢 …以致今日火禍."라 했다.

34 涉川은 晋陽郡 奈洞面과 晋州市 望南京洞 일대이며 옛날에는 涉川面이었다.

35 〈駐韓日本公使館記錄〉 國史編纂委員會 刊 1卷 五, 東學黨에 關한 件, 부 巡査派遣의 件二. (1), 慶尙右道東學黨擾亂 景況과 이에 對한 意見 458쪽에는 "東徒則無非常賤也 私奴也 官屬之下輩也 班種之敗家浪子也."라 했다.

36 「慶尙道觀察使狀啓」奎章閣 臧書 第80932號에는 "十八日嶺湖大接主 金仁培率千餘名 入處城內吏廳 鳴鑼擊鼓 砲聲如雷 銃槍劍戟極其利銳 建一大紅旗於陣前 以大書輔國安民四字."라 했다.

37 『日省錄』고종 31년 甲午 9월 25日條.

38 「慶尙監司狀啓」奎章閣 臧書 第82146號.

39 『駐韓日本公使館記錄』, 國史編纂委員會 刊 1卷 五, 東學黨에 關한 件, 附巡査派遣의 件一.

40 舊海倉은 지금의 泗川郡 椔洞面 舊湖里이다.

41 「慶尙監司狀啓」第82146號에는 "舊海倉捕獲 該洞魁首林石俊 入昆陽郡取調 則罪犯罔渠其自服 故初八日午時量 大會民人于郡城北市上 梟首警衆."이라 했다. 그리고 『札移電存案』第1冊, 甲午 10월 15日 條에는 "卽到捕討使十一日寄電來 日兵百五十 我兵百駐昆多方四面 跟捕厥首林碩俊."이라 했다.

42 『駐韓日本公使館記錄』國史編纂委員會 刊 1卷 四, 東學黨에 關한 件, 附巡査派遣의 件一에는 "지난 6日 昆陽으로부터 西쪽으로 10里쯤 되는 安心村 南쪽 金鰲山이라고 하는 곳에 또 다시 賊이 集結하는 것을 發見했다. 우리 軍隊가 세 方面에서 攻擊, 掃蕩하여 賊의 死亡者 5名이 생겼고 28名을 生捕했으며 若干의 遺棄物도 있었다." 했다.

43 安心里 居住 孔貴祚(1930)·李鳳來(1930)의 증언. 安心里 東學接主는 朴某로서 이 戰鬪에 參加 戰死했다 한다. 그리고 東學軍 戰死者는 數百名이라 한다.

44 『駐韓日本公使館記錄』國史編纂委員會 刊 1卷 四, 東學黨에 關한 件, 附巡査派遣의 件一.

45 「慶尙監司狀啓」奎章閣 臧書 第82146號에는 "晋州牧所報 則東徒幾百名 方爲屯聚於 本州矢川水谷兩面等地."라 했고 〈駐韓日本公使館記錄〉國史編纂委員會 刊, 485쪽에는 "栢谷과 松村·集賢山·頂亭·院本亭에 集結해 있다."고 했다.

46 「慶尙監司狀啓」奎章閣 臧書 第82146號에는 "晋州牧所報 則東徒魁首 三南道都省察 全羅道益山包 金商奎與同黨 文順 朴凡伊等三漢 自邑捉囚."라 했고, 〈東學史〉에는 "泰仁道人 金煉九는 晋州兵營을 攻擊하다 敗戰하여 死刑言渡를 받고 營獄에 갇혀 있다가 獄을 부수고 逃亡쳤다."고 했다.

47 「慶尙監司狀啓」. 第82146號에는 "昆陽郡守 宋徽老牒呈內 十月十日本郡駐留 日兵 一百七十餘人 發向晋州柏谷里矣."라 했다.

48 『駐韓日本公使館記錄』國史編纂委員會 刊 1卷 六, 東學黨征討關係에 關한 諸報告. 京 第98號〈晋州附近東學黨擊破詳報送付〉第4報告.

49 「慶尙監司狀啓」奎章閣藏書 第82146號에는 "晋州牧使所報 則東徒幾百名 方爲屯聚於 本州矢川水谷兩面等地如是 故十二日曉頭行軍于晋州 未時量派送將吏回告內 矢川東徒 已爲解散 而水谷面 卽去州五十里之地 數千東徒漸聚 黨類陷城之患 迫在朝暮云. 故使 本軍屯守晋州 自日軍進兵接戰 彼徒砲殺爲一百八十六名 帶傷逃走不知其數."라 했다.

50 玉宗面 大谷里 추동마을 張南起(時調國樂人)翁은 1986年에 증어하기를 "北芳里 앞들로 攻擊해 오는 日本軍을 向해 大砲를 쏘았으나 소리만 요란한 쇠붙이에 지나지 않았다고 傳해지며, 後退 時 들판에 버렸다."고 했다.

51 玉宗面 大谷里와 北芳里 古老들은 日帝 때 頂上에 올라가면 많은 人骨과 彈丸이 있었 다고 한다. 頂上을 死守하던 東學軍은 거의 戰死하고 말았다.

52 『天道敎百年略史』.

53 『天道敎百年略史』.

54 崔三根 翁은 晋陽郡 鳴石面 外栗里 내율마을에 거주한다.

55 丹碤 金麟燮은 『栢谷誌』當宁甲午에서 "死者五六百人 餘衆悉散 時十月十四日也. 其後 二三日倭四百餘 踞東學來宿于栢谷場基 秋毫無所犯 所食自載糧 以從民大悅."

56 「慶尙監司狀啓」第82146號. "十七日曉頭率兵早發 低到河東黃土峙探問 則日軍從何留 陣姑未入境 故日暮不得前進 回軍還入于晋州."

57 「慶尙監司狀啓」第82146號에는 "…二十二日發向 河東之路 到五十里渴鹿峙 則東徒幾 百名 爲日軍所逐 或乘船而向往光陽等地 或散亡而走入山谷之際 驀地相逢與之拍戰 彼 徒中砲殺 爲十一名 生擒爲十七名 奪得器機."

58 『梧下記聞』三筆 十月條에 "二十二日池錫永入豆峙津 連戰河東光陽賊破走之."

59 『駐韓日本公使館記錄』國史編纂委員會 刊 1卷 五, 東學黨에 關한 件, 附巡査派遣의 件 二. 京第103號 晋州出張兵 引揚 및 東徒彙報. "17・19의 兩日에도 河東方面에서 彼徒 의 來襲을 맞아 물리치니 약 30명을 射殺하다."

60 『梧下記聞』三筆 10月 22日條에 "河東新府使洪澤厚 隨池錫永到任."

61 『梧下記聞』三筆에는 "惟列邑土兵 天寒衣薄苦邏戍爭 欲渡江追跡 意在濫掠 澤厚嚴飭 津渡不放一卒登岸 由是光陽民德 澤厚交頌之 賊竄伏者及仁培等 亦稱澤厚長者 不殺道 人 故無再猘之意."

손병희 통령과 동학혁명운동

1 『侍天敎宗繹史』 "是月十八日 師聞敎徒慘殺之報 將欲叫寃於天階 伸師免救生命 而招集

各包頭領.”

2 西尾陽太郎 著,『李容九小傳』13쪽.“十月十·十一日 (陽)兩日の 參禮における 東學倡義大會におる, 東學黨再決起との….”『革命鬪士 全琫準』金義煥 第2部 246쪽.“9월 12일(양 10월 10일)에서 13일에 걸쳐 동학농민군 재기에 관한 南北接의 삼례회의가 개최되었다.”

3 『天道敎會史草稿』布德35年條.

4 『東學亂記錄』上,「兩湖右先鋒陣日記」261쪽.“甲午九月 二十五日 巳時 趙軍官還來 詳問賊勢 則賊徒果據 廣惠院 而旗幟整齊 砲劒森列 而人數不下萬名云云.”

5 『白凡逸志』.

6 『天道敎會史草稿』布德35年條;『東學亂記錄』上,「兩湖右先鋒陣日記」260쪽. 鎭川縣監諜報內 “許文淑稱以民堡 聚黨數三百 侵奪平民 卽爲勦捕爲辭.”

7 『承政院日記』高宗 31年 9月 22日.“兩湖之間 有此匪類之猖獗 其爲憂慮 靡所此屆 扈衛副將申正熙 都巡撫使差下 使之設營 節制諸軍 請以爲隨機勦撫之地.”

8 『東學亂記錄』上,「兩湖右先鋒日記」262쪽.“二十六日…自陰竹有移文來到云 昨日酉時 賊黨數千名 還匝官舍 奪去軍器云云.”

9 『東學亂記錄』上,「兩湖右先鋒日記」262쪽.“鎭川縣公兄文狀內 安城利川東徒數萬名 昨日巳時 周圍邑底三四匝 先入東軒 結縛官司 主 及公兄諸吏官屬 破碎軍庫 兵器一無遺漏盡爲奪去.”

10 『侍天敎宗繹史』癸巳年條. 100~101쪽.“先是京畿道利川郡南井洞居 金鳳奎期欲戕害敎人 密告于皇司 羅織捕縛 搶奪財産 於是李容九 聚集敎徒 數千人于利川郡 因還覓其見奪之財産 解放彼係之敎人.”

11 『侍天敎宗繹史』癸巳年條. 100쪽.“孫秉熙 李容九定包所 于忠州外西村黃山里.”

12 『天道敎會史草稿』二編地統 “時에 京畿道便義長李鍾勳과 便義司李容九가 鄭敬源에致書하여 面會 談判하되 同一한 臣民으로 國事矣業의 時를 당하여 自相戕害이 萬不當한 意로 痛快히 설명하니 鄭敬源이 遂히 十里外 星山에 退屯하더라.”

13 『天道敎會史草稿』二編地統.“許孟兩人이 再戰 不利할 줄 自度하고 散去하더라.”『兩湖右先鋒日記』10월 13日條에는 “九月來書中言 若破許文淑之黨 則渙然散歸…已今破許有日 尙無解散之奇”라 하였다.

14 『天道敎會史草稿』二編地統.

15 國史編纂委員會 刊,『駐韓日本公使館記錄』1卷 153쪽. (37) 忠淸北道東學黨 征討方略 ② 號外.

16 『東學亂記錄』上,「巡撫先鋒陣謄錄」510쪽.

17 『東學亂記錄』上,『兩湖右先鋒日記』276쪽.“東徒已於今月十一日 移會于靑山地云云.”

18 『天道敎書』“十月에 神師 各包道人을 見하시고 孫秉熙로 하여금 各包를 統率케 하시다.”『天道敎會史草稿』二編地統.“現下 道人이 座則 死하고 動則 生하리니 一切 勇進

하라"하시다. 神師 親히 大統領旗號를 書하사 孫秉熙에게 賜하시고…."

19 『天道敎會史草稿』二編地統.

20 『東學亂記錄』上,「兩湖右先鋒日記」277쪽. "當日酉時 到付淸州兵營傳令 兩陣領官及本營領官 見今南賊上來 留陣於魯城論山 而勢大矣…不得不往救矣 火速回陣."

21 國史編纂委員會 刊,『駐韓日本公使館記錄』1. 六 東學黨征討에 關한 諸報告. 219쪽. "賊의 巨魁 北接法軒은 11日(양)에 靑山으로 도망가 그 곳에서 12日과 13日에 2만 명을 모아 가지고, 그로부터 黃澗과 永同을 경유하여 全羅道로 들어가다."

22 수만 명을 이끌고 갔다하였으나 식량 운반도 어려웠고 무기를 제대로 갖추기도 어려웠으므로 5천명 정도가 가지 않았을까 추측한 것이다. 전봉준 장군도 4천 명을 이끌고 갔다는 점을 고려하면 5천 명은 적은 수가 아니라고 여겨진다.

23 『全琫準供草』. "公州監營 阻山帶河 地理形勝 故雄據此地 爲固守之謀 則日兵必不能容易擊拔 故入公州 傳檄日兵 欲爲相持."

24 『東學亂記錄』下,「宣諭榜文並東徒上書所志膽書」全琫準上書. 383~384쪽. "兩湖倡義領袖全琫準 謹拜上書于湖西巡相閣下…日寇之 搆釁動兵 逼我君父 擾我民黎 寗忍說乎…伏願閣下猛省 同死以義 千萬幸甚. 甲午十月 十六日 在論山謹呈."

25 『東學亂記錄』下,「全琫準供草」531쪽.

26 『東學亂記錄』下,「先鋒陣呈報牒」11月條. 195쪽. "十一月十六日 行到 靑山朱城面松峴里矣…渠所謂大將朴富萬…□招內 十月二十五日 公州孝浦敗賊."

27 『巡撫先鋒陣膽錄』.

28 『東學農民戰爭資料叢書』17卷,『남정록』244쪽.

29 『駐韓日本公使館記錄』1. 209쪽.「公州附近戰鬪詳報」. "日本軍 제2중대(1개 소대와 2개 분대), 韓國軍 810명."

30 『東學亂記錄』下,「巡撫使呈報牒」11쪽. "沃川包東學徒數萬名 屯聚於東距三十里大橋 欲與全琫準會合…待鷄鳴卽發 退陣二十五里 到着壽村朝飯 從大橋後路 二十里進發 瞭望則洞後小麓 依林屯聚者爲數千名 曠野堅旗環列 洽爲數萬衆 故暗從背後 先襲依林之賊 則少焉對砲下山 相聚於曠野之賊 奪其林麓 互相放砲 相距半晌 殺死二十餘名 生擒六漢 然後稍稍解散."

31 『東學亂記錄』上,「巡撫先鋒陣膽錄」440~441쪽.

32 『駐韓日本公使館記錄』1. 209쪽.「公州附近戰鬪詳報」.

33 『東學亂記錄』上,「巡撫先鋒陣膽錄」439쪽. "本月二十三日 與經理廳隊官尹泳成 參謀官具完喜 及日本兵一百人 合力往勦 大戰一場 乘勝奪據利仁 而賊兵登山 放回旋砲 彈下如雨 官軍日兵亦登山屯結 但以兵小 仍爲退守."

34 『東學亂記錄』上,「巡撫先鋒陣膽錄」486쪽.

35 『東學農民戰爭資料叢書』17卷 白樂浣「남정록」.

36 『東學亂記錄』上,「巡撫先鋒陣膽錄」487쪽.

37 『駐韓日本公使館記錄』1. 246~248쪽.「公州附近 戰鬪詳報」.

38 『東學亂記錄』上,「巡撫先鋒陣謄錄」489쪽.

39 『駐韓日本公使館記錄』.

40 『甲午官報』1894年 11月 29日條. "羅立山脊 一時齊放 復隱身山內 賊欲踰嶺 則又登脊 齊發 如是爲四五十次 積尸滿山."「公山剿匪記」〈牛金峙之帥〉.

41 『天道敎書』第三編 義菴聖師.

42 『侍天敎宗繹史』二編下, "孫秉熙, 李容九 先率徒衆 約與瑋準會于恩津之論山…遂進至 鳳凰山 京兵與日兵 從山上放丸 敎徒冒死前進 兩軍肉薄血戰十餘合 容九中丸脛穿 因以 日迫力窮 一時潰散 更聚於論山浦."

43 『東學亂記錄』下,「巡撫使呈報牒」34쪽. "賊徒數千 拒駐要險 堅守不出 無計可破 及至 日中 敎長李鳳春 另率精兵十名 盡脫軍服 扮作匪類 稍稍而進 賊遂不疑 因此上山 比至 近前 一齊放砲 殺得四五漢 於是賊衆遺棄器械 脫身四散矣 以若孤軍 不可追趕 連砲示威 …詗探賊情 則敗散餘黨 仍向鷄龍山等地."

44 『東學亂記錄』下, 379~380쪽,「고시 경군여영병이 교시민」.

45 『혁명투사 全瑋準』278쪽.

46 『駐韓日本公使館記錄』1.「論山戰鬪詳報」. 253~254쪽.

47 『東學亂記錄』上,「巡撫先鋒陣謄錄」527~528쪽.

48 政府記錄保存所 發行,『東學關聯判決文集』.

49 『東學亂記錄』上,「巡撫先鋒陣謄錄」(乙未正月) "此漢大設都所於院坪店 私捧公穀 公錢 侵奪平民者也."라고 했다.

50 『東學亂記錄』上,「巡撫先鋒陣謄錄」555쪽. "賊徒三千名 自全州城逃回 金溝院坪等地 待日本大隊陣 二十四日辰時量 同爲入于全州城駐宿."

51 『東學亂記錄』上,「兩湖右先鋒日記」325쪽. "派送金溝·泰仁等地 昨今兩日派送將卒 合 爲三百五十名."

52 『東學亂記錄』上,「巡撫先鋒陣謄錄」552~553쪽.

53 『東學亂記錄』下, 235쪽.「先鋒陣呈報牒」"茂朱接主李應伯三父子 率其黨數千餘名 自 東闖入 劫攻我後 兩路賊勢 俱爲浩大 抵賊末由 初九日午時量 竟至見敗."

54 『東學農民戰爭資料叢書』11,「召募日記」.

55 『東學農民戰爭資料叢書』11,「討匪大略」478쪽. 12月 10日條 "賊徒三四萬 自茂朱闖至 昨日午後 陷永同及黃澗 攘奪軍器 奪取財帛."

56 『東學農民戰爭資料叢書』11,「召募日記」185쪽. "永同倅急報內 湖南匪徒與茂朱之雪川 永同之月田義兵接戰線於 彼强我弱 義師大敗 事甚危 罔夜請救."

57 『東學農民戰爭資料叢書』11,「召募事實」乾. 323쪽.

58 『東學農民戰爭資料叢書』11,「召募事實」乾. 325쪽.

59 『東學農民戰爭資料叢書』11,「召募事實」333쪽. "今見匪徒已入 境內牟東地 營將領率

鎭屬各軍出陣于該面."

60 『東學農民戰爭資料叢書』11,「記聞錄」570쪽. "十一日壽石村竹田村 盡爲火燒 殺竹田盧致先兄弟 又殺龍山姜容九."

61 『東學農民戰爭資料叢書』11,「討匪大略」479쪽.

62 『東學農民戰爭資料叢書』11,「討匪大略」480~483쪽. "分軍爲三隊 令前哨五十人 日入龍山後谷 則四面皆山 中有一路 行至未半 賊必來衝 汝等 佯敗佯輸引出谷口 只聽東北角連珠砲響 回身放砲 令中哨後哨 曰龍山谷口 山勢頭高 汝等伏于左右山下 聞東北砲響 一齊放丸 余登東北角 指揮以待 而前哨果與賊遇於中路 放丸交戰 賊遂先走 前哨大呼 曰賊走 伏兵聞賊走 一齊起來 捨命趕去 賊遂登山亂砲丸 如雨注響 若雷爆蓋 我軍不識兵法 聞賊走之聲 勇氣自發 爭先逐去 不覺已違約束 於馬間陵在 谷中虜在 山上四面圍住 余遂馳入大呼 前哨潰出 東北角回身 放砲以退追賊 中哨後哨 漸次來集按隊…過的桃洞民 扶老携幼 遮道而泣…公勿去…自昏至夜 官軍則暗暗移陣 于栗溪."

63 東學農民戰爭資料叢書』11,「記聞錄」570쪽. "尙州兵丁殺兵丁二人 兵丁敗走."

64 『東學農民戰爭資料叢書』11,「召募事實」384쪽. "十一日昧爽 引兵卽遏其鋒 轉戰 至龍山後谷 則賊遂退步 義兵長驅入山谷中 賊砲數千 圍注左右山上 俯視放丸如雨下 勢甚危急 義砲仰攻良久 退一步放一砲 遂登東邊對山 一齊放砲 砲聲如雷 賊雖少縮 然地形不利 衆寡不敵 不得已引兵按隊 徐徐退陣 誘下平地 賊亦知有埋伏 終不下山 相距至申末 遂引兵留陣于栗溪."

65 『天道敎會史草稿』25쪽.

66 『東學農民戰爭資料叢書』11,「討匪大略」384~385쪽. "遣人偵探 則淸州兵丁沃川義兵 與來賊接戰云 故遂領兵馳往四十里 欲前後掩擊 則淸州沃川兵丁 已爲退走."

67 『巡撫先鋒陣膽錄』12月條.

68 『東學農民戰爭資料叢書』11,「記聞錄」"十四日留靑山 戰于小蛇洞 又勝."

69 貴人橋란 '귀인다리'라 풀이된다. 아마도 外俗離面 救仁里의 '긴다리'를 말하는 것 같다. '긴다리'는 '귀인다리'가 줄어서 '긴다리'로 변한 것이다. 鍾谷里 입구인 樓下里까지 꼭 10리가 된다.

70 『東學農民戰爭資料叢書』11,「召募事實」386쪽. "掩捉匪徒 右邊把守軍四漢 先問渠魁所在處 及賊情如何 則答以崔魁時亨 夕前在本洞金小村家 而其間去就未可知 次魁任局昊(任奎鎬) 鄭大春 李國賓(李國彬) 孫應九(孫秉熙) 同在其家 方 炊飯 飲酒食餠之計 餘黨彌滿於家 而該村居民男女 皆爲奔竄他村."

71 『駐韓日本公使館記錄』6.「鍾谷附近戰鬪詳報」. 68~70쪽.

72 『駐韓日本公使館記錄』桑原榮次郎 少尉報告. "東學軍은 戰死者 300餘名, 負傷者 未詳, 모젤銃 몇 자루, 소와 말 80頭, 武器 數十點."『天道敎會史草稿』에는 "報恩 北實里에 至하여 夜에 淸州兵의 襲擊함을 遭하여 死傷이 甚衆하였고…"라 했다.

73 『東學農民戰爭資料叢書』11,「討匪大略」.

74 『東學農民戰爭資料叢書』11,「討匪大略」. 500쪽. "時已亥正 遂一齊放砲 三路進攻…忽
聞砲響動天 喊聲撼地 有若一座 人山浮出 西北角上 轟轟砰砰 砲丸而注頭肩之上 如蜂過
電落 急使諸軍 一字兒伏地 對砲放一丸 而進一步 戰至寅初 賊邊砲響少歇."

75 『東學農民戰爭資料叢書』11,「討匪大略」. 500~503쪽. "十八日…天曉視之 則賊徒列立
山上 已成圍匝之勢 於是 三宅氏 伏右邊山下仰攻 桑原氏伏左邊山下仰攻 余扼其中路 空虛之
地 而對攻 至巳時賊勢漸熾 聲聲屠戮 蓋賊見吾軍甚少 意謂踏平 吞下衝進 四五十步者
至數十 回乃使五十名 分爲三隊作疑兵 於風店帳內壯巖要衝之路 起烟放砲 以斷歸路 又
使十人合放 一賊賊應聲 而倒然賊猶惡戰踏死屍 而連砲如此危急之際 聞日兵馱賊輜重
欲出去先避 卽使結縛 曰緣汝三十餘人 而殺我兵二百餘人乎 非徒殺我兵二百餘人也…
日將聞之急伏停止 時賊膽氣龘發吶喊衝突 如潮進海湧 我軍自夜達午 不飮勺水 氣力漸
乏 擧懷怲惻 遂拔劍大呼…有一步退者斬 軍皆奮激前進 自分以死 然賊圍漸逼 終無可破
之道 乃招日將 曰公等百戰從軍 必有良算 此不可以力破 可以計勝計將安出 日將 曰僕等
許多從戰 未見如此賊之草稟也…公策曰 大尉少尉 可還我兵各十五人 曰諾 於是亦分別
砲 十五人合四十五人 暗伏於埠下 脫去軍服 以白衣持銃循山尾 而上賊望見白衣 認以其
黨 近至山頭 四十五砲 一齊放丸 山頭之賊應聲而倒 星落懸崖 萊轉斷谷者數十人 山上我
兵 齊聲吶喊 冒丸衝上 日兵亦舞劍躍上 賊遂大潰…爲亂砲所斃者 二千二百餘人 夜戰所
殺爲三百九十三人 所獲牛馬六十餘頭."

76 『天道教書』第3編 義菴聖師 編, 布德35年條.

찾아보기

삼암 표영삼 저작선02

표영삼의 동학혁명운동사

등록 1994.7.1 제1-1071
1쇄 발행 2018년 11월 10일

지은이 표영삼
감　수 신영우
펴낸이 박길수
편집인 소경희
편　집 조영준
관　리 위현정
디자인 이주향
펴낸곳 도서출판 모시는사람들
　　　　03147 서울시 종로구 삼일대로 457(경운동 수운회관) 1207호
전　화 02-735-7173, 02-737-7173 / 팩스 02-730-7173
홈페이지 http://www.mosinsaram.com/

인　쇄 천일문화사(031-955-8100)
배　본 문화유통북스(031-937-6100)

값은 뒤표지에 있습니다.
ISBN 979-11-88765-28-7　　93900

이 도서의 국립중앙도서관 출판시도서목록(CIP)은 e-CIP 홈페이지 (http://www.nl.go.kr/ecip)
에서 이용하실 수 있습니다.(CIP2018033431)